凤凰文库
PHOENIX LIBRARY

凤凰出版传媒集团
PHOENIX PUBLISHING & MEDIA GROUP

凤凰文库·公共管理系列

主　　编　张康之
副 主 编　张乾友
项目总监　徐　海
项目执行　陈　茜

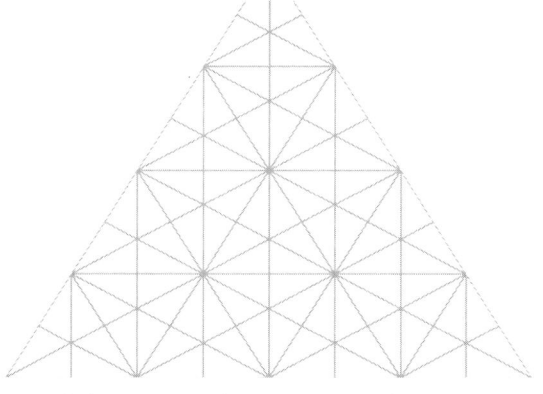

更快 更好 更省?
QUICKER BETTER CHEAPER?

美国政府的管理绩效
Managing Performance
in American Government

[美]达尔·W.福赛斯 主编

范春辉 译

江苏人民出版社

图书在版编目(CIP)数据

更快　更好　更省？/(美)福赛斯
(Forsythe, D. W.)著;范春辉译. --南京:江苏人民
出版社,2014.3
书名原文:Quicker, better, cheaper? Managing
performance in American government
ISBN 978 - 7 - 214 - 11624 - 6

Ⅰ.①更… Ⅱ.①福… ②范… Ⅲ.①国家行政机关
-行政管理-行政法-研究-美国 Ⅳ.①D971.221

中国版本图书馆CIP数据核字(2013)第315672号

书　　　名	更快　更好　更省？
主　　　编	达尔·W. 福赛斯
译　　　者	范春辉
责 任 编 辑	王　溪　陈　茜　石　路
责 任 校 对	汪意云
装 帧 设 计	陈　娶
出 版 发 行	凤凰出版传媒股份有限公司 江苏人民出版社
出版社地址	南京市湖南路1号A楼,邮编:210009
出版社网址	http://www.jspph.com http://jspph.taobao.com
经　　　销	凤凰出版传媒股份有限公司
照　　　排	江苏凤凰制版有限公司
印　　　刷	江苏凤凰通达印刷有限公司
开　　　本	652毫米×960毫米　1/16
印　　　张	34.75　插页4
字　　　数	480千字
版　　　次	2014年5月第1版　2014年5月第1次印刷
标 准 书 号	ISBN 978 - 7 - 214 - 11624 - 6
定　　　价	52.00元

(江苏人民出版社图书凡印装错误可向承印厂调换)

出版说明

要支撑起一个强大的现代化国家,除了经济、政治、社会、制度等力量之外,还需要先进的、强有力的文化力量。凤凰文库的出版宗旨是:忠实记载当代国内外尤其是中国改革开放以来的学术、思想和理论成果,促进中外文化的交流,为推动我国先进文化建设和中国特色社会主义建设,提供丰富的实践总结、珍贵的价值理念、有益的学术参考和创新的思想理论资源。

凤凰文库将致力于人类文化的高端和前沿,放眼世界,具有全球胸怀和国际视野。经济全球化的背后是不同文化的冲撞与交融,是不同思想的激荡与扬弃,是不同文明的竞争和共存。从历史进化的角度来看,交融、扬弃、共存是大趋势,一个民族、一个国家总是在坚持自我特质的同时,向其他民族、其他国家吸取异质文化的养分,从而与时俱进,发展壮大。文库将积极采撷当今世界优秀文化成果,成为中外文化交流的桥梁。

凤凰文库将致力于中国特色社会主义和现代化的建设,面向全国,具有时代精神和中国气派。中国工业化、城市化、市场化、国际化的背后是国民素质的现代化,是现代文明的培育,是先进文化的发展。在建设中国特色社会主义的伟大进程中，中华民族必将展示新的实践，产生新的经验，形成新的学术、思想和理论成果。文库将展现中国现代化的新实践和新总结，成为中国学术界、思想界和理论界创新平台。

凤凰文库的基本特征是：围绕建设中国特色社会主义，实现社会主义现代化这个中心，立足传播新知识，介绍新思潮，树立新观念，建设新学科，着力出版当代国内外社会科学、人文学科的最新成果，同时也注重推出以新的形式、新的观念呈现我国传统思想文化和历史的优秀作品，从而把引进吸收和自主创新结合起来，并促进传统优秀文化的现代转型。

凤凰文库努力实现知识学术传播和思想理论创新的融合，以若干主题系列的形式呈现，并且是一个开放式的结构。它将围绕马克思主义研究及其中国化、政治学、哲学、宗教、人文与社会、海外中国研究、当代思想前沿、教育理论、艺术理论等领域设计规划主题系列，并不断在内容上加以充实；同时，文库还将围绕社会科学、人文学科、科学文化领域的新问题、新动向，分批设计规划出新的主题系列，增强文库思想的活力和学术的丰富性。

从中国由农业文明向工业文明转型、由传统社会走向现代社会这样一个大视角出发，从中国现代化在世界现代化浪潮中的独特性出发，中国已经并将更加鲜明地表现自己特有的实践、经验和路径，形成独特的学术和创新的思想、理论，这是我们出版凤凰文库的信心之所在。因此，我们相信，在全国学术界、思想界、理论界的支持和参与下，在广大读者的帮助和关心下，凤凰文库一定会成为深为社会各界欢迎的大型丛书，在中国经济建设、政治建设、文化建设、社会建设中，实现凤凰出版人的历史责任和使命。

序 言

达尔·W. 福赛斯

1998年,两位美国公共管理学界的顶尖专家认为,应该就政府运用绩效管理的情况展开深入且具批判性的检视。他们是内尔森·A. 洛克菲勒政府研究院(Nelson A. Rockefeller Institute of Government)院长理查德·P. 内森(Richard P. Nathan)以及皮尤慈善信托基金会(The Pew Charitable Trusts)项目主管保罗·莱特(Paul Light)。本书即为他们观点的产物之一。

正如在本书中列举的文献一样,有关公共部门绩效管理和评估的著述可谓汗牛充栋。大多数涉及该领域的作者主张应强化对绩效管理系统的运用,并将其看作是提升政府管理水平和责任不可或缺的工具。然而,莱特和内森所担忧的是,正因为绩效管理在某些时候是广为人知的,人们对于"结果管理"(managing for results)的问题给予的关注太少了。恰如本书中的案例及分析所清楚表明的那样,即使是在最好的情境下,政府绩效管理方案也会面临执行的难题。在最糟糕的情况下,它们还有可能对行政部门的管理者和一线工作人员意外的、甚至是不良的行为产生激励作用。

为了更进一步研究绩效管理系统的问题和可能性,皮尤慈善信托基金会和洛克菲勒研究院共同组织了一个由公共政策及公共管理领域专

家组成的团队来探讨这些问题。其中既有持批评意见的人,也包括狂热的支持者。除了内森和莱特之外,任务团队的成员还包括:

沃尔特·布罗德纳克斯(Walter Broadnax),美利坚大学华盛顿分校公共事务学院院长

帕特里西娅·英格拉汉姆(Patricia Ingraham),锡拉丘茨大学马克斯韦尔学院(Maxwell School at Syracuse University)教授及政府绩效项目(Government Performance Project)主管

唐纳德·凯特尔(Donald Kettl),威斯康辛大学教授及拉法洛特学院(LaFallotte Institute)院长

阿兰·希克(Allen Schick),马里兰大学教授及布鲁金斯学会(Brookings Institution)高级研究员(senior fellow)

当任务团队正在筹备的时候,本书的编者开始了在洛克菲勒研究院高级研究员的工作,得以参与任务团队的工作并被指派为项目主管来负责整个团队的活动。

为了展开绩效管理的讨论,任务团队的成员共碰过两次面,一次是在奥尔巴尼(Albany)的洛克菲勒研究院,另一次是在华盛顿的美利坚大学。在这两次聚会中,政府中的某些绩效管理专家也被吸纳进工作团队,包括美国管理与预算办公室(U. S. Office of Management and Budget)的乔纳森·布约勒(Jonathan Breul)以及美国审计总署(U. S. General Accounting Office)的 J. 克里斯托弗·米姆(J. Christopher Mihm)。此外,本书收录的案例研究和论文的部分作者也被邀请参加了聚会。

编者也代表任务团队与那些关注国会工作人员的绩效管理专家以及非政府组织中专注于该领域的绩效管理专家进行了访谈。这项工作的早期成果是一部有关《政府绩效与结果法案》(Government Performance and Results Act,GPRA)进展情况的专著(福赛斯,2000年)。在由政府卓越委员会(Council on Excellence in Government)和数

家专业性机构组织的一次学术会议上,参会者也针对绩效管理和《政府绩效与结果法案》展开了讨论。《公共行政时代》(Public Administration Times)杂志刊登了这部专著的摘要。最后,福赛斯(Forsythe)和内森在由马克·艾布拉姆森(Mark Abramson)主编的一本论文集上发表了一篇文章,介绍了即将继任的布什政府的背景资料(福赛斯和内森,2001年)。

在任务团队的工作稳步推进的同时,团队成员和其他作者也在为本书准备案例研究和分析的论文。本书标题所提出的问题只是希望提醒读者:美国政府绩效管理的实际效果是一个需要加以探讨的问题,而并非已经解决了的问题。正是基于这样的想法,我们非常希望能够唤起就这一主题的不同声音,并且通过案例研究来发现绩效管理中的问题——例如《就业培训合作法案》(JTPA)和授权区(Empowerment Zones)——这同样适用于那些成功的案例。本书所秉持的针锋相对的逻辑(the logic of this point and counterpoint)在理查德·内森关于本书的导言中得到了详尽的阐述。本书以编者的一篇论文作为一章来作结,力图探究绩效管理的现实困难及可能性,并借助来自州及地方政府的经验来勾画联邦政府继续推行《政府绩效与结果法案》所要面对的障碍。这些章节的目标——这也是整本书的目标——是使读者能够更为充分地理解,在尝试运用绩效管理系统改进政府职能的过程中,高级管理者是何时以及如何成功或失败的。

在本书的编写过程中,编者受到了多方面的厚待与恩惠。如果没有皮尤慈善信托基金会的慷慨支持,这本书是不可能完成的,除了提供资金支持外,伊莱恩·凯西(Elaine Casey)和迈克尔·戴利·卡皮尼(Michael Delli Carpini)还给予我们鼓励并提出了建设性建议。尽管任务团队的成员贡献了决定性的知识性引导,而且作者们的贡献是显而易见的,但是还有其他很多人也提供了相关的信息和建议,这在某些重要的方面塑造了这一最终成果。除了乔纳森·布约勒和克里斯·米姆以外,美国审计总署的保罗·波斯纳(Paul Posner)和政府卓越委员会的巴里·怀特(Barry White)也是不可或缺的顾问。虽然书中的大多数篇章属于原创,但由于某些重要的论文得到了再版许可,因此也要向这些作者——哈里·哈特利(Harry Hatry)、贝丽儿·雷丁(Beryl Radin)和维吉尼娅·托马斯(Virginia Thomas)——以及他们的出版单位表示专门的感谢。

　　理查德·内森构思了本书的编写项目,并从开始一直到最后编辑的每一个阶段都提出了弥足珍贵的建议。他的贡献是非常之大,即使是一位缺少大度胸怀的同事也会坚持——他应受到——提名为主编的礼遇。作为编辑顾问,桑德拉·哈克曼(Sandra Hackman)将其令人敬畏的专业技能应用于本书中的每一篇论文,为了明晰他们的观点及写作方法,向作者提出质疑。和内森一样,她做了大量的编辑工作,配得上比这份感谢更多的敬意。作为出版项目管理人,埃伦·布莱克(Ellen Blake)的协助为本书的推进提供了强大的动力,当埃伦转做其他工作时,罗斯·沙利文(Rose Sullivan)参与其中并提供了莫大的帮助。作为洛克菲勒研究院出版主管的迈克尔·库珀(Michael Cooper),极为专业地指导这本书走完了最后的出版环节。弗朗辛·斯皮内利(Francine Spinelli)勤勤恳恳地完成了文献的编辑工作。我对所有这些人都深怀感激之情。没有他们的帮助,这本书永远都不可能完成。

目 录

译者的话　1

第一篇　导论　1

第一章　导言　3
第二章　应当跟踪何种类型的绩效信息？　17

第二篇　绩效管理与联邦政府:怀疑论者与狂热支持者　35

第三章　让绩效评估运转起来　37
第四章　政府绩效激励的经济学:联邦政府就业培训项目的经验分析　58
第五章　实施《政府绩效与结果法案》:进展与挑战　90
第六章　以绩效、结果和责任重塑政府诚信　100
第七章　社会保障局与绩效管理　128

第三篇　绩效管理与联邦体制的挑战　161

第八章　绩效管理:在新的福利世界中重要吗？　163
第九章　联邦体制与绩效管理:健康保险、食物券及申请率的挑战　190

第十章　授权区与责任的承诺　*220*

第十一章　政府间关系与联邦绩效运动　*257*

第四篇　州及地方政府的绩效管理　*277*

第十二章　超越评估：州政府的结果管理　*279*

第十三章　州政府的绩效预算　*298*

第十四章　佛罗里达州取得的成果　*322*

第十五章　公立高等教育系统的绩效财政制度　*369*

第十六章　纽约市的绩效管理：Compstat 模式与警务管理变革　*399*

第五篇　总结　*427*

第十七章　绩效管理新的困扰是否掩盖了社会项目的真相？　*429*

第十八章　绩效管理系统设计与实施中的困境　*452*

主要参考文献　*482*

作者简介　*520*

译者的话

"我们负担着大型的基本无效率的官僚体制。从经济角度来看,这个部门的效率改善,可以改善国民收入并提高经济增长率。从政治上说,它既可以增加作为选民的公民对我们国家生活的许多领域的控制程度,也可以扩大公民的个人自由。"① 这是戈登·塔洛克(Gordon Tullock)在展望官僚体制改革时写下的开篇文字。与马克斯·韦伯在理论上将"官僚科层制"界定为最有效率的人类组织形式不同,实践中的官僚体制却常常因其低效僵化而受到挞伐,这自有理论与现实的隔阂所致,亦有未能完全"官僚化"的唏嘘。客观而言,官僚体制并非政府独享,只是鉴于所面对的场阈不同,政府效能遭受的诟病可能会更胜一筹,甚至被归咎于"万恶之源"。然而,在一个"政府不是万能的,没有政府又是万万不能"的尘间凡世,如何通过组织变革,借助相应的管理手段和管理技术提升政府效能就似乎成了唯一现实的选择。在这个方面,历代理论研究者和实务工作者提出的对策建议用"汗牛充栋"、"连篇累牍"这样的词语来形容应该说绝不为过。

虽说"绩效评估"(performance evaluation)或"绩效管理"(performance

---

① [美]戈登·塔洛克著:《官僚体制的政治》,柏克、郑景胜译,商务印书馆2010年版,第257页。

management)仅是"工具箱"中的一种而已,但在自20世纪80年代以来的行政改革实践中却没有任何其他一种"工具"的影响力可以与之相比。它甚至掀动了一场席卷全球的"绩效运动",带来了公共管理理念和技术层面的"转型"。若追根溯源,"绩效"的概念并非始自公共管理领域,但这一概念之所以能够在公共管理过程中大行其道大概是基于这样的基本假设,即经济组织与公共组织具有某些共同的特征和行为模式,既然"绩效"可提升经济组织的运转效能,那么当然也应该同样适用于公共组织,这也正是"新公共管理"(new public management)改革的基本逻辑。然而,看上去很美的东西在现实中却往往不那么美,甚至会在政治上是"不正确"的。

毫无疑问,"绩效管理"的合理性就在于它能够有效提升组织的运转效率和整体效能,但这一合理性又取决于如何来回答如下几个方面的问题,即:为什么要进行绩效管理(why)?谁来进行绩效管理(who)?如何进行绩效管理(how)?以及绩效管理依据的标准是什么(what)?"why"涉及绩效管理的目的论,"who"涉及绩效管理的主体论,"how"涉及绩效管理的方法论,而"what"则涉及绩效管理的本质论。由此观之,判断一个组织的绩效管理是"好"还是"坏"的依据,就应该看看是否能够在其绩效管理的过程中找到上述几个问题的清晰答案。让人感到兴奋的是,经济组织的绩效管理成绩斐然,也很好地解答了这几个问题;但令人感到沮丧的是,公共组织的绩效管理却争议不断,至今似乎也并未找到令人满意的答案。"绩效管理"在两种人类社会组织中应用的迥异现实,无疑对其普遍性假设提出了挑战,但同时也给我们提出了一个公共组织"绩效困境"的难题:公共组织的绩效管理虽然能够在一定程度上提升组织效能,但却并不能彻底解决组织低效和僵化的难题,尤其是不能从根本上解决事涉"公平"的问题,反而可能会在强化绩效管理的方面损害社会公平,那么,绩效管理对公共组织还有用吗?如果抛开绩效管理,我们还有什么更好的办法来提升公共管理的效能和水平吗?

带着这些问题和疑惑阅读本书的读者或许会有些失望,因为这本书并不能给出令人满意的答案,甚至如本书的编者在导论中所言,本书的主旋律是一种"鲜明的针锋相对(point－counterpoint)",书中充满着"公说公有理,婆说婆有理"的激烈论争,让人有些无所适从。但这恰恰是本书的价值所在,它是一个全景的呈现,编者既没有站在道德高地和"政治正确"的立场上说三道四,也没有"拉偏架",没有预设的评判标准,是非曲直任由读者判断。从这个意义上来说,这是一本好书,因为一本好书绝不只是简单地告诉读者"是什么",而是会增加读者求索真相的"荷尔蒙"。

  与国内译介的其他相关著作不同,《更快 更好 更省?——美国政府的管理绩效》一书似乎并没有太多的理论色彩,因为在全书中都找不到系统、全面的理论阐述,但这却增加了它的可读性,让读者能够随着作者对事件和事实的平实叙述感触到美国政府绩效管理运动的脉搏和呼吸。这是一本论文集,其中的作者也并非都是学界"大腕"或"明星",但他们都对绩效管理有"切肤之感",有的还是美国政府绩效管理改革的推动者和实践者,这使得他们能够比旁观者们更"接地气",所思所想也更能"言之有物"。因此,在今天的绩效管理更趋于实务操作的背景下,这样一部具有"实践指南"性质的著作,无疑会为专注于公共组织绩效管理实践的读者提供丰富的经验借鉴。

  这本书中的某些内容和案例对于国内读者来说或许并不陌生,从时效性来说,这本出版于10多年前的著作似乎也有些不合时宜,因为自上世纪90年代就有大量相关的论著被译介到了国内,且我国学者为此展开的研究也不在少数,国内公共组织的绩效管理也搞得是风风火火,各种绩效考评办法和手段层出不穷。但客观来说,我国公共组织的绩效管理却效果不彰,也同样面临着"绩效困境",究其原因,固然有"国情"的因素使然,但就技术和操作层面而言,本书所呈现的"美国故事",不也与我们的"中国故事"有许多相似的情节吗?俗话说"温故而知新",如若能够细细地品味这本书中诸多的"故旧",相信读者自会体会到不一样的"新知"的。再者,从最一般的层面来说,本书不仅系统地梳理了美国政府绩效管理的来龙去脉，而且对某些大家熟知的经典案例，如《政府绩效与结果法案》、JTPA 及 Compstat 模式等，作了更为详细、全面和生动的描述，这些案例既涉及联邦政府层面，也涉及州及地方政府层面，同时还有部门层面和行业层面的，这比其他相关译著更胜一筹。因此，对于学术研究而言，这本书未尝不是一种"拾遗补缺"，也可看作是一本研究美国政府绩效管理的标准工具书。

　　承担这样一本著作的翻译工作，对于译者来说是一项十分艰难的任务，这一方面是因为这本书的体量实在巨大，另一方面也是因为译者的学识和时间都极为有限，但自认为如果能将一本好的学术著作译介给国内读者，应该是一件"有所作为"的好事，所以只能勉力为之。当然，这样一本译著的完成，也得益于许多人的辛勤付出，江苏人民出版社的徐海先生、凤凰出版集团的杨建平先生以及本书的三位责任编辑王溪、陈茜、石路在本书的选题、策划及翻译过程中，给予译者以莫大的支持和鼓励，特别是在本书的后期出版过程中，由于译者远在加拿大从事研究工作，虽说可通过网络时常联系和沟通，但无疑增加了译稿文字校对和整理的难度，但他们以极为专业的负责精神承担了大量的工作，为本书的顺利面世作出了巨大的贡献。此外，南京大学外国语学院的张辛仪女士，利用她在外文翻译方面的独到见解和丰富经验，在本书的翻译过程中提出了许多宝贵的意见，也为译稿增色不少。在此，一并向他们表示诚挚的感谢！

　　学术著作的翻译，本身就有些冒险，甚至会"出力不讨好"，这大概是因为读者中有大量专修之才，任何偏颇之处都逃不过他们的眼睛，但这反而是好事，因为通过"挑刺"会使译著臻于完美。呈现给读者的这部译著也必然存在不少疏漏甚至是谬误，衷心希望读者们能够批评指正。

译者谨记

2013 年 12 月于多伦多

第一篇
导 论

第一章 导 言

理查德·P.内森

在编写著作的过程中让人沮丧的事情之一,就是难以让那些习惯于按自己方式行事的学术专家凝聚在一起。这本由达尔·福赛斯(Dall Forsythe)编纂的有关政府绩效管理和预算的合编著作,采取了一种截然不同的方法。福赛斯有意挑选那些既在不同层级政府的当代绩效运动中拥有丰富的经验,又能够就此话题提出不同观点的作者。因此,在本篇概要性的文章中所要表达的就是一种鲜明的、针锋相对(point-counterpoint)的主旋律。读者通过阅读本书应该能够领悟到政府绩效运动中的"阴"与"阳"。

这也正是三年前当我们启动这一项目时洛克菲勒研究院试图实现的目标。在本书的序言中,达尔·福赛斯阐释了他为此项目所做的工作,包括发表于2000年2月的白皮书《华盛顿的绩效管理:〈政府绩效与结果法案〉进展报告》(*Performance Management Comes to Washington: A Status Report on the Government Performance and Results Act*)。这份报告是洛克菲勒研究院有关绩效管理和评估项目的第一项研究成果,得到了皮尤慈善信托基金会的支持,在发表后广为传播。

尽管我们专门发起这一研究项目的目的是仔细观察根植于1993年《政府绩效与结果法案》的预算改革,但我们也在更大程度上延展了研究领域，以便探究州及地方政府的同类预算改革，这些改革侧重于产出而非投入。它们经常以把"结果"作为关注中心的形式用来简略描述政府改革。1993年《政府绩效与结果法案》引发的对结果的关注，使得州及地方政府出台了许多"小型的《政府绩效与结果法案》"，就像在美国联邦体制中各种新的管理改革所经常遇到的情况一样。

就如何看待预算及管理改革的新时期这一问题，达尔·福赛斯和我先后有过十多次的讨论。有意思的是，尽管我们的观点相近，但我们的角色却发生了逆转。起初我秉持着高度的怀疑态度，而福赛斯却是《政府绩效与结果法案》以及绩效管理和预算改革运动的狂热支持者。然而到了后期，福赛斯的态度却发生了变化，本书最后一章所提出的观点表明，实现《政府绩效与结果法案》的目标必然成为关键性的问题。而另一方面，我却越来越认同这样的格局，即隐含着"结果管理"和"结果预算"的思想不仅已经渗透进有关政府的思想及讨论中，而且会在政策制定者和公共管理者提出的问题及进行的讨论中得以微妙地表达出来。这一简单的思想对人们来说很有吸引力，因为它将人们的注意力聚焦在政府项目的结果方面。换句话说，人们通过政府项目（即政府行为的**产出**和**结果**）所能得到的结果，不是政府项目的**投入**，而是那些真正期待的东西。这一思想已经不再是一种口号，它已经成为一种用来审视政府全方位决策和问题的方法。

对这种微妙的内在化影响进行评估很困难。而且，我们似乎也不能过高地期望以这些方式将《政府绩效与结果法案》中复杂的法律条文形式化。但是我认为，实际上在公共管理的内在结构中，那些对政府行事风格阅历丰富的老手们自始至终都明白，《政府绩效与结果法案》的真正目标是要改变人们"想当然"的行为方式。实际上，能够得到证明的是，试图在本质上是多元且动荡的美国政治过程是什么（以及总会是什么）的意见交汇中引入更多的理性和理智上的严谨性，这正是多年改革实践最为重要的目的。

总之，1993年的法案的确不是一个全新的领域。尽管它独具特性，但通常仍应该将之看作是政府制定决策,特别是在预算过程中引入更多理性要素的一系列长期努力之一。

过往的联邦预算改革

绩效预算(Performance Budgeting)。1949年,由杜鲁门总统任命的胡佛委员会(Hoover Commission)发表了一份报告,主张实行"绩效预算"。该委员会建议"应通过采纳将预算建立在职能、活动及项目基础上的观念来重新界定联邦政府的整体预算概念。"[1]根据政治学家弗雷德里克·莫舍(Frederick Mosher)的观点:"绩效预算的核心观念……是预算过程应关注项目的职能——即取得的成就,完成的工作。"[2]预算过程习惯上强调形成一套真实可信的支出账户系统。像《政府绩效与结果法案》一样,改革的基调是将关注点从投入(开支项目、联邦政府雇员人数)转向产出(活动、成就以及与之相关的成本)。成本与拨款将与生产率或提供的服务相挂钩。例如,依据这一理论,美国邮政总局(U.S. Postal Service)将通过核定每一位雇员可能处理的邮件数量以及估计需处理的邮件数量来计算下一预算年度的人员需求。[3] 5年后,成立于1953年的第二届胡佛委员会又提出了同样的话题。其报告认为,联邦政府的预算在成本方面与项目的联系并不充分,并建议"预算活动与组织框架保持一致且账户应反映这一框架,而且,预算类别、组织以及会计结构应该是同步的。"[4]

规划—项目—预算(Planning - Programming - Budgeting, PPB)。在第二届胡佛委员会的报告发布了10年之后,林登·约翰逊(Lyndon Johnson)

---

[1] U.S. Commission on Organization of the Executive Branch of the Government, *Budgeting and Accounting* (Washington, DC, 1949), 8.

[2] Frederick C. Mosher, *Program Budgeting: Theory and Practice, with particular reference to the U.S. Department of the Army* (Chicago, Public Administration Service, 1954), 79.

[3] Allen Schick, "The Roads to PPB: The Stages of Budget Reform", *Public Administration Review* 26 (December 1966): 252-253.

[4] U.S. General Accounting Office, *Performance Budgeting: Past Initiatives Offer Insights for GPRA Implementation*, GAO/AIMD—97—46 (Washington, DC, March 1997), 33.

高调地宣布了他的"规划－项目－预算"制度,该制度以系统分析为基础——通过界定目标并规划替代方案以实现任务的过程。"规划－项目－预算"制度由曾任福特汽车公司(Ford Motor Co.)董事长的国防部长罗伯特·麦克纳马拉(Robert McNamara)提出,约翰逊总统对麦克纳马拉在美国国防部(U.S. Department of Defense)中运用此种方法取得的成效极为认同,因而他在1965年发布命令要求在所有的联邦政府机构立刻全面实施该制度。根据预算局(Budget Bureau)发布的《公报》(Bulletin)[1],这一制度的目标是"改进执行机构以及总统行政办公室(Executive Office of the President)在重大项目决策时的基本原则。这要求对决策的原因及替代方案有明确的说明。应对项目目标进行明确界定,而且满足目标的替代方案应能经受系统化的比较。"该项制度有三个基本要素。首先,**项目备忘录**(program memoranda,PMs)用来比较主要备选项目的成本和效益,并为财政年度进行的战略决策提供参考资料。其次,**专业的分析型研究报告**(special analytic studies,SASs)为项目备忘录中涉及的决策提供相关分析的基础性工作。第三,**项目及财务方案**(program and financial plans)对政府部门5年以上项目的产出、成本及资金需求做多年度的简要说明。[2]

目标管理(Management by Objectives,MBO)。目标管理是带有理查德·尼克松(Richard Nixon)标签的预算改革,它建立在以下观念基础之上,即根据期望它们完成的工作来为政府部门设置目标。比"规划－项目－预算"制度更富弹性,目标管理允许部门管理者在如何实现目标方面做出自己的选择,但是目标管理也要求就项目实现的目标进行定期报告。1973年4月18日,在针对联邦政府部门的备忘录中,尼克松说:"目前,我正在要求每一个部门和机构的负责人找到对结果更为敏锐的关注点,这些

---

[1] 预算局是根据1921年《预算会计法案》(Budget Accounting Act)建立的、受行政部门控制的正式预算机构。
[2] U.S. Bureau of Budget Bulletin No. 68-9, April 12, 1968, in *Government Budgeting: Theory, Process, Politics*, Albert C. Hyde and Jay M. Shafritz, eds. (Oak Park, Moore, 1978), 129-130.

结果正是他或她领导下的各种活动所试图实现的。……这种强调设定目标并实现结果的意识将从根本上提升联邦政府的绩效。"在后续的一份提交给各部负责人的备忘录中,行政管理和预算局(Office of Management and Budget, OMB)①局长将这个新的改革倡议目标解释为实现更好的沟通、更快界定问题以及管理者对监督者承担的更大责任。总统的备忘录中还包括了一项对所有部门的要求,即它们要提出 10—15 个应该在接下来的一年中得以实现的最重要的"总统的目标",目的是要在整个政府范围内确定 100 个总统的目标。目标管理在第一年里并没有表明与预算过程存在明确的联系。在第二年,试图将改革方案与设定优先事项的联邦预算过程联系起来的努力却因导致尼克松下台的"水门事件"而以失败告终。

零基预算(Zero‑Base Budgeting, ZBB)。吉米·卡特(Jimmy Carter)对于预算改革的思想比较激进。他的方案被称为"零基预算",可看作是对渐进式政策制定过程的排斥。② 零基预算要求每个政府部门每一年都要对其提交的全部预算加以说明(即"从地面零点开始")。在一份日期为 1977 年 2 月 14 日的备忘录中,卡特总统要求所有的部门负责人在编制 1979 财政年度的预算时都应使用零基预算制度。"零基预算制度通过评估每一项要执行项目的重要性而使对预算请求的详细分析和解释成为可能。……通过在零基预算制度下的共同合作,我们能够削减成本并使联邦政府变得更有效率且更具效益。"零基预算制度包括三个基本要素:首先是对"决策单位"(decision units)的解释说明——要为之编制预算的项目或组织单位;其次是准备"决策包"(decision packages)——包含了管理者对项目或活动等级以及所需资源做出判断的必要信息进行简要说明的各种文件;第三是由项目管理者及机构官员按照优先性的高低对决策包排出先后顺序。与

---

① 美国行政管理和预算局是美国总统府幕僚机构之一,原名预算局,1970 年改为现名。它是协助总统编制和审核国家预算的机构。主要职责是:汇总各部门属于联邦开支的项目及方案;进行初步研究审核然后提交总统核准;负责协助总统检查行政部门的组织机构和管理状况并向总统提出改善管理工作的建议。——译者注

② Aaron Wildavsky, *Budgeting*: *A Comparative Theory of the Budgetary Processes* (Boston, Little Brown, 1975).

先前的改革一样,零基预算也是过度高调并基本上归于沉寂了。

然而,所有的四次预算改革总会留下一点痕迹。特别是 1965 年采用的"规划—项目—预算"制度,使几乎所有联邦政府部门和相应的州及地方政府机构都培养了一批政策分析人员。正因为如此,它对于各个层级——全国的、州的和地方的——政府的决策过程都具有极为持久和重要的制度性影响。

《政府绩效与结果法案》运动的领导者

与先前的改革不同,1993 年的《政府绩效与结果法案》——关注结果的预算改革的"全新工程"——是一项国会议案而非总统动议。另外的不同点是,它比先前的改革留出了更长的筹备期。与先前的改革一样,《政府绩效与结果法案》也对州、地方政府以及联邦政府的实践产生了影响。

本书中有四个章节是由最为支持《政府绩效与结果法案》的作者撰写的,包括维吉尼娅·托马斯,作为国会议员,她是 1993 年《政府绩效与结果法案》法律文本的主要起草者;哈里·哈特利,他是绩效管理与预算最知名的支持者之一;帕特里西娅·英格拉汉姆和唐纳德·莫伊尼汉(Donald Moynihan),他们关注州政府的绩效管理和预算过程;以及凯瑟琳·G. 威洛比(Katherine G. Willoughby)和朱莉娅·E. 梅尔克斯(Julia E. Melkers),她们研究的是州及地方政府的绩效预算。

维吉尼娅·托马斯描述了支持者们就 1993 年法案所设想的任务及可能性:

> 这部法案的效力在于强调对所有现存联邦政府项目的效益进行评估并向国会提供相关信息以判定政府机构是否取得了预期的成果。
>
> 美国人民将因这种自下而上的、对现有项目的审查而受益。尽管联邦政府应该将每一美元都用到真正需要的地方,但是现有的途径只是去堆积新的法案、规章制度,而且联邦政府对原有项目支出的优先性安排也没有考虑到效益或任务重叠等情况。因此,联邦政府的规

模、成本、低效和范围还在毫无节制地不断扩张。

作为锡拉丘茨大学马克斯韦尔学院的阿兰·K. 坎贝尔公共事务研究所(Alan K. Campbell Public Affairs Institute)的领导,帕特里西娅·英格拉汉姆的工作是在"结果管理"(managing for results, MFR)方面对州、联邦政府部门以及地方政府进行促进和协助。在本书的相关章节中,英格拉汉姆和莫伊尼汉对改革运动对州政府的影响抱有乐观的态度:

> 州政府正在使用这些工具,而且变得越来越熟练了。尽管立法的意图及言辞可能比实际显得更有抱负,但是在政府中结果管理的的要素却极为普遍,因而避免了被贴上"新奇"的标签。公共服务人员超越了"什么是战略规划"以及"什么是标杆管理"这样的基本问题而转向对成功极为重要的问题:"这些工具如何相互适应"以及"我如何让它们发挥作用"。结果管理在战略上的重要意义——并将之融入到每天的治理过程——就在于提供了一个解答这些问题的方法并能确保未来绩效的提升。

凯特琳·G. 威洛比和朱莉娅·E. 梅尔克斯的报告说明了改革带来的复杂结果,这来源于一项对州政府预算机构和立法机关工作人员的调查。大多数(61%)受访者表示,他们相信与结果相关的预算改革并不会对财政拨款产生直接的影响,甚至有一大部分受访者(81%)认为在立法上缺乏兴趣是一个问题。然而,有85%的受访者认为,这一改革"总比什么也不做要好",并且是一个值得长期追求的目标。

总而言之,这些作者提出了一个针对绩效管理运动的愿望有价值的但稍具差异性的阐释。如果读者能够将这些观点与本书中其他作者所做的案例研究结合起来看,那么他们就能获得一幅绩效管理运动利弊之间的平衡镜像。

《政府绩效与结果法案》的经验

本书中的两个章节从联邦政府的角度来探讨《政府绩效与结果法案》

的实施经验。第一个章节由克里斯·米姆撰写,他领导的审计总署团队负责监督该法案的执行,并提供了一份有关法案实施情况的报告。依据《政府绩效与结果法案》,所有的联邦政府部门都应该在2000年3月31日之前提交有关它们实际绩效的报告。这些报告的提交也延续到布什总统任内,这标志着改革方案的关键时刻。米姆的文章映射出本书的双重性主题。他援引审计总署的报告指出,2001财政年度的绩效规划表明"正在不断得到改进",并挑选了几个联邦政府部门加以表扬,但他也认为"另外还有很多工作需要做"。

尽管2000年的财政年度绩效规划表明,联邦政府在展现正在协调部门间的工作以便提交高效及有效的项目方面在不断取得进步,但是各部门仍然需要完成诸如以适当的方式确立相辅相成的绩效目标、相互强化战略以及共同的绩效评估标准等更具挑战性的任务。

他认为将《政府绩效与结果法案》应用于政府间项目时的挑战在于州及地方政府是否能够提供"及时与可信的,以结果为导向的绩效信息。"以卫生和公共事业部(Department of Health and Human Service)对州及地方政府信息的要求为例,米姆认为"从州政府获取这些信息的时间迟滞,使得其提供一份全面的部门绩效总结变得困难起来。"

沃尔特·布罗德纳克斯(在其中承担了主要的工作)和凯文·康韦(Kevin Conway)对社会保障事务管理局(Social Security Administration)绩效管理所做的阐述,是一份有关过程预算而非结果(政府活动对人们的影响)预算的报告。两位作者说出了本书的一个关键主题:获得支配权的政府部门也必须承担费用。社会保障事务管理局拥有对自身运作过程的支配权:该部门(而不是其他政府层面的或外部的组织)直接负责准确、及时并以便捷的手段支付社会保障救济金。

即使对社会保障事务而言,对部门绩效进行评估的《政府绩效与结果法案》体系也有其局限性,因为它是过程导向而非结果导向。在我看来,它应该是结果导向的——至少对这一项目来说。对社会保障事务管理局对接受救济者(老年人、残疾人和穷人)生活的影响进行系统化的评估,是一项极为艰苦和难以实现的任务。似乎带有讽刺意味的是,两位作者声称社会保障事务管理局对《政府绩效与结果法案》的执行是成功的,但却并没有对利用结果来评价政府的效能做出充分的说明。

怀疑论者的某些观点

阿兰·希克说他在改革之前就听到过"以绩效为基础的预算改革几乎都是失败的"这样的说法。谈及那些自认为《政府绩效与结果法案》取得成功的案例,希克进一步提出,"在这些案例被不断灌输40年后,作者承认大多数是言过其实的,而且极少数成功的案例也只是例外。"稍微带点讽刺的是,希克随即调转话锋提出了带有他自己标签的预算改革方案——注重对活动的成本而非对产出的评估。

以活动为中心的评估是前沿性的管理改革。以活动为基础的成本核算(ABC),是由创立平衡计分卡(balanced scorecard)的罗伯特·卡普兰(Robert Kaplan)提出来的,这是一种得以广泛运用并渗透到公共部门财务管理过程的成本分配和分析系统。以活动为中心的成本核算的基本思想是活动产生成本,因此要控制成本,产生成本的活动就必须承担这些成本。这种方法能使管理者对一个组织从事或结束某一项特定活动时有可能产生或避免的成本进行评估。成本评估对实施绩效评估是一个重要的但却被经常忽略的先决条件。

在《就业培训合作法案》(Job Training Partnership Act,JTPA)的案例研究中,杰拉德·马什科(Gerald Marschke)吸纳了一位经济学者的观点。他指出,证据"表明以财政激励为支撑的绩效评估并不是根治公共部门效率低下和管理不善的万灵药。"借助经济学的委托人-代理人模型,马什科认为这种方法之所以会在民营部门运转良好,就是因为有足够强大的激励因素。

尽管我们不能排除《就业培训合作法案》中的绩效激励因素使该项目的效率有所提高的可能性，但就最近的改革效果来看，显然美国劳工部（U. S. Department of Labor）在设计激励因素时存在着困难。证据表明，迄今为止所使用的评估手段偏离了目标并且是扭曲的，使得《就业培训合作法案》的激励体系存在着"奖励 A 却希望得到 B"的尴尬倾向。

联邦政府的财政补贴

我在洛克菲勒政府研究院的同事，詹姆斯·福塞特（James Fossett）、托马斯·盖斯（Thomas Gais）以及弗兰克·汤普森（Frank Thompson）提供了一个著名的有关医疗补助这一全国最大规模联邦政府财政补贴项目绩效管理的案例。美国政府通过向州及地方政府或民营（大多数为非盈利性质的）组织提供财政补贴的方式来实现其大部分国内目标。这些政府及组织间关系的良好表现是对公共管理改革成果进行评价的一个重要领域。在医疗补助的案例中，提供绩效激励因素的困难以及联邦政府法律政策目标的差异性，都因为在美国联邦制度下层次分明的责任边界而在很大程度上糅合在了一起。该章节的两位作者做了如下概括：

> 当然，赞美任务驱动型联邦制度的优点是一回事，而要成功地使之运转起来绝对是另一回事。政府间的制度安排实际上使绩效管理的所有方面都变得复杂化了——关键目标的认同、绩效指标的研发、恰当及有效绩效数据的及时收集、对这些数据的分析、一套激励体系（例如奖励坚定的执行者）的实施，等等。

在我看来，政府间的活动领域也是《政府绩效与结果法案》最为薄弱之处——在实施此类财政补贴项目的过程中。本书中的部分章节专注于结果管理过程中遇到的这种挑战。洛克菲勒研究院的凯特·波伊尔

(Kate Boyer)和凯瑟琳·劳伦斯(Katherine Lawrence),以及米里亚姆·威尔逊(Miriam Wilson)描绘了适用于克林顿总统于1996年签署的福利改革法案的绩效管理。尽管1996年的法案包含了针对结果评估的众多要求,但是作为对《政府绩效与结果法案》的回应——也就是说,注重结果——作者认为由于1996年法案向州及地方政府转移了太多责任,既要制定政策又要管理公益服务,因此要做到这些是极其困难的。然而,尽管联邦政府的监督受到了限制,但波伊尔、劳伦斯和威尔逊仍旧认为州政府处于某种有利的地位,能够在为贫困家庭提供就业现金援助及相关公益服务的管理过程中强调绩效目标。

戴维·赖特(David Wright)在其撰写的章节中涉及一个更为复杂的政府间的案例研究:创建授权区域和企业社区(enterprise communities)的联邦项目的启动阶段,该项目可以促进相邻地区的社会和经济发展。来自华盛顿的监控"标杆"的努力遇到了城市发展项目极度复杂性的挑战,这通常会导致更多的失望而不是管理上的创新。赖特对美国住房与城市发展部(U.S. Department of Housing and Urban Development)灵活的做法给予了高度评价——让援助对象设定并监控绩效而不是由他们自己确定标杆。然而,他也发现缺乏确保这些地方层面的标杆发挥作用所必需的监督机制。

同是讨论政府间项目的贝丽儿·雷丁,关注的是她所谓的"能够参与易受第三方需求影响的联邦政府绩效事务的途径。"雷丁考察了管理活动的六个重要领域,包括联邦政府在环保领域参与的绩效伙伴项目、1996年全国福利改革法案的绩效津贴、针对母婴服务的协商型绩效评估、就业及培训项目中绩效标准的使用情况、教育测评中绩效标准的应用情况,以及允许州及地方政府在对依据联邦政府要求所采取的某些专项工作进行评估且这些工作的结果是"成本未发生变化"的情况下,可以无视联邦政府某些要求的豁免权。对于雷丁的结论我完全赞同:她极力主张一种针对绩效管理的**分解式方法**(disaggregation approach)。"当在特定的项目背景中进行设计时,界定绩效评估标准的过程似乎才会发生作用,才会对与这些方案有关的特定质量标准敏感。"

我想对雷丁的观点加以补充的是,在州政府内部,绩效评估通常在职能领域和部门层面要比在州长办公室或中央预算过程的层面能够更好地发挥作用。与集中应用于州及大的地方政府相比,部门层面的绩效评估通常能够具体化并且能够在该层面得到更为广泛和有效的应用。

州及地方政府的实践

本书中有两个案例重点介绍了州及地方政府在试图进行结果管理中的个人经验。罗伯特·布拉德利(Robert Bradley)详细描述了作为佛罗里达州预算局局长在绩效管理和预算体系的建立和管理过程中的个人经历。该案例再次映射出本书针锋相对的主旋律:

> 在最终的分析中,改革方案逻辑上的连贯性因扩展的实施过程而得到了贯彻。……有关部门灵活性与控制的持续争论并没有得到解决。对部门进行奖励的过程也还没有固定下来。没能够有效地利用激励因素及制约因素来达到良好的效果。使分配决策以绩效为核心的立法抱负在面临始终存在的技术问题时也发生了极大的偏离。
>
> 对基于绩效的项目预算制度(Performance - Based Program Budgeting, PB[2])的实施还在继续。它所有的潜能还没有释放出来。

丹尼斯·C. 史密斯(Dennis C. Smith)和威廉·J. 布拉顿(William J. Bratton)描绘了被广泛提及的纽约市将绩效管理运用于警务部门的成就。这里的关键之处也是对结果负主要责任的部门应当承担实现结果的责任。在鲁道夫·朱利亚尼市长(Mayor Rudolph Jiuliani)的领导下,纽约市在这些方面的绩效管理记录值得称道。朱利亚尼将绩效管理技术运用于包括卫生、福利和社会治安在内的多个领域。

作为洛克菲勒研究院高等教育项目主管,约瑟夫·伯克(Joseph Burke)讲述了各州在为高等教育公立机构设定评估目标并因实现这些目标而对个别机构进行奖励的成功案例。在推动此类方法方面,伯克是一位强有力的支持者和重要的改革者。尽管许多州采纳了这些改革措施,但往往都规模效小,只有不超过5%—6%的州政府资助会以实现绩效目标的奖金的形式投向学校。

一种可能的综合方法

安·布莱洛克(Ann Blalock)和伯特·巴瑙(Burt Barnow)提出了一种运用于绩效评估和预算的综合方法。他们呼吁由专家学者就绩效管理和预算系统进行整合化的评估研究——试图去评估那些难以被评估的政策后果:

> 我们的建议是,对于决策制定者来说,如果有关社会项目的精确、有效及可靠信息是可用的,那么有效的评估研究或应用型的社会科学研究就必须在绩效管理系统的范围内加以协调和整合。

布莱洛克和巴瑙指出评估运动是在"学术界的磨练"中得到发展的,而绩效管理运动则在行政官僚体制中找到了它的根源。他们相信,我也同意,这两个运动之间更多的协调将会产生重要的收益:

> 我们认为未来的主要方向是更为全面地将评估研究与绩效管理系统协调起来,以实现评估与绩效管理更为充分的整合。这样的整合将要求绩效管理系统不应将评估者只看作是定期进行研究并提出建议的外来异类,而应该将其看作是某个跨领域团队的一部分。它将要求评估者能够对管理者的需求变得更为敏感,拥有跟踪结果的不间断信息,并且要更为谦虚谨慎地体现他们的专业优势。

就各方面而言,那些在改善政府管理过程中必然会存在的障碍不可能完全被清除。然而,诸如《政府绩效与结果法案》这样的管理和预算改革所释放出来的强烈信号,却奠定了强调政府生产率和项目效率的基调,这是一件好事。达尔·福赛斯和我都希望,这样的思想能够有所发展,而且本书阐述的经验能够给在美国政府面临的充满变数的、复杂的且始终如一和固有的政治环境中从事管理改革这项艰苦的工作带来所需要的务实精神。

第二章 应当跟踪何种类型的绩效信息？①

哈里·P. 哈特利

任何绩效评估过程的核心功能都是定期提供与绩效结果指标相关的有效信息。但是绩效评估却不应仅局限于与结果指标有关的信息，②它还应该包含那些能够帮助管理者对即将到来的工作任务进行评估，并能对导致结果的原因进行深入分析的信息。

没有两个人会以完全相同的方式对信息中的每一项单个因素进行分类。由于总是搞不清楚一条特定的信息会出现在什么地方，因而不可避免地会存在着灰色区域。另外，对于某些绩效信息来说，分类或许也取决于政府部门所处的角度。例如，对于推进一项教育改革战略规划的州政府部门而言，实现这项规划就是产出；而对于鼓励此类规划的美国教育部（U. S. Department of Education）来说，正如将在后文要讨论的那样，在州政府层面实现规划只是一项中间成果。

专题 2-1 列明了我要在本章讨论的绩效信息种类。涉及到用于特

---

① 本文获得再版授权，节选自哈里·P. 哈特利著：《绩效管理：获取结果》（*Performance Management: Getting Results*），华盛顿特区，城市研究院出版社（Urban Institute Press），1999 年版。

② "指标（indicator）"与"评估（measure）"这两个词在本质上是可以交替使用的，但"指标"似乎更好一些。"评估"这个词有些含糊，因为它既可以指为改善处境而采取的一项行动，也可以指评估的行动。

定项目的资源数量的信息(投入)与表明正在从事一个项目的活动数量的内部信息(过程)是截然不同的。这些信息也相应地说明某个项目所提供的产品和服务的信息(产出)存在着显著的差别,而产出信息又应该和建立在后果基础上的信息(结果)区别开来。为了避免对这些信息的使用者造成误导,这些区别很重要。

本章将会依次对每一个种类的信息进行简要地讨论。专题2-2是对关键绩效评估术语的简单定义。

专题2-1 应用于绩效评估系统的信息种类

投入☆

过程(工作量或活动)

产出☆

成果☆:中间成果、最终成果

效率和生产率☆

工作量的特性

解释性信息

影响

☆这些是经常在绩效评估系统中被冠名为绩效指标的信息种类。

绩效信息的种类

一、投入

投入信息与实际使用的资源数量有关,通常会以资金数量或年度雇员数,或者以两者兼而有之的方式来衡量。

当与产出或结果的数值(参见下文进一步的解释)联系起来时,此类信息会形成效率或生产率的指标。**出于绩效评估的目的,实际使用的数**

量而非预算数量才是相关的数据。在实践中偶尔会使用政府部门接受的**工作量**作为投入。我之所以**没有**把工作量信息**包括**在这一种类中，是因为即将接手的工作数量与成本数量或耗费的员工工作时间有很大的区别。

二、过程(工作量或活动)

这一类信息包括投入一个项目或正在进行但尚未完成的工作数量。对于公益服务机构这样的部分政府部门来说，通常会以接受服务的顾客(个人、家庭或企业)数量来衡量其工作量。对于其他部门而言，以顾客数量衡量其工作量就不太恰当了。例如，道路维护项目，可能就会以需要维修的道路里程数来衡量其工作量。

之所以未将工作数量作为绩效指标，是因为它们并不会说明项目会产生多少产品。然而，在对项目中流入和流过的工作进行跟踪时，工作量信息对于项目管理者却非常重要。(例如，前一报告期未完成的工作数量加上接受的新的工作数量就是当前报告期内该项目的工作量。)

尽管工作的数量本身并不是产出或结果，但是工作量的信息却可以产出结果的信息。在某些项目中，可以把在一个报告期末未完成的工作数量看作是对顾客服务延误的替代(一种中间成果)。类似的例子有：对符合条件的贷款申请审批的积压数量以及客户等待名单的长短。但是，延误和积压指标更为直接也可能更好的情况将会是：(1)延误程度的直接指标，诸如在提出服务要求和提供服务之间时间消耗超过了 X 天的案例所占的百分比，这里的 X 是项目设定的服务标准；(2)因接受服务等待了太久而投诉的顾客所占的百分比。

专题 2-2　绩效评估的定义

投入：用于生成产出和结果的资源(即：支出或员工工作时间)

产出：提供的产品和服务。产出涉及内部活动所形成的最终

产品：在组织内部或由其承包人完成的工作(诸如道路修理的里程数或应答的电话数)。

中间成果：一种预期会导致想要的最终结果但本身并未完结的成果(例如服务响应时间,它所关注的是顾客提出吁求但并未直接说明有关该吁求的结果)。一项任务可能有多个中间成果。

最终成果：所最求的最终成果(例如社区拥有整洁的街道或减少犯罪或火灾发案率)。一项服务可能有超过一个的最终成果。

效率或单位—成本比率：一项活动或项目的投入数量(通常是资金量或年度雇员数)与产出或成果数量之间的关系。如果指标使用的是产出而非成果,那么就可能以在一定服务成果开支的基础上经评估实现了多大程度的效率提升作为判断较低单位成本的依据。

绩效指标：经审议涉及到绩效(例如,产出或结果)每一方面的具体的量化评估指标。

资料来源：节选自《绩效评估比较研究：1996 财政年度信息报告》(*Comparative Performance Measurement*：FY 1996 Data Report),华盛顿特区,国际市/县管理协会(International City/County Management Association),1997年,第1-4页。

三、产出

产出信息用来说明在报告期内提供(完成)的产品和服务的数量。全世界范围内的组织机构都会公布产出信息。随时跟踪已完成的产出数量是很好的管理手段。产出最常见的例子有铺设道路的里程数、发布的报告数、开展的培训项目数以及培训项目所服务的学生数。然而,尽管人们期望产出能带来想要的成果,但产出本身并不会就所取得的**结果**做出任何判断。(项目人员应该追问的是,期望从每一项产出中得到什么结果,这些结果应该包含在下面的**成果**种类中。)

正如此处界定的那样，**产出是指那些项目人员已经完成的事情**，不会因外部环境或组织导致的外部环境变化而变化。

四、成果

在某些文本中，如果产出是一个项目已经完成的实物产品或那项工作的成果（结果）的话，**产出**这个词就是指因工作而得到的任何产品。**公共服务绩效评估领域的产出与成果之间具有鲜明的差异性。**

成果是表明在实现某个项目的任务和目标的过程中取得进展的条件、行为或态度方面的活动、事件或变化。因此，成果与项目（及其部门）的整体任务——其存在的理由——相关。[1]

成果并不是项目本身做了什么而是项目所导致的后果。德克萨斯州有一个极好的例子说明了成果与产出之间的区别：

> 经过一家州立精神病医院治疗而出院的病人数量（**产出**指标）与能够独立生活而出院的病人的百分比（**成果**指标）并不一样。[2]

成果可能是某些项目希望最大化的东西，例如学生知识得以增长的证据，也可能是某些项目希望最小化的东西，例如犯罪率。某些成果是财务方面的。例如，对于政府援助项目来说，减少不恰当的支出（超额支出或支出不足）可能会是一个恰当的成果。在另一个例子中，那些不与子女一起居住的父母重新缴纳所欠的儿童抚养费，就是儿童救助办公室（child support office）的一项恰当成果。

成果也会产生副作用，不管是有意的或者无意的，还是有利的或者有害的。如果项目能够提前意识到可能发生这样的副作用，就应该在设

---

[1] 某些政府部门用"效率"（effectiveness）这个词取代"成果"（outcomes）。但是，"效率"所暗含的是基于信息的一种更为随意性的联系而非通常的保证，因此"成果"这个词似乎会更为可取且更为常用（例如在联邦政府1993年的《政府绩效与结果法案》中）。

[2] Texas Governor's Office of Budget and Planning, Legislative Budget Board, *Instruction for Preparing and Submitting Agency Strategic Plans: Fiscal Years 1999 – 2003*, Austin, January 1998, p. 39.

计绩效评估过程时考虑如何对这些副作用进行定期评估。

只要它们是重要的且能被跟踪，即使在项目任务和目标的说明中不能加以精确界定，成果也应该被包含在绩效评估系统中。正规的项目任务和目标说明很少包含一个部门需要去跟踪的所有成果。此类说明的功能并不是列明项目应该去追求的所有成果，而只是列出那些核心的、最为重要的成果。例如，即使警务部门的任务说明中并没有涉及以公正和诚实的行为来实施执法活动，但也应该和犯罪清除率一样来跟踪那些针对警务人员的抱怨。

对**中间**成果和**最终**成果加以区分非常重要。这将有助于项目对最终希望的结果和有望导致那些最终结果（但有可能也或者不可能）的中间结果加以区别对待。下述讨论将借助定义和例证来强化说明这种区别。

中间成果。即有望导致最终需要的结果但其本身尚未完结的成果。中间成果的例子有：

  人们正在完成就业培训项目，而对项目的参与是**自愿的**。要说明该项目是如何成功地吸引顾客参与那些得到资助的培训课程的，不仅要考察参与情况，而且要考察完成情况。然而，完成只是实现改善这些人员完成该项目的条件的第一步。

  遵从一项获得政府资助的健康项目的建议，国民正在尝试某种更好的饮食习惯（或许可以在该政府项目完成 12 个月后，通过对顾客的调查来进行评估）。期望这种行为的改变会给参与者带来更好的健康水平，但由于这是不确定的，因而是一种中间成果。

  一个州或地方政府部门正在完成某项由联邦政府项目加以鼓励和支持的综合性行动规划（出于自愿接受援助）的开发工作。对联邦政府来说，可以将州或地方政府实际上完成的某项合理规划看作实现服务质量提升的最初阶段，尽管它并没有告之有关服务改进最终成果的任何信息。①

---

① 从单个州或地方政府的角度来看，完成自己的规划就是一种产出。

> **专题 2-3　可能与建立在最终成果基础上的侧重点不一致的遵从态度**
>
> 　　1998年6月,美国审计总署指出联邦政府的开端(Head Start)项目提出的一系列绩效标准实际上是界定地方政府活动而**非成果**的项目规则。受助人在运行他们项目的过程中必须遵守这些规则。审计总署的报告继续谈到:"卫生和公共事业部通过监控和强制遵从这些规则的方式来确保地方政府对项目执行的质量。"尽管对遵从的监控为遵从提供了激励因素,但是**这可能也或者不可能产生有效率的服务**。如果就此类遵从态度继续作为项目首要重点的程度来说,按照结果进行管理和建立在最终成果基础上的绩效评估的真实意图将会受到极大地削弱。审计总署的报告明确指出了这种局限性并指出,卫生和公共事业部"在接下来的几年内"打算提供有关真实项目成果的信息——诸如参与项目的儿童及其家庭在识字、读写能力和社会技能方面获得的收益,以及这些家庭实现经济与社会自立的程度。
>
> 　　资料来源:美国审计总署,《开端项目:监控项目质量与展示结果中的挑战》(Head Start: Challenges in Monitoring Program Quality and Demonstrating Results),华盛顿特区,1998年6月。

　　就大多数部门和产品而言,什么是产出或什么是中间成果是非常清楚的,但也有例外。其中,一个例子就是为了实施执法项目而拘捕的人数。许多人认为拘捕是产出,因为这是由机构雇员所采取的行动。另一方面,拘捕牵涉到被拘捕的人员及其家人这些部门外部的公民。从这个意义上来说,它们被看作是中间成果可能会更好一些,而且它们通常表明使罪犯接受法律制裁这一过程的开始。

　　其他例子还包括:为顾客提供服务的质量好到何种程度,如对服务呼求的回应时间等。

服务质量的特性：一种特殊类型的中间成果。质量表明以对客户具有重要的特性为基础所提供的一项服务的好坏程度。它并未说明在服务提供后产生了什么结果。尽管服务质量的特性并不意味着最后的结果，但由于这些特性对项目所面对的客户而言很重要，因此可以把它们看作是一个部门应该进行跟踪的中间成果。专题2－4描述了是某个政府部门为跟踪一个项目而提出成果清单时需要加以考虑的质量特性。

专题2－4　可跟踪的典型性服务质量特性

提供服务的及时性

服务的可及性及方便程度

● 场所的方便程度

● 工作时间的方便程度

● 在客户需要服务时可得到工作人员的帮助（通过电话或面对面的方式）

在处理客户的服务吁求过程中提供协助的准确性

提供服务时的谦恭态度

就服务内容和获取方法的信息向潜在用户传播的充分程度

客户使用部门设施的条件和安全性

客户对服务提供的某一特定特性的满意度

有些人将质量特性（例如对服务吁求的回应时间）看作是产出，因为它们代表着产出物的特性。然而，如果期望某种特性对客户很重要，那么最好将其看作是一种中间成果，而不是产出。因为质量特性通常对于客户来说很重要，为了有助于确保政府部门给以恰当的关注，将它们看作成果更合适。

对于某些客户及在某些环境下来说，一些质量特性是极为重要的——甚至可以被看作是最终成果。例如，对于低收入家庭而言，能够及时并准确地领取到补助支票（社会保障或其他的政府补贴支出）非常重要。否则,这些家庭将不能支付账单并有可能因付不起租金而没地方住或忍饥挨饿。

最终成果。 这些是项目想要达到的结果——更一般地来说,对项目的客户和公众是具有重要性的生活境况。举例来说,如果最终成果是健康、安全、教育成就、就业和收入或者是体面的住处等方面,诸如:

降低特定疾病的发病率

提升学生的考试成绩

降低犯罪率

减少校园暴力①

减少拥有低标准住房的家庭数量

增加家庭的真实收入

减少靠社会福利生存的家庭数量

对于某些项目而言,我们可以将顾客对某项服务**结果**的满意度看作一种最终成果。例如,顾客对公园、图书馆、娱乐活动和文化项目体验的满意度评价,或者孩童对儿童福利机构所安排的家庭的满意度评价,都有可能被很多公众看作是最终成果——尽管这些项目的目标不仅局限于满意度,例如一家图书馆的任务是增加公众获取信息的机会。

许多项目**既会产生短期的最终成果也会产生长期的**最终成果。教育就是一个典型的例子。教育项目在初期会提升学生的学习能力,但在日后也会帮助学生找到工作并获得效高的收入。就业能够支撑一个家庭并降低对社会福利的依赖度,是教育项目的长期成果。然而,诸如与受教育后的就业与收入水平这样的长期成果有关的信息,在初期却不足以引导项目工作人员在他们当前所从事的大多数活动中取得成功。因此,需要跟踪短期的最终成果以便鼓励正在实施的项目带来的状况改善。例如,与学习能力和辍学率有关的短期最终成果,是教育管理者、教

---

① 有些人将此看作一项实现学习环境改善所需的中间成果。

育工作者和父母最为关心的成果——正是由于这样的原因,所以可以被看作最终成果。专题2-5总结了某些涉及中间成果和最终成果之间关系的其他问题。

五、效率和生产率

一定数量的投入与一定数量的产出(或成果)之间的比率被称为**效率**。换个角度来说,一定数量的产出(或成果)与一定数量的投入之间的比率被称为**生产率**。它们在数值上是相等的。

效率和生产率都习惯将成本与产出联系在一起(经济学家称之为**技术效率**)。然而,就绩效评估系统提供的**成果**(有时被经济学家成为**分配效率**)信息的程度来说,它所提供的是有关效率和生产率更为真实的写照。这是因为对产出—投入比的强调使其对管理者来说具有了一种在损失结果和服务质量的情况下增加产出的诱惑。

> **专题2-5 涉及中间成果和最终成果关系的其他问题**
>
> 按照定义,中间成果产生于——预计有助于导致——最终成果之前。**因此,中间成果对项目管理者来说是重要的,并通常能够比最终成果提供更为及时的信息。**例如,客户完成就业咨询项目(中间成果),这预计会发生在项目完成之后。对于长期最终成果而言,相关资料很多年都难以获得(如减少因吸烟带来的对健康的不利影响并实现有回报的职业生涯),项目能够有效地关注短期最终成果(如减少吸烟和提升学习能力及技能)。有大量的证据表明,减少吸烟和提升学习水平与技能能够对长期的最终成果和中间成果产生直接影响。
>
> **提前产生的成果并不必然意味着它就不是一项最终成果。**例如,家庭咨询项目希望既在短期内也在长期内培养更为稳定和快乐的家庭生活。某些处置行动会很快产生结果(对饮用水的净

化),而要想使水质得到显著改善则需要通过多年的努力(清淤河道)。

考虑中间成果的另一个重要优点是项目**几乎总是对中间成果而不是对最终成果的影响更大**。例如,许多联邦政府项目(如教育、卫生、公益服务、住房与社区发展以及就业项目)向州、地方政府机构以及/或者非政府组织而不是直接向社会公众提供资助。联邦政府追求并由这些组织所实现的变革能够被看作是中间成果。联邦政府项目对这些中间成果会比最终成果具有更为直接的影响力,当然也会受到许多其他因素的影响(如家庭环境与动机)。同样的情况也适用于通过地方政府来完成的州政府项目,以及通过企业或民营/非盈利组织来完成的地方政府项目。

中间成果通常与借助项目得以提供服务的特定方式有关,而最终成果通常不会因服务提供方式的变化而变化。例如,试图改善河流和湖泊水质的政府能够运用多种手段实现这一目标,如提供资金进行废水处理、向特定类型的企业提供技术援助以及鼓励更低层级的政府颁布更为严格的法律和法令。诸如此类的每一种手段都可能有自己的中间成果。然而,如果不考虑手段和方法,只有像河流和湖泊的水质这样的最终成果才是适用的。

以成果为基础的生产率指标的例子有:

完成政府培训项目后每一美元项目成本(或每一项目雇员工作时间)实现就业的人员数量

表示接受的服务对其有显著帮助的每一美元服务成本(或每一雇员工作时间)的客户数量

把这些比值翻过来,它们就变成了效率指标。

例如,如果有160位客户表示得到了显著的帮助,而该项目的成本是96 000美元:

效率＝$96 000/160＝每位客户所得到的帮助是$600。

生产率＝160/$96 000＝每$1 000帮助了1.67位顾客。

对于任一**成果**指标，都可以计算效率和生产率比。然而，对于融合在这些比值中的**成果**指标来说，成果需要表述为得到最充分利用的内容。我们以犯罪为例。尽管便于计算，但如果以"每报告一起犯罪的成本"作为效率指标则毫无意义（虽然它在评估犯罪对一个社区的总成本的情况下是有意义的）。此处可以得到最充分利用的产出是**被阻止的犯罪**。"每阻止一起犯罪的成本"将会是极为合适的指标。但遗憾的是，与因某个项目而被阻止的犯罪有关的有用信息常常很难获得。（如果能够产生可信的信息，那么对被阻止犯罪数量的估算也要进行特别研究，而这些研究通常都是代价高昂的，即便如此，所得到的估值也有可能是高度不确定的。在大多数防范型的项目中都存在这样的评估问题。）

运用产出来计算效率比是普遍的做法。然而，迄今为止，运用成果来计算效率比的做法却极为罕见。这部分是因为公共或民营部门在过去提供的成果信息非常少。随着各级政府部门、民营和非营利组织开始越来越多地应用基于成果的绩效评估系统，想要更多地应用基于成果的效率比也就变得越来越具有可能性了。

六、工作量的特性

如果政府部门想要充分利用绩效信息，那么就需要收集那些与项目正在投入的工作数量（有时称为**需求**）以及该项工作的关键特性（如那些与其难易程度有关的特性）有关的信息，并将其与成果信息联系起来。因此，一个处理相关申请的项目需要那些涉及即将进行的工作量的复杂程度的信息。一个与企业客户打交道的项目需要的信息涉及每一家企业的业务分类、规模与地点。一个道路维护的项目需要关注特定路段的交通数量、种类以及土壤条件。为了有助于说明病人治疗效果所发生的变化，一所医院需要那些与病人病患的严重程度有关的信息。

与此相类似的是，运用多种服务提供手段的项目需要获得那些与用以产生特定产出和成果的特定手段有关的信息。对具有相似问题的客户提供援助的数量和种类可能会有所不同。对于同类工作，项目部门可能利用私人承包者来完成它们的部分工作，也可能利用自己的雇员来完成其他的工作。项目部门需要了解运用何种手段完成了何项工作，然后再将取得的成果与每一种手段联系起来。

七、解释性信息

应该鼓励项目部门提供解释性信息（定性的或定量的），以便帮助绩效报告的读者正确地理解信息——尤其是对于那些比预期差（或更好）的成果。在某些情况下，这可以是有关内部因素（例如项目部门在报告期内意外地损失资金或关键人物）的信息。在其他情况下，这种解释性信息将有助于说明项目部门很难或无法控制的外部因素（例如经济环境的重大变化或极其不正常的天气条件）。

八、影响

在涉及那些能够对项目实际**导致**的特定成果的程度做出判断的信息时，有很多分析者开始使用"影响"这个术语。[①] 例如，可以像下面这样来界定一项影响指标：**预期因实施该项目**，生育健康宝宝的年轻母亲的人数。（如果没有这个项目，她们可能会失去孩子或者孩子有大量健康问题。）

然而，**可能从正在运行的绩效评估系统中获得的成果信息将会非常少，也很少能够说明项目导致的成果的影响程度**。其他影响因素也不可避免地存在——项目只能对此进行部分控制。例如，某些参与者可能会因为来自家庭和/或卫生保健专业人士的压力停止不健康的生活习惯，

---

① 某些政府部门使用影响这个词以指社会成果，以便于和对个人的成果区别开来。若将此类社会成果看作是范围更为广泛的最终成果会更好。

而不是由于项目本身的缘故。就像正式的项目评估一样,有时深入的研究能够就项目对某些成果的影响做出很好的判断。既然是有效的,那么项目的绩效报告也应该包含这些信息。

由于获取影响信息需要耗费时间和成本,因此,这样的信息只有在很少的情况下才可能对任何既定的项目(或既定类型的项目)有用。

产出还是成果?高难度分类的指标

许多服务的属性容易进行分类,但有些则不然。这里所列举的例子就是某些引发了大量争议的典型属性。

一、顾客参与度

参与一个项目的客户人数是一个含糊不清的指标,因为它取决于使用的特定情境。

如果参加项目是强制性的,那么参与的人数充其量只能算作产出信息。

对于那些自愿参与且包含了以吸引顾客(诸如就业培训项目和职业发展活动)为目标的活动的项目而言,能够将参与度归类为中间成果,因为它取决于项目吸引参与者的能力。与此相类似的是,对于那些直到活动结束仍旧能够留住参与者的项目来说,能力是另一项中间成果。完成度要比参与度更为重要,因为它表明活动拥有足够的吸引力,能使客户一直坚持到培训项目结束为止。

对于像公园、娱乐设施、图书馆以及公共交通这样的公共项目和诸如男孩和女孩俱乐部(boys' and girls' clubs)这样的私人项目(对所有活动的参与都是自愿的)来说,可以将参与人数看作一项中间成果。(产出的例子如拥有的项目或班级数量、公交车里程数以及购买的阅读材料数量等。)也可以举一个很好的例子来加以解释,如果把从活动中得到快乐看作项目的主要产品,那么参与度就是此类项目的一项最终成果。

二、顾客满意度

正如先前强调的那样,在追求成果的过程中,一条指导原则就是确定那些对公众和直接客户有直接关系和价值的要素。由于客户满意度以及如客气程度和便利性等与之相类似的服务特性符合这种性质,因而它们在此处也可以算作成果。[①]民选官员和捐助机构也一定视它们为成果。

这些服务特性属于什么样的成果?因为它们并不能代替对客户在接受服务后真实情况的评估,所以它们通常属于**中间**成果。例如,接受就业和培训服务的顾客满意度从根本上来说和这些客户是否能够找到工作的重要性无法同日而语。(但**对其工作的满意度**也不会对这些客户具有重要意义吗?)

对于某些特定的服务——例如娱乐活动、图书馆或婚姻咨询——来说,顾客满意度能够作为最终成果。即便如此,满意度也很少会成为唯一追求的成果。为了全面了解一项服务的绩效,在顾客满意度具有重要性的几乎所有情况下,也必然包含着其他的成果。

三、对服务吁求的回应时间

有些人将回应时间看作产出,而另外一些人则将其看作中间成果。由于回应时间通常是客户直接关心的问题,所以我将其放在中间成果的种类中。基于相同的逻辑,客户对其吁求回应时间的满意程度也属于中间成果。

各种绩效信息类型之间的关系

以图表的方式,运用一个逻辑模型(成果序列图)来说明用于进行绩

[①] 某些分析者将这些服务特性看作是产出,这降低了它们的重要性。但幸运的是,即使是这些分析者,也经常认为应该对这些服务特性进行评估和跟踪。

效评估的相关因素的统一性,是对刚刚讨论过的信息种类间的连贯性进行总结的一种非常有用的方法。基于美国联合之路(United Way of America)①所提供的材料,专题 2-6 展示了这样一套方法。

> **专题 2-6　公共事业项目的逻辑模型(成果序列图)**
>
> | 资源 | 服务 | 产品 | 中间成果 |
> | --- | --- | --- | --- |
> | 资金 | 收容所 | 讲授的课程 | 新知识 |
> | 工作人员 | 培训 | 进行咨询的场次 | 增长的技能 |
> | 志愿者 | 教育 | | 态度与价值观的变化 |
> | 设施 | 咨询 | 分发的教育资料 | * |
> | 知识与储备 | 指导 | | |
> | | | 提供服务的时间 | 被矫正的行为 |
> | | | | * |
> | | | 接受服务的参与者 | 获得改善的条件 |
> | | | | 被改变的状态 |
>
> 资料来源:节选自《评估项目成果:一种实用的方法》(*Measuring Program Outcomes: A Practical Approach*),亚历山德里亚,弗吉尼亚,美国联会之路,1996 年。经授权重印。

用来对各种类型的绩效信息进行分类的一套前后一致的定义——可被用于所有项目——是任何一个绩效评估系统的基础。之所以会在同一个部门的项目之间一而再、再而三地发生混乱,是因为对术语的使用不够明确,前后也缺乏一致性。

定义(或标签)——发挥着重要的作用,能够使绩效信息的使用者明

---

① 美国联合之路(United Way of America),是一家位于美国弗吉尼亚州亚历山德里亚(Alexandria, Virginia)的非营利组织。该组织的主要任务是发现并解决紧迫的社区问题,如社区发展、教育、收入和健康等。该组织在全美范围内共拥有将近 1300 家"联合之路"办事处,与其他慈善组织建立联盟关系以为社区项目筹措资金并提供支持,同时也与包括学校、政府机构、企业、劳工组织等建立了广泛的伙伴关系。——译者注

确地区分那些具有不同含义和不同用途的信息类型。历年来有数不清的标签被用来对绩效信息进行分类。一个部门或一个项目选择哪一套特定的标签并不是首要问题。首要的问题是能够决定哪些项目应当进行定期跟踪。恰当的标签在这个方面很有助益。

第二篇
绩效管理与联邦政府：怀疑论者与狂热支持者

第三章　让绩效评估运转起来

阿兰·希克

1938年,当美国的公共行政运动达到高潮时,国际城市管理者协会(International City Managers' Association)的执行理事以及日后的一位诺贝尔经济学奖获得者联合提出了评估政府绩效的方法。在《评估市政活动》(*Measuring Municipal Activities*)一书中,克拉伦斯·里德利(Clarence Ridley)与赫伯特·西蒙(Herbert Simon)基于"一项工作或活动的**结果**表明了该项工作或活动在完成其目标过程中的影响"的主张[1],设计了一套评估体系。他们进一步提出效率也应当"根据其与支出、影响及绩效的关系来进行评估。"[2]里德利和西蒙创建了针对包括教育、卫生、市政工程、治安、消防以及图书馆在内的所有市政服务的评估指标。例如,他们认为对教育的评估不应只局限于对学生是否取得进步的测评,还应该包括学生的不法行为、旷课的发生率以及社区的文化水平。

就他们的著作对21世纪的绩效评估者可能具有的预见性而言,其

---

[1] Clarence E. Ridley and Herbert Simon, *Measuring Municipal Activities: A Survey of Suggested Criteria for Appraising Administration*. (Chicago: The International City Managers' Association, 1943), p. 2. 本书的第一版出版于1938年,是选取在国际城市管理协会杂志《公共管理》(Public Management)上每月发表的系列论文编纂而成。

[2] Ibid, p. 3.

意义远远超过了这是第一次对该主题进行论述的意义。在此之前的几十年中，那些致力于探寻量化标准的科学管理者、徘徊于效率改进的市政改革者以及探求合理分配公共资金方式的预算编制者们，使公共行政文献中塞满了各种用来评估和改进政府工作的新颖体系。事实上，里德利和西蒙是第一次绩效评估运动的集大成者，而非创始者。

站在新千年的角度来看，自里德利和西蒙以来，我们已经取得了长足的进步。公共部门的管理者和分析者已经开发出了如警务部门的回应时间这样的复杂评估指标，而这些在他们的那个时代还是无法想象的。公共部门的管理者和分析者拥有计量经济学模型以及折现技术（discounting techniques）、标杆和目标等等。当前有关绩效评估的大量文献在相当大的程度上充实了我们方法上的储备。

但绩效评估真的会远远超过 20 世纪 30 年代编制评估体系时的智慧吗？如果真是这样的话，为什么作为绩效权威的唐纳德·凯特尔（Donald Kettl）会说出这样的俏皮话："评估政府绩效就如同天气，每个人都会谈论它。……但就如何做却从来不会达成一致。"[①]正如将在随后加以说明的那样，我不同意凯特尔的观点，但当针对一项特定的指标是产出还是成果、某项指标属于中间成果还是最终成果、评估是应该测度收益还是仅仅测度效率等存在着无休无止的争论时，一定是什么地方出了差错。无疑，当经过几十年的耐心解释，而几乎就这一话题的每一次努力都只能是提出一套类似于投入和产出这样含糊不清的基本概念，如果这样的问题连普通公众都难以理解时，那么一定是出了问题。

这些没完没了的争论经常使人感到似乎绩效评估本身已经终结了，好像对绩效进行的评估除了制造评估指标之外已经没有其他的功能了。与此相关的一个问题是，如果绩效指标确实得到了应用，那么对它们的使用可能也是错误的，因为过分强调某些目标而忽视其他目标使得目标

---

① 引自 David Osborne and Peter Plastrik, *The Reinventor's Fieldbook* (San Francisco: Jossey-Bass, 2000), p. 249.

扭曲了行为。在很多情况下,对评估的强调导致了为了达到目标的要求而伪造结果或采取不负责任的行为。事实上,绩效报告不经过审计就像是财务报表不经过审计一样,向危害公共利益和滥用职权打开了方便之门。

而且,公布出来的数据仅是绩效的冰山一角而已,与重要的假设和模式有关的内容还都深深地隐藏在水面以下,超出了那些挑剔的旁观者的视线范围。20世纪90年代就发生了这样的案例。当时美国卫生保健筹资管理局(U.S. Health Care Financing Administration,HCFA)公布了数千家为享受医疗保险的病人提供服务的医院的死亡率记录。这些记录因声称病人在某些医院中死亡的可能性要高于其他医院而吸引了相当多媒体的注意力,但其像往常一样表明,城区中为穷人服务的医院的死亡率要大大高于那些为更为富有的病人服务的郊区医院。卫生保健筹资管理局声称这些记录经过标准化处理,考虑了年龄、性别、种族和病患的医疗条件以及其他重要的可变因素。但是,当最后发现记录所依据的模型带有倾向性时,卫生保健筹资管理局停止了对死亡率记录的发布工作。作为现代绩效评估的普遍特征,公布得分记录和排名表看上去似乎非常简单,但隐含在其后的数值运算和假设却通常是复杂的和存在疑问的。建构计分卡的方法是分配权重给一些变量,并计算每一个变量的数值,然后再将这些数值合并成一个单一的数据。等级排序又会进一步对不同"表演者"之间的得分进行比较。新闻记者之所以喜欢等级排序,是因为他们可以轻易地将结果联系起来。报刊的标题说本地的学校排在第5位或是第50位,当然,更可能的是在发表对那些用以计分的变量或分配给每一个变量的权重的看法。当绩效评估借助计分卡和排名表变成一场颇为吸引人的竞赛时,整个过程赢得广泛欢迎的代价就是被迫放弃严谨与稳健。

然而,并不能像对待一种具有误导性的怪念头那样对绩效评估漠然处之,因为各种各样的政治人物对待它都是欣然接受的。在2000年总统选举的决胜阶段,副总统艾尔·戈尔(Al Gore)认为,尽管他与乔治·

布什(George Bush)在很多教育政策上存在分歧,但"我们都赞成让学校承担全新的责任,实施新的绩效评估体系。"①既然共识已超越政党界限,谁又能反对应该让公立学校和教育工作者为结果负责呢?谁又能抵制收集那些正在实施的政府项目以及它们是否满足预期的信息呢?绩效评估服务于政府创新成为要求政府官员承担全新责任的一项基本要素。在联邦政府层面,1993年的《政府绩效与结果法案》(GPRA)以及许多热切关注评估的法案都对这个概念进行了明确规定;在州政府层面,它也在获得更优质学校以及改善其他项目领域的立法需求中得到了强有力的体现。

如果按照凯特尔的说法,"针对如何做尚未达成一致性意见",那么如何对绩效进行评估?如果对我们正在评估的内容没有形成一致性意见,那么我们又如何对绩效进行评估呢?在我看来,的确存在着问题,但却不是凯特尔所说的那个问题。问题不在于我们如何对绩效进行评估,而在于我们如何使用评估结果。我们往往对前者倾注了太多的注意力,对后者则明显不足。除了一些著名的案例之外,实施绩效评估的政府部门很少将评估结果应用在对其项目的管理之中。他们并没有将公务员的薪酬建立在绩效之上,也没有依据实际的或承诺的绩效让雇员为结果承担责任或分配资源。根据绩效编制预算的努力几乎都失败了,就如同发生在20世纪50年代的绩效预算、20世纪60年代的项目预算与"规划-项目-预算"制度以及20世纪70年代的零基预算和目标管理上的情况一样。20世纪90年代的新版本,以绩效为基础的预算,的确是太新了,以至于难以对其进行令人信服的评价,但如果它的境遇一点也不比其先前实施过的版本好,应该也不会有人感到奇怪。

许多绩效评估改善了公共政策或管理的说法都是传闻。当一项改革措施新出台,政客和官僚之流只是简单地看了看他们的文件夹就给普通的项目贴上迷人的成功标签时,拥有"成功故事"的活动都会开足马力

---

① Reported on CNN. Com, October 10, 2000.

运转起来。这样的案例在经过40多年的不断传颂后,作者深信它们中的大多数都言过其实,只有极个别真正成功的案例是例外。这些经过精挑细选的传闻使情况变得比它们的本来面目看上去要好得多,却并没有展示政府机构运转的真实情况。即使假设成功的证据是系统化的,但也往往是有缺陷的和误导性的。国会研究服务部(Congressional Research Service)的吉纳维芙·内佐(Genevieve Knezo)发现,在第105届国会(1997—1998)期间颁布的含有与绩效有关的条款的法律,是前一届国会颁布的相关法律的两倍。而且,她指出,第105届国会在各种委员会的报告中谈及与绩效评估和其他与《政府绩效与结果法案》相关事项的次数也明显增加。①然而,她所提供的资料只是证明了时髦术语发出了骚动的嗡嗡声——一旦一个术语获得青睐,聪明人就一定会利用它。关于绩效评估谈论得越多,它对法律和立法报告渗透得也就越多,但是措辞绝不会导致使用上的错误。如果有人想要获取有关《政府绩效与结果法案》真实影响的信息,最好还是去观察一下财政拨款的立法过程,大多数资金仍旧是按照以增量标准和政治影响为基础的传统方式缓慢划拨的。

绩效评估运动的重大错误在于组织能够通过对其绩效进行评估而发生改变这一观念的存在。这就是《政府绩效与结果法案》的逻辑,它将绩效评估设定成一连串的步骤,先是形成战略和绩效规划,然后产生绩效报告,最后是进行将结果与拨款(或者是有些人所谓的自筹经费)联系起来的绩效预算试点。这样的乐观情绪缺乏正当的理由,因为对于组织(公共组织与民营组织)而言,它们能够消化或歪曲有关绩效的信息而不会在行为方面做出显著的改变。绩效信息只有在得到应用的情况下才能对行为产生影响,而只有当有机会和激励促使这样做时,它们才会得到应用。

我认为组织在对结果信息的应用方面一定会发生改变。如果这个

---

① Genevieve J. Knezo and Virginia A. McMurtry, "Performance Measure Provisions in the 105th Congress: Analysis of a Selected Compilation ", Congressional Research Service, January 7, 1999.

观点是对的,那么组织的变革也只能是发生在绩效评估之前,而不是之后。这是在"英国的未来进程"(Britain's Next Steps)方案中使用的改革安排。首先,政府通过分离部门的服务职能和决策职能的方式建立了新的机构。然后设定绩效目标,组建了一百多个部门,赋予每一个部门独立运营的权利并制定章程阐明其责任和需承担责任的行为标准(称为"框架性文件")。每个部门都会与主管部委就其负责的年度绩效目标展开磋商,并且每个部门就实际结果与这些目标的完成情况进行比较。"未来进程"改革通常被看作是英国公共管理领域最有效率的革新。尽管改革是由保守党(Conservative Party)发起的,1997年工党(Labour Party)执政后继续推动并进一步深化了改革。

"未来进程"改革之所以会取得成功,是因为新建立的独立运作部门和获得重新授权的管理者能够使绩效指标得到良好的应用。如果英国政府将这个顺序颠倒过来,绩效评估指标之间可能就没有什么区别了。

在将其用作组织管理和资源支出所依赖手段的过程中,绩效评估会面临真正的考验。下一部分将明确阐述将绩效信息融合进管理决策和行为的各种途径。这一过程开始于简单的评估行为,经过各种提供信息的手段,结束于绩效预算。

通过对上述各个方面的考察,本章将提出一套有效利用绩效评估指标的方案,该方案将围绕用来提升和测度变化以及评估活动和服务成本的报告、标杆和审计展开。我相信,美国的各级政府如果能够遵循这样的逻辑顺序,绩效评估实践将在未来得到极大地改进。

运用绩效信息

服务提供者、政策制定者、政策分析者以及客户或顾客等群体对绩效评估的成果感兴趣,这是情理之中的事。要使他们感兴趣,就必须让这些人参与提出隐含在评估指标之中的假设并适时获知评估结果。那些被封闭起来的高水准评估指标是不会发生任何作用的(就如不久前涉及学校和医院绩效评估指标的通常做法一样)。表3-1列举了可供各级政府沟通绩效信息的各种机会。这份列表从简单的评估开始,以绩效预算结束。因此,至少就关键时点上的资源分配来说,这是一个从最简单步骤到最困难步骤的过程。其他人或许会提出不同的意见——例如,人力资源管理者或许会强调绩效工资(pay-for-performance)方案——但重要的不是项目而是按层次使用的观念,即每一个步骤都是建立在先前应用的基础上。①

表3-1 运用绩效信息

运用	目 的
绩效评估	为明确提出预期绩效及对管理者和结果进行评估**提供**基础。
绩效目标	**告知**管理者期望他们实现的结果并建立评价效绩的基础。
绩效报告	**比较**实际的和设定的绩效,并提供记分卡以便使公民/顾客对其获得的服务进行评判。
绩效审计	对绩效报告的可信度和相关性进行独立**评估**。
绩效标杆	根据最优秀的生产者取得的结果**设定**绩效目标。
绩效合同	就产出和价格在政府与供给者之间**达成**正式的一致意见。
绩效预算	以预期绩效为基础**分配**资源:将资源的每一次增加额与特定的结果增量联系起来。

目标。正如之前所述,除非能够带来绩效信息的创造性应用,否则评估不会取得太多成就。对目标进行详细说明就是这样的一种用法,它可以将所预期的结果告知管理者并设定测度他们绩效的基线。与其他绩效评估指标相比,目标具有两个特征:目标都会提前得到详细说明,并且很少表现为数字的形式;目标为测度结果提供信息,它们的主要目的是通过评估来影响绩效。设想一下,如果向政治人物和/或管理者提供了所预期的信息,那么他们的行为将会与没有得到这样的信息时有所

---

① 参见 Robert D. Behn 在 2000 年 11 月公共政策与管理协会秋季研讨会上提交的论文,"Why Measure Performance? Different Purposes Require Different Measures"。

不同。

  目标之所以能够改变政治或管理行为，是因为为了引起特别关注而选取了绩效的特定方面。在每一个方面都设定目标就等同于什么目标也没有设定。"英国的未来进程"方案在对目标的运用方面非常有效。英国政府在对前一年的目标和结果进行比较的同时，也公布了"未来进程"近150个部门中每一个部门的年度目标。

  美国的学校责任运动对目标的应用也非常广泛，但通常都是趋于规范和标准的形式。我对类似学生毕业率这样经常导致政治化结果和缺乏实践基础的规范性标准十分谨慎。在苏联和其他项目经济国家使用的那些规范化目标都带有破坏性的结果，因为它们扭曲了激励因素并导致资源错配。由于这些目标很少以数字化的形式来表示，所以选择正确的目标很重要。如果单独挑出阅读得分作为教育的目标，那么学校管理者和教师就很有可能安排更多的教学实践给阅读训练而不是其他的活动。尽管没有办法完全消除这种负面影响，但绩效评估者还是应该关注实现需要的结果，而不是那些不需要的结果。

  绩效报告。通过比较目标绩效和实际绩效，这些报告使得绩效评估向前迈出了一大步。绩效报告所关注的恰恰是先前目标所确定的范围，而不是去分析信息是否真正有效。《政府绩效与结果法案》正是打算要求联邦政府部门按照这样的方法来进行绩效报告。

  然而，绩效报告只要有一个观众就是有效的——如果其结果能够引起关注的话。民主国家中的社会公众和媒体要比专制政体中的社会公众和媒体更为警觉，富有的受惠者要比贫穷的受惠者更有可能运用其接受到的与服务质量有关的信息，诸如卫生和教育这样直接提供给国民的服务，要比那些与国民联系不太直接的服务更有可能引发关注。显而易见，正如在20世纪80年代之前发生在许多美国社区的情况一样，如果学校的绩效得分对外保密，也就不可能形成对改善教育质量的支持力量。

  先前讨论过的计分卡和排名表也属于绩效报告的形式。由《美国新闻和世界报道》(U. S. News and World Report)发布的大学排名的知名度以及由众多利益团体发布的数不清的各种排名足以证明其存在下去的理由,这些绩效报告也得以站稳了脚跟。格雷沙姆定律(Gresham's Law)①也会在绩效活动中发挥作用:**简单的报告淘汰了复杂的报告**。因此,尽管计分卡通常显得过于简单,但却赢得了观众。

绩效审计。使用的绩效信息越多,对以通过选择并为变量赋予权重这种方式来控制结论以便得到想要的结果产生的激励也就越强。为了避免出现这种倾向,某些政府部门试图从分类账的财务方面到涵盖实质性结果的领域来扩大报告审计的范围。20世纪90年代政府会计准则委员会(Government Accounting Standards Board, GASB)在对服务和任务评估指标的设计过程中投入了相当大的精力,加拿大和瑞典的审计机构也对审查政府部门绩效财务报表的可行性进行了研究。②

绩效审计有两个发展方向:一个与财务审计相类似,审计者的作用仅仅局限于判断绩效财务报表对结果的表述是否合理和准确;另一个则是要求审计者设计被审计部门必须遵照执行的报告准则。尽管审计是绩效评估中一个极为重要的方面,但在明确审计者的地位以及划分审计者与被审计部门之间的责任方面还有很多工作需要做。瑞典早期的经验并非振奋人心,其国家审计署(National Audit Office, NAO)有将近100位绩效审计师的工作人员队伍。根据国家审计署的说法,"审计不能既保证绩效审计的可靠性,又保证年度报告其他部分的可靠性。重要的是要消除审计确实能够保证的内容以及对审计感兴趣的各方所期望的

---

① 格雷沙姆定律(Gresham's Law),也称为格雷欣或格雷辛法则,即通常所说的"劣币驱逐良币"法则。16世纪的英王伊丽莎白有位名叫托马斯·格雷沙姆爵士(Sir Thomas Gresham)的顾问,他发现市场上流通的货币在流通中磨损而重量不足,人们便把"足金"储存起来,熔化成金属块,甚至转运出口,只把"不足"的拿到市场上使用。在大约300年后,英国经济学家麦克劳德(MacLeod)将此种现象归纳为"劣币驱逐良币"(Bad money drives good money out of circulation),并命之为"格雷沙姆定律",成为经济学理论中的一大定律。——译者注
② 在美国,政府会计准则委员会对规定服务任务和成绩的报告准则的可行性进行了研究。Harry P. Hatry and others, *Service Efforts and Accomplishments Reporting*: *Its Time Has Come* (Norwalk, Conn: Governmental Accounting Standards Board, 1990).

内容之间的'期望值鸿沟'。"①到目前为止,通过降低对审计能够做什么而不是对绩效评估指标有可能是什么的期望值,已经大大弥补了这一鸿沟。

绩效标杆。标杆管理是众多管理实践中的一种,它在过去10年间从商业企业移植到了政府组织。就其核心内容而言,标杆管理的目标是通过激励管理者实现与可比较的或绩效最优的组织相一致的结果来提升绩效。因而,标杆管理能够与前面提到的三种方法——目标、报告和审计——结合起来。实践与规则的不同之处在于其目标是描述性的而不是规范性的,是激励性手段而不是解决方案。标杆管理也不同于通常以假设的综合得分和层次为基础的绩效排名。标杆通常是线性的并仅侧重于绩效的某一个方面,如成本、生产率或顾客满意度。

这样的侧重点使绩效管理建立在一种更为合理的经验基础之上,它不使用引申的或有疑问的假设来消除那些经过排序的组织之间的差异。标杆管理并不会做"为什么一个组织的成本或结果要高于或好于另一个组织"这样的假设,它只是记录这些差异,从而驱使管理者去探究产生这些差异的原因并采取适当的行动。

然而,问题在于用来解释绩效的条件并不是单一的,可以有很多因素说明为什么一个组织要比其他组织更有效率。这些因素或许包括地点、设备及劳动力的年龄、文化特征、管理者的品质、内部控制以及生产方法。企业不会忽视这些成本差异的"驱动因素",因为市场会惩罚低效率的厂商。为了保持竞争力,一家企业必须努力降低成本。但是在公共部门却能够为这种差异进行辩解。在企业部门,标杆管理是一种推动进步的动力;在政府部门,它却经常是一种寻找托辞的动力。

绩效合同。绩效合同将目标转换为政府与其下属部门(或外部供给者)之间就开支和生产数量达成的正式协议。此类合同可以表现为绩效

---

① Organization for Economic Cooperation and Development, *Modern Budgeting* (Paris: author, 1997), p. 112.

协议的形式，例如在重塑政府运动前几年由前总统克林顿和各部领导人通过协商达成的那些绩效协议，或者是以备忘录的形式就某个特定时期所阐明的期望值达成的一致意见。通过高级管理者与其下属之间的协商，绩效合同也能被向下延伸至政府官僚组织。

不幸的是，这些绩效合同通常并不能设定合法的强制性要求。作为绩效合同的签约方，政府在内部供给者未能依据合同条款实现绩效的情况下是没有多少追索权的。如果政府为了建立内部市场而通过将服务供给者与政策制定者分离开来的方式进行改组的话，那么这样的绩效合同显然不可能更为有效。内部市场不是真正的市场，而内部合同也不是真实的合同。

但即使没有强制执行的要求，绩效合同还是有助于确立绩效预期与缔造基于产出的政府和服务提供者之间的关系。新制度经济学有时用"关系型契约"（relational contracting）这个术语来描述这些预期。① 它们在结果方面有什么不同吗？几乎没有证据表明公共部门运用的此类绩效合同会产生这样的影响。

绩效合同经常与公共管理领域的另外两个变革联系在一起，一是在资源利用和履行责任方面扩大管理者的自由决定权。二是在政府中引入新的问责方式。前者是签订绩效合同的先决条件，后者则试图弥补绩效合同的内在缺陷。显而易见，如果一方或另一方缺少履行条款的自由，那么是不可能签订绩效合同的。因此，能够使管理者就绩效做出承诺的一项必要措施就是使他们摆脱**事前**控制，但或许这还不够充分。同样，或许需要诸如绩效审计这样新的问责制度来强制执行绩效合同的要求，但它们似乎也没有能力让管理者们表现得更好。

绩效预算。绩效预算是列表上的最后一项，它意味着对绩效评估指标的最充分利用，因而也是最难实施的一个环节。绩效预算可以有两种

---

① Oliver E. Williamson, "Transaction-Cost Economics: The Governance of Contractual Relations", *Journal of Law and Economics*, vol. XXII (October, 1979).

形式：欠周密的绩效预算仅仅对所期望的结果加以具体说明但缺少结果与支出水平的明确联系，而严谨的绩效预算却能将资源增量与绩效增量明确地联系在一起。

作为执行者的组织

在评估绩效的过程中，成千上万的管理者和分析者对投入与产出，以及收益、结果、成果和效用这样的术语之间的区别都有所了解。他们被灌输了这样的观念，即：应该加以评估的不是投入或用来获得结果的过程，而是结果本身。但是当代一项针对绩效评估的最为流行的创新却公开违背了这一信条。"平衡计分卡"只将产出看作是四组相互联系的绩效评估指标之一，其他三组涉及内部流程和活动、员工素质和情绪以及顾客需求和满意度。① 就管理者关注所有方面而不只是一个方面的意义而言，这四组评估指标是得到均衡考量的。然而就给四组变量的每一个（以及每一组中的分项变量）打分的可能性而言，对组织及其内部流程进行识别所获得的重要成果也是至关重要的。

这种方法是在20世纪90年代初期为了回应这样一种日益成熟的认识而为企业设计的：即财务结果对于能够决定未来能力的所有因素来说并不是一个恰当的评估指标。正如罗伯特·卡普兰（Robert Kaplan）和戴维·诺顿（David Norton）这两位计分卡的创立者所解释的那样，它代表着一种平衡：

> 这种平衡得以在为股东和顾客所使用的外部评估指标和涉及关键性业务流程、创新、以及学习能力和增长的内部评估指标之间形成。评估指标在成果指标——过去工作的结果——与驱动未来绩效的指标之间实现了平衡。而且计分卡在客观的、易于计量的成

---

① Robert Kaplan and David Norton, *The Balanced Scorecard: Translating Strategy Into Action* (Boston: Harvard Business School Press, 1996).

果指标和主观的、能够起到某种判断作用的、作为绩效驱动因素的成果指标之间也实现了平衡。①

在一个绩效指标的包容世界中,这是一种什么样的新奇方法?它为什么能够迅速在美国的各级政府中得到应用?对于像哈里·哈特利这样的绩效指标设计先驱来说,平衡计分卡是一种倒退。他担心平衡计分卡可能会使公共管理者感到困惑,他们被告知关注成果是评估系统发展演变的最后一步。"在绩效评估方面已经做出了相当大的努力和进步。与越来越多对绩效指标基本层次的认识一道,在它周围已经发展出一种相当具有普遍性的语言。"哈特利担心,平衡计分卡"意味着所有这些领域都具有相同的价值。但是我们一直以来都试图让政府官员去关注成果。……存在着一种向过分强调内部流程回潮的危险。"②

平衡计分卡最终也将成为这场没完没了的管理改革盛典中的另一个"红极一时的宠儿",那些从流行时尚中大捞一笔的企业家对它的推广不遗余力,然后就将其丢弃到失败改革的垃圾堆里。然而,我觉得平衡计分卡还是告诉了我们一些有关绩效评估最新技术进展的信息。正如我们注意到的那样,计分卡很流行。但更为重要的是,它表明传统的评估指标并不足以覆盖那些生成产出和成果的全部因素。或许是由于错误的原因,平衡计分卡看上去好像是在正确的地方进行绩效评价。它所评价的是制造产出的那些组织的质量和能力。

通常那些侧重于产出评估的研究文献都会回避一些基本性的问题:"结果从哪来?""居于评估指标体系核心位置的产出和成果是谁制造的?""需要做什么才能实现想要的绩效以及由谁来做?"绩效并非来源于上帝的天赐之物,它需要对组织进行系统安排、动员并提供资金以便让它们从事创造结果的活动。绩效评估却经常忽视这一简单的事实。如果接受这一事实,那么评估就应当是《政府绩效与结果法案》流程最后阶

---

① 同本书第48页脚注①,第10页。
② Jonathan Walters, "Buzz over Balance", *Governing* (May, 2000), p. 60.

段的一个步骤,而不是第一步。就应当更多地强调对组织的改造和更少地强调对结果的评估。事实上,从过去改革失败的经验来看,绩效评估有大量值得借鉴的东西是与组织有关的。上文提及的每一次预算改革的失败都有各自的原因,但所有的预算改革都存在共同的缺陷。它们认为,即使没有驱使那些制定和执行预算的组织去好好表现,预算编制也会以绩效为导向。

相反,平衡计分卡试图评估组织能力。20世纪90年代中期,当新西兰政府邀请我对其公共部门改革进行评价时,我就亲身感到这是一项艰苦的工作。[1]新西兰模式的一个组成部分就是将作为产出购买者的政府角色与作为这些政府部门所有者的国家机关的角色区分开来。政府购买产出的利益是短期的,它关注的是当前或下一个财政年度产生的产出。而政府所有者的利益则是长期的,它所考虑的是公共部门回应未来需要及需求的能力。尽管设计了各种方法来测度购买者的利益,如产出预算、采购协议以及绩效报告,但政府缺乏可资比较的工具来评估其所有者利益,这正是平衡计分卡可以适用的地方。它引发对组织能力的关注并将绩效与提供服务的实体联系起来。即使平衡计分卡没有取得持久性的成功,但它也应该能够清楚地阐释与流程有关的信息,如员工培训和道德感、内部控制、顾客利益等。

变化的绩效

大多数绩效评估指标都是简单的描述,它们表明的是某一个特定时期内产生的产出数量,或在某一特定时点上的成果数量。这些简单描述可以形成有用信息,但它们并不会揭示与绩效有关的所有重要信息。站在政策制定者、服务提供者和社会公众的角度来看,关键的绩效问题应该是:政府行动的结果会有什么不同? 这个问题在公共活动的每一个领

---

[1] Allen Schick, *The Spirit of Reform* (Wellington: The State Services Commission, 1996).

域都能被分解成特定的绩效评估指标。例如,在教育领域,会有多少学生因为更小的班级规模而达到标准化考试的第 60 个百分位数?会有多少学生因为增加了辅导员而上得了大学?会有多少残疾学生因为特殊教育水平的提升而成为教育的主要对象?尤其是从预算的高度来看,关键的政策问题在于和先前的年度相比,或多或少应该提供的产出是多少,因此,应根据从预算来看随后形成的产出和结果变化来确定绩效指标。

效用的概念融入了变化的观念。要有效就要有所不同,就要生产那些没有行动就不可能出现的结果。然而,有效性在绩效活动中并不受欢迎,而且大多数产出和成果指标都被表述为绝对值——而不是依据原来的(或"默认的")条件。

在绩效的常规指标中体现变化是可行的。一种方法可以确立一条服务的基准线,使其与广泛运用于预算编制和分析的支出基准线并列。如果现行政策持续不变的话,支出基准线代表着在接下来一年或今后几年中计划产生的开支额度。这一基准线会根据经济条件、项目的工作量及估算误差的变化定期作出调整。根据定义,一旦做出这样的调整,任何基准线的变动都是政策变化的结果。经评估得到的此类变化的货币价值就体现了变动的大小。与之类似的一条基准线也可以估算出在现行政策得以继续而不发生变化的情况下将会提供的服务类型和数量。在相互关联的情况下,应该有可能在这条基准线上构建定性指标。许多问题都可能在确定基准线的过程中得到解决,但它们本身并不会比确定支出的基准线更为困难。这两类基准线都依赖于假设、估测准则、修正预测的程序等。就像政府对项目方案的成本进行测算一样,它会测算政策变化对服务带来的影响。

如果确定了一条服务基准线,就可以将绩效目标描述为预期实现的变化。例如,可以根据在回应时间、罪犯逮捕率以及其他指标上估测到的变化,对重组警务部门或向其拨付更多资金的提案进行评估。此类以变化为导向的信息将极大地改善对预计或已实现的政策变化可能带来的后果的理解，并且可以为评估政府项目提供更为坚实的基础。随后评估就可以判断预期的变化是否变为现实，政策创新是否实现了预期的影响以及是否应该改变估测服务变化的方法。

有些分析者可能会认为这里提出的确定服务基准线的方式或许会进一步使渐进主义在分配政策资源的过程中扎下根来。也就是说，政策制定者可能会看重基准线的渐进变化而不会关注产出或成果的总量。或许的确如此，但按照渐进主义的方式对政策选择进行系统安排是符合逻辑的，因为政策制定者几乎都是以这种方式采取行动的。我将在最后一部分指出，绩效预算最富有成效的途径可能就是认识到预算决策应该把握渐进主义原则。

而且，依据基准线测算得出的那些数值也可以得到绩效指标的绝对值。在学校改革的案例中，要评估学生毕业率和因为政策变化而导致的毕业率变化应该是可能的。那些利用绩效信息的评估者们可以自由使用他们认为是最恰当的评估指标。为了适用于希望的特定用途，他们也可以自由设计另外的评估指标。

驱动绩效的活动

如果绩效涉及变化，那么应该对哪些变化进行评估？按照通常的观点，答案肯定是产出和后果——由政府部门提供的商品和服务以及受到公共政策影响或者影响公共政策的社会条件。但是本着组织是执行者的个人观点，我要提出一种补充的方法，这是一种既可以和传统评估指标共存又可以取代它们的方法。政府应该根据其下属机构实施的活动来评估绩效。尽管诸如工作量和服务等其他评估指标也会传递出一些相同的含义，但绩效指标并不会经常涉及到活动。在某些情况下，产出也可能涉及到活动。

以活动为中心的评估是管理改革的先锋。基于活动的成本核算（activity-based costing，ABC）是由发明平衡计分卡的罗伯特·卡普兰提出的,它是一种得到广泛应用并已渗透进公共部门财务管理的成本分配和分析系统。① 基于活动的成本核算的基本观念是活动驱动成本,因此要控制成本必然要控制那些产生它们的活动。② 如果一家企业要从事或终止某项特定的活动,这种方法能够使管理者对可能产生或避免的成本进行评估。对于绩效评估指标的应用而言,成本评估是一个重要的、但却经常被忽略的先决条件。

企业要对活动进行评估,因为这些是它们生产商品和服务所做的事情。活动驱动了它们的成本和产出,而且组织这些活动的效率也决定了企业的效率。要改变企业为之投入资金或生产的商品和服务,就必须改变它所做的事。但是政府也要坚持同样的逻辑吗?这是否意味着要评估工作的成本和绩效而不是结果?按照常理,政府实施活动并不是为了自己的利益,而是为了提供服务(产出)并改善社会条件(后果)。政府运营学校并不是仅仅为了开设阅读或科学知识的课程,而是为了培养学生在这些方面的能力。如果确实按字面意义来理解的话,以活动为中心的绩效将要评估的是教授课程的数量而不是学生是否毕业或是否能在就业市场或超市中有效地发挥作用。确实如此,但这也正是活动指标应当对常规绩效指标进行补充的原因。就自身而言,活动指标并不会为设计和实施有效的项目而提供许多政策制定者需要的信息。但活动指标却可以为预算决策和项目管理者提供必要的信息。例如,鉴于有关阅读技能的教学仍然是围绕教室来组织的活动,预算编制者和教学管理者需要有关课程的类型和数量、课程规模、阅读辅导和阅读提高课程的数量以及其他教学活动指标的信息,这些指标会对财政资金的支出方式和教育服务的提供方式产生非常重要的影响。

---

① Robert Kaplan and Robin Cooper, *Cost and Effect: Using Integrated Cost System to Drive Profitability and Performance* (Boston: Harvard Business School Press, 1998).
② Government Finance Officers Association, *Activity-Based Costing and Management: Issues and Practices in Local Government* (Chicago: author, 1997)中描述了基于活动的成本核算在政府中的应用情况。

从预算和运营决策向分析和评估转变得越深入,以有效性和成果为导向的范围更广的绩效评估指标也就需要得越多。在分配资源的过程中,活动是进行决策时不可或缺的衡量标准。我觉得,如果评估者能够重视活动的话,那么绩效预算将会比现在有更大的进展——将会少一些围绕定义的争论并多一些对资源分配的关注。管理者将会对"评估什么"和"期望他们去做什么"有更为清晰的认识。

绩效的成本指标

绩效预算在半个世纪前遭受挫折的原因有很多,但最重要的因素之一是政府缺乏完备的成本会计和款项划拨制度。缺乏有关特定服务的成本信息使资源与结果的联系变得极为困难。政府部门手握大把钞票,却很少意识到在提供的资金差不多的情况下服务的数量或质量会有怎样的不同。[1]

50年后,成本会计在公共部门中仍未得到很好的发展和应用。很少有涉及政府部门成本会计的大学课程和教科书,而且也很少有政府部门在成本中心之间分配预算资源或者是区分固定成本和可变成本以及平均成本和边际成本。这些成本指标对于成功实施绩效预算都是必不可少的。

成本会计在20世纪20年代和30年代的效率运动中有突出的表现。早在1925年,市政财务官员联合会(Municipal Finance Officers Association)出版了一本《政府成本会计指南》,此后出现的大批文章也展示了地方政府对成本评估技术的应用状况。[2] 在确定像道路和建筑维

---

[1] 在 Allen Schick, *Budget Innovation in the States* (Washington: The Brookings Institution, 1971)中对绩效预算的命运进行了讨论。

[2] Carl W. Tiller, *Governmental Cost Accounting* (Chicago: Municipal Finance Officers' Association, 1925); 以及 Fred B. Wilson, "Municipal Cost Accounting: A Preliminary Report of the Committee on Cost Accounting", *Municipal Finance*, Vol. 12 (May 1940), pp. 26 – 41.

护这样的政府活动的标准成本方面也做了很多工作。

发端于20世纪50年代的绩效预算再次引发了针对成本指标的兴趣,但是国会在这个方面的态度并不积极。国会通过立法要求联邦政府部门编制基于成本的预算,但正如行政改革经常发生的情况那样,这项法案也被极大地忽视了。① 为将成本会计和分析应用于绩效预算进行了各种努力,但没有一个能够发展到全面实施阶段。纽约州借助成本会计的应用在很多医院建立绩效预算制度的尝试非常引人关注。该州的做法是将机构的预算分解为许多成本中心。就像在企业中的做法一样,成本中心被界定为从事主要活动的运营单位,它产生成本,并指派专人对其负责。下一步就是对可变单位成本进行估算后,将可变成本与固定成本分开。通过将工作单位的数量与可变成本相乘再加上固定成本所得到的运算结果,可以使出资人制定一份机构的财政预算。② 成本会计的尝试在技术上是成功的,却因兴趣的缺失而逐渐归于沉寂了。

20世纪90年代发生的一系列变化再次使成本会计和评估受到关注,其中就包括在联邦会计准则咨询委员会(Federal Accounting Standards Advisory Board)推动下制定的1990年《首席财务官法案》(Chief Financial Officers Act),该法案要求联邦政府部门都必须准备经过审计的财务报告。③ 在第四号联邦财务会计准则公告(Statement of Federal Financial Accounting Standards Number 4)《适用于联邦政府的管理成本会计概念和准则》(*Managerial Cost Accounting Concepts and Standards for the Federal Government*)中规定了现行的联邦政策,它要求每一个机构都要说明产出的成本及运转的总净成本。公告在运用诸如基于活动的成本核算这样的成本核算方法方面给予各部门以自由空

---

① Public Law 84-863 (1956), Stat. 782.
② Daniel Klepak, "Performance Budgeting for Hospital and Institutions", *Municipal Finance* (1954), pp. 17-24.
③ Chief Financial Officers Act of 1990, P. L. 101-576, the Government Management Reform Act of 1994, P. L. 103-356 以及 the Federal Financial Management Improvement Act of 1996, P. L. 104-208.

间,但却要求成本会计系统应该能够逐渐增加那些与明确的绩效指标相关的明确的成本中心的成本。①

我不知道所有关于联邦政府部门的研究在多大程度上遵守了这些标准。即使许多标准尚未得到完全的遵守也并无大碍,因为与过去尝试过的绩效预算相比,这些标准的颁布显然赋予了成本会计更为重要的意义。

绩效预算

尽管绩效预算是将绩效评估应用于财政资源分配的最为先进的做法,但政策制定者却对绩效预算的必要性抱有另外的想法。一个开明的定义应当包含所有将预算资源与政府生产的服务或产品联系起来的系统。按照这样的标准,如果一个政府能根据服务或产出对支出进行分类的话,就应当能维持一套令人满意的绩效预算系统。更为严格的标准会要求将预算资源的增量与产出或成果的增加值一一对应起来。虽然这个标准是一个极为苛刻的标准,但回报可能会更大,因为它将使政府以绩效真实的或预期的数量或质量为基础来决定预算的增加额。

各级政府能成功实施这种形式的绩效预算吗?人们必须铭记20世纪50年代早期改革失败的教训。我认为绩效预算的命运取决于两个因素:公共管理质量以及公共评估质量。第一个因素超出了本章讨论的范畴但仍需要做简单的阐释;第二个因素则正是本文主要涉及的内容。

就像其他先前的预算改革一样,早期的绩效预算认为预算编制会驱动管理过程;如果预算是以绩效为导向的,管理者就会驱使其组织去实现绩效。此种论断导致政府选择预算作为改革的对象,而不用烦心去改变其他的管理行为或激励因素。但这种方法存在先天缺陷,因为它没有认识到预算是由分配资源和提供服务过程中的管理环境所决定的。如

---

① Joint Financial Management Improvement Program, *Managerial Cost Accounting System Requirements*, February 1998.

果管理条件阻碍了人们对结果的关注,那么引入绩效预算的努力也就不会成功。不能在与预算赖以存在的管理系统和实践相隔绝的状态下进行预算改革。只有将政府组织的管理建立在结果的基础上,它们才能够按照这样的基础来分配资源。

第二个前提条件是政府拥有联系资源与结果的信息。如果政府能够获取这里所要求的那种信息——其组织单元的绩效和能力、在运营的数量或质量上期望的或预算化的变化、活动的类型和数量以及活动的可变成本和边际成本——它就应该能够设置一种对政客、项目管理者和公众都有意义的绩效预算制度。

这样的绩效预算系统将严格遵守更高要求的标准。它将把结果增量与成本增量联系起来,而不是将绩效总量与资源总量联系在一起。在资源配置过程中发挥推动作用的问题将会是:"如果提供差不多的资源,能够从事的活动有多少?"这套方法在某种程度上与 20 世纪 70 年代由零基预算制度引进的方法有些相似。由于带有误导性的标签和刚性的方法(决策包和等级排序),人们对零基预算制度产生了误解,少数几个实行这一制度的政府部门认为零基预算制度实际上要做的就是将预算要求和决策分成逐步分化的多个决策包。[①] 在零基预算制度中,每一个在基础或最低水平之上的决策包都意味着资金和任务(或结果)的增长。

根据绩效增加值来编制预算并不是全新的观念。试图使边际分析在资源决策中常态化的维恩·刘易斯(Verne Lewis)早在 1952 年的一篇文章中就提出了这一观点。[②] 但这是一种从来没有经过广泛尝试的观点。对于预算的理性主义者来说,它可能是一种退步——与他们一直孜孜以求的全面预算审查相差甚远。然而,对于我来说,它却为绩效预算制度提供了一个有希望获得成功的机会。

[①] United States Congress, Senate Committee on Government Operations, *Compendium of Materials on Zero-Base Budgeting in the States*, Committee Print, January 1977.
[②] Verne Lewis, "Toward a Theory of Budgeting", *Public Administration Review*, vol. xii (1952), pp. 42-54.

第四章 政府绩效激励的经济学：联邦政府就业培训项目的经验分析

杰拉德·马什科

许多公共部门的分析人士认为政府的低效率是一个管理问题，并主张采用民营部门的方法加以改进。部分分析人士坚持认为，对众多政府部门来说，能够确定一套可以量化的目标并将其与获得资金激励支持的明确的绩效评估指标联系起来（例如，戈尔，1993年，第二章）。获得资金支持的绩效评估指标向政府官员们传递了一种明确的目标信息，并且能够促使政府为了在实现这一目标的过程中获得奖励而承担起相应的责任。此类绩效评估系统的支持者认为，通过绩效评估指标来关注目标而不是通过程序规则和制度来关注政府官员的投入，能够鼓励政府官员运用他们的主动性和创造性更有效地管理公共资源。

我们可以运用委托人-代理人模型（principal-agent model）——一种说明组织内部以绩效为基础的激励机制的基础理论——来理解如何构建对政府部门以及对解决激励问题来说是恰当的激励机制。对于任何特定的政府项目而言，尽管该理论并没有详尽地提出某种激励政策，但它却提供了标识政府过程有效性的一种途径以及一份有关部门、工作人员和任务特征的简略清单，而这些是政策制定者在设计绩效激励机制之前应该加以考虑的。

本章想要实现两个目的。第一个目的是阐释委托人-代理人模型及该理论的最新进展,即关注对绩效评估指标设计非常重要的公共部门的组织问题。① 此处的讨论表明,当难以对政府过程的产出进行评估时——就像在许多政府部门中发生的情况一样——绩效激励机制的使用将受到限制或者根本就不会使用。其次,我也会运用这一理论来分析根据 1982 年《就业培训合作法案》建立绩效激励机制的相关经验,这是绩效激励机制首次大规模应用于联邦官僚机构的尝试之一。②《就业培训合作法案》的经验表明,政府官员的确对有财政支持的绩效激励机制有所回应,但政府官员的回应通常是功能失调的,而且政府激励机制的设计者也难以构建恰当的激励机制。

委托人-代理人模型

委托人-代理人模型为理解政府部门间的关系提供了一种分析框架,其中作为委托人的一方与作为代理人的一方就某项任务或某些任务的绩效达成契约。由于代理人拥有专业化的知识或技能,或是出于委托人项目的复杂性和规模的考虑,委托人或许希望能够给予任务以授权而不仅是对任务本身的执行。代理人关系是无处不在的:病患-医生、学生-教师、当事人-律师、股东-首席执行官(CEO)。

最重要的代理问题是在指定了代理人后,委托人并不能确保代理人会依据委托人的要求来履行任务契约。代理人有其不同于委托人偏好的自身偏好。代理人隐藏他的意图而不被委托人发现的能力使他可以追求自己的目标。然而,通过恰当地合约设计,委托人能通过代理人激励机制的精心安排来限制代理人的这种机会主义行为——这在经济学

---

① 本章仅仅代表了有关组织的(经济)理论文献的一个部分。对相关文献更为全面的总体研究感兴趣的读者应查阅 Milgrom 和 Roberts (992)或 Brickley,Smith 以及 Zimmerman (1997)的相关论述。
② 在经济学著述中,Dixit (1999) 以及 Burgess and Metcalfe (1999b) 对从与公共部门治理问题有关的研究激励问题的文献中选定的主题进行了考察,而且还对政府绩效激励机制的某些经验证据进行了评论。

文献中被称为**道德风险**(moral hazard)。

传闻中有关代理关系中道德风险的例子俯拾皆是。在最近一个被大肆宣扬的案例中,有许多州控告西尔斯汽配中心(Sears Auto Centers)向顾客收取不必要的或未发生过的修理费用。西尔斯公司为处理这些诉讼花费了近2 000万美元。西尔斯公司针对过高收费的调查表明,该公司的薪酬制度是问题产生的根源,即根据门店的收入来支付销售人员的佣金,而且也只有在达到一定的服务和产品销售额的情况下才会发放奖金。西尔斯公司最终取消了这些激励措施。

虽然西尔斯公司的销售人员显然欺骗了顾客,但不管这个术语本身的涵义是什么,代理人所承担的道德风险——或简称为"规避"——却并不总是起因于贪财或懒惰。再以医疗补助这一向低收入人群和残疾人士提供健康保险的联邦-州项目为例。医疗补助是一种选民/立法者(委托人)向贫困人群提供医疗服务的手段。通过医疗补助项目,选民/立法者将这一任务委托给医生(代理人)。假设为了让州医疗补助管理机构能够支付某项必要的检查或治疗费用,医生会故意隐瞒患者的诊断结果。尽管这种行为在某种程度上是值得称道的,但却可能是与选民/纳税人的利益相悖的。这是一种道德风险,因为一旦被发现,委托人总是能够对此进行识别并加以惩罚。道德风险——不管它是否来源于纯粹的自私行为——是本章讨论的主题。

像民营部门一样,公共部门中的代理关系也是非常普遍的。政府是一个多层次的、等级森严的组织。在选民和立法者、国会和联邦政府部门、同一个部门的管理者和工作人员、该部门的客户及其他社会工作者等之间都存在着代理关系。简单的代理模型提供了一个考察道德风险问题的分析框架,并说明如何能够利用契约来降低道德风险。

简单的代理模型

首先我假定在一个非常简单的社会中只有一个委托人和一个代理

人。① 委托人所关心的仅仅是某个唯一的清晰可辨的目标。例如,委托人可能是一家企业的所有者,代理人是一名雇员,而目标是企业所有者的利润。我假定代理人是风险厌恶型的。在经济学文献中,这意味着他倾向于收获具有确定性的 1 美元而不是获取一份平均或预期是 1 美元但有时会多一些而有时会少一些的报酬。代理人只关心他的收入和他付出的自认为代价高昂的努力。

通常出现在这个基本模型中的是一个风险中性的委托人——只关心其支付的报酬所获得的预期价值,而对必须承担的风险程度漠不关心。假定委托人的风险偏好不同于代理人的风险偏好,因为该模型经常应用于委托人是股东而代理人是企业雇员的情境中。由于能够更容易地在不同的资产间分散财富(多元化其投资组合),所以企业的股东在风险管理方面或许具有某种比较优势,而雇员拥有的大部分财富都与其人力资本密切相关(非分散的),这限制了他们管理自身风险的能力。② 经济学家只是假定委托人是风险中性的,而没有为这个限制条件建立明确的分析模型。当委托人是企业所有者而代理人是雇员时,这些针对风险的态度可能是合理的假设。但在其他情境中它们则显得有些站不住脚。(我会在下面再来讨论这一点。)

委托人与代理人签订契约以实施某项单一的任务。我假定委托人看不到代理人的活动,而且也不能通过诸如股价这样的组织绩效指标对此做出准确的推断,就像上市公司的情况一样。但在其他所有方面双方都享有平等的地位,那么代理人付出的努力越多,委托人所获得的收益也就越多。假定对于代理人来说付出的努力是代价高昂的。另外再假设代理人是风险厌恶型的,代理人仅关心他的净收入。换句话说,如果使其承担的风险长期存在,最大的可能性是他会关注货币报酬而不是活动的成本。

---

① 如在 Milgrom 和 Roberts 的著述中就能够找到对这一模型精确的数学推导。
② 而且,人们根据自身才能来选择职业以承受风险意味着企业所有者在风险厌恶程度上将低于企业雇员。

委托人不能察觉（并因此实施惩罚）规避行为并采取对代理人来说是高昂代价惩罚措施的假设，使代理人将会在这样的模型中实施规避行为。了解了这一点，委托人压根儿就不太可能与代理人签订契约。道德风险增加了签约各方的成本。这些成本意味着某些能够以其他方式给委托人和代理人双方都带来收益的交易将不会发生。因此，找到限制道德风险的途径符合双方的利益。

道德风险问题的根源在于双方不能就代理人的活动达成契约，因为委托人不能觉察到道德风险。然而，如果代理人的活动形成了某种随机的变量或是绩效评估指标，那么，我想委托人和第三方就能够对此进行观测。① 评估指标的价值也会因为代理人的活动而得到提升。尽管绩效评估指标部分地反映了代理人的活动，但也会受到某些不被委托人觉察到的外部因素的影响，这些外部因素也给活动的评估指标带来了干扰。外部因素带来的干扰越少，绩效评估指标就越能反映活动的真实情况，如果这些干扰足够少，那么在一份明确地将代理人的薪酬与绩效评估指标联系起来的契约中，就能够用绩效评估指标来替代代理人的活动。

例如，一个股东会可以将 CEO 的部分薪酬建立在企业净收入的基础之上。该企业每年的净收入是 CEO 活动的一项结果并反映了其决策的质量。以净收入为基础确定 CEO 的薪酬提供了一种更为有效的激励机制，使其能够努力工作并根据企业的资源状况来制定明智的决策。

接下来的问题是如何利用激励性合约中的绩效评估指标来减少规避行为。委托人能够提出的此类合约中最简单的一种是线性合约：代理人获得的薪酬不受其活动和取得的绩效的约束，再加上一部分金额会因绩效而变化的薪酬。可变薪酬部分属于计件工资——每单位绩效获得固定金额的薪酬——乘以经评估后的绩效。我们称此种计件工资为**激励强度**。激励强度越大，那部分来源于绩效的代理人薪酬也就越多而且

---

① 第三方能够对绩效评估指标进行观测的假设，使得就此签订的合约可以借助法院得到强制执行。

对努力工作的激励也就越强。

传统观念认为,在民营部门的工作场所,每个雇员薪酬中往往都会有某个部分明确规定是以绩效为基础的。而另一方面,传统观念认为公共部门雇员的薪酬通常是不会因绩效而发生变化的。[①]问题是政府委托人如何能够按照最高标准确定薪酬水平,特别是激励强度来提升政府部门的绩效。

激励的强度越大,超出代理人控制之外的因素发挥的作用也就越大。也就是说,代理人薪酬的风险水平会随着激励强度的增加而增加。例如,一家企业的净收入在反映 CEO 工作情况的同时,也是诸如商业环境、能源价格以及不可抗力等超出其控制能力以外的各种因素作用的结果。因此,净收入也是工作结果不尽完美的替代物。就管理者而言,净收入是有风险的。为什么委托人应该考虑代理人薪酬的风险水平?委托人之所以必须这样做是因为代理人拥有与委托人订立契约的选择余地。委托人必须提供一定水平的薪酬和风险,这对于代理人接下来做出的最佳选择来说至少是有吸引力的。所以,委托人使代理人承担的风险越大,进行补偿的薪酬水平也就越高。一方面,高激励强度给代理人提供了更加努力工作的激励条件,也因而增加了委托人的收益。另一方面,高激励强度也导致更高的工资额和更高的成本。考虑到对代理人付出努力意愿的激励效果,并能确保薪酬项目对代理人放弃他的下一个最佳选择具有足够的吸引力,委托人因而会对薪酬水平和激励强度做出选择。

根据这个简单模型,决定激励强度是否可以实现激励因素与风险负担成本之间最佳平衡的因素有四个:由超额工作产生的附加收益、代理人的风险厌恶程度、绩效评估指标的干扰程度,以及代理人付出的努力对激励强度增加幅度的敏感度。这些因素表明了设计有效的绩效评估

---

① 参见 Burgess 和 Metcalfe(1999a)针对实际上在民营部门中更为常见的绩效工资制度与英国公共部门相关制度所做的比较。

指标和合约的几个重要含义。①

含义 1：如果要使工作任务的增加变得更为有利，那么代理人薪酬对绩效的敏感度就应该更高。提升激励强度对于组织来说代价很高，因为它将增加代理人所承担的风险并因此为其加薪。因此，只有当额外的工作任务对于组织价值来说很重要时，提升激励强度才是有意义的。

含义 2：如果代理人的风险厌恶程度较高，那么代理人薪酬对绩效的敏感度就应该更低。在委托人是某个企业的所有者而代理人是该企业唯一雇员的场合下，绩效评估指标就意味着该企业的价值。选择激励强度就等同于选择一种用来分享由代理人的履职行为而产生的风险收益的规则。这种分享规则就是对激励收益和承担风险所需成本进行的权衡。激励强度越小，薪酬项目就表现得越像是一份保险合约，能够使雇员免受企业价值波动的影响。但是激励强度越小，代理人逃避责任的可能性也就越大。只有对那些风险厌恶型的代理人而言，激励性合约表现出的保险特征才是有价值的。因此，代理人的风险厌恶程度越低，委托

---

① 依据更具现实意义的一系列假设，接下来这些含义的适用程度可能或大或小。然而，就更为一般的假设而言，这些含义是极为丰富的。实际上，该模型还可以拓展到许多令人感兴趣的方面，出于留有余地的考虑，我在这里并没有这样做。例如，或许有人会假设雇员甚至可能会在没有绩效工资的情况下进行工作。雇员之所以会进行工作的原因是"工作本身就是酬劳"，或者是因为他们知道就业市场最终将了解他们的生产率并回报以未来更高的薪酬（经济学家称此种动机为"职业预期"）。有人或许会假设，诸如监控代理人的能力这样具有可行性的选择方案能够使激励性薪酬得以明确化。监控活动是那些带有核实某项已实施的特定任务的目标的活动。在我们的模型中，允许委托人通过减少发生在工作评估中的错误使监控和激励性薪酬结合起来，以便使激励性薪酬更为有效。在许多工作环境中，不可能在一份明确的合约中对要求雇员承担的任务性质进行充分的说明。在这样的环境中，由雇员的管理者做出的主观绩效评估可以是一种针对雇员表现的更为微妙和平衡的评估。这样的评估——建立在判断的基础上而且比明确的绩效激励更为定性化和更富弹性——能够被用来决定雇员的奖金、加薪和升迁。主观评估本身并不完美，因为它是以外部各方都难以证实的指标为基础的。因此，管理者可能会出于个人目的使评估过程出现扭曲，或者雇员可能会试图影响管理者的评估。参见 Brickley et al., Milgrom 和 Roberts，以及引用的对此方面做更为全面讨论的参考书目。

人能够承担的激励强度也就会越强。①

委托人是风险中性的以及代理人是厌恶风险的假设,也可以用来理解当委托人是一家大企业而代理人是一名雇员时的情况。企业的股东能够轻而易举地利用资本市场来分散企业净收入所面临的风险。在公共部门中,组织的目标不是利润而是政策,委托人不是企业的所有者而是公共部门的管理者或政治人物。公共部门委托人并不能轻易地通过购买能够抵消政策风险的资产来分散管理或政策失误的风险。②换句话说,现在要使委托人来承担风险是代价高昂的。在最优契约的条件下,代理人在委托人自身是风险厌恶型时所承担的风险,要大于委托人是风险中性时所承担的风险。这表明,**在其他所有条件都相同的情况下,绩效工资制度在公共部门的应用要比在民营部门更为广泛一些**。

含义 3:如果绩效后果的干扰性越强,那么代理人薪酬对绩效的敏感度就应该越低。绩效后果有关工作任务提供的信息越少,委托人应当依赖其作为工作任务信号的程度也就越低。例如,一位将军有的时候会因为赢得了一次战场上的胜利而得到升迁。战争的结果就是评估该将军工作任务的一个有用指标,因为将军针对这个战场上展开多少部队而做出的决策是明确的。然而,军队是否赢得了这次战斗对于某一个特定个人所付出的努力而言则是一个非常具有干扰性的指标。在这个例子中,含义 1 也很重要。在对某个人进行评估时,战场后果不应该赋予太多的权重,因为单个人的行为很少能对后果产生影响。

含义 4:如果代理人的工作任务对激励强度每一次增强的反应越强烈,那么激励的强度也应当越大。在许多政府官僚机构中,雇员受到流程规则和制度的约束而很少有自主决定的自由。这里的一般性原则是应该将激励施加在能够对之做出回应的代理人身上。在代理人就如何

---

① 在极端情况下,如果代理人与委托人一样都是风险中性的,很容易证明在最优合约的情况下代理人将获得每一个工作任务单位的全部收益。在企业-雇员的例子里,这就等于是将企业出售给了雇员。在公共部门的案例中,这意味着民营化(Dixit)。
② 由 Dixit 提出的观点,第 5 页。

完成他们的工作而拥有充分自由决定权的组织环境中,代理人通常会采取为组织创造价值的创新方式来回应绩效激励。将绩效激励施加在那些没有多少自由决定权的代理人身上是毫无必要的,这将增加他们的收入风险。

含义 5:线性的绩效激励或许会优于非线性的绩效激励,因为它们向代理人施加完成工作任务的持久压力。代理人因超过绩效临界值而获得奖金的非线性方案,即使是在后期也不会产生激励作用,无论代理人后期的绩效是远远超过还是远远不足临界值。

我对假设一种线性合约的委托人-代理人模型做了说明:每增加一个单位绩效的报酬都是恒定的。而在非线性项目条件下,绩效是按照比方说一个季度或一年来加总的。代理人会在绩效超过某个临界值时获得高额奖励,反之则只能得到较低的回报。红利分成就属于这种形式。例如,只有当年度销售额超过 100 个单位时,一名销售人员才有可能赢得一次到巴哈马群岛旅游的机会。

在特定条件下,线性合约要比非线性合约更为高效。一位在其中发现自己远远高过或远远低于标准的代理人,将不再会有完成工作任务的激励奖惩(考蒂(Courty)和马什科,2000 年,找到了《就业培训合作法案》执行过程中对非线性激励项目作出如此回应的例证;见下文)。线性项目之所以比非线性项目更高效,是因为它们在代理人工作的过程中施加了相同的压力,这并不受过往绩效或是标准最大值的约束。①

含义 6(存在多个代理人的情况下):除了代理人的活动之外,绩效后果还受到外部活动的影响,有一些还对所有的代理人产生同样的影响。当委托人觉得由这些普遍性活动所导致的绩效评估错误可能会非常严重时,她应当以某个代理人相对于其他代理人的绩效水平为基础来确定该代理人的薪酬标准(相对的绩效评估)。

在民营部门,企业通常并不是依据其绝对绩效而是依据相对于本企

---

① 参见 Holmstrom 和 Milgrom (1987)对此结果所作的正式说明。

业中其他雇员的绩效水平,甚至是依据相对于企业外部从事相同或相近岗位工作的雇员的绩效水平来支付某个员工的绩效工资。例如,企业有的时候会举行劳动竞赛,只有在此过程中表现突出的雇员才会得到以绩效为基础的奖励。在公共部门,委托人经常要对承担相似任务的多个代理人实施监督,这些代理人可能因为地理原因或服务的客户类型不同而分处于不同的地方。例如,邮政总局局长办公室要对分布在各地的成千上万个邮局实施监督,而每个邮局都提供相同种类的服务只是服务的客户人群不同而已。或许可以建立一种绩效工资体系,按照某种评估指标将某个邮局管理者的薪酬与其对比其他邮局管理者的绩效水平联系起来。

当某个代理人同僚的绩效使委托人能够对代理人的工作业绩与外部随机的因素做很好地区分时,更好的做法是至少能够将代理人的薪酬部分地建立在相对绩效的基础之上。例如,假设有两位雨伞销售员受雇于同一家企业,他们的工作地点正对着一条繁华街道的拐角处。每个人销售的雨伞数量不仅是他付出努力的结果,而且也是外部随机因素作用的结果。某些外部因素具有特殊性,例如销售员的健康状况;而其他的外部因素则是具有普遍性的,例如天气。企业所有者应该是以销售员个人售卖的雨伞数量,还是综合考虑该销售员超过另一位销售员的售卖数量作为评估指标呢?在制定决策的过程中,委托人应该以如何运用相对绩效来改变绩效评估指标的干扰因素作为指导原则。当普通的随机性因素(天气)比特殊性因素(健康水平)带来的干扰程度大时,委托人就应该使用相对的绩效指标。相对的绩效评估可以通过区分对所有代理人的绩效都产生同样影响的普遍性外部因素(在雨伞案例中的天气)来发挥作用。这减少了代理人所面临的风险,也有助于使委托人提高激励强度。

尽管针对组织内部代理人进行的相对绩效评估有可能使对代理人工作任务的估测更为精确,但也有可能适得其反。让代理人之间展开相互竞争,可能会促使他们排斥合作并同时损害其他人的绩效。即使有可能对代理人的工作进行更为精确的估测,但这些行为在合作收益很大的情况下也会对相对绩效评估的应用产生不利影响。

含义 7(跨越多个阶段的合约):由于过去的绩效包含有与代理人能力有关的信息,因此通过以目前的绩效与过去的绩效之间的差距为基础来支付薪酬,委托人可以减少代理人绩效评估指标中的干扰因素。

如果委托人能够对代理人进行多年的观察,她就能利用过去的绩效信息了解随机因素发挥影响的程度。如果高于过去的绩效水平,那么一个给定的绩效水平就很有可能意味着取得了出色的工作业绩。委托人会以代理人在最初的评估期中实现的绩效为基础来设定他的预期值。例如,假设代理人是一名制造衬衫的工人,企业所有者可以将预期建立在评估周期内平均每周生产的衬衫数量的基础上。在一种简单的薪酬项目中,每当其产出超过评估期的平均产出时,制造衬衫的工人都会获得一份奖金。

含义 8(棘轮效应):如果代理人期望用他现阶段的绩效来设定未来绩效的标准,那么他就有不做过多努力的倾向。这既减少了评估周期内的产出量,又缩减了为设定对代理人能力的预期所需的信息容量。①

用过去的绩效来评测代理人取得的成绩能够提升绩效激励的有效性,但也会促使代理人不去做过多努力,就如同在其他条件都相同的情况下,评估周期内突出的绩效会在后续评估周期中提高绩效标准并减少代理人的薪酬一样。这就是所谓的**棘轮**问题。

利用包含在过去绩效中的信息而又避免棘轮问题的一种途径是通过任务使雇员得到轮换。通过以其在先前周期中岗位上的绩效为基础设定某个代理人的绩效标准,就能够消除那些引发棘轮问题的不恰当的激励因素。②

研究人员对现实世界中,其中大多属于民营部门,委托人与代理人

---

① 参见 Milgrom 和 Roberts 就棘轮效应所作的数学解释。
② 设定绩效标准并避免棘轮问题的另一个途径是进行工时与动作的操作测定。

是否会签订考虑代理问题的合约进行了调查。①他们发现代理人会对绩效激励因素做出强有力的回应（例如，拉齐尔（Lazear），2000年，以及帕尔什（Paarsch）和谢尔瑞（Schearer），1996年），但那些明确的、有财务支持的绩效激励因素相对来说却很少得到回应。尽管对于拥有诸如CEO头衔的雇员来说，以绩效为基础的奖金和股票期权是薪酬中的重要组成部分，但企业中大多数雇员的薪酬是由月薪或时薪构成的。即使在应用绩效激励机制的情况下，他们的激励强度也通常较低［贝克（Baker）、詹森（Jensen）和墨菲（Murphy），1988年；詹森和墨菲，1990；以及梅多夫（Medoff）和亚伯拉罕（Abraham），1980年］。在上面概述的模型中，由于工作任务代价高昂，所以为了实现最优的工作结果，以绩效为基础的薪酬制度就非常必要了。就简单代理模型的形式而言，缺乏激励和没有风险的劳务合约似乎有些不同寻常。合约中缺乏明确激励的一种可能解释是委派给代理人的任务所具有的复杂性——也就是说，正如简单代理模型针对他们所做的讨论那样，他们并非是单一维度的。

处理多重任务

有很多工作岗位的雇员要完成多个工作任务。例如，一位大学教授要教学、从事研究工作，还要协助从事一些零星的院系日常运转的行政事务。在政府部门，无论是工作任务还是工作目标都是多维度的。威尔逊（Wilson，1989年）认为，"每个政府部门都有一项首要目标（或少数主要目标）。"例如，警务部门的首要目标是维护法律和秩序。然而，随着时间的流逝，一个政府部门会逐渐承担越来越多附加的目标。这些目标可能是以成果为导向的，但它们的着眼点通常是政府部门**如何**实施它们的活动。例如，政府部门雇用谁以及政府部门如何合理分配其服务任务（如果该部门向公民提供服务的话）通常会变得与首要目标一样重要。

---

① 在Prendergast（1999）和Gibbons（1998）的著述中能够找到针对此项工作的最好概述。

这有别于民营部门中的股东-委托人,他们的利益可简化为某个诸如利润或股票价值这样受到企业长期关注的单一维度。

如果将任务和目标是一元维度的这一假设放宽,可以使简单代理模型的内涵发生改变。假设代理人要执行两个活动,**任务 1** 与**任务 2**——对于委托人而言二者都是有用的。同样,委托人并不能观察到为完成这两项任务付出的努力,但假设每一项任务都会形成一个他能够观察到的单独的绩效评估指标。(这种双任务案例的结果也可以推广至两个以上任务的情况。①)就像以前一样,这些评估指标作为工作任务指数并不完善,因为它们也反映了外部的随机因素。为了简化起见,假设工作任务为耗费在活动上的分钟数且代理人每天的分钟数是固定的。如果代理人能够为之付出努力的只有这两项活动,那么增加对一项活动的工作量就必定会减少投入另一项活动的工作量。

我们可以通过考察代理人的薪酬来理解用于构建激励机制的多重任务或目标的涵义。就两项工作任务而言,代理人的线性合约包含了薪酬的部分,正如包含一个评估指标的合约一样。我们要增加两个对绩效敏感的部分:一个代理人的薪酬与绩效评估指标 1 成比例的部分,再加一个代理人的薪酬与绩效评估指标 2 成比例的部分。如果代理人因任务 1 而获得的薪酬高于因任务 2 而获得的薪酬,他就不会为任务 2 付出努力。只有当针对两个评估指标的激励强度相同时,代理人才会对每个任务都付出努力。

在现实世界中,代理人不太可能对耗费在两种活动上的时间差额漠不关心。例如,代理人可能会发现耗费在任务 1 上的工作量比耗费在任务 2 上的工作量负担更低,在这种情况下,委托人为了使代理人能够在两项活动上都分配工作时间,可能不得不使支付给任务 2 的薪酬高于支付给任务 1 的薪酬。同样,如果代理人**沉迷于**任务 1,委托人就可以因在

---

① 可参见 Holmstrom 和 Milgrom(1991)以及 Baker(1992)关于处理多重任务模型的正式阐述。

任务1上耗费工作时间而对他进行惩罚（绩效评估指标1的负收益）。这个模型的基本含义可以表述如下。

含义9：如果委托人希望代理人在多个任务或每一个目标上都付出努力的话，那么代理人在每一项任务或目标上付出的努力就应该获得相同的边际回报。否则，代理人将只会对具有最高回报的任务或目标付出努力。

这条原则有两个重要的内涵。第一个对本章更为重要的是：即使不够精确，存在无法对工作成就进行评估的生产性活动，是将可评估绩效的权重设定为零的理由。也就是说，在存在不可评估任务的情况下，最优的薪酬方案是仅支付给代理人固定薪金。

其次，我们现在看到的另一种方法是实现激励方案与涉及组织其他特征的方案的相互补充。在一个某些任务会产生可评估成果而其他任务不会产生此种成果的多任务的环境中，委托人或许能够通过重组工作任务的方法来运用激励措施（霍尔姆斯特罗姆（Holmstrom）和米尔格罗姆（Milgrom），1991年）。如果一部分代理人只从事可评估的任务而另一部分代理人从事的是不可评估的任务，那么至少对于某些雇员来说，委托人能够充分发挥激励措施的积极作用。

请注意，促使**含义9**发挥作用的假定是在众多任务上付出的努力是相互替代的。然而，针对不同任务付出的努力有时候却是相互补充的。举例说明：除了预防犯罪之外，警察队伍的种族和民族构成也是一项社会目标，这在联邦和州政府针对地方政府提升少数民族就业及升迁率所采取的激励方案中有明确的规定。根据新目标设置相应的激励机制并不会削弱警务部门打击犯罪的有效性。事实上，如果极个别的少数族裔警员也非常称职的话，那么警务部门在实现其原有目标时或许还会处于一个较为有利的位置。根据这个模型，如果众多任务的每一个任务所付出的努力都是互补的，委托人将通过提高要么是任务1的激励强度要么是任务2的激励强度的方式使任务1和任务2的工作任务**都**有所增加。也就是说，为了确保代理人对所有活动都付出努力，两个评估指标肯定不会有相同的激励强度。

贝克(1999年)提出了一种处理多任务模型的设想,用以说明激励性薪酬如何导致代理人采取相应的行动来提升或降低组织价值。简单代理模型强调的是,在防止代理人引发风险获得的收益与为激发工作积极性而采取激励措施获得的收益之间达成的平衡状态。贝克的多任务模型构想关注的是在激励代理人付出努力和激励代理人为各种"正确的"任务付出努力之间形成的紧张关系,毋庸置疑,这在现实世界的激励合约中是一种更为重要的平衡。

在贝克的构想中,重要的是组织可使用的绩效评估指标的性质。绩效评估指标有时候能够与企业价值保持非常紧密的联系,就像有时企业会以财务利润或股票抑或是股票期权为基础进行绩效评估(特别是对管理者来说)一样。然而,在非营利和公共部门的组织中却很少会有直接针对组织价值的评估指标,因而公共部门的绩效评估指标与组织价值的联系将会是间接的。而且,某些活动或许会使绩效评估指标和组织价值保持方向上的一致性,用贝克称其为"平行的"(aligned)活动。还有一些活动会导致绩效评估指标和组织价值处于完全相反的方向,贝克称其为"扭曲的"(distortionary)活动。

含义10:绩效评估指标与组织价值偏离或扭曲的程度越大,代理人薪酬对绩效的敏感度就应该越小。如果不能使代理人从事提升组织价值的活动,那么一项绩效评估指标就是存在偏差的。如果导致代理人从事的活动有损于组织价值,那么一项绩效评估指标就是扭曲的。

以某家汽车经销商的某个推销员为例。假设回头客为这家经销商贡献了很大一部分利润。在这样的情况下,售后与销售有关的活动和与服务有关的活动都能够提升企业的价值。佣金会激励这个推销员为销售汽车而努力工作,但也可能促使他不会在客户服务方面耗费太多的时间,限制了客户回访并损害了企业的长期价值。一名在客户服务方面投入时间的推销员可能提升企业价值,但却会付出佣金的代价。这个激励项目的关键问题是能极大增加佣金的活动与提升企业长期价值的活动并不相同。

激励方案的设计者所面临的挑战是找到与组织价值相协调的绩效评估指标。贝克的模型表明,找到这样的评估指标并不容易。该模型的下述含义可以看作是向那些为政府部门寻找有效绩效评估指标的决策者们提出的善意提醒。

含义 11:在最优的薪酬方案中,代理人薪酬对绩效的敏感度和绩效评估指标与组织价值的无相关性。

贝克表明,在一般情况下,最优的激励权重和评估指标与组织价值之间相关性的表象和重要性无关。这种相关性之所以不能提供有用的信息,是因为它是由影响绩效评估指标的外部因素和那些影响组织价值的因素之间的相关性决定的。有影响的不是评估指标和组织价值之间的相关性,而是代理人行为对后果及对组织价值的影响之间的相关性。绩效评估指标和组织的目标之间肯定是相关的——但是委托人可以不对它设定权重,除非他预感到这将会使代理人采取错误的行动。与此相类似的是,可以设想绩效评估指标和组织目标是**负**相关的局面——也就是说,当评估指标高时,组织价值低,反之亦然——但是委托人会为评估指标设定一个**正相关的**权重。贝克如此分析道:

> 下面是个我本人的例子。我办公室的整洁程度与我的活动水平和生产率负相关:我忙的时候,办公室就乱糟糟的;我不忙的时候,办公室就很整洁。但是拥有一间整洁的办公室显然能够提升我的生产率。因此,即使绩效评估指标与生产率负相关,一个聪明的激励性合约设计者或许会为了保持办公室的整洁而给我施加激励。

该模型的一个相关含义是,一旦对评估指标进行补充,就会降低表面上看来似乎是有价值的绩效评估指标与组织价值之间的相关性。在委托人对评估指标进行补充之前,雇员并不会关注到它。然而,一旦委托人对评估指标进行了补充,它就成了雇员的目标。新的激励措施会使雇员采取行动来提升绩效评估指标的水平,而不会关注它们对组织价值的影响。如果这些行为也没有提升组织价值,那么就可能削弱绩效评估指标和组织价值之间的相关性。

再次考虑一下西尔斯汽配中心的案例。在西尔斯公司推行激励项目之前,汽配中心的利润或许是与修理的工作量正相关的。这种统计上的关系可能会促使西尔斯公司的管理者使用修理工作量作为一项绩效评估指标。然而,一旦西尔斯公司根据完成的服务限额来支付管理人员的奖金,那么这些服务限额就会成为管理人员的目标。管理人员用不了多久就会轻易找到提升销售量的途径,这也会增加门店的利润。就向顾客收取不必要的和未发生的修理费用而言,门店的工作人员并没有将绩效评估指标与门店的长期利润分开。他们对激励的回应提升了绩效评估指标的价值,但最终却压低了利润。因此,只要西尔斯公司不是以完成的修理量为基础来确定薪酬,修理工作量与长期利润之间就存在着正相关性。

最后请注意,根据委托人-代理人模型,在选取绩效评估指标的过程中重要的并不是评估指标是一种"产出"(例如,一家就业培训中心的登记者中有多少人处于就业状态)还是一种"投入"(例如,在一份工作中雇员工作的工时数),而是该项评估指标的风险有多大以及它如何实现与组织目标的相互均衡。从理论上来说,任何一种产生自代理人的信息都可以用来作为一项绩效评估指标的备选方案。

绩效激励与《就业培训合作法案》

《就业培训合作法案》创立了一项服务于贫困人口的最大规模的联邦政府就业和培训项目。[①] 与先前的培训项目和其他大多数联邦政府官僚机构不同的是,《就业培训合作法案》拥有高度分权的行政结构以及一套建立在财政支持基础上的绩效激励机制。

---

① 2000 年,根据 1998 年《劳动力投资法案》(Workforce Investment Act,WIA)建立的一个新项目取代了《就业培训合作法案》。尽管《劳动力投资法案》仍旧没有解决组织的细节问题,但似乎还是做出了发展性的变革。《劳动力投资法案》保留了《就业培训合作法案》的分权特征和绩效激励机制,包括简化服务和发挥代金券的作用在内的创新措施,赋予《劳动力投资法案》的受益人以新的自由决定权,以决定他们接受什么种类的培训以及从何处接受培训。

在全美国范围内大约有 640 个《就业培训合作法案》的培训区域。国会根据在全国符合《就业培训合作法案》资格和失业人口中所占的比例及其失业率向各州划拨《就业培训合作法案》的财政资金。各州再依据一个与州政府资金划拨公式类似的公式在就业培训区域之间分配款项。在各州下属的区域内,有一个单独的政府部门管理本区域内的预算拨款,该部门被称为培训中心或培训机构。

国会、劳工部以及州和地方政府分担对项目规则和激励政策的设计和执行任务,也因此分别履行根据《就业培训合作法案》规定的资源分配责任。[①] 虽然这些组织的动机不同,但在本章中它们是《就业培训合作法案》组织体系中的**委托人**;众多培训中心则是**代理人**。该法案将招收人员、培训以及为该项目服务对象寻找就业机会的任务委托给培训中心的管理者和社会工作者。培训中心享有决定如何履行任务的超乎寻常的(对政府官员来说)自由。

《就业培训合作法案》并不是一种应得的权益:每年仅有约 1%—3% 符合资格的人口的就业培训得到项目的资助。由于满足收入资格测试条件的人要远远多于项目所能容纳的人数,因此培训中心有权决定谁可以进行登记。在接纳了一位申请者后,培训工作人员要使他或她适应下列服务,包括使其能够成为比如护工、办公室管理员、电脑程序员或保安的劳动就业课堂培训、在职培训、基础或矫正教育,以及可能包括简历写作、岗位安置和就业推介的求职帮助。由于联邦法案并未对培训活动的长度、种类和花销加以限制,[②]因此培训中心可以根据各自的偏好选择相应的培训活动。

[①] 有关这些组织是如何分享《就业培训合作法案》中权力的讨论,参见 Heinrich, Marschke 和 Smith 在 Heckman 主编的 *Performance Standards in a Government Bureaucracy: Analytic Essays on the JTPA Performance Standards Systems* 一书中的论述(该书将于 2002 年出版)。

[②] 有一个重要的例外情况:培训机构对客户在职培训的资助每次不得超过 6 个月。

绩效激励

为了激励培训中心为项目的目标服务而不是为它们个体的目标服务,①法案明确了预算中的一部分要由客观的绩效指标来决定。每个州都拿出相当于其年度财政拨款6%的资金向那些取得成功的培训机构支付预算奖励。有些培训中心也确实得到了大量的激励奖励。例如,最为成功的培训中心在1986年获得了相当于其预算60%的奖励。然而,如此高的奖励并不常见。当年处于中游水平的培训中心获得的奖励相当于其预算的7%。②

即使法案对培训中心利用奖励资金提供额外培训的做法提出了要求,但却并没有像预算资金那样在奖励资金的使用上设置过多限制性条件。例如,培训中心或许会将它们所得奖励的大部分花费在员工的薪酬上。考蒂和马什科(即将出版)认为,虽然这些财政奖励通常数额巨大,但培训中心的官员们也会出于职业考虑、专业认可的渴望以及政治动机等目的秘密处置这笔奖励。

与前面提到的委托人-代理人的简单模型相比,代理人是一个部门而且预算奖励是该部门所有官员集体行动的结果。不同于个体激励,团体激励容易受到典型的"搭便车"问题的影响。通过提升努力的程度,培训中心的任何一个官员不仅增加了他自己得到的奖励,而且也会增加对所有其他人的奖励。在团体激励的情况下,因为他并不能充分享有他的努力所带来的所有收益,所以他可能不会做出什么努力。最终,不管基

---

① Westat,Inc(1985)和Walker et al. (1984;1985)记载了部分培训中心的非培训目标以及地区政治对培训决策的影响。
② 这些数据基于由SRI International和Berkeley Planning Association收集到的资料,载于Dickinson et al.编著的著作(1988年)。《就业培训合作法案》的资金用于三个目的:各州财政拨款的78%用作培训服务(并分配给培训中心),6%用于激励系统,剩下的16%被政府留作行政及其他开支。因此,如果假定所有的奖励资金最终都支付给了培训中心的话,那么用于分配的奖励资金占到培训服务预算的7.1%(6/(78+6))。实际的数字通常要稍微小于7.1%,因为各州会使用某些奖励资金来管理激励系统。

于预算的奖励是否降低了激励程度,实际上必定会削弱"搭便车"问题的重要地位。

劳工部必须找到与《就业培训合作法案》利益相关者的目标相一致的能够代表培训中心工作和活动的指标。基于与股价并不是管理成效的一项充分指标的相同原因,这些评估指标也有可能是不完善的,但它们仍旧可以改善《就业培训合作法案》项目的绩效水平。劳工部尝试了多种方案,各个方案发挥作用的程度也各不相同。

多目标。《就业培训合作法案》利益相关者的目的或目标是什么?出于下面讨论的需要,让我们把利益相关者看作是一个国家的公众,他们是能够使该法案生效的国会议员代表。这些国会议员的许多潜在目标会在法案的审读过程中逐渐显露出来。该法案指导培训中心创建项目去帮助那些贫困人口以及其他"面临就业严重障碍"的人群培养技能,以便使他们能够找到工作并增加收入、降低相应人口对社会福利的依赖程度、向相应人口公平地提供就业培训服务,以及"致力于职业发展、上进心、新事业的成长并克服工作中传统的性别歧视"。可以用上面提到的多任务代理模型来代替这些目标或任务。例如,因为并不是所有符合资格的人都可以从培训中受益,所以广泛而公平地提供培训服务的行动方案有时候或许与在技能培养和收入上获得最大收益的行动目标并不一致。该法案并未就如何解决不同目标间的冲突提供任何指导性意见。它指导劳工部建立的绩效评估体系只针对该项目的第一个目标——人力资本投资的回报(《就业培训合作法案》,条款106(a))。①

暂且假定人力资本投资是该项目唯一的目标。这在培训中心的层面上可以理解为最大化人力资本的附加价值,它是扣除培训开支后的净收益。我们怎么样来估测人力资本的附加价值?尽管并不能对一名登记者的人力资本存量进行直接的测量,但人力资本存量的任一增加值都

---

① 各州可实施它们自己创制的另外的绩效评估体系,而且有很多州是这样做的。各州设定的有些评估指标的目的是满足该法案中列举的其他目标。

能在劳动力市场的收入水平上反映出来。因此,衡量就业培训对单个登记者人力资本影响的评估指标,可以是其接受培训开始到未来某个阶段的总收入减去他在相同时期内如果**没有**接受培训所获得的总收入。① 那么,某个财政年度内就业培训的全部影响就有可能是该年度单个登记者的总收入减去他为培训付出的成本。②

最主要的困难在于,尽管能够对项目登记者的成本和收入进行估测,但却并不能对他们没有接受培训时的收入水平——反事实的情况——进行直接的评估。劳工部解决此问题的办法是在他们培训结束时或刚刚结束后对收入和就业水平进行评估——这与评估登记者收入能力和就业能力**变化**的指标有很大的不同。评估培训成本的指标只是在《就业培训合作法案》推行的前10年使用过。③ 下文将会考察《就业培训合作法案》的绩效评估指标与其目标不相协调所导致的结果。

非线性奖励。在运用绩效评估指标对培训中心进行奖励方面,人们或许能想到多种途径。例如,某个培训中心可能会因每个在接受培训后找到工作的登记者而获得一笔一次性支付的奖金。《就业培训合作法案》的激励系统与简单的计件工资制存在着两个方面的区别。首先,《就业培训合作法案》的奖励是一种绩效评估指标非线性作用的结果。仅仅因为达到了依据一套绩效评估指标所设定的数量化标准,培训机构就可以获得一大笔货币奖励。其次,以所有登记者结束(即正式从项目名单中被删除)年度所有课程时取得的**平均**后果来计算绩效后果。例如,直到1992年培训结束时,就业率还是《就业培训合作法案》中的一项重要绩效评估指标。对于

---

① 这些收入流或许会适当地打点折扣。
② 如果议员并不关心在登记者中是谁获得了收益的话,那么就能够使用一种权重方案。例如,权重方案可以向最弱势群体受到的影响分配较高的权重。
③ 其他大多数能够用来获取长期收益或影响的评估指标都存在缺陷。一种可能的评估指标是接受培训前后收入水平的差异。然而,研究表明即使没有接受过任何培训,那些申请参与项目的人在收入水平上也会经历一个反弹(Heckman 和 Smith,1995年)。《就业培训合作法案》用来完善评估指标类型的另外一种方法是延长就业后果估测的期限。然而,延长跟踪期限且成本高昂。

1990财政年度而言,可以用培训结束当天实现就业的部分登记者来计算某个培训机构的就业率。如果该培训机构在年终培训结束时的就业率超过了评估指标所设定的标准,那么该培训中心自然就会赢得一份奖励。尽管各州在创建奖励机制方面会略有差别,但通常情况下培训中心超过标准越多,所获得的奖励也就越多。此外,年度与年度之间的奖励也并不相关。在每一年度开始的时候都会将记录清零,绩效评估又会重新开始。

相对的绩效评估。劳工部会依据系统中其他培训中心的绩效为某个特定的培训中心设定绩效标准。例如,在构建就业率标准的过程中,劳工部最初设定的标准是在过去两年内全国范围内所有培训中心绩效的第25个百分位数。虽然一个培训中心的标准是以过去的绩效为基础的,但是不会出现棘轮问题,因为这些标准是建立在超过600家培训中心以往绩效的基础上的。因此,没有任何一个培训中心能够通过压低绩效的方式明显地降低未来的标准。

由于培训中心的运营环境存在巨大的差异,因此对它们进行简单的比较通常是毫无意义的。正是基于这样的原因,劳工部依据培训中心所处的劳动力市场特征以及培训中心登记人口的特征来调整相关的标准。校准模型利用多元回归技术以及《就业培训合作法案》的培训中心最近的绩效信息来估测培训中心的特征与培训中心绩效之间的关系。① 然后再利用这些估测得到的关系调整每个培训中心的绩效标准。调整登记人员特征标准的目的是为了限制培训机构受到某些激励,即以它们在绩效评估指标上的预测评分为基础来选择登记者——也就是**刮脂行为**(cream skim)。由于根据当地劳动力市场的特征对标准进行的调整拉平了外部环境的差异,所以在就业岗位稀缺的劳动力市场上运营的培训中心所面对的标准就反映了为登记者安置工作的相对难度。该调整方案使培训中心的绩效标准变成了一种对处于相似劳动力市场并拥有相似登记人口的培训中心过往产出平均水平的估测值。这种绩效标准的调

---

① 参见 Barnow(2000)针对这些技术所做的说明和分析。

整方法承认从官员所处环境中获取的可用信息对提升评估工作的精确性是具有价值的。

《就业培训合作法案》绩效激励的影响

《就业培训合法法案》的目标是对就业和收入施加长期的影响,但劳工部的评估指标反映的却是在培训结束时或刚刚结束后的就业和收入水平。仍然有无数研究试图通过在单个登记者的层面上将收入/就业收益(有时是社会福利依赖度的降低)相互联系起来以验证《就业培训合作法案》绩效评估指标的有效性。相关性研究利用各种技术来估测收入和就业的反事实状况。有的利用一个对照组的就业经历,该对照组由与登记者具有可观察的相似性却未接受培训的人员组成。然而,这些对照组有可能在动机和其他不能观察到的方面存在着差异,这可能会导致收入影响估测产生偏差。还有的利用某些评估特定政府培训项目的社会实验产生的估测数据,在这些社会实验中,那些提出申请并被吸纳进培训项目的人员被随机分配到控制组和对照组。由于对照组和控制组的初始条件几乎相同,所以他们在收入或就业经历上的差异能够被合理地归因于培训。因为在随机分配后对实验对象的跟踪只有短短几年的时间,而且因控制组成员的逐渐退出,对照组和控制组的差异性也日益明显,这些估测值仍旧是不完善的。[对估测控制效果感兴趣的读者可查阅更为广泛的文献;参见阿申费尔特(Aschenfelter),1978 年;拉隆德(Lalonde),1986 年;赫克曼(Heckman)和罗布(Robb),1985 年;以及赫克曼、拉隆德和史密斯,1999 年;以及其他文献。①]

某些研究是在登记者的层面上探讨收入影响与绩效后果之间的相

---

① 构建收入和就业影响的可靠估测系统的信息和方法要求,使得将这些分析用作针对每天的奖励和管理目标的绩效评估指标是不现实的。例如,20 世纪 80 年代后期一项对《就业培训合作法案》进行的实验性评估只涉及当时 620 家培训中心中的 16 家,耗费了 7 年时间才得以完成,而据估算,其成本超过 2100 万美元(Smith,1995 年)。

关性,而它们利用的资料却来源于各种并没有依照《就业培训合作法案》建立的激励机制下运行的政府就业培训项目。弗里德兰德(Friedlander,1988年)和佐尔尼茨基等人(Zornitsky, et al., 1988年)的研究表明,那些有可能在《就业培训合作法案》建立的绩效评估指标上得到较高分数的登记者,在收入和就业上造成的影响也可能较大。然而,盖伊和鲍勒斯(Gay and Borus, 1980年)却发现就业评估指标和收入影响有时是负相关的。

赫克曼和史密斯(1995年)依据受劳工部委托的全国《就业培训合作法案》研究项目(National JTPA Study, NJS)所提供的资料对收入影响进行了估算。全国《就业培训合作法案》研究项目是针对《就业培训合作法案》的有效性进行的一项实验性研究,该研究实施于1987年至1989年期间,并涉及16个州的16家培训中心。在研究过程中,将被项目接纳的人随机分成一个试验组和一个对照组。控制组的人员可以得到在《就业培训合作法案》项目中登记并接受相关服务的机会。而对照组的人员则只能有限地参与《就业培训合作法案》项目18个月。① 这项研究发现,在基于短期就业成果的绩效评估指标和净收入影响(估算的收入影响减去培训成本)之间顶多存在着一种微弱的正相关关系。实际上,对于某些评估指标而言,绩效与净收入影响之间是负相关的。在使用相同资料的情况下,巴瑙(2000年)发现,如果他所指的是绩效评估指标或净绩效——被界定为绩效测量结果减去绩效标准数值的话,那么则存在着弱相关性。(通过从测量结果中剔除标准数值,他所做的模拟更为接近于《就业培训合作法案》的培训中心所面对的真实激励机制。)

总而言之,只有针对那些绩效与薪酬无关的项目所做的研究表明,在依照《就业培训合作法案》建立的绩效评估指标和影响之间存在着统计学意义上显著的相关性。而这两个针对《就业培训合作法案》的研究

---

① 有关全国《就业培训合法法案》研究项目实施情况的说明可参见 Doolittle 和 Traeger (1990)。对于全国《就业培训合作法案》研究项目结果的详细介绍可参见 Orr et al. (1994)。

表明只存在细微的或根本没有统计学意义上的相关性。事实上,这些研究表明,相关性有的时候会释放出错误的信号。《就业培训合作法案》与其他项目的对比结果与**含义 11**是一致的。尽管使用的技术和资料不同,但在非《就业培训合作法案》项目中存在极强相关性的研究成果表明,当绩效评估指标与薪酬有关时,官员们做出回应的方式就是为了提升这些绩效评估指标而去寻找那些成本最低的方案。正如在下面的部分所揭示的那样,这些结果从间接的角度表明《就业培训合作法案》的绩效评估指标存在着方向上的偏差。

为什么《就业培训合作法案》的绩效评估指标没有建立正确的激励机制?

培训中心的工作人员决定吸纳哪些申请者、如何培训这些登记者以及何时结束培训。所有这些选择都是培训中心为获取绩效评分和奖励产生的结果,也是为了能使登记者从培训中获得收益。

登记注册。刮脂行为(cream skimming)——根据他们对绩效后果的预期影响,培训中心利用相当程度的自由决定权来选择登记者是大多数有关《就业培训合作法案》激励机制的分析所关注的核心问题。如前所述,这样的机制是以项目过去的就业和收入水平为基础来判断培训中心的绩效,但培训的目标却是技能的培养。这样的绩效后果会诱使培训中心选择那些在劳动力市场就业方面有较高绩效水平的人,而不会选择那些可能从培训中获取最大收益的人。

该激励机制的批评者也注意到缺少能够对这项法案的非收入和就业目标实施奖励的绩效评估指标。被遗漏的最主要目标是提供服务的公平性。对于那些希望奖励最大化的培训中心最具吸引力的人,或许并非是符合资格的登记者中"最贫困的人"——那些拥有最少岗前培训收入、劳动力市场经验以及教育的人。

所有这些关注点都可以用多任务模型的方式加以说明。第一个关注点涉及激励机制是否会使培训中心作出最大化登记影响的登记选择——也就是说，绩效评估指标与目标是否一致。第二个关注点涉及在将公平提供服务的边际回报设定为零的情况下，《就业培训合作法案》的激励机制是否会使培训中心在做出登记和培训决策时忽视公平性。

培训中心根据对绩效后果的预期影响来选择登记者这一结论充其量是混杂不清的。安德森、伯克豪泽和雷蒙德（Anderson, Burkhauser and Raymond，1993年）对田纳西州的培训中心登记注册模式进行了考察，用以证明《就业培训合作法案》项目的官员们更喜欢那些有可能在某个单一《就业培训合作法案》绩效评估指标上取得较高得分的人——在培训结束时的就业率。他们发现某些预示着培训后高就业率的个人特征与登记注册的可能性之间存在着正相关关系。尽管如此，也不太可能从他们的研究中判断出这种关系是否意味着官员的屏蔽行为、是否会决定对申请者进行登记，或者二者兼而有之。除了就业率之外，他们并没有考虑其他的绩效评估指标。

克拉格（Cragg，1997年）研究了各州在建立针对登记注册和其他决策的奖励机制的过程中变量所带来的影响。法案只要求各州州长推行一套对超过绩效标准的培训中心实施奖励的激励项目。法案也要求州长应该对连续两个年度不能达到绩效标准的培训中心进行重组。（重组可以包括重新配置该培训中心的管理人员。）奖励机制建设的其余事项都应由该州州长负责。

克拉格对比研究了一个由50个州的大约200名《就业培训合作法案》登记者组成的样本，和一个由符合《就业培训合作法案》资格的人组成的样本。他从全国纵向青年调查项目（National Longitudinal Survey on Youth，NLSY）获得了两个样本的相关数据。他假定在那些奖励具有更大吸引力且对获得奖励具有挑战性的州，培训中心有可能会更为积极地去追逐那些高资质的合格者。他将劳动力市场经验作为申请者资质的一项评估指标。他从四个方面考察州政府的激励政策：(1)该州是否有一套正式程序以便培训机构能够申请一份低额奖励；(2)培训机构为了赢得奖励必须要满足的标准数量；(3)培训机构为避免受到处罚必须要满足的标准数量;(4)培训机构获得潜在奖励的规模。他发现其中只有一个方面会对培训机构的登记规则产生统计学意义上的显著影响。他还发现,申请程序的缺失正好与具有丰富劳动力市场经验的登记者的偏好一致。申请程序的缺失意味着培训中心在经历了一个异常困难的年份时无法申请到一份低额的奖励以弥补损失。克拉格认为,这正好表明了一种激励影响,因为培训中心的工作人员意识到他们是否能够赢得奖励将仅仅取决于他们是否能够达到绩效标准。由于符合资格的人做出的登记决策不太可能受到他或她所居住的州是否允许提出申请的影响,克拉格认为这为刮脂行为提供了证据而且也没有对申请者决策做出说明。

赫克曼和史密斯(1995年)对有关刮脂行为的问题进行了调查,他们利用的资料来源于16个属于全国《就业培训合作法案》研究项目培训中心中的4个。在这些培训中心,赫克曼和史密斯能够明确知道到底有哪些人最终登记参与了培训项目。他们发现从接受申请到登记注册的过渡并不是随机的:黑人、低于高中教育程度的人、来自贫困家庭的人以及那些近期没有就业经历的人要满足申请和接纳的登记条件的可能性并不大。他们的证据表明,那些预计会导致低绩效评估结果的人也不太可能得到登记的机会。他们的证据也说明了一个某些人或许会认为是不公平的选择过程:在申请者群体中,黑人和拥有最低教育程度以及最少工作经验的人,要比其他人获得登记机会的可能性更小。尽管如此,正如安德森等人所做的案例研究以及本文作者所认为的那样,这些证据中的某一些甚至是全部或许是申请者自我选择的结果。

利用全国《就业培训合作法案》研究项目的相关资料,赫克曼、史密斯和泰伯(Taber,1996年)也研究了德克萨斯州某个培训中心在进行登记决策时的决定因素。针对这个培训中心的情况,他们掌握的资料不仅与被培训项目接纳的人有关,也与那些提出申请的人有关。作者发现那些在培训后具有最差就业前景的申请者更有可能被培训项目接纳。他们也发现那些具有最大预期工资收益的申请者被培训项目接纳的可能性不大也不小。他们认为,申请者是否能够获得认可,这主要反映了培训中心官员的偏好,而不是申请者的偏好。

因此,关于培训中心的官员是否会偏好那些最有可能产生高绩效评估结果的合格人员的证据是混杂不清的。克拉格、赫克曼和史密斯提供了发生这种刮脂行为的最好证据。同样,也没有明确的证据表明培训中心的官员会对合格人员中的最弱势群体有所歧视。最后,尽管相关文献提供了某些培训中心正在登记的是那些更有可能使绩效评估指标达到较高水平的人的证据,但相关研究并未提供证据表明,培训中心正在登记的人员更有可能产生高收入影响(附加价值)。

培训方式的选择。研究者们也对《就业培训合作法案》的绩效激励机制对培训中心选择培训项目的影响进行了研究。尽管培训项目选择受到的关注要少于与刮脂行为有关的问题,但类似的关注点推动了这个方面的研究——现存的激励机制会使培训机构重视那些不会给登记者的技能带来长远影响的"权宜之计"。

马什科(2000年)研究了针对《就业培训合作法案》培训中心的培训策略进行的两次绩效评估改革所带来的影响。20 世纪 90 年代初,劳工部取消了以培训结束时点为基础的评估指标,而是转变为在培训结束后的 3 个月再进行绩效评估。劳工部也取消了那些奖励培训机构降低登记人员培训成本的评估指标。这两次改革是为了回应一种日益涌现的观点,即培训中心正过多依赖以就业安置为导向的服务,却以减少更多种类的培训项目为代价。许多决策者也感觉到典型的《就业培训合作法案》培训班在时间上实在太短,以致于缺乏有效性(《就业培训合作法案》第一个 10 年的平均在册时间只有大约 5 个月)。

马什科发现这些绩效改革产生的结果是混乱的。在培训结束后 3 个月启动绩效评估,似乎是要鼓励培训机构能够为《就业培训合作法案》项目的登记者提供提升其长期收入能力的密集培训课程,但这一改革的影响因取消了成本指标而被抵消了。显然,成本指标不鼓励培训机构提供课堂式的职业培训,因为它是一种较为昂贵的培训方式。在成本指标被剔除后，培训机构提供了更多的课堂式职业培训，但对收入的影响却降低了，这是因为课堂式职业培训在提供的主要培训方式中产生的收入影响最小。①

在委托人-代理人模型的情境中，例如，以培训结束时的数据对就业率进行奖励会导致培训中心指定培训活动，这些培训活动能够增加培训中心的就业率但会削弱《就业培训合作法案》项目登记者的收入能力。培训结束时的就业率与对收入的影响是相互偏离的。另一方面，成本评估指标会使培训中心指定那些既能提升收入影响又能增加培训中心奖励的培训活动。成本评估指标似乎具有校准功能。

绩效审计。利用来自全国《就业培训合作法案》研究项目的数据，考蒂和马什科（2000年）分析了培训机构即使是在培训项目已经结束的情况下是如何推迟终止那些未就业登记者的培训课程的，因为在推行《就业培训合作法案》的第一个10年中，那些未实现就业的登记者会对培训机构产生不利的影响。因此，在某个财政年度结束的时候，一家培训机构的花名册上都会留下一些无所事事、未就业的登记者。当该年度结束时，这家培训机构随后再来决定会在哪个财政年度终止这些未就业登记者的培训工作。如果这家培训机构发现自己远远超过或者远远低于为它设定的绩效标准的话，它就会通过终止大部分或全部未就业登记者培训工作的方式提升在下一个财政年度赢取奖励的可能性，而又不会对当前财政年度的奖励造成损失。如果该培训机构发现自己刚刚超过绩效标准的话，它就有可能通过将终止培训延迟到下一个财政年度的方法来增加它在当前财政年度的奖励。考蒂和马什科发现，通过这种方式安排绩效评估的时机，培训机构就能够提升它们的绩效并获取奖励，而无需提供高质量的服务或更有效率地提供服务。另外，两位作者还发现此种博弈行为也会消耗项目资源。

---

① 这一发现与全国《就业培训合作法案》研究项目的结果相一致，该项目的结果显示，与求职帮助和在职培训相比，课堂式职业培训产生的收入和就业收益最小（参见 Orr et al.）。课堂式职业培训也是三种主要培训方式中时间最为密集且花费（平均）最高的。

这些评估指标的其他特征也意味着存在博弈的其他途径。由于评估指标是以平均成果而不是以总成果为基础的,因此,它们可能会激励培训机构接纳尽可能少的登记者。培训中心可以接纳尽可能少的登记者并因此获得较高的人均开支水平。这样就可以轻而易举地超过最低人均的绩效评估指标,而该指标又是获得奖励所必不可少的(巴瑙,1992年;2000年)。在那些有能力的申请人本来就很少的地区,接纳较少而不是有效的人口或许也是一种最优策略。培训中心也许宁愿让自己的预算花不完,也不会去接纳那些会降低人均得分的能力低下的登记者。虽然这些应对措施似乎都是有可能的,但就我所知,还没有人为此进行过研究。

绩效激励能够在公共部门发挥作用吗?

对于政府部门的激励机制设计者来说,代理人模型表明,何种类型的绩效评估指标和何种形式的奖励发挥作用(例如,薪酬项目是否是线性的或非线性的)是至关重要的。在薪酬项目中,不应在具有干扰性的绩效评估指标上赋予权重。在能够比较相类似工作人员的绩效的情况下,有的时候能够使具有干扰性的绩效评估指标变得更为有效。在期望政府官员承担多项任务且不能对某些任务进行评估时,绩效激励应该保持在最低限度,因为这会使工作人员付出更多的努力但会以忽视某些任务为代价。然而,有的时候任务会依据它们的可评估性被划分为不同的工作。如果是那样的话,委托人就能够通过向那些承担可评估任务的工作人员支付绩效工资的方式充分发挥激励的力量。

该模型的另一个含义是与组织目标存在偏差的绩效评估指标会导致浪费或功能失调的行为。我们在《就业培训合作法案》的实践中体会到了这一点。首先,我们间接地发现,《就业培训合作法案》的绩效评估指标与收入和就业影响的相关性在这些绩效评估指标变成激励性指标后发生了变异。其次,我们也直接了解到,为了获得绩效奖励,社会工作者会过度使用其自由裁量权以决定登记者何时能够结束培训项目。

《就业培训合作法案》绩效激励机制的沿革又给指望激励机制能够使政府更有效率的想法带来了什么样的启示？首先，即使在奖励不是表现为增加薪酬或奖金的情况下，政府官员实际上也会受到有经济支持的绩效激励的驱使。这就带来了这样的希望，即如果激励机制设计恰当，就能驱使政府官员更有效率地工作。其次，激励机制的设计者或许要找到反映政府官员真实生产率的绩效评估指标是有难度的。尽管我们不能排除《就业培训合作法案》的绩效激励机制提升项目效率的可能性，但从目前改革的效果来看，很明显劳工部在激励机制的设计方面存在困难。① 证据表明，到目前为止所使用的评估指标是偏离方向和扭曲的，从而使《就业培训合作法案》的激励机制陷入"尽管希望得到 B 却愚蠢地奖励了 A"②的困境。

不管怎样，经济学有关激励文献经验层面的证据清楚地表明，以经济上的激励为支撑的绩效评估指标并非是解决公共部门效率低下和管理不善问题的万灵药。民营部门似乎表明它是一种更有利于应用绩效激励机制的环境，因为组织的目标可能看上去不那么复杂，且更为稳定也得到了更为清晰的界定。更好的绩效评估指标也适用于企业，它们可能少有竞争性的委托人和目标。在企业中，雇员拥有更大的自由来决定如何开展他们的工作。委托人-代理人模型意味着在这些环境中激励机制有更好的成功机会。即便如此，在后果驱动的绩效评估指标上分配重要权重的薪酬方案也是极为少见的，雇员们更经常地是收获固定工资或

---

① 虽然证据表明建立在就业水平上的绩效评估指标是不完善的，但我们也不能就依据这样的证据说明绩效激励机制没有提升《就业培训合作法案》项目下的职业培训的效率。我们之所以不能得出这样的结论，是因为我们不能就在当前具有激励性环境下《就业培训合作法案》项目的官员行为和不具激励性环境下《就业培训合作法案》项目的官员行为进行比较，因为那样的环境根本不存在。如果我们能够观察到反事实的情况，我们或许能够发现激励机制产生不只是抵消诸如博弈回应这样的有益效果。

② 这是经常被引用的由 Steven Kerr（1975）写的一篇论文的题目。

时薪而不是计件工资或其他类型的以绩效为基础的薪酬。如果以绩效为基础的薪酬制度在民营部门相对来说是不常见的话,那么公共部门成功实施此种薪酬制度的机会也多半是罕见的。

第五章 实施《政府绩效与结果法案》：进展与挑战[1]

J.克里斯托弗·米姆

1993年，在实施《政府绩效与结果法案》的过程中，联邦政府正在迈向一个更加困难却也更为重要的阶段。联邦政府部门公布了1999和2000财政年度的绩效报告，以说明它们实现自身目标和已取得进展的行为、方案，以及针对未完成目标的工作计划。这些报告再加上政府部门最新战略规划、年度绩效计划以及整个政府层面绩效计划的公布，构成了两个完整的《政府绩效与结果法案》的规划和报告周期。联邦政府因此成为一个关键交汇点，在此审视《政府绩效与结果法案》的实施状况，以及以结果为导向的绩效信息作为常规手段在政府部门日常管理和立法及行政部门制定决策中应用情况。

进行这样的审查十分重要，它可以确保《政府绩效与结果法案》的规划和报告不至于沦落为一种仅与政府部门和国会的实际工作毫不相关的年度文书工作。《政府绩效与结果法案》应该成为国会实施监督的基础，有助于国会实现绩效最大化并确保联邦政府承担为美国人民谋求利益的责任。《政府绩效与结果法案》也应该为政府部门提供一种设定目

---

[1] 此处所呈现的材料有一大部分是直接节选自美国审计总署（GAO）公开出版的报告和相关证据。尽管如此，还是对材料进行了大量更新，以便于呈现那些在审计总署看来是必要的问题和观点。

标、评估实现这些目标的进展、有效利用战略和资源——如人力资本——以及实现这些目标的管理框架,并且最终能够运用绩效信息制定那些提升绩效所必需的总体性决策。然而,在《政府绩效与结果法案》得以大范围有效实施之前,仍旧有大量工作需要做,如为了改善决策水平和强化绩效与责任而转变政府部门的组织文化。

作为一个即将迈入 21 世纪的国家,对于国会和行政机构来说变得越来越重要的是面对两个压倒性的问题:

联邦政府应该发挥的作用是什么?

联邦政府应该如何履行职责?

通过将联邦政府试图实现的结果以及对于实现这些结果来说必不可少的计划方法和资源联系起来,《政府绩效与结果法案》成为连接这两个问题的桥梁。由《政府绩效与结果法案》规划和报告的基础性工作产生的绩效信息,有助于建设一个能够更好地提供节俭、高效和有效项目的政府,这些项目能够帮助联邦政府解决所面临的各种挑战。[①] 其中的主要挑战有:

灌输一种结果导向的价值取向

确保每天的运转都能促进结果的实现

协调相互交叉的项目

理解预算决策的绩效后果

培育收集和利用绩效信息的能力

灌输一种结果导向的价值取向

联邦政府试图满足当前和新出现公共需求的基石是培育一种每个

[①] *Managing for Results*: *Opportunities for Continued Improvement in Agencies' Performance Plans*(GAO/GGD/AIMD —99—215,July 20,1999);以及 *Managing for Results*: *An Agenda to Improve the Usefulness of Agencies' Annual Performance Plans*(GAO/GGD/AIMD—98—228,Sept. 8,1998)。

政府部门都想要去实现的清晰的结果意识,而不是它所提供的产品和服务(产出)以及产出这些产品和服务的过程。采取一种结果导向的价值取向对于许多政府部门来说需要进行某种文化转型,因为它必然需要新的思维和行为方式。这种转型并不容易而且需要投入时间和资源,也需要维持领导层的责任感和关注度。

根据2000年审计总署在整个政府层面对28家联邦政府部门①管理者所做的调查结果,许多政府部门在部门上下灌输一种结果导向价值取向的过程中面临着巨大的挑战。例如,在26家政府部门中,有少于一半的管理者至少在很大程度上认为,雇员有协助部门完成其战略目标的积极态度。在22家政府部门中,至少有一半管理者在很大程度上认为他们要为其项目的结果承担责任。然而,在一种可比较的程度上,只在1个政府部门中有超过半数的管理者认为,为了协助部门实现战略目标,它们拥有所需要的决策制定权。

此外,值得注意的是,2000年时在所有的管理者中有更多的人(84%)表示他们参与的项目有绩效评估指标。相比较而言,1997年审计总署在整个政府层面针对实施《政府绩效与结果法案》情况做第一次调查时,有76%的管理者做出过如此表示。然而,在28个政府部门中有不超过7个部门的50%以上的管理者回答说,他们会大量或极为大量地将

---

① 这28家机构包含了24家被1990年《首席财务官法案》所覆盖的机构以及另外从各部中选取的4家机构——运输部的联邦航空管理局(the Federal Aviation Administration at the Department of Transportation)、农业部的林业局(the Forest Service at the Department of Agriculture)、卫生与公共事业部的卫生保健筹资管理局(the Health Care Financing Administration at the Department of Health and Human Services)以及财政部的国内税收服务局(the Internal Revenue Service at the Department of Treasury)。有关此次整个政府层面调查的更为详细的内容,参见 *Managing for Results:Federal Managers' Views on Key Management Issues Vary Widely Across Agencies*(GAO—01—592,May 25,2001);*Managing for Results:Federal Managers' Views Show Need for Ensuring Top Leadership Skills*(GAO—01—127,Oct,20,2000);以及 *The Government Performance and Results Act:1997 Governmentwide Implementation Will Be Uneven*(GAO/GGD—97—109,June 2,1197)。

绩效信息运用于任何一个审计总署要进行查询的关键管理活动。①

如果要实现《政府绩效与结果法案》的潜能，来自高层领导者的强力支持和持久的责任感是必不可少的。在接受2000年审计总署在整个政府层面针对联邦政府管理者所做调查的过程中，只有53%的联邦政府管理者表示，在较大或很大程度上，其所在部门的上层领导者表露出了对实现结果的强烈责任感。②

为了构建领导者的责任体系并有助于确保结果管理成为开展业务的标准手段，有些政府部门正在运用绩效协议来界定针对具体目标、进度监督及结果评估的责任。绩效协议可以确保日常活动明确地以取得结果为目标，而且能够确保项目实施策略与预算和人力资本资源的适当结合正好能够满足组织的目标。

国会已经意识到绩效协议在使组织和行政部门为结果承担责任的过程中能够发挥相应的作用。例如，国会于1998年设立的学生资助办事处（OfficeofStudentFinancialAssistance）就是一个建立在绩效基础上并被要求实施绩效协议的组织。

审计总署明确指出了应用以结果为导向的绩效协议可以带来的5种常见收益，③包括有：

  强化以结果为导向的目标与日常运作之间的一致性
  促进跨越组织边界的合作
  为改进项目而增加讨论和日常应用绩效信息的机会
  为个人提供某种以结果为导向的责任基础
  在领导层变更过程中保持项目目标的连续性

---

① 审计总署要进行查询的关键活动有5项，包括设定项目的优先性，分配资源，采纳新的计划方法或改变工作流程，与其他组织就项目任务进行协调，以及设定个人的工作预期。
② GAO—01—127,Oct. 20, 2000.
③ *Managing for Results: Emerging Benefits From Selected Agencies'Use of Performance Agreements*（GAO—01—115, Oct. 30, 2000）.

确保每天的运转都有利于结果的实现

为了帮助国会和行政部门理解政府部门的日常活动如何有利于美国人民,《政府绩效与结果法案》显现出它作为重要工具的作用。尤其是因为所有政府部门希望取得的结果事实上都必须经过多个参与者的共同努力才能实现,所以这种理解的获得绝不会那么轻易或直截了当。要理解如何能够对预期结果施加最好的影响,对每个政府部门来说都是挑战。很难迫使那些对现有有利于结果实现的方式缺乏清晰理解的政府部门去决定如何提升绩效。在绩效规划中对行动方案将如何实现结果加以明确规定,也能使国会和管理者决定行动方案的合理组合,并且在限定成本的情况下实现绩效的最大化。

运输部(Department of Transportation)1999 财政年度的绩效报告表明,如何理解那些对结果产生影响的因素对设计绩效改进方案是极为重要的。运输部并未实现其 1999 财政年度针对休闲游艇事故的目标。在这份 1999 年的绩效报告中,运输部指出大多数休闲游艇事故都是由一些意外事件引起的,这些意外事件与驾驶者的操控以及乘船者往往不穿救生衣的因素有关,尽管穿上救生衣可能会大大提高他们在意外事件中幸存下来的机会。为了实现这一目标,运输部现在的方案包括加强对乘船者的安全教育以及就如何在更大范围内使用救生衣展开研究。

由于它对项目结果有明确的关注,因此《政府绩效与结果法案》能够作为一种工具来考察某个政府部门战略性人力资本管理挑战的总体性后果。对战略性人力资本管理的关注之所以很重要,是因为提升政府部门雇员的技能、知识以及个人绩效,必定是任何为实现绩效的最大化和确保联邦政府承担责任而采取的认真工作的基石。然而,审计总署在 2001 年 4 月的报告中指出,总的来说,各政府部门 2001 财政年度的绩效规划反映了关注战略性人力资本问题的不同程度。① 当进行总体考察时，审计总署发现，提升很多相互关联的人力资本目标和方案的广度、深度和明确性很有必要，也有必要使它们与各部门的战略性和总体性规划过程更好地联系起来。很少有政府部门的规划致力于：

为确保领导层合理连贯性而实施的接替规划。

为使领导者的绩效预期与该部门的任务和目标保持一致而签订绩效协议。

为有助于该部门吸引、激励、雇用和奖励所需人员而建立竞争性薪酬机制。

为支持该部门的目标和战略而进行的劳动力配置。

为实现绩效与结果的相互联系而构建包括工资和其他有意义激励措施的绩效管理系统。

为引导员工有效地执行该部门的目标和战略而实现绩效预期与能力的相互协调。

为实现该部门的目标并公平有效地解决问题和冲突，使员工和劳动关系建立在不同方案共同努力的基础上。

在最近的一份报告中，审计总署认为有相当一部分联邦政府工作人员将在未来5年中满足退休的资格或退休，因此，考虑到这些预期会增加的退休人员，劳动力规划对于确保政府部门拥有充足且合适的工作人员显得十分重要。② 行政当局采取的行动预示着与下属各部门共同努力的兴趣正日益增加，以便能够确保政府部门拥有实现其战略目标和完成其任务所需的人力资本潜力。例如，行政当局要求各下属部门提交劳动力分析报告以便明确需要解决的问题，如为实现部门目的和目标所必需

---

① *Managing for Results*: *Human Capital Management Discussions in Fiscal Year* 2001 *Performance Plans* (GAO—01—236, Apr. 24, 2001).

② *Federal Employee Retirements*: *Expected Increase Over the Next 5 Years Illustrates Need for Workforce Planning* (GAO—01—509, Apr. 27, 2001).

的劳动力技能,以及因未来 5 年人员退休而预计会出现的劳动力技能失衡。

协调相互交叉的项目

实际上,所有联邦政府致力于实现的结果都需要两个或更多的部门展开协调而相互配合的工作。缺乏有效协调的相互交叉的项目领域会浪费稀缺资源,使纳税人和项目受益人感到困惑和沮丧,并且会削弱项目的整体效益。[1] 审计总署在超过 40 个项目领域中做的调查再次表明,任务分割和项目重叠的现象普遍存在,而且相互交叉的联邦项目缺乏很好的协调。例如,审计总署的报告显示有 8 个联邦政府部门管理着 50 个为无家可归者提供服务的项目;4 个部门承担着 23 个提供住房服务的项目;6 个部门管理着 26 个提供食品和营养服务的项目。[2]

《政府绩效与结果法案》为实现这些相互交叉项目的合理化提供了一种结构化的和整个政府层面的手段。这些根据《政府绩效与结果法案》建立战略性的、年度的以及整个政府层面的绩效规划过程,为政府部门提供了一起努力的机会,以确保部门针对相互交叉项目的目标能够对其他部门针对该项目的目标进行补充,并能够相互强化项目方案,且可根据情况使用共同的绩效评估指标。如果《政府绩效与结果法案》能够得到有效实施,整个政府层面的绩效规划以及政府各部门的年度绩效规划和绩效报告,都应该能够向国会提供与致力于相似结果的与部门和项目有关的新信息。一旦明确了这些项目,国会就能把相关的政策、管理以及相互交叉项目可能产生的绩效后果作为对行政部门进行监督的一部分。

---

[1] *Managing for Results*:*Using the Results Act to Address Mission Fragmentation and Program Overlap*(GAO/AIMD—97—146,Aug. 29,1997)。

[2] *Managing for Results*:*Barriers to Interagency Coordination*(GAO/GGD—00—106,Mar. 29,2000)。

理解预算决策的绩效后果

《政府绩效与结果法案》的一个重要目标是，帮助国会和政府行政部门更为清晰地理解那些正在实现的与正在耗费的资源有关的结果。塑造一种绩效管理文化的重要步骤，就是把规划的绩效与预算要求和财务报告联系在一起。为此，《政府绩效与结果法案》要求年度绩效计划要将绩效目标与各部门预算申请书中的项目活动联系起来。① 这样的调整将对绩效的考量灌输到预算的审议过程中，可以促使各政府部门重新评估它们的绩效目标和方案而且能够对绩效成本有更为清晰的认识。

审计总署发现，各政府部门在建立其年度预算申请书和绩效计划的有价值联系方面正在取得进步，并注意到1999和2000财政年度的绩效规划期中在"将资源与结果相联系"方面进行了有益的尝试。② 总体来看，可以将许多部门采取的行动看作是评估未来进展的基准线。2001财政年度的绩效计划也表明在与实施《政府绩效与结果法案》的其他方面保持一致方面实现了持续性的改善。

政府部门找到了各种各样的方法和技术来说明预算资源和绩效目标之间的关系，使制定绩效计划与预算决策之间的相关性变得越来越强。例如，环境保护署（Environmental Protection Agency）和核管制委员会（Nuclear Regulatory Commission）为了说明它们在计划中提出的战略目标并给予绩效目标以支持，就对它们预算涉及的项目活动结构进行了修正。国税局（Internal Revenue Service）和联邦调查局（Federal

---

① 根据行政管理和预算局 Managing for Results: Barriers to Interagency Coordination (GAO/GGD—00—106, Mar. 29, 2000). (Office of Management and Budget)的许可以及通常由各政府机构与财政拨款小组委员会协商达成的结果，项目活动的目的是为受到特定预算账户资助的任务做出一种重要的说明。

② *Performance Budgeting: Fiscal Year 2000 Progress in Linking Plans With Budgets* (GAO/AIMD—99—239R, July 30, 1999); 以及 *Performance Budgeting: Initial Experiences Under the Results Act in Linking Plans With Budgets* (GAO/AIMD/GGD—99—67, Apr. 12, 1999).

Bureau of Investigation)完全将它们的绩效计划与预算申请书整合成了一个文件。卫生与公共事业部以及住房与城市发展部的某些行政部门使用一个简要对照表,将来源于不同预算账户的资金合并或整合在一起,并且将这些信息与战略目标或不相关联的绩效目标联系在了一起。

强化收集和利用绩效信息的能力

政府部门需要可靠的信息以便于在进行绩效规划的过程中设定实事求是的目标,并随着项目的实施来衡量它们为实现这些目标所取得的进展情况。在过去许多年间,审计总署发现政府部门在提供有关项目绩效和成本的可靠信息的能力以及提升信息质量的方法方面还存在着局限性。[1] 这些局限性是大量且长期存在的,而且不可能快速而轻易地加以解决。审计总署在评估绩效计划的过程中发现,政府部门显然对其绩效信息的可靠性缺乏信心。这种信息的缺失恰恰是《政府绩效与结果法案》在实施过程中存在的最大缺陷之一。

在获取及时、可靠、以结果为导向的绩效信息的过程中,各政府部门面临的一个挑战是:它们要依赖州及地方政府部门提供的信息。联邦政府在很多领域都是通过州和地方政府提供服务的,因此项目的管理以及对责任的回应通常要取决于州和地方政府。[2] 在政府间关系的背景中,政府部门要收集准确、及时和一致的全国性绩效信息无疑会遇到挑战。

为了应对这一挑战,审计总署指出,政府部门能够利用《政府绩效与结果法案》的规划和报告文件来决定如何补充那些不可用的或低质量的

---

[1] *Managing for Results*:*Challenges Agencies Face in Producing Credible Performance Information* (GAO/GGD—00—52, Feb. 4, 2000);以及 *Performance Plans*:*Selected Approaches for Verification and Validation of Agency Performance Information* (GAO/GGD—99—139, July 30, 1999)。

[2] *Managing for Results*:*Challenges Agencies Face in Producing Credible Performance Information* (GAO/GGD—00—52, Feb. 4, 2000);以及 *Performance Plans*:*Selected Approaches for Verification and Validation of Agency Performance Information* (GAO/GGD—99—139, July 30, 1999)。

信息。例如,在今年春天的早些时候,环境保护署在其2000财政年度的绩效报告中就明确指出了安全饮用水信息系统(Safe Drinking Water Information System)存在着信息的局限性。该部门的报告指出,之所以会存在这些局限性,一是因为全国的信息库与州信息库之间存在着不一致;二是因为个别机构报告中存在着特定的错误。在绩效报告中对信息的可靠性做出详细说明能够向国会提供重要的背景信息。国会议员能够根据这些说明针对以结果为导向的绩效信息收集过程中存在的问题以及涉及各种信息收集方案的成本与质量之间的平衡关系提出相应的问题。

强化《政府绩效与结果法案》的实施力度

自联邦政府部门开始实施《政府绩效与结果法案》以来的4年中,该法案产生了许多涉及联邦政府部门的计划、目标和战略的全新的和有价值的信息。正如国会在立法过程中期待的那样,在每一个年度绩效规划的连续周期内都可以看到比前一个年度工作有所改进的地方。国会及行政部门的决策者们对于这些信息的利用达到了一个更高的程度,每年3月份政府部门年度绩效报告的公布都意味着《政府绩效与结果法案》的实施达到了一个实质性的阶段。这些报告能够使决策者有机会对某个特定财政年度联邦政府部门的真实绩效进行评估,并仔细斟酌未来提高绩效和减少成本所需采取的各项措施。

《政府绩效与结果法案》显然是有潜力的,它有助于国会和行政部门确信联邦政府能够向美国人民提供他们所期望并应该得到的结果。到目前为止,根据《政府绩效与结果法案》进行的规划和报告工作正在生成全新的和重要的信息——国会和行政部门的决策者们能够用来对21世纪的政府应该做什么以及应该怎么做进行评估的信息,而这些信息在过去是不可能获得的。然而,在《政府绩效与结果法案》的潜在收益得以实现之前,还有更多的工作需要去做。

第六章 以绩效、结果和责任重塑政府诚信[①]

维吉尼娅·L.托马斯

民意测验一致表明社会公众对联邦政府的信任和信心都处于较低的水平。这些对联邦政府的低期望值反映了某种广为流传的观点,即美国人每年缴纳税款的一大部分被华盛顿政府浪费了。1998年,由总部位于华盛顿的皮尤研究中心进行的一项调查显示,有64%的美国人认为政府——其预算已迅速膨胀至1.8万亿美元——"低效且浪费严重",只有48%的美国人认为政府"为全体人民的利益服务"。[②] 纳税人希望联邦政府在花钱时能够明智一些,将浪费、低效和管理不善控制在最低限度内,这种想法是可以理解的。然而华盛顿似乎为其运作设定了自动运转模式,它持续不断地制造新的项目和新的开销却毫不考虑现有项目的运转情况。很少有联邦政府部门为了向国会和美国公众提供与其绩效有关的可靠而客观的评价信息能够始终如一地证明它们的项目正在取得什么样的结果。

当1993年《政府绩效与结果法案》获得通过——由比尔·克林顿总

[①] 作者对政府研究所(Government Studies)的助理研究员玛格丽特·L.米恩(Margaret E. Mehan)和传统基金会(The Heritage Foundation)政府关系研究项目(Government Relationship)的理查德·S.邓恩(Richard S. Dunn)为本文提供的力所能及的帮助表示感谢。本文的重印出版得到了传统基金会的许可。

[②] 皮尤民众与媒介研究中心,"Deconstruction Distrust: How Americans View Government",1998年3月10日;也可查阅www.people—press.org/trustpt.htm。

统签署——时，第 103 届国会试图去解决这一问题。为了使联邦政府的管理、决策和责任机制能够更好地以绩效为基础，该法案成为国会和布什政府一项新举措的核心组成部分。要实现华盛顿运作方式的真正"再造"，就需要建立一个超党派的结构来推行通常意义上的政府改革。在它们能够做出各种各样对提升联邦政府绩效和重拾美国人民信心来说是必需的变革之前，国会和行政当局还需要针对现有联邦政府项目可靠的绩效信息、客观的项目评估以及其他形式的合理审查。

为什么绩效评估指标是重要的？

1993 年 8 月 3 日，《政府绩效与结果法案》签署颁布。它要求联邦政府部门构建明确的目标体系，这对于纳税人以及每年报告在这些目标方面的进展情况来说非常重要。这项法案的通过意味着，有史以来第一次，联邦政府部门将不得不准备多年度的战略规划、包含成果评估指标（而不是以过程为导向的评估指标）的现有项目年度绩效计划，以及向国会提交的年度绩效报告。

该法案的效力在于它侧重于对全部现有联邦政府项目有效性的评估，并向国会提供相应信息以便对政府部门是否正在实现预期的结果做出判断。正如参议员泰德·史蒂文斯（Ted Stevens，阿拉斯加州共和党人）在 1997 年 6 月的一次听证会上解释得那样：

> 如果《政府绩效与结果法案》正确实施的话，它将协助国会判断和消除那些重复或无效的项目。我们打算在此过程的每个阶段都对遵守该法案的情况进行监控，以确保政府部门正在向我们提供的信息是我们的工作所必需的，也确保纳税人的钱真正落到实处。[1]

---

[1] 参议院财政拨款委员会（Senate Appropriation Committee）主席、参议员泰德·史蒂文斯在与参议院政府事务委员会（Senate Governmental Affairs Committee）联合举行的听证会上所作的有关 Implementation of the Results Act 的说明，S. Hrng. 105—198. 1997 年 6 月 24 日，第 2 页。

美国公众也将从这种对现有项目实施的自下而上的监督中获益。尽管联邦政府应该按照真实需要使用每一块钱,但目前采取的方式却是不断推出新的法律与规章制度,而且联邦政府也会在旧有的项目上优先安排支出,却毫不考虑有效性或任务是否存在重叠的情况。结果,联邦政府的规模、成本、低效和范围一直都在毫无节制地扩张。

例如,不断增加的联邦政府消费约占今天联邦预算的52.7%,与之相比,这一比例1962年只有26.1%。尽管总的联邦政府开支不断增加,但在预算中可自由支配资金所占的百分比却是下降的:1962年可自由支配金额占预算的67.5%,而最新数据显示可自由支配的消费不到34%——这是可以对华盛顿政府日益增加的资源进行重新配置的显著缩减。与此同时,全国性负债的利息也在同一时期内从6.4%增加到了13.5%(1999年为220万亿美元)。①

获取可靠的绩效信息是任何试图通过减少代价高昂的浪费、重复工作和失误进行政府改革尝试的第一步。应该终止、精简或合并那些不能发挥作用或多余的项目,那些由民营部门运营可以更有效率的项目应该实施民营化。

《政府绩效与结果法案》的有效性将取决于国会的意愿,这一意愿能够使政府官员展开定期对话,在会议或听证会上询问以结果为导向的问题,并把通过这些互动活动获得的绩效信息应用于有关授权、拨款和监督的决策。但是即使《政府绩效与结果法案》有这样的要求,国会或许仍然需要向联邦政府部门提出提供可靠、精确和客观绩效信息的要求。如果需要,它还应当寻求来自各部门的检察长(inspectors general, IGs)、美国审计总署、国会研究中心(the Congressional Research Service, CRS)、其他外部审计师以及其调查员的协助。

---

① *Historical Tables*: *Budget of the United States Government*, *Fiscal Year* 2001, pp. 110—111, 119。

国会日益提升对绩效的重视程度

自《政府绩效与结果法案》(以下标"《结果法案》")生效以来,国会就已经开始在拨款、监督和授权的决策过程中使用政府部门提供的绩效信息了。然而,这在很大程度上是发生在媒体监督视线之外的,却意味着华盛顿政府工作方式重大但也是根本性变革的开始。

例如:

1998年12月国会研究中心的一份报告表明,对绩效评估指标的使用有所增加,尤其是第104届和第105届国会期间的财政拨款委员会。在第105届国会期间,国会研究中心发现,有45部对外公布的法律和78份作为议案附件的报告是以绩效评估指标或《政府绩效与结果法案》为依据的。与之相比,在第104届国会期间有14部对外公布的法律和27份报告采取了此类做法。①

2000年6月,参议院财政拨款委员会发表的一份《〈结果法案〉特别报告》(Special Report on the Results Act)介绍了对主要政府部门遵守法案的情况以及财政拨款过程产生的后果进行评估的结果。

1999年3月10日,众议院政府监督委员会(the House Government Oversight Committee)主席、众议员丹·伯顿(Dan Burton,印第安纳州共和党人)和众议院财政拨款委员会(the House Appropriations Committee)主席、众议员C. W."账单"杨(C. W. "Bill" Young)发函给适用《首席财务官法案》的24个政府部门,威胁说"如果它们不能改善组织绩效,特别是主要的管理问题,将削减对它们的财政拨款"。②

---

① Genevieve J. Knezo 和 Virginia McMurtry, "Performance Measure Provisions in the 105th Congress: Analysis of a Selected Compilation",国会研究中心,1998年12月,第3页;也可查阅 www. freedom. gov/results/crs. getsresults—sum. asp.
② 1999年3月10日;可参阅 www. house. gov/reform/press/99. 03. 10. a. htm.

2000年3月31日,参议院政府事务委员会主席、参议员弗雷德·汤普森(Fred Thompson)要求审计总署、国会研究中心和各部门的检察长对上述24个联邦政府部门的重要政策目标进行审查,以便评估那些对美国人民有重大影响的结果的绩效。这在该法案的历史上是第一次,这一全面性的要求将使政府部门和国会去关注政府的政策,而不是去关注是否在技术上符合要求或以过程为导向的目标。①

自1997年以来,为了配合自身促使联邦政府部门承担相应责任的工作,国会要求审计总署出台了超过200份与《结果法案》相关的报告、证明或成果。

一、过多的项目重叠现象

仅仅因为联邦政府的复杂性,就会使评估联邦政府的绩效结果变得异常困难。正如下文中专栏所表明的那样,在联邦政府部门和项目中大量存在的重复和分割现象对于纳税人来说是一种巨大的成本。

> **专题6-1 审计总署的报告表明有大量的项目重复和重叠现象**
>
> **教育**:40家政府部门的788个联邦政府教育项目每年花费1 000亿美元(GAO/T-HEHS—98—46)。还有11家政府部门和20个机构的超过90个早期儿童教育项目(GAO/HEHS—95—4FS)。
>
> **问题少年**:15家政府部门针对边缘少年的117个联邦政府项目每年花费44亿美元(GAO/T-HEHS—98—38)。
>
> **经济发展**:由13家政府部门管理的342个经济发展项目之间缺乏协调(GAO/RCED—96—103)。

---

① 2000年3月31日;可参阅 www.senate.gov/~gov_affairs/040400_walker_letter.pdf。

食品安全：食品和药品管理局(Food and Drug Administration)和其他11家联邦政府部门掌管着监督食品安全的超过35部不同法规的实施(GAO/RCED—98—224)。

水务：8家联邦政府部门的17个项目管理着农业用水和污水项目(GAO/RCED—95—85FS)。

职业培训：由15家不同的联邦政府部门管理的163个项目每年大约花费200亿美元(GAO/HEHS—95—85FS)。

恐怖主义：涉及打击恐怖主义的联邦政府部门超过40个，1998年针对已公开恐怖活动的开支达65亿美元(GAO/T—NSIAD—98—164)。

毒品防治：有57个不同部门和机构的70个联邦政府项目从事着"与毒品的战争"，每年的花费达160亿美元(GAO/T—GGD—97—97)。

科学研究：17个联邦政府部门和机构运营着515个研发实验室(GAO/RCED/NSIAD—96—78R)。

统计信息收集：70个联邦政府部门每年收集统计信息的花费达12亿美元(GAO/T—GGD—97—78)。

出口：与促进出口有关的10个联邦政府部门每年的花销达19亿美元(GAO/NSIAD—00—119)。

为无家可归者提供的服务：由8个联邦政府部门管理的50个联邦政府项目向无家可归者提供服务，其中16个项目每年的开支达12亿美元(GAO/RCED—99—49)。

正如审计总署的报告所表明的那样，各个政府部门中的许多项目或许都指向同一个问题。前任总审计长(Comptroller General)查尔斯·鲍舍(Charles Bowsher)在1995年向参议院政府事务委员会提供的证言中指出：

> 我们很容易对重组联邦政府的问题做出解释。很多部门和机构是在不同时期建立起来的,而且要解决的问题与今天相比也有很大的差别。许多部门逐渐积累起来的责任要远远超过它们当初成立时的目的。随着新挑战的出现或新需求的出现,政府各部门和机构被赋予了新的项目和责任,却没有从整体上充分考虑它们向社会公众提供服务的效果。①

现任总审计长戴维·沃克(David Walker)在最近一次向参议院预算委员会作证时重申了重复和分割的问题:

> 事实上所有联邦政府努力实现的结果都需要两个或更多联邦政府部门的通力合作和相互协调。然而,我们所做的研究工作一再表明任务的分割和项目的重叠现象非常普遍,而且相互交叉的联邦政府项目也没有得到很好的协调。在一个接一个的项目领域中,我们发现那些漫无目的和缺乏协调的相互交叉项目浪费了稀缺资源,使纳税人和项目的受益人感到困惑和沮丧,并且限制了项目整体上的有效性。②

沃克列举了一些熟悉的案例。例如,有13个不同的联邦政府部门管理着超过35项食品安全法规的实施,有8个政府部门管理着17个不同的涉及农业水源和污水处理系统的项目。③ 审计总署提及的其他案例中包括由8个部门管理的50个为无家可归者提供服务的项目④以及数百个针对低收入城镇的社区发展项目。对于这些城镇发展项目,审计总署在1995年的报告中指出:

---

① 美国审计总署,*Government Reorganization: Issues and Principles*,GAO/T—GGD/AMID—95—166,1995年5月17日,第2—3页。
② 美国审计总署,*Budget Issues: Effective Oversight and Budget Discipline Are Essential—Even in a Time of Surplus*,GAO/T—AIMD —00—73,2000年2月1日,第11页。
③ 同上书,第11—12页。
④ 美国审计总署,*Homeless: Coordination and Evaluation of Programs Are Essential*,GAO/RCED—99—49,1999年2月26日,第2页。

联邦政府通过一个涉及至少 12 个联邦部门和机构的复杂系统来帮助贫困的城镇社区及其居民。这些部门总共管理着住房、经济发展和社会服务等领域的数百个项目。例如，我们报告过至少有 154 个就业和培训援助项目，有 59 个用于防治药物滥用的项目，还有超过 90 个早期儿童的发展项目。就单个项目而言，这些种类的项目中有很多是有意义的。但就整体来说，根据国家绩效评估（National Performance Review）委员会①的报告，它们却经常对当初项目设立时的目标产生不利影响。②

二、始终存在项目过时的情况

除了任务重叠问题之外，许多联邦政府部门和项目已经变得不合时宜，并表现出明显的低效率，对社会公众来说，其存在的价值已经不再那么令人信服。1999 年 11 月，在向参议院预算委员会作证的同时，审计总署还提交了一份涉及 61 项此类项目的清单。③ 下一页的专栏中将列举其中的某些案例。

正如审计总署表明的那样，这些联邦政府服务项目也反映出许多其他问题，如：

    民营部门能够更好地提供项目或服务
    过时的服务或设计不合理的联邦补贴
    联邦政府的设施陈旧或低效

---

① 1993 年美国总统克林顿为了对联邦政府的效率和效益展开研究，决定成立国家绩效评估委员会，并指定副总统戈尔领导该委员会的工作。国家绩效评估委员会的目的是精简政府机构并削减浪费性支出。委员会成员确定存在问题的领域或不必要的开支项目并提出解决问题的方案。他们向国会和行政部门提出能够使联邦政府更有效率的具体建议。——译者注
② 美国审计总署，*Community Development*: *Challenges Face Comprehensive Approaches to Address Needs of Distressed Neighborhoods*, GAO/RCED—95—262，1995 年 8 月 3 日，第 4 页。
③ U. S. General Accounting Office, *Potential Candidates for Congressional Oversight*, GAO/OCG—00—3R，1999 年 11 月 1 日。

重要的联邦政府投资没有效益

专题6-2　政府绩效的挑战

由民营部门提供可能会更好的联邦服务项目：

1992年到1996年之间花费运营成本15亿美元的电力市场管理局(Power Marketing Administration)，仅提供了每个州电力消费总量中的很小一部分，该项目应根据重建和提升电力产业竞争力的要求进行重新评估。

市场准入项目(Market Access Program)为促进美国农产品的海外市场销售提供补贴。

农村公共服务局(Rural Utilities Service, RUS)的电力贷款项目存在严重的财务问题。自1994年以来，农村公共服务局注销了超过20亿美元的债务，它目前正在注销其他30亿美元债务。

优先承运法令(Cargo preference laws)在1989年和1993年期间每年使联邦政府增加的运输成本大约为5.78亿美元，而且仍旧对今天的运输成本产生影响。

不需要的或目标不明确的联邦政府补贴：

根据社区发展专项拨款(Community Development Block Grant)方案，尽管格林威治镇的人均收入是卡姆登镇人均收入的6倍，但1995年康涅狄克州的格林威治镇贫困人口中每人获得的资助要比新泽西州的卡姆登镇多出5倍。

因36%的索赔是对财产损失的重复申报，全国洪灾保险项目(National Flood Insurance Program)的损失大约达20亿美元。

医疗保险税收计划1999年的免税额达700亿美元，这意味着劳动者缺少节约使用医疗保险的激励机制。

1872年的《采矿法》(Mining Law)允许在联邦土地上提出可供经济性开采申请的所有人获得每英亩2.50或5.00美元的专利

申请的所有者权益,这远远低于市场价值。

医疗保险选择(Medicare+Choice)项目在建立之初就存在预测失误,它持续不断地向参与医疗保险的健康计划多支付了数百万美元。卫生保健筹资管理局并没能采取符合要求的变革措施来改变这种局面。

陈旧或低效的联邦政府设施:

国防部1998年花费其预算的58%用于诸如维修不必要的或多余的建筑等基础设施需求。

能够被合并的退伍军人卫生保健机构至少可以节省1.32亿美元。

国务院缺少适当的机制来"裁撤"因国外任务变化而多余的岗位。

能源部(Department of Energy)的科学研究预算中不断增加的被用于维护陈旧和不恰当设施而不是有创新性的研发工作。

资料来源:美国审计总署:《预算问题:有效的监督和预算纪律是必需的——即使在预算盈余时期》(*Budget Issues: Effective Oversight and Budget Discipline Are Essential—Even in a Time of Surplus*),GAO/T—AIMD—00—73,2000年2月1日,第4-15页。

三、不必要的建设经费开支

另一个普遍存在的政府浪费的源头是那些花着纳税人的钱却使少数特殊利益群体或小团体的人获益的建设项目和工程。公民反政府浪费组织(Citizens Against Government Waste,CAGW)估计,已获得通过的2000财政年度财政拨款议案包含有超过177亿美元的建设经费开支,比1999财政年度增长了47%。自1991年以来,公民反政府浪费组织明确指出的此类联邦政府开支的总额达1000亿美元,下文的专栏中列举了其中的某些案例。①

四、浪费、欺诈与管理不善

就所有受到的指责来说,建设经费开支意味着合法使用那些按预期拨付给规定用途的纳税人缴纳的税款。但由于欺诈、滥用以及错误地将收益支付给了不具备资格的人,损失的联邦税款有数百万美元之多。

去年11月,弗雷德·汤普森参议员明确指出,大规模的联邦社会项目中有191亿美元被不恰当地支付给了不符合资格的受益人。正如表6-1所示,他所领导的委员会证明有超过2200亿美元的联邦开支被浪费了,其中有9.84亿美元的国防开支被超额支付给了承包商,这些承包商主动提出将在5年内对资金进行返还。②

1990年,审计总署开始编制那些最容易发生欺诈、滥用和管理不善等问题的联邦项目和活动的"高风险名录"。该"高风险名录"开始时包括14个问题领域,而随着审计总署的每一次更新,问题领域的范围都有所扩展。目前使用的名录发布于1999年,包括了26个联邦政府部门的问题领域。③(见表6-2)虽然会定期增加新的问题领域,却很少有被删除的。事实上,自1995年以来只取消了一个高风险领域。尽管名录引发了对这些领域的关注,但在1990年时,最初的14个高风险领域中仍有10个留在名录上。

政府部门检察长的报告也采取了相类似的做法。在过去三年的每一年中,主要联邦政府部门的检察长们都会向国会报告他们所面临的最为严重的绩效问题。就像审计总署的高风险领域一样,检察长们明确指出的问题也是一年比一年多。④

---

① 公民反政府浪费组织,2000 *Congressional Pig Book Summary*,2000年3月,第1页。
② 媒体新闻稿,参议院政府事务委员会,"Thompson Details ＄220 Billion in Government Waste",2000年1月24日;也可查阅 www.senate.gov/～gov_affairs/012400_htm。
③ 美国审计总署,*High—Risk Series：An Update*,GAO/HR—99—1,1999年1月。
④ 近期最为显著的一次例外是2000年(Y2K)的计算机转换问题。

专题 6-3　2000 财政年度联邦政府建设费用开支案例

虾类养殖研究基地(Shrimp Aquaculture Research)：该项目在亚利桑那、夏威夷、马萨诸塞、密西西比和南卡罗来纳投入 3300 万美元，美国农业部官员预计该项目将于 1987 年完成。自 1985 年以来，联邦政府共向此研究基地项目拨款 4500 万美元。

富兰克林·德拉诺·罗斯福纪念馆(Franklin Delano Roosevelt Memorial)：虽然众议院提醒国家公园管理局(National Park Service)民间募资少于预期且扩建不应当让纳税人承担费用，但还是向罗斯福纪念馆的扩建工程多拨付了 300 万美元。

哥伦布入境口岸重建工程(Columbus Port-of-Entry Realignment)：虽然新墨西哥州的交通部长试图拒绝这笔资金，因为该州应该负担这项并不必要的工程成本的 25%，但该工程还是获得了 100 万美元的财政拨款。

位于密西西比河谷密西西比州立大学内的**农村卫生、安全与保障研究所**(Rural Health, Safety, and Security Institute)：向劳动/健康与公共事业/教育财政拨款议案新增了 250 万美元指定专门用途的拨款。

洛杉矶县自然历史博物馆(Los Angeles County Museum of Natural History)：拨付 100 万美元款项专门用于题为"发现最小巨兽"的针对发现自阿根廷的恐龙蛋的展览。

卡尤加县区域应用中心(Cayuga County Regional Application Center，针对纽约州的北部地区)：包含在退伍军人事务/住房和城镇发展财政拨款议案中的用于地球科学研究的达 1 000 万美元的工程。

德纳里委员会(Denali Commission)：2700 万美元用于对阿拉斯加的联邦经济援助，而该州已获得了人均 636 美元的联邦援助。

> 全国平均水平是人均 25.92 美元。
> 资料来源：公民反政府浪费组织，《2000 年联邦预算猪肉桶项目报告》(2000 Congressional Pig Book Summary)，2000 年 3 月，第 3 页、第 11 页、第 16 页、第 25 页、第 28 页、第 30 页、第 34 页、第 40 页、第 44 页和第 51 页。

审计总署和检察长的报告指出，某些重复出现的原因导致了这些问题，①如大多数联邦政府受制于一个或多个关键性的缺陷，而这些缺陷会损害任何组织取得成功的能力，不管它是公共部门还是民营部门。这些缺陷包括：

普遍存在着财务管理缺陷

不能有效地利用信息技术

不能雇用、留住和有效地管理一支其技能是承担部门任务所必需的劳动力队伍

表 6-1 参议院政府事务委员会发现的浪费现象

	审计总署或各部门检察长(IG)报告	以百万美元计的浪费金额
农业部	1998 财政年度食物券项目的超额支付(GAO/AIMD-00-10)	$1 425
	不恰当的研究支出(IG letter, 11/29/99)	$6.5
商业部	国家技术情报处(National Technical Information Service)，1995—1998 财政年度的累积损失(IG letter, 12/13/99)	$4.8
	国家海洋和大气管理局(National Oceanic and Atmospheric Administration)每年在内部飞机上支出的费用相比民营部门花费的成本所高出的金额(IG letter, 12/13/99)	$1.9

---

① 美国审计总署，*Major Management Challenges and Program Risks：A Government—Wide Perspective*，GAO/OCG—99—1，1999 年 1 月。

续 表

	审计总署或各部门检察长(IG)报告	以百万美元计的浪费金额
国防部	有110亿美元不需要的储备;美国海军部门以运输途中的损失抵消了30亿美元的储备(GAO/T-NSIAD-99-83)	$14 000
	订购的新储备超过了现有的需求(GAO/T-NSIAD-99-83)	$1 500
	每年在TRICARE这一军队的卫生保健项目中可能存在的欺诈与滥用(GAO/HEHS-99-142)	$500
	在1994和1998财政年度期间,有9.84亿美元被错误地支付给了那些愿意有所回报的承包商(GAO/AIMD-00-10)	$984
教育部	在1997财政年度,花费超过33亿美元用于补偿由教育部提供担保的违约学生贷款的损失(GAO/OCG-99-5)	$3 300
	1995年预计佩尔补助金(Pell Grant)超额支付的金额。1996年因漏报收入而导致的损失(IG report can:11-50001,1/97)	$177
能源部	在1980-1996年期间,有31个重要的系统采集工程在开支超过100亿美元之后被终止(GAO/OCG-99-6)	$10 000
卫生与公共事业部	1998财政年度预计超额支付的医疗保险的医疗费用(IG letter,12/7/99)	$12 600
	1998年医疗保险用于康复服务的不当支出(IG letter,12/7/99)	$1 000
住房与城市发展部	1998财政年度错误的租房补贴支出估计达8.57亿美元,或者占支出总额的5%(IG report 99-FO-177-0003)	$857
	因灌溉援助还款政策变化导致的收入损失(IG letter,12/1/99)	$1 200

113

续　表

	审计总署或各部门检察长(IG)报告	以百万美元计的浪费金额
内政部	有可能未足额缴纳的流动矿产使用费(IG letter,12/1/99)	$43
	在各种检察长审查报告中明确说明的在政府部门未征收或不当使用的费用基础上的损失(IG letter,12/1/99)	$25.8
	发生在不符合使用要求的土地交易上的损失(IG letter,12/1/99)	$18.2
NASA	国际空间站超期服役产生的累积成本(IG letter,12/1/99)	$708
人事管理局	向病毒携带者支付1%的保险附加费(到目前为止)以弥补联邦政府雇员保健福利项目(Federal Employees Health Benefits Program,FEHBP)登记差错导致的成本开支,数据代表了政府所占的份额;项目的捐助者支付了另外的1190万美元费用(IG letters of 12/1/99 and 1/7/00)	$30.5
	估计每年因欺诈、浪费和滥用所造成的联邦政府雇员保健福利项目损失(IG letter,12/1/99)	$1 800
小企业管理局	因不应承担担保责任的担保贷款违约而造成的损失(IG letter,12/2/99)	$16.2
	其他有问题担保贷款带来的损失(IG letter,12/2/99)	$3.7
	接受可能因欺诈受到处罚的犯罪调查而导致的7(a)条款贷款的价值(IG letter,12/2/99)	$84
	因出具虚假证明进行贷款给政府带来的估计损失(IG letter,12/2/99)	$27
社会保障管理局	补充性保障收入(Supplement Security Income,SSI)中有250亿美元经报告的应收账款总额是超额支付的。包括1998财政年度的270亿美元的支出总额中新出现的16.5亿美元超额支付(GAO/AIMD-00-10)	$2 500
	1998财政年度经报告的老年及遗族保险(Old Age and Survivors Insurance)的超额支付(GAO/AIMD-00-10)	$1 154
	经报告的伤残保险(Disability Insurance)的超额支付(GAO/AIMD-00-10)	$941

续 表

	审计总署或各部门检察长(IG)报告	以百万美元计的浪费金额
财政部	未征收的关税及酒类、烟草和武器(Alcohol, Tobacco and Firearms, ATF)代理商的税收收入(IG letter, 12/7/99)	$651.6
国税局	因受纳税人协议或法院裁决支持而未缴纳的税款(GAO/HR-99-1)	$90 000
	每年在所得税抵免(Earned Income Tax Credit, EITC)方面估计的超额支付(IG letter, 12/1/99)	$8 000
退伍军人事务部	因未能从军事储备支付中扣除伤残赔偿金而每年在保险费方面估计发生的超额支付(IG letter, 12/10/99)	$8
	估计向因犯和已故人士错误支付的保险费金额(IG letter, 12/10/99)	$103.9
	估计应该能够通过改善债务管理水平而节省下来的金额(IG letter, 12/10/99)	$260
	估计今后能够按照《联邦政府雇员补偿法》(Federal Employees Compensation Act)相关要求实施更好的监督而节省下来的金额(IG letter, 12/10/99)	$247
其他多个机构	在1998财政年度末期,不良的非税金债务总额达600亿美元。比1996财政年度同期增加了81亿美元(OMB Federal Financial Management Status Report and Five-Year Plan, June 1999)	$60 000
	根据国会预算办公室(Congressional Budget Office)的成本测算,审计总署提出的一系列旨在提升各政府部门日常运营经济性和效率的建议,每年将为预算主管部门节省65亿美元(GAO/OCG-99-26)	$6 500
	通过整合联邦政府内部飞机的运营,每年可节省下来的估计费用(Commerce IG letter, 12/13/99)	$92
	确定的浪费总额	$221 284

资料来源:新闻稿,参议院政府事务委员会,"Thompson Details $220 Billion in Government Waste",2000年1月24日;也可查阅 www.senate.gov/~gov_affairs/012400_press.htm。

表6-2 特定年份被审计总署确定为属于"高风险"的活动和项目

减少过度管理的风险	
资产罚没项目(Asset Forfeiture Programs)	1990
国防基础设施管理(Defense Infrastructure Management)	1997
住房与城市发展部的项目	1994
农业贷款项目(Farm Loans Programs)	1990
国税局税务申报欺诈(IRS Tax Filling Fraud)	1995
医疗保险	1990
学生资助项目(Student Financial Aid Programs)	1990
补充性社会保障收入(Supplement Security Income)	1997
2000年人口普查(The 2000 Census)	1997
使对大型采购业务的管理更有效率	
国防部储备管理(DOD Inventory Management)	1990
国防部武器系统采购(DOD Weapon Systems Acquisition)	1990
国防部合同管理(DOD Contract Management)	1992
能源部合同管理(Department of Energy Contract Management)	1990
NASA合同管理(NASA Contract Management)	1990
超级合同管理(Superfund Contract Management)	1990
确保重要的技术投资可以提升服务质量	
空中交通管制现代化(Air Traffic Control Modernization)	1995
国防部系统开发与现代化任务(DOD Systems Development and Modernization Efforts)	1995
国家气象服务现代化(National Weather Service Modernization)	1995
税务系统现代化(Tax System Modernization)	1995
规定基本的财务责任	
国防部的财务管理(DOD Financial Management)	1995
联邦航空管理局的财务管理(Federal Aviation Administration Financial Management)	1999

续 表

林务局的财务管理(Forest Service Financial Management)	1999
国税局的财务管理(IRS Financial Management)	1995
国税局的应收账款(IRS Receivables)	1990
解决严重的信息安全缺陷	
整个政府层面的2000年计算机风险(Government Wide Year 2000 Computer Risks)※	1997

说明：※名录上未再做进一步说明。
资料来源：美国审计总署，*Congressional Oversight：Opportunities to Address Risks，Reduce Costs，and Improve Performance*，GAO/T－AIMD－00－96，2000年1月。

推行改革过程中面临的挑战

虽然联邦政府的监督机构——审计总署、管理与预算办公室(Office of Management and Budget)、国会预算办公室(Congressional Budget Office，CBO)以及各部门的检察长——在其报告中一再强调政府部门缺乏绩效，而且尽管政府部门的《结果法案》报告也反复指出存在浪费、无效和低效率的情况，但不论是行政当局还是国会都没有表现出通过强制性推行改革来提升政府绩效的意愿。

一、克林顿政府

尽管自签署《结果法案》后有6年的执政时间，但克林顿总统对其领导下政府部门关键性绩效问题的处理却并不成功。甚至白宫的管理与预算办公室似乎还放弃了其进行管理的责任，并没能履行《结果法案》所规定的如建立法定的试点项目这样明确的法律义务。

全国政府再造伙伴关系(National Partnership for Reinvention，NPR)——一项受到副总统艾尔·戈尔支持的旨在"重塑政府"的计划——规定的目标是值得称道的。然而，特定的全国政府再造伙伴关系计划也顶多只能在政府面临最为紧迫的绩效挑战的边缘进行修修补补。审计总署并没能就改革之初宣称要实现的成本节约或总体性改革提出相应的证明。①

全国政府再造伙伴关系计划与审计总署和各部门检察长所强调的"高风险"或其他作为关键任务的问题之间没有多少相关性。实际上,全国政府再造伙伴关系计划却经常会产生适得其反的作用。例如,"精简"联邦政府工作人员的改革是随机发动的而不是按照战略规划进行的,而且也没有区别对待那些必不可少的雇员和多余的雇员。这种不加选择的"精简"带来的后果是恶化了每个政府部门内部很多关键性的绩效问题。

虽然联邦政府直接支付的工资总额在克林顿政府时期缩减了,但是大多数的削减来源于国防部预算,而且更多是因为冷战的结束而非全国政府再造伙伴关系。而且,许多以前的联邦政府工作被转移给了包括承包商、州及地方政府雇员以及民营部门雇员这些需要耗费宝贵时间来承担联邦政府委托事项的联邦"影子"政府工作人员。(见图6-1)。例如,教育部(Department of Education)在联邦政府层面的公务员或许显示减少了6%,但同期其合同工的数量却增加了129%。② 如果考虑到那些承担联邦政府委托事项的工作人员,那么被联邦"影子"政府雇用的人数实际上要远远多于联邦政府直接支付工资的人数。

---

① 美国审计总署:克里斯托弗·米姆对参议院政府事务小组委员会就有关政府管理、重建及哥伦比亚特区所做的证言,*Management Reform*:*Continuing Attention Is Needed to Improve Government Performance*,GAO/T-GGD-00-128,2000年5月4日,以及 *NPR's Savings*:*Claimed Agency Savings Cannot All Be Attributed to NPR*,GAO/GGD-99-120,1999年7月。

② 参见保罗·C. 莱特(Paul C. Light),*The True Size of Government*,华盛顿,哥伦比亚特区:布鲁金斯学会出版社,1999年。

第六章 以绩效、结果和责任重塑政府诚信

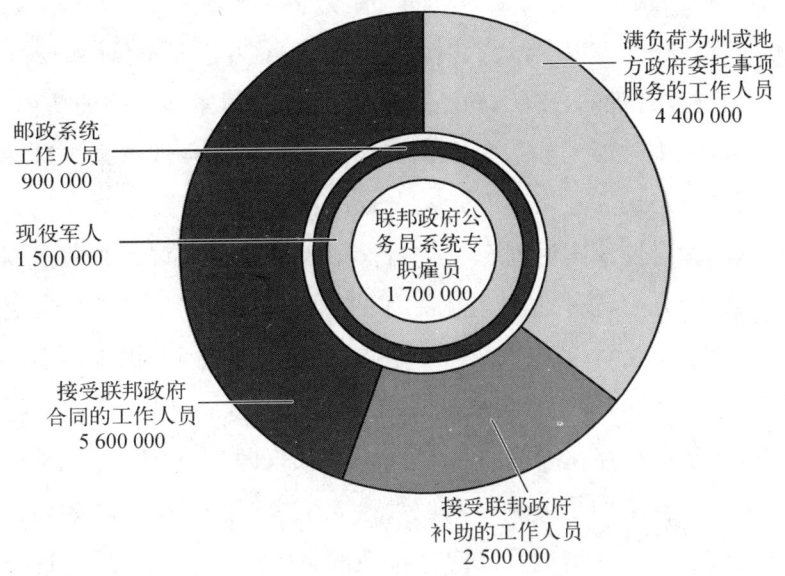

图 6-1 联邦影子政府

资料来源:保罗·莱特:《政府真实的规模》(*The True Size of Government*),布鲁金斯学会(The Brookings Institution),1999 年 5 月。

一项研究表明,1996 年"影子政府"包括 425 万直接受雇于联邦政府的人员和 1270 万替联邦政府承担工作及落实政策的人员。

二、国会

除了众议院和参议院的两位议员——前任政府事务委员会的共和党主席、参议员弗雷德·汤普森和众议院政府改革委员会政府管理、信息和技术小组委员会(Government Management, Information, and Technology Subcommittee of the House Committee on Government Reform)主席、众议员史蒂夫·霍恩(Steve Horn,加利福尼亚州共和党人)——利用他们所属委员会的管理权限披露浪费和管理不善这一值得称赞的尝试之外,国会在这个方面表现出的领导能力极为有限。

直到今天,国会在强制政府部门提高效率和减少浪费方面所做的工作仍旧不足。造成这种平庸表现的一个原因是:每年财政拨款过程本身就是低效的,而且要耗费大量的时间和精力。① 国会在每一个新财政年度开始时就要通过13项常规的财政拨款议案,这几乎是不可能的。

因此,拨款过程的最终结局是在经过11个小时紧锣密鼓的协商后,在每次会议结束时形成一份串联在一起的大规模综合性议案。这些协商过程通常参与的人数极少且远离公众的视线。大多数国会议员在他们通过这份综合性议案时对正在进行投票表决的内容只有非常模糊的概念。在颁布之后,往往还要花上几周的时间对支出清单上的内容进行分类整理。这个会后过程是极为密集和耗费精力的,因此出现错误也就在所难免,而且参与者常常会感觉到自己像是牺牲品一样。

财政拨款过程存在问题的一个原因是,仅仅因为那些"必须通过"的支出议案而日益增加了要颁布实施大量立法规定的负担。国会在日常工作过程中为许多支出项目制定授权性法案的能力不足导致了这一问题的产生。

国会预算办公室在最近的报告中指出,国会在2000财政年度通过了大约1210亿美元的议案用于那些许可已经过期的项目支出。② 其中大约有82亿美元用来资助在1987年获得最终许可的海外援助项目,还有44亿美元用于1984年获得最终许可的能源部项目。国会预算办公室的报告并未涉及为那些从来没有获得过许可的项目提供资助的情况。为未获许可的项目拨付资金违反了众议院和参议院的规则,但作为为了通过关键性法案而赢得必要选票的一种手段,这些规则通常都被放弃了。如果两党之间力量对比存在着微弱优势的话,那么要重新对那些争议事项作出许可的决定就不太可能被通过了。

几乎没有对现有项目和活动实施过有意义的监督以判断哪些是正

---

① 例如,自1991年以来,每年在参议院所有唱名表决中至少有一半是与年度预算有关的。1996年,所有的唱名表决中有73%与预算有关。参见 *Senate Report No.* 106—12 *on S.* 92,政府事务委员会,美国参议院,第106届国会,第二次会议,1999年,第6—7页。
② 国会预算办公室,*Unauthorized Appropriations and Expiring Authorizations*,2000年1月7日。

在发挥作用的而哪些没有,这进一步加剧了国会在通过法案时面临的困境。就目前的情况来看,大多数监督活动只是侧重于那些所谓的丑闻或者只是对孤立问题进行的简短曝光却缺少后续行动。正如参议员乔治·沃伊诺维奇(George Voinovich,俄亥俄州共和党人)最近所说的那样:

> 从职业官僚到内阁秘书,几乎行政部门的每一个人都知道当国会召唤他们去参加对其监督的听证会时,一旦听证会结束,也就结束了——他们很少有人去担心还会有任何后续的听证会,因为国会根本就没有时间。①

应该注意的是,国会的某些委员会向政府部门提供了有价值的绩效信息反馈,而且这种反馈推动了国会山(Capitol Hill)和政府部门之间良性的政策辩论。这些委员会包括参议院的政府事务委员会、财政拨款委员会,以及众议院的教育和劳动力委员会、科学委员会、交通委员会与退伍军人事务委员会。

然而,国会从总体上来说更为关注以**通过法案**的方式来影响政府的绩效变革。立法是国会议员做的事,也是他们的工作人员和媒体关注的事。另一方面,对现有法律和项目实施监督,需要有与这些项目、机构预算、人员、媒体有关的专业知识,甚至还需要美国审计总署的参与。如果监督职能要能使世人相信的确发生了变化的话,那么就需要各种不同的技能——例如寻找真相的坚毅性格、与媒体打交道的能力,或者是承担对冒生计危险的证人实施保护的责任以及讲真话的名誉。

三、华盛顿必须做的事

在用可以打破华盛顿的政策僵局并弥合政治分歧的清晰而超越党派利益的方式来改进联邦政府方面,能够做的工作有很多。遵循这些路

---

① *Congressional Record*,2000 年 2 月 2 日,第 291 页。

径的议事日程应该开始并建立在达成基本共识的原则之上,即将注意力专注于大多数人认同的事务,而不去考虑他们的政治倾向。

然而,对于政府来说,任何全新的目标都必须以客观可靠的绩效信息为基础,这些绩效信息能够使国会、总统和美国公众对那些正在利用缴纳的税款试图实现的目标做出判断。但是,审计总署在近期向国会和政府部门的检察长们提供的一份重要警示信息中指出,在 24 个重要的政府部门中,有 20 个不能提供涉及它们正在努力实现目标的可靠绩效信息。①

而且它们提供的信息经常会产生误导。例如,法律服务公司(Legal Services Corporation,LSC)每年都会向国会报告利用联邦政府资金向贫困人口提供法律援助的案件数量。这一数据为其要求持续的且更多的资助提供了支持。然而,1999 年披露的证据表明,法律服务公司普遍存在着虚报案件数量的现象。以全国范围内 269 个接受法律服务公司援助的当事人提交的案件报告为基础,法律服务公司报告说在 1997 年年底时正在进行的案件数量为 471 600 件,而当年已经终结的案件为 1 461 013 件。1997 年该项目收到的来自国会和其他来源的资助共计 5.118 亿美元。如果按照报告所称已终结的案件数量来计算,那么 1997 年整个项目中每个案件的平均成本为 350 美元。

在否认存在问题的几个月之后,在国会、媒体和审计总署的压力下,法律服务公司于 1999 年 9 月承认,1998 年它所终结的案件只有 110 万件——比其报告的 1997 年终结的案件少了大约 360 000 件。这是该部门在历史上记录和报告的最少的结案数量。较少的案件数量转换为平均成本就是每个案件 465 美元,这是该项目历史上联邦政府向贫困人口

---

① 美国审计总署,*Managing for Results:Challenges Agencies Face in Producing Credible Performance Information*,GAO/GGD-00-52,2000 年 2 月,第 6 页。

提供援助付出的最高成本。①

在评估政府部门效益的过程中此类差异具有重要意义。如果国会收到的有关某个政府部门的绩效信息不完整或不准确,那么它的后续决策就不会纠正问题;如果政府部门的低效持续下去,那么公众的质疑就有可能增加。

另一方面,好的信息能够带动政府提供服务方式的实质性改善。例如:

> 利用退伍军人健康管理局(Veterans Health Administration, VHA)的信息库,荣军院(veterans' hospitals)开始在自己的绩效与其他医院的绩效之间进行比较。以心脏外科手术的各种成功率为基础,退伍军人健康管理局在如何实施诊断试验以处理术后程序方面进行了变革。根据审计总署的报告,退伍军人健康管理局发现,绩效信息表明1988年到1996年期间心脏病专科团队使相应的死亡率平均下降了13%。②

> 在1982年到1991年的拖驳船行业信息表明,在62%的海上事故归因于人为失误的情况下,美国海岸警卫队(U. S. Coast Guard)重新调整了其海上安全项目,变检查(产出)为努力减少事故(后果)。由海岸警卫队和航运及拖驳船行业共同进行的改革开始于1994年,实现了死亡率的下降——从1991年的每100 000名雇员中有91人死亡到1995年的每100 000名雇员中有27人死亡。该项目不仅提升了海岸警卫队的效能,而且只用了较少的人员和较低的成本就实现了这一目标。③

---

① 要了解更多信息,可参见 Virginia L. Thomas 和 Ryan Rogers, "Time to Hold the Legal Services Corporation Accountable", Heritage Foundation Backgrounder No. 1312, 1999年7月22日;也可参见 www. heritage. org/library/backgrounder/bg1312. html。
② 美国审计总署,*Executive Guide*:*Effectively Implementing the Government Performance and Results Act*, GAO/GGD-96-118, 1996年6月,第32—33页。
③ 美国审计总署,*Executive Guide*:*Effectively Implementing the Government Performance and Results Act*, GAO/GGD-96-118, 1996年6月,第36—37页。

国会和政府应该对联邦政府部门和项目利用征收的税款实际上正在完成的工作继续进行系统和持续的评估。财政拨款应该与产生积极绩效结果的行动联系起来。要做到这一点,政府的所有部门都必须采取大量的措施。

四、行政当局

为了提升政府的管理水平,布什政府应当:

通过使政府部门的绩效和责任要求侧重于关键成果来实施结果管理。选取恰当的绩效评估指标、获得可靠的信息并利用这些信息制定决策,应当是联邦政府范围内更为经常发生的活动。有些政府部门为了满足《结果法案》的要求,正在通过各自的系统推动超过900个绩效评估指标的应用。如果能够优先使用更少的且更易于控制的若干评估指标,那么这部法案将会更好地发挥作用。

通过将结果与好的和坏的绩效相互关联从而使财政拨款与绩效结果联系起来。行政当局、管理与预算办公室以及各个政府部门在制定预算的过程中,应该将对特定项目的财政拨款与绩效联系起来。那些从事和实现重要结果的政府部门和项目应当以经济的以及如公众认同这样的非经济的方式给予奖励。因此,应该修正或取消那些没有实现良好结果的政府部门和项目。

使相关的项目活动与绩效结果联系起来。要对现存的无数相互重叠或重复的项目进行协调和合理化,需要做更多的工作。新的跨部门协调团队应当分享有价值的绩效评估指标和信息,并运用相同的绩效评估指标来决定哪些项目正在发挥作用而哪些没有。确定预期结果并指明项目如何与类似现存项目相联系的新项目或修改后项目的政府议案尤其重要。

对应用于多个项目和活动的相同的绩效监督和责任实施强制的行政规制。规制应在尽可能的程度上使以结果为导向的绩效目标与评估指标结合起来。

解决那些有可能对政府部门实现结果能力的关键任务造成损害的管理问题。许多一再发生的绩效问题都是因为缺乏解决这些问题的持久责任。经验表明,对于部门领导者来说,关注这些问题的责任是采取明确而可测量绩效目标来解决这些问题的一种有效途径。

建议通过立法在联邦政府的公务员系统中推行绩效工资制度。需要对联邦政府的工资制度进行改革,变固定工资和津贴制度为更加强调以业绩为基础的制度,从而使之具有奖励管理者实现项目成果的激励作用。激励性的奖金制度需要有充分的弹性以便对居于前列的执行者进行奖励并推动联邦政府改革。

要求部门领导者建立绩效组织 performance-based organizations,PBOs)。这些绩效组织单位设有通过竞争招聘来的首席运营官,该首席运营官对年度绩效合约负责并同意将其薪酬中的一部分与组织绩效联系起来。(有9个政府部门已经按照此种方法对组织结构进行了调整。)首席运营官有充分的自由来设计满足其部门需要的奖励制度和管理程序,以绩效为基础进行工资调整。工作成绩突出的个人或团队、得到验证的生产力提升或持续性的良好绩效可以获得奖金。

扩大绩效合约的使用范围。绩效合约应该成为联邦政府的规定而非例外。为了实现结果,应该为联邦政府合约的签约人制定一个较高的标准,薪酬应该留到合约规定的绩效达到时再予以支付;应该终止那些为了高尚的目的却缺乏能够保障服务质量的后续行动的奖励性合约;必须要有能够确保责任实现的更为严格的合约和更好的监督,否则,本应通过项目获益的人就会遭受损失。

五、国会

为了强化对现有项目和法规的监督力度,国会应该:

在委员会的管辖范围内对政府部门规定的目标实施全面和系统的监督。 众议院和参议院的每一个委员会都应该对联邦政府部门正在完成的任务以及提高绩效的情况定期进行两党共同的系统监督。在此过程中应使用政府部门根据《结果法案》提交的绩效计划和报告，因为它们能够推动更多以事实为基础的政策讨论和辩论。在大多数情况下，一旦项目以法案的形式公布实施，国会就要对其曾经做过的工作进行通盘考虑。在通过许可或再许可的立法之前，各委员会应该充分了解过往联邦政府已经完成的资源配置情况。委员会的委员们应该通过举行更多的听证会、获取更多的简报、委托审计总署进行更好的研究或者与各部门的检察长合作等方式来对规则的制定和他们通过的法案的实施阶段进行监督。应该运用获取的信息来判断民营部门或州或地方政府是否要比联邦政府在实现规定目标的过程中拥有更为有利的条件。

针对支出项目颁布许可法案。 国会经常忽视了它自己的规则，并且每年在未经许可的支出上批准的金额达数百亿美元。国会应当强制执行其禁止向未经许可的项目进行财政拨款的规则。如果对通过正常的立法程序许可某个项目的表决并无把握的话，那么这个项目就不应当获得财政支持。

在许可的立法过程中应结合具体的绩效目标和评估指标。 除非立法过程能够结合具体的绩效目标和评估指标，国会应遵守禁止对重要项目的许可或再许可立法进行讨论的规则。当政府提交新的预算或项目议案时，国会也应该坚持让政府如此处理问题。

在对重要的支出进行优先考虑时应结合日常的项目评估。 国会总是不情愿而且会经常忽视对政府部门就项目有效性进行充分研究的要求。这些评估应该使审计总署的工作量有所增加或者应该通过签订合同转包给承担独立责任的专业人士。

及时颁布财政拨款法案，作为根据已证实的绩效提供资金支持的依据。 国会应该通过公开而刻意地制定针对个别财政拨款议案的决策来开始强制执行"适当的法令",也应该放弃那些经常使财政拨款过程失去价值的会计花招以实行"预算真实"(truth in budgeting)原则。

考虑采取两年一次的预算制度。 越来越多的人认为,通过推行两年一次的预算周期是实施财政拨款过程基础性改革的唯一途径。两年一次的过程有利于国会拥有更为充足的时间强化对联邦政府官僚系统的监督力度。如果不考虑预算过程的时间限制,国会和行政部门必定会有意愿以更合时宜和恰当的方式作出财政决策。

结论

华盛顿在很大程度上忽视了庞大的联邦官僚组织的日常功能,而它的熟视无睹正在对联邦政府部门的绩效以及社会公众对政府的认知和信任产生着不利的影响。

如果国会和行政当局继续要求联邦政府部门提供符合《结果法案》要求的报告,并在检察长办公室和审计总署的协助下确保政府部门提供信息的可靠性和客观性,那么美国公众就能更好地对哪些立法技术——规制、税率奖励、津贴、补助金、伙伴关系或教育活动——是最为有效的做出判断。国会应尽可能改正或废除那些不能发挥作用的做法。

除非国会能够使信息在监督听证会、议会辩论或是在许可或财政支出的立法变革中发挥作用,否则这些绩效信息将会毫无用处。坚持责任和绩效结果原则的以结果为导向的方法,将产生更小、更精明也更具共识的联邦政府,它能真正值得美国人民信任,也配得上他们缴纳的辛苦挣来的税款。

第七章 社会保障局与绩效管理

沃尔特·D.布罗德纳克斯、凯文·J.康韦

《政府绩效与结果法案》(GPRA)是用来改进联邦政府部门管理的一系列积极行动中最近的一次尝试。本章考察的政府部门是社会保障局(Social Security Administration, SSA)及其实施绩效管理基本原则的经验。选择社会保障局作为我们研究的重点是出于以下几个方面的原因：首先，该部门是联邦政府层次上最广为人知，也最容易认知的政府部门之一，而且每个美国人都能真实地感受到它的影响。其次，社会保障局在历史上就担当着为顾客服务的责任，而且还在持续不断地寻找为其受益人提供服务的更好方式。第三，社会保障局有进行管理改革的长期传统。如果目标是推动一次成功的绩效管理改革，那么社会保障局就应该有更好的机会来实现这一目标。

我们的信息是以对超过 45 个人进行的访谈为基础的，[①]包括该部门

[①] 要特别感谢 Monisha Dandridge 提供的研究协助。我们也想向所有耐心回答我们的问题并提出精彩洞见的受访者致以谢意。我们必须毫不隐晦地感谢社会保障局的 Mark Nadel、Carolyn Shearin-Jones 以及 Carl Rabun 与我们的会谈并为协调与社会保障局官员的所有会面所作出的努力。还要感谢地区委员会委员 Larry Massanari（费城）和 Carmen Keller（西雅图）及其工作人员的热情好客；审计总署的评估员们；以及众议院社会保障筹款小组委员会(the House Ways and Means Subcommittee on Social Security)、众议院劳动、健康和公共事业财政拨款小组委员会(the House Appropriations Subcommittee on Labor, Health and Human Services)、参议院教育财政拨款小组委员会以及参议院政府事务委员会。

所有层面上的社会保障局雇员、众议院与参议院各委员会的工作人员以及审计总署(GAO)。① 我们还利用社会保障局的出版物及撰写的通讯稿、委员会的报告和证言、审计总署的文件以及来源于非官方渠道的数据对相关信息进行了补充。将这些信息整合在一起，就形成了一个表明社会保障局是如何设法成功实施《政府绩效与结果法案》以及绩效管理改革的动态叙事过程。

我们认为，社会保障局的成功是多个相关因素共同作用的结果。首先，该部门的领导一位支持绩效管理并试图将绩效管理原则深深扎根于组织基本结构的局长。其次，社会保障局与相关的国会委员会和审计总署保持着密切的合作关系。这种分担的责任机制改善了救济金的提供方式，并有助于社会保障局克服和避免许多困难。第三，该部门在推动其有关绩效管理方案在组织内部的贯彻执行方面做出了上下一致的努力——这是一次对其规模和结构施加的真实挑战。第四，社会保障局的确在其战略和绩效规划的各个方面都设立了责任评估指标，更为重要的是，将责任制融入对项目的日常管理之中。最后，社会保障局管理改革的过往经验使其认识到没有一个管理工具是完美的，因此它还在继续寻找提升其绩效的途径。我们希望其他组织能够从社会保障局的经验中为自身改进绩效的探索获取有益的指导原则。

社会保障局

1935年的《社会保障法案》(Social Security Act)及随后的修正案创建了社会保障局，并构建了针对老年人、伤残工人及其家属，以及贫困老人、盲人或伤残人士的全国"安全网"的基本框架。社会保障局管理的3个主要授权项目每个月向总共大约500万个受益人——大体上每5个

---

① 为了保持所有受访者都处于匿名状态，我们删除了那些能够辨认出身份的引言。根据这样的做法，所有没有引用或引证的引文都来源于我们的访谈。

129

美国人中就有1个人——支付现金补助。①

为履行这一责任，社会保障局将总部设在了马里兰州的巴尔的摩。又在全国范围内设立了10个地区办事处，拥有7家审核中心，1 343个现场办公室，1个数据运营中心，36个远程服务中心，132名特派调查员以及65 000名雇员。社会保障局也依靠遍布所有50个州再加上哥伦比亚特区、关岛(Guam)和波多黎各(Puerto Rico)的54家伤残鉴定服务中心(Disability Determination Services, DDS)来开展工作。② 这样的组织结构能够向社会公众提供快捷和准确的服务。同时，这样的组织结构又因为社会保障局的800号码电话服务而得到了强化，仅1999财政年度就向5 880万客户提供过服务。③

《社会保障法案》的关键内容是老年遗属保险(Old Age Survivors' Insurance, OASI)。该项目由工资税提供资金支持，④覆盖了全部劳动者中的90%以上。唯一没有覆盖到的一大群体是联邦政府雇员，他们有自己的退休制度。按照老年遗属保险的规定，一名参保的劳动者有资格在退休后⑤按月领取退休金，而且符合资格的亲属和遗属也可以获得救济金。有两个基本因素决定了领取的退休金数额：行权时的年龄以及参工作年限内的工资收入。⑥ 1999年领取老年遗属保险退休金的人数占到了年龄在65岁以上人口的91%。

社会保障局还管理着因1956年修正案而增加的伤残保险(Disability Insurance, DI)项目。以工资税为资金支持的伤残保险项目

---

① 社会保障局财政政策与运营办公室(Office of Financial Policy and Operations), Accountability Report for Fiscal Year 1999 (SSA Pub. No. 31—231, 1999a)。
② 同上。
③ 同上。
④ 工资税由劳动者、他们的雇主和自就业人群缴纳。1937年1月根据《联邦保险贡献法案》(Federal Insurance Contributions Act, FICA)首次征收了工资税。
⑤ 国会最近取消了在达到完全退休年龄时进行"退休测试"的规定。这意味着一个人有可能在那个年龄获得全额退休金并继续领取工资收入。然而，这项测试仍旧被用于那些领取社会保障局退休金以及年龄介于62岁和完全退休年龄之间的人。
⑥ 退休金以给予低收入劳动者更多实惠的原则为基础。

向伤残劳动者及其符合资格的亲属提供救济金。1999年,年龄在21岁到64岁的美国就业人口中有四分之三参保伤残保险,并且能够在他们因伤病致残的情况下获益。老年遗属保险和伤残保险合在一起作为社会保障在大多数美国人中有很高的认知度,因为它们向那些由于退休、伤残和亡故而失去收入的人提供全面的保障。

第三个项目是补充性保障收入(Supplemental Security Income, SSI)项目。① 根据1974年修正案增加的补充性保障收入项目是一个经过收入调查来确定金额的项目,由政府一般性收入提供资金支持,每个月向收入和资源有限的老人、盲人或伤残人士提供现金补助。补充性保障收入项目对伤残和失明的界定与伤残保险相同,但不同于老年遗属保险和伤残保险,符合补充性保障收入项目资格的人士不需要有工作经历。②

如表7-1所示,这三个项目的增长都极为迅速。1940年时每月领取社会保障救助金的只有222 488人,到1999年时已经增加到4 460万人。补充性保障收入项目的增长情况与此类似,自1974年开始实施以来已增长了近两倍。这些项目众多的受益人使社会保障局每月支出巨额的资金。表7-2对老年遗属保险/伤残保险和补充性保障收入项目的支出增长进行了比较。仅仅在1999年,老年遗属保险/伤残保险支付给受益人的金额就达3 858亿美元,而补充性保障收入项目的支出仅为301亿美元。

然而,这些项目却在管理的复杂程度上存在着差异——因此对社会保障局如何进行管理会产生影响。由于运营退休金的老年遗属保险是建立在广为人知的运作基础之上的,因而一旦申请人的资格得到确认,该项目的管理就要相对简单一些。因为在判断构成伤残的原因方面存

---

① 社会保障局也向下列项目提供很大程度上的支持:尘肺计划(Black Lung Program)、医疗保险、医疗补助(Medicaid)、铁路职工退休计划(Railroad Retirement)以及各种州和地方的计划。
② 社会保障局,*Accountability Report for Fiscal Year 1999*。

表 7-1　历年社会保障局受益人人数

老年遗属保险/伤残保险		补充性保障收入	
1937	53 236※	1974	3 996 064
1938	213 670※	1975	4 314 275
1939	174 839※	1980	4 142 017
1940	222 488	1985	4 138 021
1950	3 477 243	1990	4 817 127
1960	14 844 589	1995	6 514 134
1970	26 228 629	1996	6 613 718
1980	35 584 955	1997	6 494 985
1990	39 832 125	1998	6 566 069
1995	43 387 259	1999	6 566 634
1996	43 736 836		
1997	43 971 086		
1998	44 245 731		
1999	44 595 624		

资料来源：1937 年至 1999 年老年遗属保险/伤残保险和补充性保障收入的数据来源于"社会保障：发展概况"（Social Security：A Brief History），社会保障局 2000a，2000 年 11 月 27 日。

※一次性总额支付的领款人

在着内在的困难以及对申索人伤残程度实施监督的敏感性，所以伤残保险和补充性保障收入项目就变得十分复杂。例如，每一个项目都将"伤残"定义为某种长期性的或预期能够持续不少于 12 个月的阶段并对申索人工作产生阻碍作用的身体或精神状态。但是由于医学的发展和工作场所适应性的提高，一个昨天的伤残人士有可能在明天就不是了。基于领款人的月收入哪怕是轻微的变化也需要项目对补助金水平进行重新评估这类原因，补充性保障收入就要更为复杂一些。而且即使社会保障局能够监督财务状况，申索人也按要求对收入变化情况进行了报告，也有可能出现调整的迟滞现象。

表7-2 历年社会保障局的支出情况

老年遗属保险/伤残保险		补充性保障收入	
1937	$ 1 278 000	1974	$ 5 096 813 000
1938	$ 10 478 000	1975	$ 5 716 072 000
1939	$ 13 896 000	1980	$ 7 714 640 000
1940	$ 35 000 000	1985	$ 10 479 938 000
1950	$ 961 000 000	1990	$ 16 132 959 000
1960	$ 11 245 000 000	1995	$ 37 037 280 000
1970	$ 31 863 000 000	1996	$ 28 252 474 000
1980	$ 120 511 000 000	1997	$ 28 370 568 000
1990	$ 247 796 000 000	1998	$ 29 408 208 000
1995	$ 322 553 000 000	1999	$ 30 106 032 000
1996	$ 347 088 000 000		
1997	$ 361 970 000 000		
1998	$ 374 990 000 000		
1999	$ 385 768 000 000		

资料来源：1937年至1999年老年遗属保险/伤残保险和补充性保障收入的数据来源于"社会保障：发展概况"（Social Security：A Brief History），社会保障局2000a，2000年11月27日。

如此复杂的状况促使社会保障局在《政府绩效与结果法案》实施很久之前就开始致力于密集的战略规划实践。在这个方面丰富的经验加上该部门进行不断变革的意愿，是能够从社会保障局成功实施《政府绩效与结果法案》中吸取的重要管理经验之一。社会保障局的官员们认识到"就实施结果管理这个方面来说，绩效评估充其量还只能处于不完美的阶段。但我认为这始终是发展的方向。就使《政府绩效与结果法案》持续发挥效力的程度而言，你将会看到越来越多的变革。"不论是信念还是实际行动，社会保障局都要在运转过程的每一个步骤上实现改进并探寻从事公共事业的更好途径。

社会保障局在1988年首次公布了它的长远战略规划,并在3年后公布了一份重要的名为《未来的框架》(Framework for the Future)的修改版本。后一份规划提出了部门的目的与目标,并设立了5个战略优先项目。利用创建于1992年的统一规划系统,社会保障局将战略性的、战术性的和预算规划的过程联系了起来。1995年,社会保障局公布了它的第一份年度"业务规划",对下一个财政年度的所有业务战略进行了说明,提出了部门绩效指标的目标并阐述了实现这些目标的关键性方案及策略计划。所以,尽管战略规划和提出可测量的目标对于很多政府部门来说是陌生的,但它们却是社会保障局文化的一个组成部分。然而,即使是社会保障局在推行绩效管理的过程中也不得不面对许多障碍。

《政府绩效与结果法案》、社会保障局与800号码的效力

《政府绩效与结果法案》通过特别关注产出与后果的方式对不同类型的评估指标进行了区分。产出是那些已经完成的活动(过程和/或工作量评估指标),它能够以定量或定性的方式加以表述,并反映某个项目生产或提供给客户的产品或服务。后果是与其预期目的进行比较的某个项目活动的结果产生的影响。《政府绩效与结果法案》希望通过问"所有做的事情有什么不同?"这样的问题来推动与后果有关的绩效评估指标的应用。

对后果进行评估对于社会保障局多少有些难度,因为该部门做的很多工作都是以过程为导向的。尽管通常情况下社会保障局擅长对时间和生产率这样的产出进行评估,但该部门的官员也承认"社会保障局对于这种取向没有太多的经验或尚未达到令人满意的水平。"各种要处理的任务表现出的分权特征又进一步强化了对产出进行评估的趋势。例如,向1 343位特派调查员提供涉及及时性和效率的报告是相对容易的,但是要生成像每一位官员工作的准确性这样的后果信息将会非常困难且代价高昂。

审计总署曾经批评社会保障局缺乏分辨产出与后果的能力。特别是其中有一种批评意见认为,该部门试图加快资格认定及将申索人归入伤残人士名册的过程。尽管这种做法对于符合资格的人士及其家庭的福祉很重要,但审计总署认为社会保障局并未在协助申索人回到工作岗位并使其脱离伤残人士救助名单方面给予同等程度的重视。① 国会山的工作人员也认为:"通过努力使身体有残疾的人们重回工作状态以便使他们脱离伤残人士救助名单,或许是社会保障局能够为之付出更多努力的后果。"简单来说,社会保障局在处理伤残申请方面有足够的能力,但在协助申索人通过自身努力回归工作状态方面存在着更多困难。

因此,《政府绩效与结果法案》实质上是在迫使社会保障局去评估那些更为困难的工作任务。然而,它也迫使社会保障局像其他政府部门一样,探讨那些已经设立的评估指标是否真的有助于改进客户服务质量的问题。社会保障局最为引人注目的绩效评估指标——800号码的使用——提供了说明该部门是如何应对这些挑战的最好例证。800号码系统在《政府绩效与结果法案》前后的演变过程中,凸显了当一个部门明确规定某项不完善的目标指标、为实现这一目标而投入大量资源,并在随后又努力对此项不完善的评估指标进行改进时可能出现的冲突和分歧。

社会保障局的全国免费800号码系统是世界上最大的电话网络之一。为了改进客户服务质量,该系统开通于1988年10月。社会保障局目前配备了3 900名电话服务代表(teleservice representatives,TSRs)接听来自36个远程服务中心(teleservice centers,TSCs)的电话呼叫,另外还有一个由3 200名雇员构成的"尖峰"骨干队伍("spike" cadre)——那些在高峰期协助电话服务代表工作的来自社会保障局其他部门的雇员。② 通过直接的人际交往或按照语音提示进行自动选择,访

---

① 审计总署,*Major Management Challenges and Program Risks* (GAO/OCG - 99 - 1,1999年1月)。
② 社会保障局,*Short-Term Initiatives to Improve National 800-Number and Program Service Center Service to the Public* (11月,1999c)。

问者可以利用 800 号码系统办理很多业务。

800 号码服务的需求量增长极为迅速。① 在其运营的第一个完整年度内(1989 年)就有超过 3 900 万次的访问量。② 访问量在 1995 年达到 1.214 亿次的峰值,由于技术改进使更多访问者在第一次呼叫时就能接通电话,访问量也随之大幅下降。1999 年的访问量达到了 7 870 万次。③ 然而,更有意义的是电话服务代表或自主服务**实际处理过的**访问量,④ 实际处理过的访问量从 1995 年的 4 280 万次稳步增长到了 1999 年的 5 880 万次。⑤ 5 880 万次的访问量——自助服务系统处理的占 23%——意味着每个工作日差不多有 236 000 次电话呼叫。⑥

为了应对需求的增长,社会保障局在 1994 年试图在访问者首次呼叫的 5 分钟内就提供 800 号码的接入服务,而不再显示电话忙音信号。这是社会保障局工作优先事项方面的重大转变,其先前的目标是在 24 个小时内向访问者的首次呼叫提供接入服务。⑦ 社会保障局随后又将目标比例用作新的接入率考核指标——1996 年为 85%,而 1997 年为 95%。在《政府绩效与结果法案》实施的最初几年间,95/5 的接入率(在 5 分钟内有 95% 的访问者接入)成为实现社会保障局第二个战略目标——世界级服务水平——的基础性指标。

社会保障局的绩效能够与其日益积极的目标相适应。尽管 1995 年在第一个 5 分钟内仅有 74% 的访问者接入社会保障局系统,但在 1996

---

① 在对 800 号码进行讨论的过程中,所说的年度是指财政年度。
② Callahan, John J.,社会保障局局长办公室,"Letter to Ms. Jane L. Ross, Director, Income Security Issue, U. S. General Accounting Office"(1997 年 4 月 23 日)。
③ 社会保障局,*Accountability Report for Fiscal Year 1999*。
④ 访问量和实际处理的访问量的区别虽然是技术性的,但却是重要的:访问量仅评估人们拨打 800 号码的次数,而实际处理的访问量则是与系统联接并确实得到电话服务代表或自助服务系统处理的访问数量。
⑤ 社会保障局,*Accountability Report for Fiscal Year 1999*。
⑥ 社会保障局,*Short Term Initiatives*,第 4 页。
⑦ 审计总署,*Social Security Administration: More Cost - Effective Approaches Exist to Further Improve 800 - Number* (GAO/HEHS-97-79,6 月 11 日,1997a)。

年接入率就上升到了83%——只在设定目标后的短期内下降了2个百分点。1997年社会保障局以96.2%的接入率超过了95/5的目标,并且在接下来两年的每一年中都达到了这一目标,1998年和1999年分别为95.3%和95.8%。①

95/5的接入率不仅仅是一个简单的百分比:迅速接入能够影响到人们对待该部门的态度。最近由社会保障局财务、评估和管理办公室(Office of Finance,Assessment and Management)进行的一项调查显示,有84%的访问者认为他们接受的所有服务"好"、"很好"或"优秀",同时有78%的访问者对接入服务也给出了相似评价。基于接入服务的调查也得出了这样的评价结果:客户满意度达到"对总体服务的92%以及在那些立刻就能完成接入的访问者中的94%。当客户遇到忙音/占线信息及长时间的在线等待时,满意度分别下降到73%和58%。"②

遗憾的是,在实现95/5的接入率和高客户满意度方面的成功却付出了高昂的代价。由于远程服务中心资源的扩充与不断增长的需求不相适应,使得社会保障局只得去其他地方寻找资源。它要设法处理更多的访问量而又要维持接入率,就只能在很大程度上借助于培训和其他部门的雇员——主要是项目服务中心(Program Service Center,PSC)的雇员——在高峰期接听电话。③ 然而,由于需求的持续增长,所有来自项目服务中心的"尖峰"工作人员很少能将其全部的工作时间都用于主要的工作任务。例如,在2000年的251个工作日中,社会保障局费城地区审核中心运营部(Philadelphia Regional Processing Center Operations,

---

① 社会保障局,*Accountability Report for Fiscal Year 1999*,第62页。
② 社会保障局财务、评估和管理办公室、质量保证与绩效评估办公室(Office of Quality Assurance and Performance Assessment),*800 Number Customer Survey for February 1999*,1999年7月,第7页。
③ 周一或假期后的第一天、每个月的第一周以及每一年的前三个月的电话访问量通常都比较多。工作日被分类为四个层次以决定那些尖峰人员参与的程度:层次1的工作日要求有80%的尖峰人员在电话上值班;层次2的工作日要求有40%的尖峰人员;层次3的工作日不要求尖峰人员在岗;而层次4的工作日要求有20%的尖峰人员。

PCO)的年度工作计划每天都需要"尖峰"工作人员,但实际上只能保证33个工作日。① 1999年全国范围内的"尖峰"工作人员处理了800号码系统访问量中的24.6%。

调动这些资源对等待处理的工作任务产生了负面的影响。项目服务中心的雇员是负责自助服务程序不能处理的那些岗位授权行为的"后台"操作者。他们的任务包括处理困难和复杂的申请、投寄复杂的通知以及管理债务催收活动。他们的工作通常会对现有受益人每个月收到的款项产生影响。但接听800号码的电话成为一项如此重要的工作任务,以至于削弱了他们原有的工作职责。在实施费力的接入率目标之前,财政年度结束时,项目服务中心会留下两周左右的待处理工作。然而在1996财政年度结束时,接入率目标达到了85%,尽管有840 000个小时的加班,但这些服务中心却留下了三周半的待处理工作。②

那些待处理的工作任务并不只是意味着一个一个的文件夹。"每一项待处理的工作任务都涉及到一个需要对其理由进行核查的实实在在的人。待处理的工作任务都与一个明确的、现存的受益人有关。"审计总署的报告指出,"在处理这些工作任务方面的延误会对社会保障局向受益人支付救助金产生影响,并且会使受影响的客户拨打更多的询问电话给800号码。"③尽管社会保障局并没有对人们因为处理业务过程中的延误而拨打800号码的程度进行过追踪调查,但接受我们访谈的许多社会保障局雇员都证实了这一观点。远程服务中心、它们的管理者以及地区官员同样认为,是项目服务中心未完成工作的积压产生了更多800号码的问询电话,造成更加经常使用"尖峰"工作人员——导致了项目服务中心工作的更多延误。

基于这种意外的结果,更为深入的问题就变成了95/5的接入率目

---

① 社会保障局,费城地区,*Philadelphia Region FY2000 Workplans*(10月,1999d),第8章,第4页。
② 审计总署,*More Cost-Effective Approaches*,第22页。
③ 同上书,第22—23页。

标是否正当。1999年末,为保证接入率目标并缓解因使用"尖峰"工作对项目服务中心待处理工作任务的影响,肯尼思·阿普费尔(Kenneth Apfel)局长推行了几项短期的改革方案。① 其实,他虽然意识到了变革的必要性,但仍然不准备放弃激进的接入率目标。然而,2000财政年度全面的预算缩减,促使社会保障局不得不做出使接入率目标降低到5分钟内接听92%的访问者(92/5)的困难决策,否则项目服务中心未完成工作的积压将达到难以承受的程度。

然而绝不仅仅是资源的问题,从地方到全国层面的许多社会保障局的管理者认为,800号码接入率目标提出了工作优先性的问题。尽管所有人都同意接入率标准是绩效管理的必要组成部分,但很多社会保障局的官员认为95/5的目标——现在的目标是92/5——却有可能是弊大于利。他们认为,一位800号码的访问者**有可能是、也有可能不是**需要对其问题作出回复的受益者,而**每一份**待处理的文件却都代表着一个救助金调整受到延误的实实在在的受益人。那么,就应该在实现一种可观察的和便于监控的目标与在减少待处理的工作任务之间做出选择,这样就能为正确对待他们的利益而使那些实实在在的受益人获得所需要的关注。

虽然800号码接入率是建立在绩效管理传统概念上的一项产出评估指标,但某些国会委员会的委员也对这些指标是否属于《政府绩效与结果法案》所强调的指标类型提出了质疑。有的人建议按照民营电话营销公司"3次响铃或15秒应答的标准"来修正该目标,而其他人则认为社会保障局不应该过多地强调雇员接听电话有多快,而是应该关注他们是否做出了正确的回答。虽然如此,由于接入率会对后果产生影响——社会公众对社会保障局能力的认知——所以800号码是完全建立在《政府绩效与结果法案》价值理念基础之上的。

尽管有些人会将这样的争论看做是规划存在问题的一个标志,但我们却并不这样认为。《政府绩效与结果法案》的价值理念和绩效管理允

---

① 社会保障局,*Short-Term Initiatives*。

许——甚至是鼓励——就如何能够最好地实现既定目的和目标展开持续性的讨论。《政府绩效与结果法案》本身强调政治与实践的变化特性,并要求政府部门应该对它们工作的优先事项进行不断的再评估。通过参与对它们从事业务活动的方式进行再评估的讨论,社会保障局内外有关800号码接入率的争论,是一个政府部门如何将《政府绩效与结果法案》的价值理念牢记在心的、有意义的案例。国会的议员们也很欣赏这种做法。一个参议院的委员会评价说:"社会保障局是一个对选择恰当的评估指标感兴趣的部门……而且,那种兴趣和责任来自于部门的上层领导者。这有很大的帮助——你的确没必要通过整个部门体系得到那些东西。"

社会保障局的战略规划

临近《政府绩效与结果法案》试行期结束时,审计总署的报告指出,就完善绩效管理框架而言,社会保障局在所有的联邦政府部门中居于领先地位。[①] 1999年,社会保障局在由锡拉丘茨大学马克斯韦尔学院和《政府行政》(*Government Executive*)杂志联合举行的一次针对联邦政府部门政府管理的调查中获得了最高评价。[②] 该项调查就5个重要的管理领域[③]对15个联邦政府部门进行了评估,只有社会保障局得到了全部"A"的评级。在该年的晚些时候,社会保障局因其《1998财政年度责任报告》(*Accountability Report for Fiscal Year 1998*)成为获得政府会计师协会责任报告优秀证书(Association of Government Accountants' Certificate of Excellence in Accountability Reporting)的两家联邦政府部门之一。

为了满足《政府绩效与结果法案》的第一项要求,社会保障局在其

[①] 审计总署、社会保障局,*Effective Leadership Needed to Meet Daunting Challenges*(GAO/HEHS-96-196,1996年9月12日),第3页。
[②] Laurent, Anne, "Stacking Up: The Government Performance Project Rates Management at 15 Federal Agencies",《政府行政》杂志,1999年2月,第31(2期)。
[③] 这5个领域是财务管理、人力资源管理、信息技术管理、资本管理和结果管理。

1997年9月公布的战略规划"信守承诺"("Keeping the Promise")中对绩效评估的框架进行了说明。将社会保障局的任务编纂成法案是一项相当简单的任务,因为它"总是具有强烈的使命感"。有些人认为,实际上正是由于"社会保障局要比其他政府部门面临的挑战少得多。与很多部门和其他机构相比,它是个个别的、整体性的部门",所以社会保障局的成功首先应归功于其明确的任务。尽管社会保障局的任务对说明利用《政府绩效与结果法案》来评估某些特定的绩效指标是非常有用的,但我们认为,该部门实施战略规划的经历以及其他我们强调的经验也是它取得成功的原因。

虽然社会保障局每个月管理的受益人超过5 000万人,但其对任务的表述却极为简短:"**通过在塑造和管理美国的社会保障项目中富有同情心和严谨的领导才能来提升国民的经济安全感。**"[①]表7-3列明的5项战略目标是直接从此项任务表述中分解而来的,同时又从每一项战略目标中分解出一系列具体的任务。直接向局长负责的高级主管承担了实现每一项战略任务的责任。

表7-3 社会保障局的5项战略目标

战略目标	解 释
反应敏捷的项目	推动受到尊重的、充分的和反应敏捷的社会保障项目,并实施有效的政策开发、研究以及项目评估
世界级的服务水平	向客户提供反应敏捷的世界级服务
最佳业务的项目管理	使社会保障局的项目管理成为最佳业务,对欺诈和滥用实施零容忍
受到尊重的雇员	成为尊重每一位雇员并对之进行投资的雇主
公众理解	加强公众对社会保障项目的理解

资料来源:社会保障局《2001财年年度绩效规划》(*Annual Performance Plan for Fiscal Year 2001*)中的列表。

[①] 社会保障局战略管理办公室(Office of Strategic Management),*Keeping the Promise: Strategic Plan* 1997-2002 (SSA Pub. No. 01-001)。

鉴于《政府绩效与结果法案》的公共属性,社会保障局内部的某些人起初对公布这些明确的目标和评估指标顾虑重重,而宁愿使用"较为柔和"的语言来表述该部门的计划。然而这些零星的紧张情绪和迟疑态度很快就消失了。实际上,社会保障局目前"以它向外界做出的承诺并且以正在极力实现这些承诺为骄傲。"

社会保障局运用一种具有包容性的过程去设计它的任务、目标和宗旨。支持这一规划的驱动力量是一个由来自社会保障局所有部门的42位高级管理者组成的委员会。该委员会首先对过去4年从利益相关者那里收集的信息进行审查以确定重复出现的优先事项和偏好。之后,社会保障局在规划过程的初期组织雇员进行小组讨论并向工会和管理协会介绍基本情况。在整个制定规划的过程中,该部门还会向国会的管理和预算办公室以及审计总署进行咨询。[①] 社会保障局目前正在对其战略规划进行修正,这一过程开始于1999年6月的利益相关者会议,与会的是来自于管理层、工会和州政府部门的代表,而且会议的范围也扩大到了战略规划委员会。因而,社会保障局确信在任何层次上的雇员都参与了部门规划的制定过程。正如一位高层管理者指出的那样,"尽管高层重视并认真对待这项工作……但这个过程是属于所有人的。"

战略规划委员会将最初的成果和建议提交给社会保障局的战略管理办公室(Office of Strategic Management,OSM),以便形成一份全面系统的文件。然后,战略管理办公室就开始对每个阶段绩效管理实施过程进行改进的实践活动。社会保障局还特意与国会及其各委员会建立了一种相互合作的、积极的伙伴关系。在一定程度上,这种积极的关系来源于对双方而言都存在着风险,而且每一方都有可能通过共同努力使工作取得更好进展的现实状况。各个委员会并不指望去公开地责罚社会保障局的工作缺陷——或者借用一位众议院委员会委员的话来说,

---

[①] 社会保障局战略管理办公室(Office of Strategic Management),*Keeping the Promise*: Strategic Plan 1997-2002 (SSA Pub. No. 01-001)。

"各个委员会与社会保障局之间的关系并不是一种'猫捉老鼠'的游戏。"当然,对于每一方来说都需要耗费时间去实现共同努力的需要,并发展这种层次的合作关系。"起初,对工作过程中过于紧密的关系还有某种抵触情绪,但随着时间推移,这已经发生了改变。合作各方建立信任似乎能够使社会保障局的工作有所改进。"

在整个《政府绩效与结果法案》的实施过程中,社会保障局也会向审计总署进行咨询。审计总署会向该部门提供如何满足《政府绩效与结果法案》要求的指导意见,评估社会保障局提交材料的优缺点,对加以改进的方面以及进行改进的方式方法提出建议,并且为国会做出自己独立的判断确立分析框架。

要向国会各委员会提交战略规划草案,并向众议院财政立法委员会和参议院财政委员会的委员们做简要说明。① 根据国会的评估结果,社会保障局的规划草案在所有政府部门中排名第一位。② 众议院财政立法委员会的领导人赞赏该部门的做法,并指出"社会保障局在战略规划方面的长期经验使得该部门的规划草案能够满足,而且在特定的环境下还超过了《结果法案》所设定的基本要求。"③

在提交草案之后,财政立法委员会的社会保障小组委员会就会在完善规划的过程中发挥积极的作用。除了与社会保障局的战略管理办公室进行讨论之外,该小组委员会还要分别召集社会保障局的前任与现任官员,来自国会研究中心、国会预算办公室、审计总署的代表以及社会保障局的雇员和管理团队展开小组讨论。④ 来自这些利益相关者的信息反

---

① 社会保障局战略管理办公室(Office of Strategic Management),*Keeping the Promise: Strategic Plan 1997 -2002* (SSA Pub. No. 01 -001)。
② Armey, Richard K,美国众议院多数党领袖,"The Results Act: Setting a New Course" (www.freedom.gov, 2000)。
③ Bunning, Jim, Barbara Kennelly 和 John Edward Porter,财政立法委员会社会保障小组委员会,"Letter to the Honorable John C. Callahan, Acting Commissioner of SSA"(1997 年 9 月 11 日)。
④ 同上。

143

馈,特别是他们有关政策制定、研究和项目评估的讨论,会对战略规划起到强化作用。这些工作取得了成效,根据国会的评估结果,社会保障局正式的战略规划在所有政府部门的规划中排名第三。

年度绩效规划

年度绩效规划(annual performance plans,APPs)对该部门战略规划中设定的目标给予支持,并且是社会保障局预算的一个环节。社会保障局公布过3份年度绩效规划,持续不断地就那些对部门的受益人而言是最为重要的方面提供更为详尽的信息。在评估该部门年度绩效规划的过程中,这些年度绩效规划既被单独审查,又被看作是一个演变过程,这具有重要意义。

在制定1999年年度绩效规划的早期阶段,社会保障局的官员们决定将该规划放在部门提交的预算报告中,并把这项工作布置给了财务、政策和运营办公室(Office of Finance,Policy and Operations,OFPO)。财务、政策和运营办公室针对年度绩效规划采取了极为简化的方法,因为它觉得既没有从《结果法案》也没有从任何监督主体那里获取过多少指导性意见。这意味着财务、政策和运营办公室"对社会保障局正在尝试构建目标的理解有可能是极为简单的,用尽可能少的措辞来说明该部门正在试图实现的目标。"

因而1999年年度绩效规划的大部分内容由67项绩效指标以及该财政年度要达到的目标构成,而且总共只有18页的长度。尽管这些指标都紧紧围绕该部门的5项战略目标,但这些评估指标的质量和明确程度却有很大的差别。① 例如,作为1999财政年度的目标,有10项绩效目标被设定为"不适用"("N/A")。该年度绩效规划也没能根据以往年度

---

① 社会保障局,"Annual Performance Plan for Fiscal Year 1999", in *Social Security Administration FY1999 Budget* (1998b),第145—162页。

的情况提供基准数据,"使得难以判断设定的绩效是否[是]合理的。"①

普遍认为这份 1999 年的年度绩效规划是一次失败的尝试,这毫不令人感到奇怪。根据经审计总署设计并由多数党领袖迪克·阿梅(Dick Armey)办公室发布的评分系统,社会保障局在 24 个政府部门中排在第 23 名。社会保障局"第一份绩效规划质量的十足退步"让旁观者感到震惊。批评者认为该规划缺乏系统性和战略性的定位,只是将来自各个方面的信息胡乱拼凑在了一起。审计总署的报告指出,这份年度绩效规划只是提供了社会保障局预期绩效的部分构想,而没有详细说明如何利用战略和资源来实现结果,也缺少对绩效信息的核实和验证。②

在反思这次挫折的过程中,社会保障局发现与国会的各个委员会进行合作能够快速而有效地了解一份获得认同的年度绩效规划到底应该包含哪些内容。众议院财政立法委员会的社会保障小组委员会与社会保障局一起,为改进年度绩效规划举行了几次深入的调查会议。该小组委员会随后汇总形成了一份系统性的报告,该报告强调指出了社会保障局在年度绩效规划中需要加以关注的每一个方面。在体现合作精神的同时也形成了批评意见,该委员会也提出了可能的改正建议。最终,这种合作增加了社会保障局在更为有效地支出纳税人税款的同时改进服务质量的可能性——这既是社会保障局也是该小组委员会的目标。

另一个值得吸取的管理经验是:稳定和自信的领导能够创造决定性的目标意识。离开了这一点,战略规划无异于无效劳动。实际上,各个委员会和审计总署都认为,年度绩效规划差强人意的一个原因是社会保障局缺乏对最高水平目标的关注。在制定 1999 年年度绩效规划的过程中,领导社会保障局的是一位代理局长并等待着对其作为独立部门的首任局长的正式任命。尽管这并不会刻意带来破坏性影响,但临时性的领

---

① 审计总署,*SSA's FY1999 Performance Plan*(GAO/HEHS-98-178R,1998 年 6 月 9 日),第 8 页。
② 同上。

导通常会使组织在战略方向上产生不确定感。①

当1997年9月29日阿普费尔局长正式就职后,他就立刻开始对此施加影响了。根据战略管理主管卡洛琳·谢林-琼斯(Carolyn Shearin-Jones)的说法:

> 从他刚一接手工作开始,阿普费尔局长就极为明确地表明,战略规划对他来说是最为重要的工作,他对《政府绩效与结果法案》的观念深信不疑,而且,这是应该去做的正确的事情。并且他对自己宣传的东西也身体力行。……不论何时当我们讨论何种类型的项目或方案时,首先从他嘴里蹦出来的话差不多总是:"我们将如何对此进行评估?量化标准是什么?评估指标是什么?"

通过践行绩效管理原则,阿普费尔局长使社会保障局在面对《政府绩效与结果法案》带来的挑战及适应正在变化的环境方面充满活力。阿普费尔指示计划人员要从打草稿并关注编写一份能够帮助社会保障局实施结果管理和改进服务质量的战略规划开始,而不是试图取悦那些监督者。正如谢林-琼斯所说,这位局长使"《政府绩效与结果法案》成为深嵌在这个组织内部的'活生生的东西'。"

由于要着手处理批评意见以及新上任了一位职位固定的局长,社会保障局为制定一份高质量的年度绩效规划做好了充分的准备。局长意识到制定这样一份规划并不在财务、政策和运营办公室的"组织管辖范围内",于是指派战略管理办公室来承担制定2000年及以后各年度绩效规划的责任。但是,财务、政策和运营办公室仍然要承担年度绩效规划制定的大部分工作,因为需要它收集那些需要的信息。

与1999年年度绩效规划采取极为简化的处理方法相比,2000年的年度绩效规划是一份完全独立的文本,并充分结合了1997年战略规划

---

① Farquhar, Katherine, "Leadership in Limbo: Organization Dynamics During Interim Administrations",《公共行政评论》(*Public Administration Review*),1991年第51(3)期,第202—216页。

的内容。有超过130页的详细说明,第二份年度绩效规划将劣势变成了优势,①并被看作是在所有联邦政府部门中取得最大程度改进的绩效规划。社会保障小组委员会写道:

> 社会保障局出于实现预期绩效、联系预算资源与绩效目标以及识别机构和组织重叠的需要而对战略和资源给予的关注,在对该部门这一年度预期绩效的一份自信而独立的陈述中达到了极致。②

虽然有很大改进,但是2000年的年度绩效规划仍旧存在缺陷。就此,参议院政府事务委员会开始了与社会保障局的密切合作。通过一封指出"长期存在的管理问题"的公开信,该委员会对2000年的年度绩效规划做出了回应。③ 例如,社会保障局首要的管理问题之一就是补充性保障收入项目存在的欺诈、滥用和超额支出,每年浪费的纳税人的税款超过了10亿美元。委员会的委员们认为,尽管"社会保障局设定了对欺诈行为进行零容忍的目标,但[它]似乎急为减少补充性保障收入项目的欺诈和其他超额支出问题规定明确的以后果为导向的评估指标。"社会保障局通过一封长达45页的公开信回应了这些质询,并在随后就明确该部门准备如何应对管理挑战的问题与该委员会委员举行了一次深入的会议讨论。

除了强调预期绩效目标并包含针对管理挑战的解决方案之外,2001年的年度绩效规划还修改了2000年年度绩效规划中的某些目标和评估指标。当国会的行动和/或更新后的项目信息对目标和评估指标产生实质性影响时,《政府绩效与结果法案》允许做出相应的修改。④ 而且由于

---

① 社会保障局,*Performance Plan for Fiscal Year 2000*(SSA Pub. No. 22-001,February,1999b)。
② Shaw, E. Clay, Jr., and Robert T. Matsui,财政立法委员会社会保障小组委员会,"Letter to the Honorable Kenneth S. Apfel, Commissioner of Social Security"(1999年5月11日)。
③ Thompson, Fred,美国参议院政府事务委员会主席,"Letter to the Honorable Kenneth S. Apfel"(1999年8月17日)。
④ 社会保障局战略管理办公室,*Performance Plan for Fiscal Year 2001*,*Revised Final Performance Plan for Fiscal Year 2000*(SSA Pub. No. 22-001,2000年)。

要提前18个月制定这些规划,因此做出一些重要的修改通常也是必须的。按照谢林-琼斯的说法,"很难想象,为了适应工作重心的转移以及工作目标的彻底变化,在一个长达12个月的期限内,你不需要就情况是如何发生变化的以及你正在采取的行动做出另外的解释和说明。"修改后的2001年年度绩效规划更换了1项绩效目标,修改了3项绩效指标,对3个指标的概念进行了修正并调整了10项绩效任务(减少了3项,增加了7项)。①

年度绩效报告

《政府绩效与结果法案》对政府部门的第三项要求是:应报告它们在前一个财政年度的真实绩效。社会保障局在这个方面的经验也值得称道。根据审计总署的说法,"社会保障局是第一批编撰责任报告的联邦政府部门"并提出了该部门绩效的全面构想。② 现有的责任报告自然包含了《政府绩效与结果法案》的年度绩效报告(annual performance report,APR)。由于"在许多年前就打下了基础",因此将二者合并编撰成一份新的文件就变得顺理成章了。

负责编撰年度绩效报告的是财政政策与运营办公室(Office of Financial Policy and Operations,OFPO),但因为它要依靠从社会保障局所有部门收集的信息开展工作,所以它的地位并不显眼。与其说是编撰年度绩效报告,倒不如说财政政策与运营办公室"从负责的相关部门收集信息并将报告整合在一起。"不只是一份年度报告,当社会保障局为下一个年度设定目标、任务和指标时,整合年度绩效报告的过程就开始了。在整整一年的过程中,利用每个月的《局长调查报告》(Commissioner's

---

① 社会保障局战略管理办公室,*Performance Plan for Fiscal Year 2001*,*Revised Final Performance Plan for Fiscal Year 2000* (SSA Pub. No. 22-001,2000年),第3页。
② 审计总署,*Social Security Administration:Significant Challenges Await New Commissioner* (GAO/HEHS-97-53,1997b,2月20日)。

Tracking Reports)和每个季度举行的管理会议来收集所需的信息。这些报告和会议是围绕着《政府绩效与结果法案》的战略目标、任务和指标安排的,并且发挥着3个重要的功能。

首先,它们向管理者提供具有时效性的信息,以便使他们能够评估和改进项目的绩效。阿普费尔局长及其执行团队对每个月的调查报告进行仔细研究从而判断社会保障局的整体绩效,检查每个月每一项绩效指标的进展情况,就那些未实现的目标向负责的管理者提出尖锐的问题并要求他们做出解释,并根据这些信息决定行动方案。每个季度举行的管理会议将全国范围内包括10位地区局长在内的大约80—90名管理者召集在一起,发挥着相似的功能,不过,这只是一次更大规模的讨论会罢了。

其次,由于如果没能实现目标,管理者就会受到反复的"责备",因此调查报告、季度管理会议和年度绩效报告就成为责任意识的重要来源。在任何情况下,"那些通常处于困境中的管理者"都应该为他们的绩效负责。更为重要的是,"因为他们知道将被问责,所以他们都努力争取在这些领域处于领先地位。"严谨的责任结构对于社会保障局的成功而言是不可或缺的。

第三,调查报告和季度会议是社会保障局试图使其管理人员牢记《政府绩效与结果法案》原则的重要手段。简单来说,领导层对月度报告、会议和年度绩效规划的过多强调,使得管理人员在日常工作中很难不去考虑绩效管理的问题。国会议员们特别赞赏这样的季度管理会议,认为是"部门整体对绩效管理施加恰如其分的关注的典范",而且是绩效管理得以实施的必要条件。

通过将所有来自调查报告和季度管理会议的绩效信息汇编在一起并对每一项指标进行有意义的阐释,社会保障局整合形成了最终的年度绩效报告。第一部分是简单而直接的数学计算,而阐释部分则要复杂得多。财政政策与运营办公室写信给每一位副局长对其负责的领域加以概括,并就"撰写"绩效说明对他们进行指导。这些都应该是"简洁的、可理解的、平实的语言"的讨论,要阐明成功与失败之处并说明用来提升绩效的正确行为。在收到答复之后,财政政策与运营办公室才开始着手用"一个声音"发表意见。

如同在任何一个大型组织中一样,这些部门的反应也是有所差别。但是正如项目财务运营办公室(Office of Program Accounting Operations)的主任所说,差别在很大程度上"取决于目标本身"。例如,当自动应答系统提供指标结果时,这毫无疑问与绩效水平有关。因而,相关的解释简单明了。另一方面,某些指标不太容易进行评估,而且事实上还有可能在这一年期间变成更为有用的评估指标。在这些情况下,相关解释就不仅要说明绩效,而且要解释隐藏在任何变化背后的道理。

社会保障局将年度绩效报告放在其过去两年的《责任报告》中。在《政府绩效与结果法案》计划颁布前一年出台的1998年年度绩效报告,用一份10页长的报告来专门说明57项绩效指标的进展情况。① 绩效是混杂在一起的:在有可用信息的情况下,我们的计算表明,社会保障局实现了它为1998财政年度设定目标中的大约60%。由于1998年的年度绩效报告并不是一个必要条件,因此不论是国会还是审计总署都没有提出反馈意见,尽管社会保障局因《1998年责任报告》获得了优秀证书,而年度绩效报告又是其中相当重要的一部分。

公布于1999年11月的1999年年度绩效报告长达23页,这早于其他任何一家政府部门。② 社会保障局并没有采取等待详尽信息的做法,而是认真考虑了使用者提早获得93%的指标信息所带来的好处。"我们并不认为延迟公布报告对确定那些数据会有多少收获。"③尽快向公众公开信息,可以使那些希望对社会保障局绩效进行评估的人们在数据最具相关性时实施相应的评估。

---

① 社会保障局财政政策与运营办公室,*Accountability Report for Fiscal Year 1998*（SSA Pub. No. 31-231, 1998a)。
② 社会保障局,*Accountability Report for Fiscal Year 1999*。
③ 1999年的绩效报告中列举的59个指标中只有4个是不完全的。

1999年的年度绩效报告对社会保障局1999年年度绩效规划设定的,并按照5项战略目标进行分类的59个绩效指标进行了回顾。除了表明1999财政年度的真实数据和目标之外,这份报告还包含了以前3个财政年度的绩效信息。① 1999年的绩效结果与1998年的情况相类似:该部门实现了1999年年度绩效规划设定目标的60％。② 更多的是就73％的数量指标而言,该部门达到或超过了1998年的绩效水平,这表明在绩效方面存在着某种向好的趋势。年度绩效报告也对没有实现的目标做了简要的解释,并说明了该部门为了在未来实现目标而正在采取的措施。

一、评估社会保障局的绩效管理

不论写得有多么详细和多么好,如果不能得到管理者的认可或不能对绩效有所改进的话,那么战略规划将是毫无意义的。在对各个层级的管理者是如何看待《政府绩效与结果法案》和绩效管理进行考察的过程中首先遇到的一个有趣问题是:社会保障局是否会实施那些《政府绩效与结果法案》未做规定的绩效管理方案?答案似乎是:尽管这样的方案有可能不会得到相同程度的实施,但不管是否与《政府绩效与结果法案》有关,今天的社会保障局都毫无疑问会实施绩效管理。

社会保障局进行战略规划的历史表明该部门已经在向这个方向发展了。而肯尼思·阿普费尔正式就任局长也确保了他能够在绩效管理方面发挥强有力的作用。社会保障局的官员们经常引用的阿普费尔局长的名言是"不管是否与《政府绩效与结果法案》有关,社会保障局都将关注绩效。社会保障局都将重视结果,因为这是应该去做的正确的事。"一位高级管理者认为,"只有在重新聚焦于后果的情况下《政府绩效与结果法案》才会成为驱动因素。还有另一张王牌,那就是局长以及由他建

---

① 社会保障局,*Accountability Report for Fiscal Year 1999*,第56页。
② 同上书,第3页。

立的框架。"

有些人认为一位高效能的领导是"使其追随者做正确的事的人",[1]而有些人则认为领导者"创造某种对目标和方向的意识,对他/她的人民进行分析和预测并进行激励"。[2] 通过扶持绩效管理,阿普费尔局长既使之得到认可又使之得以蓬勃发展。简而言之,雇员们之所以买《政府绩效与结果法案》的账,在很大程度上是因为这位局长。一位参与整合年度绩效报告的管理者私下做了如此解释:

> 你们看到有这样一份年度绩效报告:它是非常充实的,而且它是在11月完成的。但如果局长并不认为它是重要的,那么你就永远不会完成它。因此你承担这项任务,迅速地完成这项任务以及你所做的报告是切实可行的,事实上就充分说明了部门领导的重要性。

就《政府绩效与结果法案》本身而言,管理者们普遍赞同与优先性任务、目标以及针对运营活动的计划相联系的结构。这种商业化的方法能够确保通过日常活动促成社会保障局的任务,并使该部门能够对问题进行预测和处置。这个过程本身将社会保障局从事的活动确定了下来,并"为决策和预期都提供了坚实的基础"。而且这也产生了"多米诺效应":对国家层面目标的修正迫使地区政府修正它们的目标,接着又促使地方政府对它们的目标做出修正。用几位社会保障局官员的话来说,《政府绩效与结果法案》提供了一种"期待组织做什么的共识……而且它使你认识到我们都在一起为之进行努力"。简而言之,它"为组织中的人们提供了一种巨大的动力,使他们能够就你正在努力实现的目标达成某种共识"。

---

[1] Drucker, Peter, "Foreword," *in The Leader of the Future*: *New Visions*, *Strategies and Practices for the Next Era*. Frances Hesselbein, Marshall Goldsmith, and Richard Beckhard, Eds., (San Francisco, CA: Jossey-Bass Publishers, 1996).
[2] Bichard, Michael, "Developing Structures, Processes and Leaders for the Future", *Public Administration Review*, 1998年第18期,第327—333页。

管理者们也高度赞赏这样的观念,即可以通过对管理和雇员的投入使大多数目标和指标得到完善。每个阶段的战略规划都会结合雇员测评和讨论组得到的结果。通过这些以及更多的非正式途径,社会保障局就可以获得有关目标的反馈和意见,如是什么在发挥作用以及是什么没有在发挥作用。这产生了一种真实的归属感,并培育了一种强烈的"对致力于实现这些目标的责任意识"。因此,即使在人们不能达成一致的情况下,对于实现尽可能多的责任来说,解决这些分歧也就显得不那么重要了。

《政府绩效与结果法案》也鼓励管理者们讨论那些过去可能从来没有发生过的情况。尽管实现目标始终居于优先地位并且是热点话题,但更多的讨论则是围绕着"目标本身是否真的是客户最为感兴趣的"这一话题来展开的。而当它们不能对客户有所帮助时,管理者们就会觉得有权提出替代的对象、目标和任务。

对实施《政府绩效与结果法案》的一个主要障碍是需要将其内容告之组织的上上下下,以便每一位雇员都能够理解它的原则。对于一个与社会保障局一样规模巨大且具有分权化特征的政府部门来说,这是一个尤为困难的挑战。但管理者们却乐于见到社会保障局在推动《政府绩效与结果法案》理念在该部门的贯彻执行方面付出的辛勤努力。战略管理主管认为,社会保障局做的最为重要的事情之一,就是"将以后果为导向的观念反复灌输到该部门的各个角落"。除了依靠局长的调查报告和每个季度召开的管理会议在组织内部传播绩效管理观念之外,社会保障局还通过许多其他的途径来提升各个层面的意识和反应能力。

在全国层面上,高级管理者——包括战略管理主管——到全国各地与雇员就社会保障局的使命、目标和任务展开讨论。社会保障局也经常通过部门简报和简讯、电子邮件和网站、交互式的视频会议以及电话会议向管理者和雇员提供有关绩效管理方案的最新信息。每一份与《政府绩效与结果法案》有关的报告都会有打印稿,并能够在社会保障局的内部网络和互联网的网站上查询到。实际上,感兴趣的雇员能够在该年度的任何时间查找到每一项指标的实际状态,并找到一位联系人以获得任何问题的答复。

社会保障局也利用其分权化的网络结构推动《政府绩效与结果法案》在组织内部的贯彻实施。最基本的做法是在每一处办公场所都张贴该部门的目标和任务。许多地区办事处也自行制定了能够将各地区价值导向和基本原则与全国规划紧密联系的战略规划。例如,费城地区制定的战略规划就声明,该地区"对公共服务的质量和创造性负有责任"。制定于20世纪80年代并经过1992年和1998年的修正,该规划得以确保"地区性的战略目标和任务能够反映雇员的想法和关切点,并满足部门战略规划为社会保障局所有部门设定的方向"。①

像任职于中央部门的同行一样,地区办事处的管理者也会出现在工作现场。正如一位地区局长所说:"你不能指望通过备忘录来改变文化。"通过与工作现场管理者的直接接触,这种部门内部的沟通机制提升了各个层面实现部门目标和任务的强烈责任感,并使《政府绩效与结果法案》的理念得以在整个部门内部传播。尽管并不是每个业务代表都能充分理解《政府绩效与结果法案》的原则或明确地阐明该部门的战略目标,但他/她知道他/她的工作将会对该部门的任务产生影响。

尽管尚未充分实现,但《政府绩效与结果法案》的另一个好处是为社会保障局提供了一种在受约束的预算框架和格局下从事业务活动的更好途径。尤其是管理者们会因有机会将绩效与预算拨款联系起来而受到激励。社会保障局的局长解释道,"如果能够用可信的、可量化的、可计量的方式对绩效进行明确的说明,那么它就能成为使资源物有所用的基准"。国会山的议员们也认为:"绩效评估指标是社会保障局用以确定在什么地方必然需要额外的资助,并向各委员会施加压力的手段。"遗憾的是,管理者们普遍认为是国会阻碍了这一特定原则的作用。有些人并

---

① 社会保障局费城地区战略规划小组(Philadelphia Region Strategic Planning Team),*Regional Strategic Plan: Committed to Quality and Creativity in Public Service* (1998c),第3页。

不能确定国会是否会完全接受《政府绩效与结果法案》的原则。简单来说,他们担心如果《政府绩效与结果法案》不能"严格运用于财政拨款和立法许可活动,那么它只会逐渐地淡出历史舞台"。

1999年11月导致全面缩减财政预算的预算谈判就是一个有说服力的例证。这次与绩效并不相关的预算缩减打击了为实现部门目标和任务而付出精力的管理者和雇员的信心。因为大多数人认为社会保障局在实现1999财政年度的目标和任务方面做出了太多的努力,管理者们和雇员一样为实现或超过了该年度的众多目标而感到莫大的自豪。然而管理者们却因财政预算缩减这样的"奖励"而目瞪口呆。"就好像当社会保障局已经接近'本垒'并取得了所要求的成就时,规则突然间发生了改变一样。"

但即使是在这样的条件下,《政府绩效与结果法案》的工具仍旧是极为有效的。"从部门规划的角度来看,这只不过是在重新开始并意味着少了2亿美元的条件下,我们能够完成的工作是什么?"在这种情况下,社会保障局局长最终必须做出艰难的决定,而《政府绩效与结果法案》报告只是提供了责任框架并就能够缩减哪些预算提出了建议。《政府绩效与结果法案》特别准许社会保障局减少工作任务,或在不减少工作任务的情况下改变目标以满足新的预算额度——即使这样的缩减也有可能会引起国会中某些人的反感情绪,只要该部门能够提供支持这些决定的必要信息就可以了。

最终,令管理者们感到欣慰的是,责任意识已经深深扎根于《政府绩效与结果法案》的实施过程中。经验告诉社会保障局,责任对于任何一次尝试都是至关重要的。一位高级管理者说:

> 在制定各种行动方案、目标或任务的过程中,最为重要的是将责任切实分配给每一个人。只有这样,才会有人在整整一年的过程中真正关注并思考"我要怎么做才能实现这个目标?"的确,将责任分配给特定的人可以推动工作进程。

高级管理者、局长的跟踪报告以及每个季度的管理会议都是这整个责任结构的组成部分。

还有其他层面的责任要求。每一个人都要为实现各项指标所设定的目标承担责任。每一位副局长通常都会根据他/她在部门中的职位来选择人选——依据部门而定的分析师、管理者、办公室主任或团队领导人。社会保障局"试图使之成为最为见多识广的人,以至于只要你打电话给他们,你就真的能获得与特定项目有关的信息"。或许责任分配最为重要的方面就是在某个财政年度开始时对此加以明确清晰的规定。这可以避免因由谁来负责什么目标而导致的所有混乱。

由于要依据已确立的评估指标承担业务处室绩效的责任,因此工作现场的管理者担负着日常的责任。在各个业务处室,为了确保社会保障局按计划开展工作,管理者们将这些评估指标转变为能够进行不间断监控的21个服务等级指标。但遗憾的是,责任机制并没有扩展至一线雇员——因而不能对个人绩效施加积极的影响。[1]

由于过去与雇员工会签订的协议禁止管理者与雇员分享个人层面的绩效信息,因而管理者并不能有目的地对成绩进行奖励、掩盖错误并提升绩效。而且,社会保障局每年的评估是以一套"99.9%的雇员被认为是令人满意的"合格/不合格体系为基础的。这就产生了公平问题,因为这套体系平等地对待能力不同的雇员。事实上,这种评估最可能的是奖励平庸、侵蚀动力并且难以使工作取得好成绩。一位"受到保护的"雇员感到困惑,"当工作得不到回报时,为什么一个人还应当积极努力并实现超越?"

即使缺少真正最底层的责任机制,《政府绩效与结果法案》和绩效管理也在整个社会保障局实现了制度化,这是因为就他们的目标和任务而

---

[1] Locke, E. A., D. B. Feren, V. M. McCaleb, 与 A. T. Denny, "The Relative Effectiveness of Four Methods of Motivating Employee Performance", in *Changes in Working Life*, K. D. Duncan, M. M. Gruenberg 与 D. Wallis 编。(纽约,纽约州:Wiley,1980 年),第 363—388 页。

言管理者们具有一种主人翁意识,而且他们会因该部门在几乎日常运营的每一个方面都试图构建责任机制的努力而感到安慰。用他们的话来说,《政府绩效与结果法案》是"从瓶子中逃出的精灵"("genie out of the bottle"),而且这种方法没有回头路可走,它能够显著地改善社会保障局向受益人提供的服务。而且针对在接下来的 10 年中预计会大幅增长的社会保障局工作量,绩效管理过程会给该部门提供一种有效的手段以应对不可避免的挑战。

二、管理经验

我们讲述的有关社会保障局成功实施《政府绩效与结果法案》及其绩效管理原则的经历是动态的。尽管社会保障局先于《政府绩效与结果法案》就已经走上了实施绩效管理的道路,但这部法案还是发挥了其他方面的推动作用。正如《政府绩效与结果法案》所设想的那样,战略规划、年度绩效规划以及年度绩效报告是直接相关的——而且对一份文件准备工作的每一次重复也有助于改进所有的未来构想。虽然社会保障局也犯了一些错误,但该部门也在结果管理方面取得了重大进展。社会保障局提供了一个关于如何实施绩效管理方案的有价值的案例,这并不是因为该部门已经实现了某种程度的改善,而是因为它充分履行了《政府绩效与结果法案》的条款和精神。

从我们所做的案例研究中可以得出 5 条明确且相互关联的管理经验。它们共同提供了一种社会保障局之所以会在实施《政府绩效与结果法案》的过程中取得成功的指导性解释:

上层领导者的重要性:如果没有稳定而果断的领导,绩效管理将会是徒劳的。在社会保障局,由于对《政府绩效与结果法案》原则的狂热认同,肯尼思·阿普费尔局长提供了一种全新的方向感。由于相信绩效管理是"应该做的正确的事",而且更为重要的是,由于奉行这样的理念,这位局长使这些原则深深扎根于该部门的组织结构中。相应地,社会保障局的雇员们也相信改革方案的价值并完全接受《政府绩效与结果法案》的原则。今后的领导者必须继续沿着衷心支持《政府绩效与结果法案》和绩效管理的道路前进。

发展战略伙伴关系的重要性:社会保障局、国会和审计总署之间的关系为实施绩效管理方案提供了一个给人留下深刻印象的模式。其他政府部门也能从与重要利益相关者的类似交往中获得好处。尽管积极的关系并不会在一夜之间就建立起来,它们也难免不会陷入紧张格局,但部门绩效的改进和来自国会的高度评价使这样的努力是值得做的。

使绩效管理"贯穿整个部门"的重要性:考虑到社会保障局的规模和结构,要确保所有的任务和《政府绩效与结果法案》原则渗透进组织的任何一个层面是一项令人发憷的任务。尽管如此,社会保障局还是为此齐心协力的。虽然这些任务并不完善而且或许永远都不会完善,但该部门还是因社会保障局的雇员就部门正在努力实现的具体目标形成了共识而获益。

有意义的责任结构的重要性:用来支持绩效管理的"牙齿"(力量)是个人为实现特定指标、任务和目标而承担的责任。如果没有责任机制,也就没有办法确保日常的工作任务会聚焦于实现该部门的整体任务。从高级管理者到工作现场的管理者,社会保障局的雇员们都被"责成站在红毯上"来说明他们的失败之处。这样做是为了确保能够快速地识别问题、记录成功之处并采取措施以改进向受益人提供的服务。

"持续追求进步"的重要性:《政府绩效与结果法案》的理念鼓励不断寻找更好的途径来提供服务和管理项目。社会保障局的管理者们支持这一观点,即没有一项评估指标是永远完美的,而且认为他们的能力使其能够提出新的观念和想法。扎根于社会保障局的改革历史,这种"持续的搜寻"始终关注于对卓越的追求。尽管永远都不可能实现卓越,但这样的搜寻确保了持久的进步。

虽然总结这些经验并不意味着实施绩效管理改革只有"一种最好的途径",但是各级政府部门都应该好好地关注这些经验及其对于在一个极为庞大和复杂的组织内取得成功的重要性。毫无疑问,它们将会有助于那些开始实施绩效管理的组织避免某些重要的障碍,也能使更多已经实施绩效管理的部门改进现有的项目。管理和改进绩效的确是一次旅程的开始而并非终点。

第三篇
绩效管理与联邦体制的挑战

第八章 绩效管理：在新的福利世界中重要吗？①

L.凯特·波伊尔、凯瑟琳·劳伦斯和米利亚姆·威尔逊

为改进政府的绩效和责任机制，1993年《政府绩效与结果法案》持续实施了"好政府"的改革方案。此外，《政府绩效与结果法案》试图通过从关注过程转变为关注目标和后果来实施项目管理。凭借再次重申对绩效和责任的重视，1996年通过的联邦法案使美国的福利制度发生了历史性变革，这是一项因设计拙劣且既未服务于普通公众的利益也未服务于那些接受援助的公民而受到广泛批评的政府项目。用克林顿总统广为人知的话来说，"1996年的《个人责任与工作机会协调法案》（Personal Responsibility and Work Opportunity Reconciliation Act，PRA）试图以现金援助[失依儿童家庭补助（Aid to Families with Dependent Children），或 AFDC]废除有60年历史的权利项目，并以对援助施加惩罚和年龄限制为特征的专项财政拨款项目[家庭急难补助（Temporary Assistance for Needy Families），或 TANF]来取代这一项目以便'终结我们所了解的福利制度'"。在1996年之前，福利管理和联邦政府对州

---

① 本文作者对理查德·内森博士和托马斯·盖斯博士在本章观点和主题的讨论中给予的协助致以诚挚的谢意。

政府绩效的评估侧重于实现管理要求。① 为体现《政府绩效与结果法案》的宗旨，《个人责任法案》在为福利制度增加项目目标的同时，也赋予各州在项目管理过程中更大的灵活性。②

本章借助讲述各州是如何回应那些包含在《个人责任与工作机会协调法案》中并通过州政府绩效评估所体现的目标导向的案例，来分析《政府绩效与结果法案》的基本假设。我们的分析以内尔森·A.洛克菲勒政府研究院国家能力研究中心（State Capacity Study）进行的研究为基础，该研究涉及的领域是在福利改革背景下，州及地方政府的管理和行政组织变革。至少在针对贫困家庭的现金项目和服务方面，此项研究对理解《政府绩效与结果法案》内含的原则如何并在何种条件下能发挥作用提供了有价值的经验。

尽管《个人责任与工作机会协调法案》在强化福利制度的目标导向方面取得了部分成功，但这种成功却要依赖围绕既定目标达成的政治共识，以及围绕这些目标制定的绩效评估指标。各州也吸纳了《个人责任与工作机会协调法案》提出的总的后果目标。这或许是因为家庭急难补助项目允许各州在决定各自评估成就的指标方面拥有的灵活性，尽管联邦政府也针对各州满足特定的绩效目标提出了要求。同时，某些更为充分的实现了绩效管理的案例，也提供了深入观察州和县政府福利管理真实情况的视角。

本章共分四个部分。首先，我们要阐述联邦政府的绩效评估指标。然后，我们要考察的是在这些评估指标中各州做出回应的有哪些，哪些它们没有做出回应以及原因是什么。在第三部分，我们要通过对威斯康辛州、俄亥俄州和佛罗里达州情况的考察来讨论某些更为详尽的绩效管理案例，这三个州是国家能力研究的样本，它们都试图构建属于自己的绩效管理体系。最后，我们还要探究，如果继续实施《个人责任与工作机

---

① Mary Jo Bane 和 David Ellwood 在他们 1994 年由哈佛大学出版社（Cambridge，MA）出版的著作 *Welfare Realities：From Rhetoric to Reform* 中对此进行了讨论。
② Richard P. Nathan and Thomas L. Gais, *Implementing the Personal Responsibility Act of 1996：A First Look* (Albany：Rockefeller Institute of Government, 1999).

会协调法案》可能对福利和绩效管理产生的后果。

联邦政府的三个评估指标

《个人责任法案》不仅终结了以权利为导向的福利项目,而且改变了福利管理的关注点和联邦与州之间的关系。在失依儿童家庭补助项目中,联邦政府的各种规章制度支配着福利过程:管理福利项目的部门类型、公布申请者和受益者名单、各州必须以多快的速度处理申请以及其他的管理程序。①《个人责任与工作机会协调法案》废止了这些程序性的规章制度,取而代之的是赋予各州就如何管理和组织它们的项目以更大的灵活性。与之相对应的是,《个人责任与工作机会协调法案》和美国卫生与公共事业部公布的规章明确规定了绩效评估指标,通过这些评估指标可以判断各州在实现《个人责任与工作机会协调法案》目标过程中的绩效和成就。这些由财政奖惩支持并需要强制收集那些州政府提供服务的个人和家庭信息的评估指标有:

1. 各州处理福利事务工作量中因工作量减少而得到提升的工作参与率;

2. 支付给每个特定年度在实现《个人责任与工作机会协调法案》目标过程中表现出高绩效的州的奖励金额②;

3. 向在最大程度上减少非婚生育而其堕胎率又没有任何增加的州支付的奖励金额。

在这些绩效评估指标中,最主要的是要求各州要长期保证有较高比例的成年户主每周至少有30个小时来从事8种"工作活动"中的某一种

---

① Richard P. Nathan and Thomas L. Gais, *Implementing the Personal Responsibility Act of 1996: A First Look* (Albany: Rockefeller Institute of Government, 1999)。
② 该法案的四个目标是:向急难家庭提供帮助以便孩童能够在他们自己家中或在亲友家中得到照顾;通过促进工作准备、就业和婚姻的方式终结急难父母对政府救助的依赖;减少婚外怀孕的发生率以及鼓励双亲家庭的形成和维持。(P. L. 104 - 193, Title I, Sec. 401(a))。

或某几种。工作参与率——受工作要求影响并满足这些要求的所有家庭的百分比——对于单亲家庭来说,在1997财政年度开始时是25%,并在随后的每个年度都提升了5个百分点。2002财政年度时所要求的比例将达到50%的最高水平。对于双亲家庭来说,开始时的参与率为75%,到1999财政年度时提升到了90%。失依儿童家庭补助项目中早期的工作计划与基本技能项目(JOBS program)的就业参与预期是相当低的,也上升到了单亲家庭工作量最高水平时的11%。[1]

通过给减少工作量打分,家庭急难补助项目允许各州在完成工作参与率的过程中有某种灵活性。减少工作量的得分以1995财政年度以来工作量变化的百分比为基础,许多州在该财政年度的工作量水平达到了历史最高点。[2] 这种评分方法使各州在适应项目目标的过程中更具灵活性:它们既能够使那些在现金援助名册上的人参加工作活动,也可以使人们完全脱离这份名册(很可能从事没有补助金的工作,尽管这并不属于要求的内容),或者二者兼而有之。如果各州在减少工作量得分评定之后即使没能实现这些既定的参与率目标,联邦政府也会将下一年度家庭急难补助项目的拨款减少5%。如果该州仍旧未能实现目标,就会加大惩罚力度,最大惩罚额度将达到拨款的21%。[3]

相比在工作参与率方面可能受到的处罚来说,《个人责任法案》中的高额绩效奖金则用来奖励那些在实现每个年度设定的联邦项目目标中取得最大成就的州。就这些州来说,它们参与奖励资金的竞争都是自愿的。从1999财政年度到2003财政年度,可用来分配的资金共计10亿美元;1999财政年度,美国卫生与公共事业部因其1998财政年度的绩效而向27各州支付的奖金总计达2亿美元。这些奖励是以儿童和家庭管理局(Administration for Children and Families)在征求了全国州长协会

---

[1] Jan Hagen and Irene Lurie, *Implementing JOBS: Progress and Promise* (Albany: Rockefeller Institute of Government, 1994).
[2] 工作量的变化必须是有原因的,而不是来自于资格规则的变化。
[3] 美国财政立法委员会:《1998年绿皮书》(*1998 Green Book*),第499页。

(National Governors Association)和美国公众服务协会(American Public Human Services Association)的意见后提出的标准为基础。这些标准包括:家庭急难补助项目参与者的就业登记率以及他们在就业市场上取得的成就(以工作保留时间长短和获得收入的多少为基础),以及各州在所有评估指标上与前一个财政年度相比取得的进展情况。每一笔奖金的规模都与该州的拨款联系在一起;奖励不会超过各州年度家庭急难补助分类拨款的5%。因此,奖励金额的差别很大,1999财政年度南达科他州获得的奖励金额为50万美元,而加利福尼亚州却获得了4 550万美元。

《个人责任法案》不仅通过提高针对参加者就业的附加条件,而且通过增进婚姻生活、鼓励建立和维持双亲家庭并减少婚外孕等途径,试图减少对社会福利的依赖程度。针对《个人责任与工作机会协调法案》的组建家庭目标的绩效评估指标,是支付给那些非婚生育率急剧降低的州的"非婚生奖金"。"非婚生育率"用来计算未婚妇女生育率在该州所有妇女生育率中所占的百分比。根据美国卫生与公共事业部收集的年度数据,选择那些在非婚生育比例方面实现最大幅度下降的州并发布公告,将它们列为获取奖金的候选者。然后会挑选排在前5位的州来参与奖金的争夺,它们需要提交相应年度的堕胎率和相关信息。如果表明它们的堕胎率有所上升,这些州就失去了获取奖金的资格。获胜的州随后将平均分享1亿美元的奖金。入选的那些州可以按照自己的意愿使用这笔奖金,只要它们将这笔钱花在所有那些与社会福利有关的项目上。

家庭急难补助项目中一个更为微妙的绩效激励是对接受"援助"的个人有60个月的时间限制,这通常意味着会重复出现现金补助的情况。家庭急难补助项目并没有禁止各州对那些超过60个月期限的家庭提供帮助,该项目能够以诸如照看孩子和为如衣服和住房这些基本商品提供代金券这样的非现金援助方式来帮助这些家庭。它们也能够用自己的资金继续帮助这些家庭,这可被算作工作维护基金(maintenance-of-effort funding)。为了尽快使那些家庭摆脱现金援助,各州因而受到某种财务激励,特别是那些似乎存在着长期依赖可能性的州,否则这些州可能会在花费自有资金来帮助那些"超时的"家庭方面面临公众压力。通过这种方式,联邦政府的时间限制就强化了对尽可能减少工作量和使那些家庭脱离现金援助的激励。

福利绩效目标对州政府行为的影响

根据联邦政府的新的评估指标,各州都做了些什么？不同的州对联邦法案绩效目标做出回应的强度并不相同。洛克菲勒研究院在州和地方政府层面做的实地研究揭示了总体状况,工作参与度和减少工作量是影响程度最大的绩效目标。相比之下,对组建家庭和工作人员成就的关注度却参差不齐。

一、工作参与度和减少工作量

各州在如何达到联邦政府有关劳动力就业的要求方面存在着显著的差别,尽管就数据而言大多数州已经实现了目标(参见图 8-1)。在这个散点分析图中,每个点都代表了一个州的绩效,它由从 1995 年到 1999 年针对单亲家庭减少工作量的得分以及 1999 年的工作参与率构成。有 19 个州在水平线(标为 A)以下,该条线位于 35%的位置,这代表了 1999 年对工作参与率的要求。然而,减少工作量的得分却允许各州通过削减工作量的方法实现工作参与率的目标:实际上,这意味着只要它们位于标注为 B 的斜线上方,各州就可以满足这些绩效要求。1999 财政年度没有一个州处于该水平以下。但是,在接下来 3 年的每一年中,这条线都会逐渐向外移动,直到它与表示 2002 财政年度的线 C 相重合。现在处于这条线下方的那些州将会受到财政处罚,除非它们的绩效得到改进。[①]

[①] 要了解有关个别州等级的更为详细的信息,可参见美国卫生与公共事务服务部,*Temporary Assistance for Needy Families* (TANF) *Program*: *Third Annual Report to Congress*。儿童和家庭管理局规划、研究和评估办公室(Office of Planning, Research and Evaluation),2000 年 8 月。

第八章 绩效管理:在新的福利世界中重要吗?

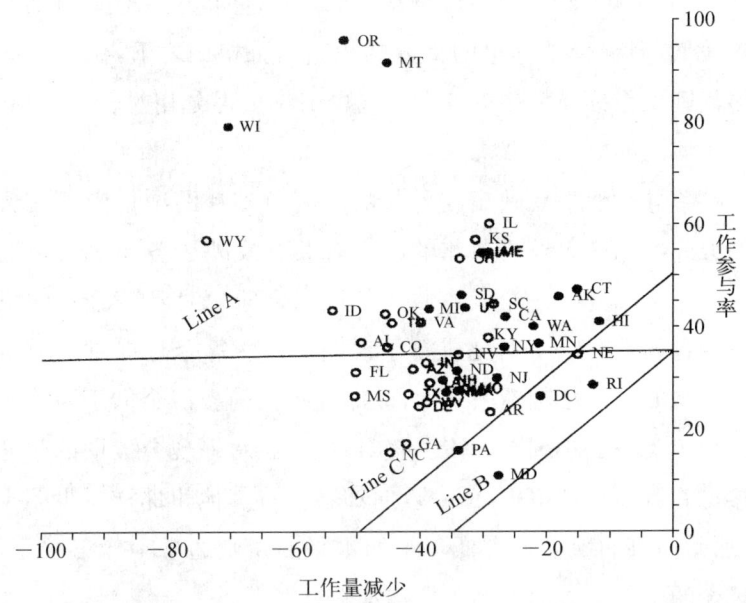

图 8-1 1999 财政年度家庭急难补助项目的工作参与率和减少工作量得分

资料来源:美国卫生与公共事业服务部,《家庭急难补助(TANF)项目:向国会提交的第三份年度报告》(*Temorary Assistance for Needy Families*(*TANF*) *Program*:*Third Annual Report to Congress*)。儿童和家庭管理局规划、研究和评估办公室,2000 年 8 月。

图例
○ 高于平均福利水平的州
● 低于平均福利水平的州
水平线 A:家庭急难补助工作量 35%时的工作参与率,1999 财政年度要求达到的比例。
斜线 B:综合了工作参与率/工作量减少后形成的 1999 财政年度的绩效线。
斜线 C:综合了工作参与率/工作量减少后形成的 2002 财政年度的绩效线。

这一比较说明涉及家庭急难补助项目工作参与目标的几个问题。首先,各州在有关工作参与/工作量减少评估指标方面的绩效上表现出了很大的差异性。有四个州因特别高的绩效而尤其突出——这些是位于该图左上角的具有异常值的那些州。其中的两个州,威斯康辛州和俄勒冈州(Oregon),由于它们采取的福利改革措施而闻名全国并且在实施改革措施方面具有相当丰富的经验,而其他两个州——怀俄明州(Wyoming)和蒙大拿州(Montana),这两个较小的州且有可能在项目实施过程中面临的挑战也没那么严峻。其他各州虽然达到了最低的绩效

169

要求,但也只是超出了一点点。位于图8-1左下方的那些州工作参与率相对较低,但减少工作量的得分却相当高。相比之下,位于该图右边的许多州则工作参与率相对较高且减少工作量得分相对较低。当然,许多州处于该图的中间位置。

这种差异性似乎反映出在各州的家庭急难补助项目中存在着一条基本的分界线——大致与各州的政策有关并反映了各州执行情况的分界线。通过区分处于一个没有收入的三口之家每月救济金中间值之上或之下的各州,图8-1对此进行了说明。那些每个月提供的救济金高于平均水平的州以小圆圈来表示,而那些提供的救济金低于平均水平的州则表示为实心的小圆点。该图表明,提供高水平现金援助的州通常在工作参与率方面表现得更好一些,但却不会像其他州那样减少多少工作量;而那些提供的现金福利低于平均水平的州则通常工作参与率较低,却在减少的工作量方面要高于平均水平。

福利津贴水平与项目绩效不同指标之间的关系并不会让人感到奇怪。在那些现金补贴水平比较低的州——大多数是位于南部和西部山区的州,几乎每一位转作全职工作的护理人员都不再使其家庭获得现金补助。这在那些福利水平较高的州不常发生。因此,使护理人员从失业状态转变为全职(或接近于全职)就业状态方面取得的同样成就,将会导致那些低福利水平的州的工作量大幅度下降。另一方面,那些高福利水平的州则在提升工作参与率方面有较大的便利,因而面临多种就业障碍的家庭不太可能在那些高福利水平州的福利名册中占据多数,因为这些家庭能够在不丧失福利资格的情况下增加收入。

在建构各州推进福利改革途径的过程中,这种关系的重要性在某种程度上却不太显著。不仅在现金补助水平和各州的实际绩效之间,而是在所有这些因素和各州福利项目基本的运营目标之间,似乎存在着一种重要的关系。在那些强调工作参与和工作安置的州——减少工作量是一项重要却次要的目标——与那些重视工作但也强调减少工作量并将之作为首要目标的州之间,似乎存在着一种根本性的差异。①

简而言之,为了强调工作的重要性,州政府层面的福利项目已经发生了显著的变化。尽管各州的福利项目对工作参与目标有着不同的表述,但却少有例外地贯穿于各州的福利体系中。即使不太可能把联邦政府绩效评估指标本身的明确影响与其他导致这种变化的因素分开,这些变化也是显而易见的。

二、高绩效奖励

工作量削减和工作参与的数据成了新的焦点。然而,州政府的活动却要比这个多得多。通过奖励各州在某些具体的涉及工作的评估指标上取得的绩效,《个人责任与工作机会协调法案》规定的高绩效奖励进一步突出了工作参与的目标。对1999财政年度和2000财政年度来说,这些评估指标是工作登记和在劳动力市场上取得的成就——被规定为工作的持续时间和获得的收入水平。但各州在这两个方面付出的努力并不一样。我们对数据的研究表明,各州在早期实施家庭急难补助项目的工作中并未关注与工作登记有关的活动。然而,工作登记活动要比提升劳动力市场的成就重要,尽管更近一些的数据表明有些州也开始关注后一项指标了。

我们在1997年底收集的30个州或地方政府家庭急难补助发放工作流程计划的信息表明,大多数计划都有具体的项目向申请者寻找工作提供预先支持。在30个计划中,有25个有在申请过程中的就业能力评估和为求职提供帮助的内容。这种与就业有关的辅助性协助通常发生在申请过程的后期;在大多数地方这是第三或第四甚至是最后一个步骤,紧接着就是项目培训和对其他服务进行的评估。相比之下,在14个计划(不到一半)中规定了一个期限,在此期限内将不会对寻找那些不受资助的工作提供帮助。这个独立的求职阶段通常是申请过程的第一个

---

① Nathan and Gais, *Implementing the Personal Responsibility Act of 1996*.

步骤,早于并通常作为更多为求职提供支持项目的必要条件。因此,尽管某些州的确要求家庭急难补助的申请人依靠自己的力量来尝试寻找工作,但在我们研究样本中的大多数州不仅通过强制手段,而且也会借助诸如评估和求职帮助这样的服务手段来鼓励申请者求助于社会保障部门的工作人员。

各州重视工作登记并不会使人感到奇怪,因为这样的活动是与工作参与活动相互重叠的。各州在它们"劳动力就业成就的"努力——帮助家庭急难补助项目的参与者提高收入水平并保有工作——方面并不一致。在我们1998年所做的研究中,那些特别关注工作持续时间的项目表现得并不显著,尽管自那以后有些州加大了这些方面的工作力度。例如,在我们的研究中有7个州(佛罗里达州、新泽西州、田纳西州、华盛顿州、西弗吉尼亚州和威斯康辛州)目前提供离职后的相关服务。其中有很多是相对比较新的项目——有些直到2000年才出现——并因此正处于实施的早期阶段。

其他服务可以间接提高工作的持续时间,而且它们中有很多新近的目标就是增加支出。儿童保育项目尤其普遍,我们研究样本中的所有州在这个方面的支出都有大幅度的增加。交通基金也经常以公共交通代金券、驾驶员培训课程以及为修理急救车提供补助的方式提供支持性服务。

为增加项目参与者的收入所做的努力却是微不足道的。到目前为止,在我们的研究样本中只有3个州利用了该州获得的所得税抵免——这是一项能够使收入变得更"丰厚"的项目。工资补贴也没有得到广泛应用。有5个州(佛罗里达州、堪萨斯州、纽约州、威斯康辛州和西弗吉尼亚州)向雇主支付了工资补贴,但并不清楚这样做如何维持项目参与者的收入水平。

三、"非婚生育奖金"

除了针对家庭急难补助项目的参与者设定的那些与工作有关的目

标外,《个人责任与工作机会协调法案》还包含了一项与每个州总人口有关的目标:减少所有妇女的非婚孕育数量。相关的绩效评估指标与一笔由 5 个州分享的最多为 1 亿美元的奖金联系在一起,这些州的"非婚生育率"应该有大幅度下降,同时堕胎率也应维持稳定或下降的趋势。

1999 年在实施该项奖励的第一年,有 12 个州的非婚生育率对于这些州的出生率来说是下降的。阿拉巴马州、加利福尼亚州、哥伦比亚特区、马萨诸塞州和密歇根州获得了每笔 2 000 万美元的奖金。第二年只有 6 个州的非婚生育率显示是下降的。排在前 5 位的有:阿拉巴马州、亚利桑那州、哥伦比亚特区、伊利诺伊州和密歇根州。

虽然获得奖金的州都表明它们的非婚生育率是下降的,但就总的非婚孕育率来说这些州的差别很大。例如,尽管显示华盛顿,哥伦比亚特区在某种程度上有大幅度的下降(第一年是－3.7%而第二年是－4.1%),但还有更远的路要走:非婚生育人口占到了该特区全部出生人口的接近 65%。相比之下,同样获得 1999 年奖金的马萨诸塞州则远低于 32%的全国平均水平,它获得 1999 年奖金的非婚生育率为 25.8%——在两年内下降了 1.5%。马萨诸塞州的非婚生育率仍旧高于许多其他州。那些在全国范围内拥有较低非婚孕育率的州——犹他州为 16.4%、爱达荷州为 21.0%、新罕布什尔州为 23.6%,它们的非婚生育率都出现了 2 个百分点或不到 2 个百分点的增长。

尽管大多数州都表现出了对这个奖励基金的兴趣,但尤其是与投入家庭急难补助项目与工作相关的目标的资源相比,它们似乎并没有针对减少非婚孕育投入足够多的资源。[1] 在这个方面缺乏行动或许部分是因为各州目前正在致力于某些相关的预防性工作,如项目号为 XX 的针对青少年的戒酒项目、项目号为 X 的针对成年女性的计划生育项目,以及

---

[1] Cathy Johnson, Catherine Lawrence, and Paola Gentry, *Moving in Many Directions: State Policies, Pregnancy Prevention and Welfare Reform*,在公共政策分析与管理协会(Association for Public Policy Analysis and Management)年会上提交的论文,华盛顿,哥伦比亚特区,1999 年 11 月 4—6 日。

在许多社区开展的预防艾滋病工作。《个人责任与工作机会协调法案》预防非婚孕育的目标只是致力于在某些特定人群中防止怀孕的众多尝试之一。

由于防止怀孕的活动是断断续续且是具有地域性的,因此,我们在进行实地研究的过程中或许会缺少防止怀孕活动的相关数据。不同于福利现金补助项目,研究样本中的大多数州拥有一套用来制定防止怀孕的政策并提供服务的分权化体系。例如,在纽约州和新泽西州有多达5个不同的实体在制定针对防止怀孕的政策过程中发挥着重要作用。[1] 各州的研究者们也发现在这个领域的分权程度很高——研究样本中所有的州及地方政府会分担制定和实施政策以及提供实际服务的责任。分权有可能会对就降低非婚生育率采取系统化的全州统一行动产生限制作用,但却能促进地方性的项目工作。

1996年的联邦福利法案在其削减目标中包含了所有的非婚生育现象,但大多数州采取的新举措首先关注的是降低成年女性的生育率。的确有在成年女性和男性中都强调这一问题的项目,但毕竟是少数。根据青少年生育率在所有非婚生育率中所占比率不足三分之一的事实来看,这令人感兴趣。而且,在全部的青少年生育行为中,已婚的青少年就占到了接近25%的比例。[2] 青少年生育率近年来也有所下降或许可以解释甚至更低的非婚生育率。因此,各州的项目反映的并不是联邦政府的目标,而是它们各自预防怀孕的目标。

各州采用的绩效评估指标也反映出非婚生育目标在各州活动中的局限性。在研究样本中只有2个州提出了一项涉及县政府在降低非婚孕育率方面绩效的评估指标。亚利桑那州的EMPOWER项目有8项绩

---

[1] 来自纽约州和新泽西州的实地研究报告表明,州政府部门、州政府部门的地方办事处、地方政府、全州范围内的非营利组织、地方性的非营利组织以及民间团体都会涉足有关防止怀孕的政策制定过程。
[2] 有关此处及其他方面的人口信息,参见美国卫生和公共事业服务部1995年向国会提交的有关非婚生育的报告(Washington, DC: U. S. Government Printing Office)。

效评估指标,包括接受补助的成年母亲的计划外生育率和接受补助的未成年母亲的计划外生育率。俄亥俄州拨出一小笔激励资金(100万美元)划拨给那些在降低非婚生育率方面表现最好的县。为降低青少年怀孕和非婚生育率,佛罗里达州为地方工作与经济自立计划联盟(WAGES coalitions)创立了一套绩效指标体系,但这些评估指标却从来没有使用过。①

各州对绩效管理的精心组织

考虑到各州在项目设计上享有巨大的财政灵活性和决策权,它们对于联邦政府绩效评估指标的回应只是此项研究的一部分。有些州只是把联邦政府的评估指标作为建立更为复杂的项目管理系统的一个起点。通过特别关注俄亥俄州、威斯康辛州和佛罗里达州,因为这3个州的绩效管理走在了最前面,本节要考察的是在评估项目成就方面某些更为全面的做法。为了理解不同层级的政府是如何处理绩效评估问题的,我们还考察了俄亥俄州的两个县,它们的绩效评估指标是由县政府和州政府共同确定的。

这些案例揭示了细微的差别、可能的结果,以及将绩效管理应用于具有分权和灵活性特征的社会福利项目所产生的困境。我们发现各州在如何界定项目的成就和负责实施绩效管理的体制结构方面存在着很大程度的差异。甚至在那些绩效管理体系发展更为充分的州,要评估福利体系实现其目标的程度也面临着挑战。

一、各州在界定县政府成就方面存在的差异性

尽管联邦政府的绩效标准在制定州政府的评估指标过程中是非常重要的,但我们也发现各州会为了反映各自特定规划的目的而调整它们

---

① 与Robert E. Crew进行的访谈,2000年7月14日。

的管理体系。针对国家能力研究项目涵盖的17个州收集到的数据表明,共有26项不同的评估指标,而其中仅有一项是联邦政府所要求的(劳动力就业参与率)。从总体上看,这些评估指标可以分为5个实质性的领域:客户的就业和薪酬、客户对家庭急难补助项目的参与、对工作支持性服务的供给、与组建家庭有关的评估指标以及直接与项目管理机构有关的评估指标。

那些受到最多关注的评估指标通常与就业有关,这反映了家庭急难补助项目对工作的高度重视。17个州中有9个对工作持续时间在县级层面的水平进行评估,而有4个州评估的是收入水平,这两个指标都会被用来评定高绩效奖金。有6个州评估工作安置时的收入水平,这虽然与就业有关但却并不是高绩效奖金所必需的。有5个州评估的是客户充分参与适当活动的情况,还有4个州更多的是评估信息报告过程中的错误率,这反映了对失依儿童家庭补助项目过程的不间断关注。

尽管各州都依靠县级层面的绩效评估指标来跟踪工作参与和工资的变化情况,但我们并没有发现在制度层面对工作支持项目的监控给予同样的关注度。只有两个州(堪萨斯州和西弗吉尼亚州)会对县级层面有关食物券申领率的绩效进行评估,并且仅有堪萨斯州、佛罗里达州和威斯康辛州这3个州使用与健康保险福利有关的评估指标。有关儿童抚养、产前保健、保护儿童服务以及毒品和嗜酒项目的评估指标只在1—2个州得到应用,而且也只是其中的某一项指标。用一位佛罗里达州管理者的话来说,各州在主动利用工作支持性服务评估家庭急难补助项目的绩效方面还处于某种"萌芽"阶段。①

二、更多的解释

在威斯康辛州,尽管在草拟阶段也会考虑过去的经验和本州具体的项目目标,但联邦政府的绩效评估指标还是会作为州政府评估指标的基

---

① 与Jenny Lee Robins进行的访谈,2000年6月26日。

础。从 2000 年 1 月开始,威斯康辛州针对地方层面的家庭急难补助合约实施了 6 项强制性的目标,这种做法一致持续到 2001 年 12 月。它们是:就业安置率、平均工资水平、工作留用率、雇主提供的健康保险福利、参与适当活动的水平以及参与基础性教育活动的水平(见表 8-1)。威斯康辛州还提出了两项选择性的"奖励"指标:一个是针对诚信合约的使用;而另一个则是 50% 的家庭急难补助受益人能够获得职业技能。威斯康辛州会以取消合约或一笔金额为 5 000 美元的"服务失灵"(failure to serve)的罚款方式处罚那些低绩效的地方服务提供者。如果对严格的自上而下的绩效管理做一次有趣的颠倒,那么客户和州政府都能征收"服务失灵"罚款。

威斯康辛州的绩效评估体系具有非常明显的量化特征并且相对来说较为复杂。要完成每一项强制性评估指标会有三个可能的标准,其中有一个强制性标准和两个奖励性标准。每一个标准都反映了指标完成的不同水平,并与不同的奖金额相挂钩。另外,服务提供者也可以"使用"选择性奖励指标方面的绩效,使强制性评估指标的第一个奖励标准"升级"到第二个奖励标准。如果给予更为量化的绩效评估指标更高的关注度,那么要考察威斯康辛州的评估体系是否取得了相同的成就就非常有意思了。

佛罗里达州的绩效评估指标也同样效仿了联邦政府的绩效标准以及用来实施高绩效奖励的评估指标,1998 年佛罗里达州获得了高绩效奖励。到 2000 年秋为止,佛罗里达州使用了 6 项评估指标来管理和评估家庭急难补助合约的绩效:工作参与率、案件终结数量、复发率、工作安置阶段的收入、就业持续时间以及净收入(见表 8-1)[①]。佛罗里达州也正在建立一套奖金制度。2000 年夏通过的《2050 行动纲领》(Act 2050)

---

① Robert E. Crew and Belinda Creel Davis, "Florida Welfare Reform: Cash Assistance as the Least Desirable Resource for Poor Families". In *Managing Welfare Reform in Five States: The Challenge of Devolution*, edited by Sarah F. Liebschutz (Albany: Rockefeller Institute Press, 1999).

导致的一个结果,就是将用佛罗里达州家庭急难补助合约金额的10%来奖励那些高绩效的服务供应者。这可以表述为一种有意思的二次授权(second-order devolution)结构,决定高绩效奖金标准的不仅是州政府,还有佛罗里达州的社会福利管理机关建立的24家地区办事处。[工作与经济自立计划(Work And Gain Economic Self Sufficiency)或WAGES]。① 虽然进行家庭急难补助合约管理的是地方服务的供给者,但要通过这些地区办事处来支付服务提供者的费用和奖金,② 这个时期尚未建立惩罚制度。

表 8-1 威斯康辛州、佛罗里达州和俄亥俄州的绩效评估指标

绩效评估指标	威斯康辛州	佛罗里达州	俄亥俄州※
工作量减少		案件终结数量复发率	工作量减少
对工作的参与度	对适当活动的参与度	工作参与率	家庭工作参与率
教育活动参与度	基础性的教育活动		
工作安置	就业安置率 平均工资水平	工作安置阶段的收入	
工作,失业后安置	工作留用率 雇主提供的健康保险福利	就业持续时间,净收入	
组建家庭			减少非婚生育率
管理成本			管理过程节省的费用

※将评估指标作为州—县协议的基准线。

---

① WAGES委员会是一个管理佛罗里达州社会福利事务的地方单位。
② 与Jenny Lee Robins进行的访谈,2000年6月26日。

第八章 绩效管理:在新的福利世界中重要吗?

俄亥俄州代表着另外一种形式的二次授权。该州的强制性绩效标准是由州政府和88个县政府共同决定的。这些标准会被正式纳入用来评估每个县政府绩效的伙伴关系协议中。① 伙伴关系协议试图确定县政府的目标和任务,并勾勒出各县将用来实现其结果的具体行动计划。② 作为基准的评估指标包含劳动参与率、非婚生育率以及对劳动力开发活动的参与,但各州基本上在设计满足地方需要的项目方面享有很高的自由度。俄亥俄州也会向那些能够大幅度提升工作参与率和大幅度降低非婚孕育现象的县发放奖金(见表8-1)。③

从理论上来说,该州会按照一定的比例将联邦政府实施的处罚转嫁给那些没能满足它们各自标准的县。④ 然而,从来没有过州政府与县政府共同承担处罚责任的先例,再加上俄亥俄州县域治理的政治特性,使这种情况发生的可能性微乎其微。

俄亥俄州也会对那些控制行政费用的县进行奖励。与过去各县不得不在财政年度结束时,将未花掉的行政经费返还给州一般性收入的做法不同,现在允许各县在节省下来的行政成本中保留50%,最多可达1500万美元。这是希望这样的奖励项目将会对县政府的创新举措产生激励作用。该州近来还从家庭急难补助剩余资金中拿出3亿美元建立了一项基金[预防、持续以及应急-发展储备基金(Prevention,Retention,and Contingency-Development Reserve)]以鼓励各县开发具有创新性的项目来帮助人们实现他们的目标。为了获得这些基金,各县需要向州政

---

① 伙伴关系协议在超过两年的时期内被划分为三个阶段。一旦某个县与州政府达成了一份协议,它就会收到一笔分类的财政拨款而不是以8次资金流分别拨付。这意味着各县应增加它们支出的灵活性,特别是对于行政管理费用来说。州政府会基于该县将社区团体吸纳进项目的能力和对已提升的责任的总体准备情况来选择与哪些县签订协议。
② 1997年10月88个县都提交了第一份社区计划。
③ 该州为各县设定的参与率要比联邦政府的参与水平高5%,目的是能够确保俄亥俄州能够满足联邦政府有关劳动力参与的强制性要求。
④ 该州目前有一件针对联邦政府处罚悬而未决的申诉。接受访谈的州政府官员认为该州最终还是会屈从于联邦政府的决定。预计联邦检察官对该州进行视察后将会在2001年11月期间作出裁决。

府提交与项目有关的合约提案,这些提案将帮助它们以具有创新性和创造力的方式为客户提供服务。州政府希望诸如此类的创新项目将使各县在开发新项目方面具有足够多的灵活性。

三、行政结构的作用

每个州的行政结构决定了绩效管理过程。在家庭急难补助项目管理机构的行政层级数量、地区办事处之间的竞争程度以及州政府将社会服务供给外包给民营部门的程度方面,各州之间存在着显著的差别。威斯康辛州提供了一个有关高度民营化体系的范例。在家庭急难补助合约方面,县政府部门要与非营利组织、民营企业同时展开竞争。在俄亥俄州,则是按照一种服务——零售业务的模式来定位地方层面的服务提供者与州政府之间的管理关系。[1]

在吸取位于该州的快餐连锁集团温迪(Wendy's)的成功经验之后,俄亥俄州以特许运营权的方式界定地方层面的家庭急难补助计划的服务供给者,而州政府则扮演总公司的角色。俄亥俄州将88个县划归为10个以地理区域划分的地区,每个地区都有一位客户经理承担着"教练"的角色或联络州政府与县政府的功能。为了努力扩展可供客户使用的资源,还鼓励各县将社区组织也纳入它们整体的福利改革战略。结果是,县政府与非政府部门之间的合约数量有了显著的增加。在佛罗里达州,受福利改革激励的立法活动产生出许多相关部门,并建立了24个负责管理社会服务事务的地区办事处。同样的情况也发生在俄亥俄州,鼓励地区委员会去发展公共部门与民营部门之间的合作关系。在佛罗里达州,提供福利服务的供应商构成了地区委员会下一个独立的管理层级。

---

[1] Charles F. Adams and Miriam S. Wilson, "Welfare Reform Meets the Devolution Revolution in Ohio". In *Learning From Leaders: Welfare Reform Politics and Policy in Five Midwestern States*, edited by Carol S. Weissert (Albany: Rockefeller Institute Press, 2000): pp. 25-50.

除了日益依赖民营部门的服务提供者之外,各州也越来越多地利用建立在绩效基础之上的合约。在威斯康辛州,在非政府的服务提供者投标之前,那些所有6项强制性评估指标都达到基本水准的县,就获得了家庭急难补助合约的"优先选择权"。在威斯康辛州的社会福利体系内,合约本身就被看作是一种奖励。到目前为止,该州尚未因绩效表现差而取消任何合约,但管理者们的报告却指出,威胁会采取惩罚措施在使地方服务提供者遵守合约的过程中是行之有效的。[1] 由于服务提供者们在开始赢得优先选择权的一轮竞争中已经幸存了下来,所以仅仅将制裁用作一种最后的救济手段就显得不奇怪了。

俄亥俄州在一定程度上代表了某种不同的景象,该州通过以一种分类财政拨款的形式向县级机关拨付福利专款的方式复制了联邦—州的家庭急难补助资金结构。与威斯康辛州相反,俄亥俄州的合约拨款与成功的绩效评估指标谈判相挂钩,由县政府和州政府共同决定,并通过社区组织来使用资金。俄亥俄州工作和家庭服务部(Ohio Department of Job and Family Services)现在与88个县分别签署了合作关系协议,这个过程耗时3年。[2] 该州主要是通过两个计算机应用系统来监控县政府绩效的,即加强版的客户登录信息系统(Client Registry Information System - Enhanced,CRIS - E)和家庭及儿童服务信息系统(Family and Children's Services Information System,FACSIS)。[3] 每一位社会工作者都可以使用这些数据系统来记录与每一位接受公共事业体系服务的客户有关的信息。州政府每个月通过由这些系统形成的报告向每个县进行信息反馈。

为了完善合作关系协议,俄亥俄州的研究、评估和责任办公室

---

[1] 与Jude Morse进行的访谈,2000年8月8日。
[2] 2000年7月,俄亥俄州公共事业服务部(Department of Human Services)与就业服务局(Bureau of Employment Services)合并,建立了一个名为工作与家庭服务部的新部门。
[3] 开发于1989年的CRIS - E系统可以使社会工作者登记对政府援助的申请、判断申请人资格并发放救济金。

(Office of Research, Assessment, and Accountability)出台了在10个不同方面对各县绩效进行比较的报告：食物券支出的准确性、面临服务终止的家庭数量、工作量减少的程度、工作参与率、家庭参与率、最早开始(Early Start)登记的数量、初始运转良好(Healthy Start)的参与人数、建立亲子关系的数量、儿童赡养费、寄养儿童的安置以及落实领养的儿童数量。尽管并不会以此作为奖励或惩罚的依据，但这份报告会作为"成绩单"，每个县都能通过它来比较自己与其他87个县的绩效。

四、地方层面家庭急难补助项目的绩效管理

到目前为止，我们考察了各州对来自联邦政府层面绩效管理要求的回应情况，接着，我们要对州政府如何实施县级层面的绩效管理进行探讨。为了完善对行政变革的分析，我们需要考虑绩效管理是如何在地方层面运作的。对俄亥俄州两个县绩效管理进行的粗略考察——辖区内有克利夫兰(Cleveland)市的库雅荷加县(Cuyahoga County)和辖区内有辛辛那提(Cincinnati)市的汉密尔顿县(Hamilton County)——说明在某种程度上存在着不同的情况。我们的研究表明，各县对供应商合约绩效的管理程度存在着巨大的灵活性和差异性。

就其外部合约的复杂性和使用情况来说，俄亥俄州的县级政府存在着差异。库雅荷加县是该州人口最为稠密的县，且社会福利的工作量也最大。来源于该县的数据表明，在过去的4年间，由于福利"滞留者"的性质发生了改变，供应商的签约过程也随之发生了变化。在福利改革之前，供应商合约遵循的是一套以客户端成就为基础的三阶段固定支出计划。供应商会在客户工作安置时收到接近1/3的合约金额，客户就业30天后会收到第二笔的1/3款项，而最后1/3的款项会在就业90天后收到。在过去数年间，各县在签订供应商合约的过程中受到"设法实现绩效"的鼓励，恰恰是因为社会福利工作的性质也在发生着剧烈的变化。第一批从接受福利援助成功实现就业的客户是那些具有最高就业意愿的人，他们不会受到诸如身体或精神疾病这种对就业产生重大障碍因素

的影响,或者是那些虽然有严重的身体或精神疾病但却承担照顾孩子这一重要责任的人。①

由于家庭急难补助项目的客户基础发生了变化,因此提供服务的工作也发生了变化,这对于绩效管理来说具有重要的意义。县级官员认为,如果合约过程的变化不能反映出任务的难度,那么供应商就不会从事相关的业务或对县级合约的投标活动就会减少。有些县或许根本就没有在对绩效实施管理,而仅仅是试图使那些服务供应商不要退出合约。自开始实施福利改革以来,库雅荷加县对供应商合约进行过两次修改,每一次都会提前发放更多的资金。② 最近一轮的合约允许供应商按照技能评估、技能培训以及进行求职援助所付出的成本获取他们差不多一半的费用。当客户参与就业市场,供应商会收到另外 30% 的款项以便提供就业安置和后续 30 天的服务。客户连续就业 90 天后能提出最后 20% 的款项的拨付申请。

汉密尔顿县则是另外一种做法。在福利改革的早期阶段,该县就发展了一套强大的社区服务供应者网络,并利用这套网络来签订服务合约。如同在库雅荷加县的做法一样,非政府的服务供应者在他们满足特定的标准后会分期获得款项支付。根据客户安置和其他支出,供应商们在实现约定的目标后(例如,在客户实现就业 3—6 个月后)只能获得 500 美元的款项。在客户实现了诸如达到或维持精神健康的约定水平这样的中期目标的情况下,某些合约也会向供应商提供额外的款项。

如果供应商以一种节约成本的方式实现了合约的目标,他们将获得奖励;如果他们没有满足约定的目标,他们必须偿还相应的费用。该县也会对服务质量和顾客满意度实施监控。汉密尔顿县还会利用绩效管

---

① 在就业方面有多种障碍的客户可以对不断增加的高比例福利滞留者做出解释。Sandra Danziger et al., "Barriers to Employment of Welfare Recipients", Ann Arbor, MI: Poverty Research and Training Center, July 1999. http://www.ssw.umich.edu/poverty/wesappam.pdf.

② 在居间一轮的合约中,在合约的头 2—3 个月要向供应商每个月支付 20% 的合同款项,剩余的款项会在工作安置时、工作安置后 90 天及工作安置后 180 天分别支付。

理进行内部评估和雇员工资奖金的分配。雇员和管理团队达成一致的绩效目标有8个。双方商定雇员的工资会实现定期增长,而实现或超过预定目标的那些雇员一年将会有两次机会获得奖励。

模式、主题与影响

就此而言,各州处于与绩效管理有关的一条陡峭的学习曲线的中间位置。州及地方的福利体系新增了对实现特别是工作参与率和减少工作量这类绩效目标的关注度,而这两个方面是《个人责任法案》中的核心绩效评估指标。通过前置工作要求、使人们尽快参与求职活动、以惩罚措施强制实施工作要求、向劳动力开发部门分配新的责任,以及在某些情况下提供比以前更高程度的工作支持服务,各州为实现这些目标做出了努力。

相比之下,在新的福利体系中组建家庭的目标却没有得到足够多的关注,并且我们发现,与婚姻和非婚孕育有关的评估指标或项目也很少。而且,更为详尽的高绩效奖励指标也没有得到像工作参与率和减少工作量那样的重视。少数几个州,如威斯康辛州、俄亥俄州和佛罗里达州,已经开始在这个方面有所转变,但它们属于例外而非常态。即使是这些州,也仅仅是刚开始实施更为复杂的项目评估体系。

这里所做的分析能给那些关心《政府绩效与结果法案》和绩效管理有效性的人带来什么样的经验?绩效管理会对社会福利管理机构和服务供给产生影响,但影响却并不相同。由州政府实施的评估指标在很多方面与那些没有实施的评估指标之间存在着差异:评估指标本身的特征、选择评估指标的政治环境以及使它们成为目标的过程。能够将受到各州普遍关注的涉及绩效评估指标的必要因素概括为评估指标,这些评估指标反映了那些获得广泛政治支持的目标并且与项目发挥作用的过程紧密相关。

一、反映获得广泛政治支持的目标的评估指标

为了实施某种目标导向的战略,必须首先就目标达成一致。在工作目标与组建家庭目标之间的一个明显区别是针对每一项目标达成共识的程度。长期以来,公众都认为身体健全的成年人应该从事工作,目前还认为大多数有孩子甚至是年幼孩子的妇女也在参与有报酬的经济活动,这样的社会共识也同样适用于那些接受福利救济的妇女。① 内森和盖斯发现在各州针对它们福利改革的立法辩论中,《个人责任与工作机会协调法案》的工作目标获得了既广泛又热烈的政治支持。② 这种政治上的一致性因20世纪90年代初期和中期联邦政府与州政府的互动得到了进一步强化。

1996年的联邦法案在很大程度上批准了各州在20世纪90年代早期开始提出的、在放弃失依儿童家庭补助前提下的行动方案。这些活动包含了诸如家庭类型、工作要求和时间限制这样的政策意图。通过在豁免权前提下州政府层面的实践,联邦政府已经了解到在推进1996年法案的过程中,各州想要做什么并且能相应地采取什么措施。相应地,由于每个州都可以为了满足《个人责任和工作机会协调法案》的要求而设计自己的项目,所以能够各自表达对联邦法案及其目标的理解。这样的互动过程涉及州长、议员以及社会福利管理局局长,因而对社会福利管理机构强化了这样的政治信号,即新的与工作相关的目标是重要的。法案的推进也强化了各州项目所有者的意识以及为各自成就负责的意识。

相比之下,组建家庭的目标并未包含在这个由州政府提出再由联邦政府批准的方案中,而是由联邦政府方案补充进去的。尽管有些州并没有采纳诸如家庭类型这样的组建家庭指标,但在豁免权前提下这并不是

---

① 参见 Hugh Heclo, "Values Underpinning Poverty Programs for Children", in *The Future of Children* 7, 2: 141-148, 1997。
② Nathan and Gais, *Implementing the Personal Responsibility Act of 1996*.

普遍的现象。如结婚率和减少非婚生育这样具有自上而下特征的目标,并没有对各州采取相同程度的行动起到激励作用。这些目标非但没有反映政治共识,反而可能产生分歧。在某个州,由一个全州范围内的工作组提出的3年期预防怀孕目标,引发了有关这些指标并未得到实施的公开争论。

政治环境并不是静止不变的。随着实施工作的逐渐成熟而且如果州政府的经济状况保持充分的稳定,各州或许会将更多组建家庭的活动纳入它们的福利规划。尽管我们一直在收集这个方面的数据,但最近来自实地调研的信息表明,那些起初没有这些活动的地方已经出现了某种这样的活动,而且许多州在2000财政年度明显增加了在预防怀孕方面的支出。

二、与项目发挥作用密切相关的评估指标

在实施方面取得最大成就的项目评估指标,是那些至少从理论上来说在日常工作的基础上对项目工作人员实施控制的评估指标。相对于非婚生育率,项目管理者们拥有一项能够控制工作量和工作参与活动的评估指标。各州和各县不仅控制项目和资格规则,而且设计期望参与者进行沟通的管理过程并收集他们活动的相关信息。另一方面,非婚生育率评估的是一种社会趋势而不是一项具体的项目工作。《个人责任与工作协调法案》的非婚生目标适用于人口中的所有生育状况,而不仅仅适用于接受福利救济的家庭或有可能接受福利救济的家庭的生育状况,而且它也没有从成年女性的生育率中剔除青少年的生育率。这项评估指标远远超出了福利体系的边界和控制范围。一种具有假设性的观点认为:如果已婚夫妇的生育率出现了下降的趋势,那么即使这些生育率的真实数据是稳定的,或者它下降的速度慢于已婚生育率下降的速度,非婚生育率也将会上升。换句话说,仅仅因为已婚夫妇生育率的偶然上升,各州就有可能获得奖金。

与非婚生育有关的评估指标会因对那些成功的工作进行测定的困

难而变得更加复杂,要对一起事件的**预防程度**进行评估是一项难以实现的任务。从某种意义上来说,就付出的全部努力和成本而言,预防性项目是没有底线的——从理论上来说,更多的努力和资金只会使它们变得更好而已。有趣的是,那些赢得奖金的州并不必然将最多的资金用在青少年这一育龄未婚女性人群的孕育预防上。①

围绕这项评估指标缺少行动是可以理解的,各州缺少将资源投入降低非婚生育率的动力是因为结果不确定。各州或许感兴趣,但它们或许也意识到,通过一项福利项目来影响生育和婚姻的趋势是多么困难。而且研究团体也没有就降低计划外怀孕的最好方式达成一致性意见。在各州还有剩余资金时,试图预防非婚生育,尤其是青少年中的非婚生育,或许就成为一项具有普遍性的项目选择,它甚至还可能成为一种州和地方资源长期投资的良好渠道,但对于赢取联邦政府的奖励资金来说则是一种风险投资。

三、州政府实施绩效管理存在的问题

以评估指标受关注或未受关注的共同特征为基础,我们发现,在项目管理的实际运营过程中存在着差异。在绩效管理是如何实施以及得到实施的程度方面,这里考察的3个州不尽相同。它们的经验提出了另外的涉及一个州范围内不同地区之间家庭急难补助项目绩效管理的管理机关的问题。在一州范围内,县与县之间的地方历史以及政治和管理文化可能存在着很大的差异,因而人们理所当然地想知道这些差异是如何影响不同地区之间绩效评估指标的实施的。与之相关的一个问题是,县域内部的人口差别如何来解释绩效评估指标的差别?例如,在根据家庭急难补助项目的人口变化对绩效进行评估的情况下,人口稀少县的数据准确性是否会受到影响?数据的报告和跟踪是项目实施过程中面临

---

① 审计总署,"Teen Pregnancy: State and Federal Efforts to Implement Prevention Programs and Measure Their Effectiveness",Letter Report,GAO/HEHS-99-4,1998年11月11日。

的一个共同挑战。绩效管理需要在不同的行政层级间进行数据传递,这些原则实施的程度依赖于信息管理系统的效力。州政府应该完善它们的信息管理系统以满足这些需要,也应该设法了解并解决数据报告过程中出现的人为失误。

国家能力研究中心的研究也建议,应该从州和地方行政层级之间的关系来考察绩效管理过程的差异。在某些情况下,地方层次的行政管理者对绩效管理实施情况的报告,对于州政府层次的行政管理者跟踪地方政府机关的绩效,似乎要比地方政府机关提升自身绩效更为有用。在威斯康辛州和俄亥俄州,地方政府机关的报告就对如果在整体上缩减家庭急难补助资金从而获得奖金的可能性提出了质疑。①

将绩效管理原则应用于家庭急难补助项目的管理过程也体现了具有广泛差异性的管理方法。思考这些差异性的一种方法就是根据它们回应工商界管理实践的程度。威斯康辛州在将其社会服务管理重塑为一种"自由市场"的竞争模式方面相当超前。相比之下,俄亥俄州的州及地方项目则被构思为一家为了共同目标而展开合作的"公司",各县被赋予特许经营权。如果将奖金想象为利润的话,那么威斯康辛州建立了最为全面的利润分配体制就不应该让人感到奇怪。如果的确如此,那么绩效管理或许就不是以改变管理文化的手段来发挥重要功能的手段,而仅仅是一种放大管理文化的手段。

结论

国家能力研究中心的研究对《政府绩效与结果法案》的基本假设进行了批判。当然,绩效管理是可能的——它甚至有可能使一套差不多专门聚焦于过程的社会福利体系转型为一种极为强调特定目标的社会福利体系。但是,只有在特定的政治和行政环境下这种转型才会发生。降

---

① 与 Jude Morse 进行的访谈,2000 年 8 月 8 日。

低对福利依赖程度的关注,不仅反映了针对这项目标达成的政治共识,而且也反映了它与项目工作人员切实能发挥影响的评估指标之间的联系。这些特征适用于减少工作量以及工作参与指标,但不适用于挽救婚姻或预防单亲家庭的指标,这些指标会引发政治分歧并至多仅与特定的项目存在着微弱的联系。但《政府绩效与结果法案》仍试图在一个部门和项目广泛的范围内实施绩效管理,而不考虑政治环境。与其进行指导政府部门实施绩效管理的大规模尝试,还不如根据政治上的制约因素推行更具选择性的可评估目标更有意义。

绩效管理产生在一个美国的联邦体制决策权普遍下移的时代。分权的背景为州政府层面的政策制定者提供了对项目后果实施更多控制并承担更多责任的可能。在这样的环境中,各州也面临着大量有关绩效管理最终实现什么以及绩效管理为谁服务等具有挑战性的问题。例如,尽管就其简洁的可量化结果而言,在政治上是广受欢迎并有吸引力的,但工作参与率并没有告诉我们贫困家庭是否真的实现了经济上的独立,或者各州为帮助那些摆脱福利救济的人们能够在从事低工资、无救济的工作时生存下来做了些什么。采用那些能够提供一幅更为全面景象的评估指标——如跟踪符合资格的人口获得医疗补助、食物券以及儿童保育的程度——已经变得脚步缓慢并且不再那么普遍。① 涉及面如此之广的评估要求扩展的不仅是评估指标,还有需要评估的人口。一项包括所有项目的考察,应当收集与那些接受福利救济的人员、就业的穷人以及那些已经脱离福利体系的人相关的信息。有些州正在向这个方向发展,但各州试图致力于这些指标的速度和效力仍旧是一个存在争议的问题。

---

① 在国家能力研究中心考察的所有州中,堪萨斯州是唯一一个报告说将这些项目作为其家庭急难补助项目绩效管理的一部分来进行评估的州。

第九章　联邦体制与绩效管理：健康保险、食物券及申请率的挑战

詹姆斯·福赛特、托马斯·盖斯和弗兰克·J.汤普森

1993年的《政府绩效与结果法案》对联邦体制的关注并不充分，这一美国政治制度的基本特征对塑造项目执行过程具有深刻的影响。然而尽管《政府绩效与结果法案》忽视了联邦政府依赖州及地方政府实施项目管理的倾向，但克林顿政府却注意到了这一点。《国家绩效评估报告》这份政府再造的改革方案，设想了一种绩效驱动的政府间管理模式，联邦政府在其中发挥着主导作用。正如两位白宫国内事务委员会的高级官员在克林顿政府就职后不久所说的那样："作为对联邦支持的交换，联邦政府应制定并强制执行评估州和地方实现全国目标进展情况的绩效标准——以之取代对投入和过程进行官僚化微观管理的标准"。至少某些州政府官员对关注底线的政府间制度安排的承诺还是有热烈回应的，还有一些官员将其看作是实施分权化改革的帮手。1996年，一位弗吉尼亚州的政府官员对某个国会委员会说道：

> 联邦层次的绩效评估指标或许可以用来发挥对责任向州政府回归的支持作用。由于国会正在指望将更多的项目转交给州政府，因此州政府正试图在项目管理的过程中拥有更多的灵活性。即使在严格的授权中止时，也能用绩效评估指标来保持这些项目中的责任感。

第九章　联邦体制与绩效管理：健康保险、食物券及申请率的挑战

当然，明确指出任务驱动型联邦体制的优点是一回事，要成功实施则是另外一回事。政府间的制度安排实际上使绩效管理的所有方面都变得复杂了——就关键性目标达成一致意见、研究和提出指标、及时收集相关的和有效的绩效数据、对这些数据进行解读、实施激励制度（如对表现优异者进行奖励），等等。分析人士指出，由于州政府追求的目标与联邦政府官员喜爱甚至是强制推行的目标之间存在着冲突，因此在联邦体制的表面之下通常都存在着委托—代理问题。但作为合众国宪政结构中的"主权政府"，州政府官员又对将他们看作是联邦政府委托人的代理人抱有反感的态度。认识到这样的权力格局，《国家绩效评估报告》强调联邦政府官员在与州政府打交道的过程中，应该"协商，而不是指挥"，并争取建立绩效的合作关系。到这个十年的末期，联邦政府已经在构建这些合作关系方面取得了适度的进展。

本章要考察的是政府间背景下对绩效管理所做的特别努力，它来源于联邦政府官员在**非正式**领导方面所做的尝试。尤其是，要关注由联邦政府高级官员提出的、旨在提升某项特定绩效评估指标重要性的改革方案——即提高在以满足低收入家庭营养和健康保险需求的安全网项目中的申请率。

我们对"非正式"这个术语的使用有特殊的含义。就政策制定者在联邦规制的法规或条令中体现相关要求的程度而言，联邦政府对提升绩效管理水平的尝试变得越来越正规了。正如波伊尔及其同事在本书其他章节所证明的那样，1996年的福利改革法案包含了某些为州政府设定具体绩效目标的条款，并附之以实现这些目标的奖励措施和未实现目标的惩罚措施。然而，我们在本章考察的项目规则和法规——食物券、医疗补助以及州儿童健康保险项目，却几乎没有体现出这些条款的作用。但是它们的确意味着这样的情况，即总统和其他联邦政府的高级官员试图向州政府和其他机构传递强烈的信号，以便确立为提升这些项目的登记和参与率所做工作的优先地位。这些案例因而可以解释，非正式的联邦领导在提升某项绩效指标对于州和地区政府重要性的过程中存在的

可能性和局限性。

我们恰好能将联邦政府提升针对食物券、医疗补助和儿童健康保险项目登记率的改革方案看作是1996年《个人责任与工作机会协调法案》（以下简称为《个人责任法案》）的一个重要补充。新福利法案确定了家庭急难补助项目的地位，该项目强调推动贫困家庭的就业、对接受救济施加时间限制并减少工作量。家庭急难补助项目工作优先的理念在社会福利管理机构中得到了充分的体现，但是与之相关的因素却并没有使该项目在1996年之前发挥多少作用，因为它们强化了该项目的程序、活动和目标。尽管州政府运用家庭急难补助项目赋予的自由决定权来追求多重目标，但它们通常会使用两种主要手段中的某一种。一种手段是强调工作的重要性并减少工作量；另一种手段是重视就业和与工作相关的活动，但从本质上来说并不重视缩减家庭急难补助项目的规模。不管强调的内容是什么，大多数州在20世纪90年代后期都经历了工作量的急剧下滑。

尽管联邦和州的政策制定者在现金援助方面转向实施这样一种"严厉的爱"的政策，但他们仍旧不情愿与社会安全网的其他部分割裂开来。实际上，他们不厌其烦地使现金援助与获得由医疗补助和儿童健康保险项目提供的健康保险的资格，以及在较低程度上获得食物券的资格相脱钩。因此，那些不再接受福利待遇或从来都没有接受过这些待遇的低收入工薪家庭，就成为非现金救济越来越重要的目标了。到20世纪90年代后期，联邦政府的高级官员对提升这些项目的登记人数采取了积极的态度。在这种情况下，这些官员中的很多人最起码不仅要对登记人数的数据，而且要对在某种程度上更为复杂的绩效指标——吸纳率（也称为参与率）——表现出某种含蓄的尊重态度。这一比率与在既定区域内满足参与安全网项目的、与收入和资产有关的正式标准以及确实登记申领救济金者所占的百分比有关。在儿童健康保险的案例中，实现较高的吸纳率就成为总统本人给以支持并不断强调的目标。在食物券的案例中，联邦政府对较高参与率承担的责任并不明显，但是到20世纪90年代末期，联邦政府官员和游说团体开始了对这项绩效评估指标重要性的关注。

在尝试提升健康保险和食物券登记人数目标重要性的过程中，联邦政府官员面临着许多挑战。由于他们的实践缺少明确的法律基础，所以他们的成功要完全依赖于信念的力量——依赖于使各州政府相信福利的申请率是值得重视的目标。联邦政府的预期也围绕着那些出于自愿的州获取设计及实施战略和制度的能力的程度来展开，这些战略和制度将能够在实际上促进稳定参与率。联邦政府官员因而面对着如何提供技术援助，以及从更一般的意义上说，如何建设州及地方政府能力的紧迫问题。在试图增进州政府与福利申请率有关的责任和能力的过程中，这些官员面临的福利改革带来的不同可能性将会使他们的任务更趋复杂化。

期望通过在相同的一般性政策领域（例如，向低收入人群提供各种社会安全网救济）推动代理人的工作以追求相互冲突的目标的过程中，会产生自相矛盾的结果，这取决于所涉及的特定任务和利益。这种可能性尤其会出现在家庭急难补助项目中，该项目强调通过总额付款或限定求职条件的手段来减少工作量和转移人群。截至1998年，有31个州对某种形式转移人群的活动表示了支持。在这样的背景下，地方社会福利管理机构面临着相互冲突的职责，既要对一个方面（现金援助）的登记设置障碍，又要对另一方面（医疗补助和食物券）的申请进行鼓励。在实施这些相互冲突的目标过程中或许存在着大量的管理困境。当然，并不是所有的州和地方政府都强调针对急难家庭补助项目转移人群和减少工作量，但即使是在这些案例中，自相矛盾的项目结果或许也留下了深深的印迹。类似于其前身失依儿童家庭补助项目，急难家庭补助项目的文化并不强调充满活力的市场化方式或其他形式扩大服务范围的手段。它也并不看重为使吸纳合资格者的工作以及资格再认定程序的使用者友善地对待低收入人群而做出的尝试。因此，在一定程度上，对那些参与现金援助管理、也在食物券和健康保险的运作中发挥某种作用的人来说,根植于惰性和组织文化中的制约申请率的障碍或许是非常强大的。

本章接下来的两个部分将更为全面地描述在健康保险和食物券登记过程中遇到的挑战。我们之后还要探讨这些案例对于更为全面地理解在美国联邦体制的背景下提升绩效管理水平的最重要推动因素所具有的意义。为此,我们要考察那些有可能提升这些社会安全网项目参与率的措施,那些能使各州对福利申请目标更负责任的措施,那些有可能在鼓励福利登记方面强化各州能力的措施,以及那些有可能提升在这个领域进行更为透明的绩效评估成功机会的措施。结论部分对一种非正式的绩效方法存在的可能性和局限性进行了分析,并探究非正式或正式绩效管理手段的相互替代是否也可以对相关申请活动产生激励作用。

健康保险:扩展的承诺

20世纪90年代期间,联邦政府释放出大量希望各州增加来自低收入家庭的儿童及其母亲参加医疗补助和相关健康保险登记的信号。创建于1965年的医疗补助项目是由联邦和州共同出资的、用以提供健康保险的权利项目。非残疾的母亲和儿童通常占到医疗补助项目登记人数的大约三分之二,并占有该项目费用的三分之一。尽管各州能够选择多种方式使这些人不再依赖于现金援助,但在这部分人群中,那些满足医疗补助项目资格的人长期以来仍旧接受失依儿童家庭补助项目的救济。过去15年间,国会扩大了孕妇及儿童的救济范围,使这部分人的收入水平远高于失依儿童家庭补助项目的收入限额,并赋予各州进一步提升救济水平的选择权。特别值得注意的是,1989年和1990年通过的法令要求,参加医疗补助项目的州应确保使孕妇和年龄在6岁以下儿童的家庭收入达到贫困人口家庭收入的133%。这些法令还规定,各州到2002年时,应逐渐将医疗补助的覆盖面扩大到所有贫困家庭中19岁以下的未参保儿童。

通过制定一些维护甚至是扩展那些作为公民的妇女和儿童参与医

疗补助项目机会的条款,《个人责任法案》加剧了医疗补助项目与现金援助的脱钩现象。(获得法律承认的外籍居民在这个方面的进展情况则差一些。)新法案限定了截至1996年7月16日既存的儿童、孕妇及儿童的成年监护人申请医疗补助资格的基本条件。它保留了孕妇和儿童申请资格的强制性和选择性扩展范围,并将过渡性医疗补助援助项目的有效期延长至2001年。过渡性医疗补助援助项目保留了特定家庭申请医疗补助的资格条件,否则这些家庭将会因实现就业或获得更高的收入而失去这样的救济金。脱离福利救济实现就业的家庭不管收入是多少都能继续接受6个月的医疗补助;其次,收入不足贫困人口收入水平(扣除儿童抚养费用后)185%的家庭仍旧有资格再接受6个月的医疗补助。根据1931条的规定,《个人责任法案》还赋予各州大大简化医疗补助资格的审定程序和将医疗补助救济扩展至新人群的选择权。它批准了5亿美元的财政资金,各州能够通过各种途径使用这笔资金,以便维持对那些不再接受社会福利救济的家庭的医疗补助保障水平。

将建立儿童健康保险项目作为1997年《平衡预算法案》部分的福利改革之后,出现了扩大健康保险登记范围的进一步推动因素。儿童健康保险项目为各州提供了以高于医疗补助项目收入水平的标准提升儿童保险保障水平的机会,根据宽松的联邦标准,它们将从医疗补助项目中得到更多的款项。尽管包含很多要求的法令想要确保各州不会为了获得更多的款项而降低医疗补助的收入限制,或将符合医疗补助项目资格的儿童登记在儿童健康保险项目名下,但仍旧在设定资格条件和项目设计的过程中赋予各州以相当大的灵活性。各州能利用儿童健康保险基金扩展医疗补助项目、建立新的独立项目或将二者结合在一起。各州也可以利用某些资产和收入,而不用考虑如何扩大符合资格的儿童的数量。

虽然各州在提供健康保险的意愿方面存在着相当大的差异,但儿童健康保险项目无疑加剧了符合这一社会安全网救济金资格的儿童数量的扩张趋势。有6个州设定的儿童健康保险资格的上限是贫困人口收入水平的300%或更高(新泽西州设定的标准是350%),其他22个州设定的上限达到或超过贫困人口收入水平的200%。在10个人口密度最大的州中,只有3个州设定的儿童健康保险资格低于贫困人口收入水平的200%——伊利诺伊州是133%,俄亥俄州是150%,纽约州是192%。

一、来自联邦政府的信号

不同于急难家庭补助项目,其大量的登记人数(更不用说参与率了)往往会令人产生怀疑,联邦政府官员为消除从社会福利到医疗补助项目和儿童健康保险项目的自相矛盾的结果付出了几乎是前所未有的努力。为此,这些官员或许并不会依赖建立在法规基础上的绩效目标以及为实现这些目标而采取的激励措施。医疗补助法规(《社会保障法案》的XIX款项)并未包含与此有关的重要条款。儿童健康保险法规要求各州提交有关建立绩效目标和评估指标以及旨在减少未参保儿童数量的战略目标的计划。但该法规并没有确立联邦政府在详细说明登记的明确标准,或在确定减少未参保儿童数量和比例的目标过程中的重要地位。儿童健康保险法规也没有明确州政府的绩效与联邦政府的奖励或惩罚之间的联系。

旨在提高申请率的绩效管理缺少坚实的法律基础这一点,并没能阻止克林顿总统反复强调和公开提倡对医疗补助项目和儿童健康保险项目的参与。总统指导8个联邦政府部门一起工作并制定协助儿童参与这些项目的规划草案,这些部门最终提出了超过150项行动步骤。白宫与卫生保健筹资管理局也特别关注与像全国州长协会和美国公众服务协会这样的公共利益团体建立合作关系,并请求媒体对公共服务广告给以支持。民间的基金会也同意提供帮助。例如,罗伯特·伍德·约翰逊基金会承诺给予社区联盟至少4 700万美元的资助,以实施使儿童参与医疗补助项目和儿童健康保险项目的、旨在扩大服务范围且具有创新意义的改革方案,并激励各州简化和改进资格认定程序及计算机系统。高级政府官员对一直存在的登记问题和州政府成功的案例进行宣传,以鼓励媒体对申请情况进行持续的关注。

这些公开的改革方案又因为卫生保健筹资管理局与各州医疗补助项目和儿童健康保险项目官员间持续的公文往来得到了进一步充实。有许多公文提醒并指导各州不应将减少福利工作量的尝试渗透到卫生领域，为如何最大化保障范围提供建议和案例，并做出对质量控制过程出现的失误进行宽大处理的承诺。例如，1999年夏天，卫生保健筹资管理局和卫生与公共事业服务部下的儿童与家庭管理局联合公布了一份28页的"后福利改革时代扩展健康保障范围指南"（Guide to Expanding Health Coverage in the Post-Welfare Reform World）。正如医疗补助项目的一位前任官员所说，这份提供了"说明如何在法规的最大限度内扩大资格条件的使用指南"的文件，反映了卫生保健筹资管理局历史上形成的行为方式的一次"立场上的重大变革"。最近，卫生保健筹资管理局公开了一份"敬爱的医疗补助项目主管"的信函，要求各州对那些因与急难家庭补助项目脱钩而被不恰当地终止了医疗补助项目的个人和家庭进行确认，并重新恢复他们的资格。

最后，卫生保健筹资管理局的官员们偶尔也会利用警告和实施制裁的威胁，来消除制约儿童参与医疗补助项目和儿童健康保险项目的障碍。例如，当纽约市官员执行某项也会为参与食物券和医疗补助项目设置障碍的、激进的急难家庭补助项目转移战略时，卫生保健筹资管理局的官员向位于奥尔巴尼的州政府官员抱怨说，他们在监督纽约州的实践方面做得还很不够。1999年5月，卫生保健筹资管理局在纽约地区办事处的官员声称，他们将会要求纽约州的官员证明他们的工作是与联邦政府的福利登记要求相一致的。在当年的8月初，克林顿总统宣布，他正在要求卫生保健筹资管理局对各州"医疗补助项目的登记和资格审定过程实施全面的现场审查"，以判断遵守联邦法规的程度并提出改进建议。

二、登记人数的逐渐削减

要判断总统、高级政府官员以及民间合作者为将申请率提升为医疗补助项目和儿童健康保险项目所推动的目标而付出的非正式却坚持不懈的努力是否会有所收获,还为时尚早。然而显而易见的是,并不能证明这种方法就是一种灵丹妙药。数据的局限性限制了对20世纪90年代非残疾儿童和成年监护人的登记趋势和申请率进行的明确跟踪,但却可以从可能的证据中得出三个重要的结论。

首先,在经过前5年的增长之后,从1995年开始至少到1998年期间,登记参加医疗补助项目的儿童和非残疾成年人的总人数是下降的,尽管自那之后人数有可能是上升的。虽然精确的估计存在差异,但大多数分析人士认为,在1995年和1997年期间,医疗补助项目的登记人数下降了5到7个百分点,其中成年人的登记人数下降了大约11%,而儿童的登记人数则大体上减少了3%。至少有38个州,包括10个人口密度最大的州,医疗补助项目的登记人数出现了下降。虽然是零散的且完全不具可比性,但最新的数据表明这种下降的趋势持续到1998年。来自21个州的登记人数报告表明,这些州登记的总人数在1998年和1999年期间有小幅的增长(1.4%),但仍旧低于1997年的水平。儿童健康保险项目参加人数的增加似乎也没能抵消这些人数的减小。1999年年底,各州参与儿童健康保险项目的儿童大约有200万。然而,对未参保儿童最多的12个州所做的初步分析显示,即使综合考虑医疗补助项目和儿童健康保险项目的登记人数,仍旧会有2%的下降幅度。

其次,项目的参与率很可能是下降的。尽管医疗补助项目登记人数某种程度上的下降是因为经济条件的改善减少了低收入人群的数量,但资格条件的放松与经济增长所转移的人数相比,有可能会使更多人进入目标人群的范围。历史上医疗补助项目对现金援助人群保障做得比非现金援助人群好的州,现金援助工作量的大幅度减少或许恰能引起医疗补助项目的登记人数至少出现短期的下降。精密的(虽然远远谈不上是权威的)估算表明,截至 20 世纪 90 年代末期,同样符合现金援助资格的儿童对医疗补助项目的申请率接近 80%。相比之下,那些来自未接受福利救济家庭的儿童对医疗补助项目的参与率不到 60%,而他们的儿童健康保险项目参与率则徘徊在 50% 左右。根据最新计算,在三分之二年龄在 19 岁以下的未参保儿童中,有一半满足医疗补助项目或儿童健康保险项目的收入标准。对非残疾父母(主要是母亲)参与率所做的测算也表明了这一挑战的严重程度。有相当大比例脱离福利救济的成年人,并没有按照法律赋予他们的权利获得过渡性的医疗补助救助。近期的一次测算认为,在整个 1998 年期间医疗补助项目减少的工作量中,有超过 60% 是由于那些符合资格的人获得保障的可能性下降,而不是因为经济条件的改善。

第三,近期各州在医疗补助项目登记人数变化的方向和程度上存在着显著的差异。例如,从 1995 年到 1997 年,医疗补助项目登记人数存在着从特拉华州增长 26% 到威斯康辛州下降 19% 的差异。来自 21 个州 1997 年至 1999 年的最新数据表明,存在着从马萨诸塞州、俄克拉荷马州和阿肯色州登记人数超过 25% 的增长到得克萨斯州和威斯康辛州登记人数减少 8%—10% 的差异。

尽管经济增长和工作机会方面的差异几乎必然会导致各州工作量趋势上的某些差异,但更多的差异或许恰恰是因为各州在发展能确保满足医疗补助项目资格者获得登记并得到保障的管理系统和机制的过程中的"绩效"差异。随着在设计和实施使医疗补助救济更为方便的尝试中经验的不断积累,担心医疗补助项目的工作量过低成为许多州的新关注点。在设计符合绩效评估要求的系统和程序方面,在确保客户意识到他们的资格条件方面,在以"用户友好型"方式管理医疗补助的申请和保留过程方面,某些州对内部政治支持和资源的发动要比其他州更为成功一些。

食物券：申请率与"质量控制"

食物券项目的持久生命力对于制定《个人责任法案》是重要的。支持福利改革的国会议员经常会抱怨：不仅任何工作岗位都比社会福利好得多，而且即使是低收入的工作岗位也要比福利救济提供给家庭的钱要多——至少一旦将食物券、所得税抵免和其他救济考虑在内的话。尽管新福利法案削减了食物券支出，但这些支出的削减和限制极为严格地指向那些单身的合法移民和身体健壮的人，而不是指向有孩子要抚养的非移民家庭，人口是新的急难家庭补助项目最为重要的因素。

食物券项目的某些方面在表面上使其成为一项表现优异的工作支持项目。首先，如果满足一定的资产限制，收入达到贫困人口收入水平130%的家庭——远高于一个在最低工资岗位上工作的全职工人获得的收入——仍旧有资格获得食物券。其次，就每1美元的收入来说，食物券救济仅减少了24美分，它向有收入家庭提供的资助要比几乎所有现金援助项目都多。第三，该项目有助于缩小各州支付给失依儿童家庭补助和家庭急难补助受助者在救济金总额上的差距。由于将现金援助看作是收入，因此食物券项目支付给低福利州家庭的数额要多于高福利州家庭。第四，因为该项目的目的是保障家庭负担基本的饮食计划，所以食物券的救济水平会根据通货膨胀水平每年做出调整。相比之下，由于各州没能定期提高保障水平，失依儿童家庭补助项目的现金援助水平在最近几十年失去了价值。

在近期评估失依儿童家庭补助豁免项目的过程中，食物券项目也被认为对福利改革的成功具有重要作用。例如，部分原因在于提高了收入水平，普遍认为密尔沃基和佛罗里达家庭过渡项目中的新希望工程是成功的。如果这些家庭也丧失了获取食物券的资格的话，即使是家庭收入的预计增长也难以弥补福利救济的损失。

除了发挥一种收入补充作用之外，福利改革的某些支持者以及许多反对者,都将食物券项目看作是一种保障措施,它能够使福利改革对那些"暂停"福利救济、没能实现就业或没有能力遵守家庭急难补助项目新要求的家庭的影响得到缓冲。实际上,《个人责任法案》对此的态度也有一些矛盾。那些超过期限的家庭也能获得食物券,并且像纽约州这样的某些州,它们的正式项目中甚至还明确体现了这样的特征。然而,该法案对直截了当的违规行为则毫不姑息。新法规禁止因受到家庭急难补助项目的处罚而通过削减现金援助的方式增加食物券的救助。法规也要求各州取消对那些不能遵守家庭急难补助项目工作要求者的食物券救济3到6个月,根据违反规定的程度,它还赋予各州扩展这些处罚措施甚至是使这些处罚措施长久生效的决定权。各州还被赋予取消整个家庭食物券补助金的权力,除非违反家庭急难补助项目规定的人正在抚养一个6岁以下的孩子。截至1998年,有12个州决定实施这种权力。

一、登记人口下降

对于很多人来说,作为对有孩子家庭承担工作支持和保障功能的食物券项目的重要地位,意味着随着家庭急难补助项目的实施,食物券项目的工作量将不会大幅度减少,至少对于那些有孩子的非移民家庭来说是这样的。但是在家庭急难补助项目实施后不久,食物券项目的工作量就出现了急剧的下降。食物券项目的登记人数在1994年达到顶峰,参加该项目的有2 750万人,而到1996年时却降至2 550万人。下降趋势随后进一步扩大,1998年时登记人数减少到了1 970万人。自1998年以来,下降速度开始趋缓。1999年10月,参与食物券项目的人有1 750万,而2000年6月接受救济的有1 700万人。家庭的参与情况显示出同样的变化趋势,从1994年3月的1 130万个家庭减少到1998年9月的780万个家庭,并由1999年10月的740万个家庭更为缓慢地减少到了2000年1月的730万个家庭。(登记的家庭到2000年6月有了略微的增加,达到740万个。)

非公民和单身人士的参与也出现了某种程度的下降——1996年的

《个人责任法案》对这些人群的资格是加以限制的。然而,这些人群只占到了食物券项目工作量中的一小部分,并不能用来解释食物券项目登记人数下降的主要原因。在食物券项目减少的全部登记人口中,有超过70%是因为有孩子家庭参与度的下降,特别是那些单亲家庭——受各州福利改革影响最大的人群。

登记人口的下降在某种程度上也可以归因于经济的增长。由于申请资格主要取决于家庭的收入和财产,所以在经济增长期,诸如20世纪90年代中后期,食物券项目的参与度会有所下降。实际上,与失依儿童家庭补助项目的登记人口相比,食物券项目的工作量通常对于经济条件的敏感度更高。自1992年以来全国范围内的失业率有所下降,而人口中的贫困率则从1993年的高达15.1%下降到了1999年的11.8%。华莱士和布兰克发现,1994年到1998年期间失业率的变化能够导致食物券项目的登记人口出现28%—44%的下降。一份美国农业部的研究报告表明,1994年到1998年期间参与度下降的35%可归因于就业水平的变化。

然而,证据表明不仅仅是经济因素在发挥作用。首先,食物券的申请率——估计的合资格人员实际接受食物券救济的百分比——1994年到1997年期间在全国层面上下降了9个百分点,从71%下降到了62%,扭转了1988年到1994年期间申请率的早期增长势头。其次,当美国农业部的分析人士试图测算导致1994—1998年期间登记人口下降的动因时,他们发现"26%……是因为低收入家庭所占份额的下降,**55%是由于低收入家庭减少了对食物券的使用**(也就是说,家庭收入少于贫困人群收入水平的130%),并且有19%可归因于中等收入/高收入家庭减少了对食物券的使用"。换句话说,即使是那些最有可能有资格获得食物券救济的人和家庭的参与率也下降了。

二、联邦政府关注的问题

家庭急难补助项目和食物券项目工作量的大幅下降,加剧了联邦政府官员和项目支持者们对福利改革正在降低食物券项目参与率的担忧。他们关注三个可能影响申请率的障碍。首先,他们认识到管理过程和规则——例如分散、申请前的要求、非正式的信息以及惩罚措施——或许会渗透到食物券项目的运作过程中。换句话说,由于与现金援助项目相关的程序和政策也适用于食物券项目,因此**在管理上或许还远没有实现与现金援助的脱钩**。其次,他们感到,尤其是在那些由民营承包商或劳动力开发体系管理家庭急难补助项目的地方,由于形成**太多制度的和项目的分割状态**,福利改革可能会对参与食物券项目产生影响。这种分割状态或许会增加家庭参与那些由不同组织、信息系统和地点管理的有多重目标的项目的成本。第三,联邦政府官员、支持者和其他人逐渐意识到,食物券项目的管理过程**或许不太适应由福利改革和经济增长所形成的新环境**。以对收入和财产进行经常性重新确认和全面验证为基础的资格审定系统,或许不会对那些在很大程度上依赖现金援助项目的家庭造成问题,但它们可能特别不太适用于那些有收入的家庭。甚至在贫困家庭中存在的一个再明确不过的趋势是,它们对现金援助的依赖程度越来越低,而它们对收入的依赖程度则越来越高。

要想了解是哪些因素或是其他完全不同的因素能够说明有子女家庭较低的食物券申请率为时尚早。但这些考量和其他方面的因素促使联邦政府官员去更多关注如何鼓励人们更多地参与食物券项目,为此,他们要转而求助于那些要求各州实现特定的参与率并为实现这些绩效目标提供具体奖励的法律条款可能并不容易。他们反倒是可以依靠其他手段来提升申请率的重要性。例如,农业部的食品与营养局在监督项目运营和表示对不恰当做法的关注方面做了某种尝试。在密尔沃基、纽约市以及波特兰和俄勒冈,都发现州及地方官员在拒绝食物券登记的过程中有超越法规许可范围的案例,如在波特兰就出现过上午 8:30 之后拒绝接受个人申请的情况。

1999 年,克林顿政府开始全面关注福利改革可能对食物券参与度带来的影响,并公布了几项改革措施。农业部长丹·格利克曼(Dan

Glickman)以一封给各州州长的信打头阵,声称政府担心"尽管仍旧符合资格条件,但很多贫困家庭还是离开了(食物券)项目"。农业部随后在与地区政府官员和其他人交流的过程中明确了对项目的要求。例如,农业部在1999年给该部地区官员的一份公文中指出,《食物券法案》条款赋予那些家庭急难补助项目登记者申领食物券的自动资格,也适用于那些领取诸如儿童福利这样的非现金援助的家庭,只要这种援助在某种程度上是由家庭急难补助项目或州抚养费计划的资金来资助的。

农业部也试图采取措施鼓励将服务范围更大程度地扩展至那些潜在的受益者。为了推广那些最好的实践经验并说明项目的参与条件,它举行了一场公开的教育活动,开通了热线并推出了一套全新的食物券使用方法。农业部也对社区食品安全方案(Community Food Security Initiative)采取了支持态度,该方案试图在州政府、市政府、非营利组织和商业团体之间建立联盟关系,以便鼓励那些旨在提升所有饥饿和营养项目参与度的最好的实践经验。食品与营养局试图将信息技术应用于整个食物券项目教育运动(Food Stamp Program Education Campaign),在网站和光盘上设计并放置了相关推广信息,供各地的人群使用。

克林顿政府也将行政程序设定为改革目标,这些程序会使那些接受食物券的人要想继续接受救济变得更为困难。2000年11月,总统利用每周进行广播讲话的机会宣布,在其他方面,新的食物券制度还将赋予各州政府更多的自由裁量权,以取消登记者需每隔3个月重新申请救济和每个月都要报告其收入状况的规定。各州可以代之以允许项目参加者一年有两次机会重新确认他们的资格条件。按照农业部长丹·格利克曼的话来说,这些制度的首要目标是"使工薪家庭在从接受福利状态到工作状态的过渡期内生活得更容易一些,并减轻众多家庭和州政府不断进行资格重新认证的负担"。

卫生与公共事业服务部下的儿童和家庭管理局也强调申请率的重要性。2000年8月下旬,该管理局发布了将于2002财政年度生效的对家庭急难补助项目中表现优异的州的奖金实施管理的规章制度(参见波伊尔及其同事在本书中对家庭急难补助项目的绩效奖金所做的讨论）。在所有的绩效评估指标中，将会有4个被用于考察各州在食物券项目、医疗补助项目和儿童健康保险项目中实现低收入家庭较高申请率的成绩。

近期这些提升食物券项目参与率的尝试是建立在众多前期改革方案基础之上的。自1985年的《食品安全法案》以来，国会时常会制定一些放松食物券规定的新法案。1988年的《饥饿预防法案》尤其重要，因为它建立了一个扩展服务范围和教育的项目，通过该项目，联邦政府会给予各州50%的补偿，用以告知低收入家庭与食物券项目的供给、申请程序以及好处有关的信息。然而，很少有州政府对这样的扩展服务范围的激励措施作出回应。为了获得符合要求的资金，州政府每年必须向食品与营养局提交扩展服务范围的计划以便获得资助，但直到2000年只有10个州提交过这样的计划。

三、自相矛盾的绩效体系

尽管有大量来自联邦政府的信息表明食物券项目的申请率是值得关注并重要的，但却没有证据表明各州对这些信息做出过积极的回应，而且有理由怀疑它们将会对此做出回应。主要的原因是食物券项目已经成为绩效管理得到成功应用的一个范例，虽然这样的成功对提高申请率造成了严重的问题。自20世纪70年代初以来，农业部就开始推行一套质量控制系统，目的是在食物券管理过程中将资格认定的错误降到最低。在联邦政府的监督下，各州的福利管理机构每年都会抽取超过90 000个样本并对资格认定和救济金决策做深入的调查。项目管理者们利用这些数据来发现问题，直到与错误有关的办事机构甚至是工作人员。该数据库使联邦政府可以控制各州在提供救济的过程中对绩效应负的责任：每年，如果它们的错误率高于全国平均水平的话，联邦政府官员就可以进行测算并对各州施加财政惩罚。他们会估计一个允许值（全国错误率的平均值）——超额支付案例所占的百分比数值（1996年为

6.9%)加上支付不足案例所占的百分比数值(1996年为2.3%)。因此,1996年的允许值就应为9.2%。农业部然后依据各州错误率与允许值之间背离的程度对逐步变得严厉的处罚额度进行估算。例如,如果一个州的错误率与允许值的偏离程度两倍于另一个州,那么这个州可能也会受到联邦政府两倍的处罚。尽管州政府总是避免向联邦政府支付这些罚金,但它们经常不得不通过向其食物券管理组织投入更多的资金来使其获得资助,这是一种许多州可能并不太喜欢去做的投资。

绩效评估指标的特征、数据收集的质量和程序、将数据分解至地方办事机构甚至是具体工作人员的能力、制裁措施的严厉程度以及对绩效目标不断做出重新调整,所有这些都表明食物券项目的质量控制系统将会是一套行之有效的绩效管理系统——它看上去似乎也的确如此。食物券项目的超额支付率(以单位美元的错误率表示)在20世纪80年代初远远超过9%,在1987年下降到8%以下,1996年则第一次下降到7%以下,当时超额支付率平均值为6.9%。

然而,1997年错误率开始攀升,到1998年平均超额支付率达到了7.6%。1998年支付不足率也增加到了3.1%,比1996年的2.3%有了大幅度的上升。一种针对错误率增加原因的看似合理的解释是:福利改革产生了更多谋利的低收入家庭(low-income families with earnings)——那些比单纯依赖现金援助的家庭习惯上更"易于出错"的家庭。在大多数州开始实施以工作为基础的福利改革之前的1995年,在接受食物券的家庭中只有21%会对获得的任何形式收入进行报告,而在依赖失依儿童家庭补助的家庭中有38%会进行收入报告,在某种程度上同时接受失依儿童家庭补助项目、补充性保障收入或州政府一般性援助的家庭中有69%会进行收入报告。福利管理机构及其信息系统或许需要大量的收入信息来计算食物券项目的救济水平,从而简化确保食物券项目救济水平得到合理调整的任务。仅仅在3年之后,1998年有26%接受食物券的家庭对收入情况进行了报告,而仅有31%依靠家庭急难补助项目的家庭报告了收入情况。由于接受救济者的收入中有越来越多的部分来自公共救助体系之外,所以管理者所面临的更新收入以及与抚养孩子、交通和其他与工作有关费用的扣减额数据的挑战也就变得更大了。

如果它们认为有收入的家庭是存在问题的,各州似乎就会采取行动。为了将错误率压下去,很多州在管理上增加了那些家庭——特别是有收入的家庭——获得并保有食物券救济的难度。预算与政策优先研究中心发现,在1994年和1998年期间,"有11个州获得有效期在3个月以下的食物券证明的有子女家庭所占的比例增加了50个百分点以上"。某些州迫使有收入的家庭经历"更为密集的程序,诸如更短的证明有效期(要求这些家庭更为频繁地提出重新申请)和更为严格的审查条件"。1997年和1998年初所做的实地研究表明,只有少数几个州会专注于将食物券项目的错误率完全向下转嫁给地方机构,而许多州则是通过要求对收入和扣减额进行更为全面和经常的验证来应对日益临近的联邦政府处罚威胁。

其他数据将会进一步强化这些结论。在1998财政年度,无收入家庭获得食物券证明的有效期平均为10.6个月,而有收入家庭的证明有效期平均为7.8个月。有差不多31%可以获得收入的家庭实际上换发新证明的期限在3个月以下,而在所有家庭中只有15%会经历如此短的换发新证明期限。更为短暂的换发新证明期限增加了有收入家庭的交易成本,因此认为他们压低了申请率是合理的。总而言之,如果国会不采取措施取消或改进这样的质量控制系统,那么当越来越大比例的家庭拥有工作时,很有可能将会继续削弱对食物券项目参与率所承担的责任。

绩效管理与更高的参与率

有关健康保险救济和食物券的讨论表明,联邦政府依靠向州及地方政府释放信号,以便提升申请率作为一项绩效评估指标的重要性这样的做法有其局限性。尽管有总统和其他联邦政府官员提出的改革方案,但食物券项目和医疗补助项目的参与率似乎还是在下降。当然,如果没有联邦政府的行动,参与率的问题或许还要恶化。而且,考虑到联邦政府的激励措施与州政府做出回应之间存在的时间间隔,要来验证当前联邦政府的改革方案对提升申请率的影响可能还太快了。然而,考虑到这些缓冲因素,到目前为止,与食物券项目、医疗补助项目和儿童健康保险项目有关的经验表明,申请率面临着艰巨的挑战。能够为提升这些社会安全网项目的参与率做些什么?存在着大量的可能性,而我们并没有空间来应付所有的可能性。但是有三组问题显得尤为急迫:能够激励州及地方政府变得对申请率目标更具责任感的措施,能够提升州政府增加登记人数的管理能力的措施,以及能够通过改进绩效评估增加学习和适应成功机会的措施。

一、责任的挑战

当然,提升食物券项目、医疗补助项目和儿童健康保险项目参与率的目标,必须和吸引州及地方官员关注的其他目标展开竞争。联邦体制的拥护者将其对州及地方政府情绪的积极响应宣扬为这种体制的优点之一。但是各州在遵从联邦政府有关增加登记人数的劝告和指导的基本意愿方面存在着巨大差异。例如,克林顿总统和数不清的游说团体强烈建议,公共事业服务部门应该与学校开展合作,以增加医疗补助项目和儿童健康保险项目的登记人数。正是因为了解到这一改革动议,亚利桑那州的立法机关通过了一项法案,禁止以医疗补助项目和儿童健康保险项目名义开展工作的团体试图通过公立学校吸纳儿童。

在众多能对承担申请率的责任产生抑制作用的州及地方政府目标中,日益显现出一种对成本控制的担忧。尽管稳固的经济条件增加了各州的财政收入,而且要使健全的妇女和儿童参与保险项目相对来说花费并不多,但没有人会否认在提升参与率上取得的成就将会增加各州的开支(至少就短期而言)。当然,消除各州对成本的担忧的一条途径,就是为这些健康保险项目设定更为宽松的联邦达标率。在扩大登记人数方面取得的成就因而就不会给州及地方预算增加太多的负担。然而尽管将财政支出的很大一部分转移至联邦政府通常可以对承担更多的申请率(其他事情也是一样的)责任起到激励作用,但是食物券项目的案例也突显了这种激励方式的局限性。虽然联邦政府承担了食物券救济的全部成本,可在确保那些符合救济资格的人获得救济方面,许多州相对来说却几乎什么也没做。

食物券项目的经验表明了另一个驱动力量:在不存在相互冲突的绩效管理系统的情况下,或许更有可能很好地履行为申请率所承担的责任。质量控制系统鼓励各州重视避免因慷慨而犯的错误(将某些不符合资格条件的人列入救助名单),而非因严格而犯的错误(未能使符合资格条件的人得到救助)。在贫困家庭的大部分收入来自政府援助的背景下,一个强有力的质量控制项目或许并不会引发许多参与问题,但它与正日益发挥工作支持功能的食物券项目的情况似乎并不吻合。

除了提出更具吸引力的联邦达标率并取消相互冲突的绩效体系之外,更高申请率的拥护者或许还试图在管理医疗补助项目、儿童健康保险项目和食物券项目的各项法规中贯彻对绩效的要求。这有可能使构建与参与率有关的绩效目标以及为满足这些目标的财政或其他激励措施(如奖金)成为必需的工作。然而,在任何试图遵循这一路径以提高食物券项目、医疗补助项目和儿童健康保险项目申请率的过程中,都应该考虑到那些有可能出现的意想不到的结果。例如,可以想象到的是,那些实行更为宽松的将救助范围扩展到更大多数未参保对象(尤其是工薪家庭)的资格认定政策的州,或许在实现更高申请率方面要比那些实施严格政策的州遇到更多的困难。围绕参与率(它是指接受救济者与一州符合资格条件者的**比率**)建立起来的绩效管理体系,实际上可能使州政府在扩大资格条件的范围方面表现得更为保守一些。并不是说诸如此类的可能性必然会导致绩效管理体系的扭曲,但它们却凸显了谨慎选择绩效指标的重要性。

二、能力的挑战:有更多与项目脱钩的现象吗?

尽管要在碎片化的政府间体系中针对申请救济建立更强的责任意识存在着严重的障碍,但管理能力问题至少意味着同样多的难题。除了别的因素之外,州政府提升参与率的责任通常需要具有在四项任务上取得成功的能力。首先,由于许多潜在的受益者缺少准确的信息,所以需要找到一种推广安全网救济的有效手段。其次,应当使那些潜在受助者克服耻辱感,就医疗补助项目和儿童健康保险项目来说,要消除某些人在家中无人生病的情况下忽视健康保险有益之处的倾向。第三,为了减少有可能成为受助者的目标人群的交易成本,州政府应当改进资格认定程序。第四,应当使资格再认定程序变得更加以客户为导向,以便使那些继续有资格获得救济的人不至于脱离救助范围。

州政府和地方政府的官员要完成这些任务面临着许多障碍——既有体系的惰性、有限的资源、相当大的不确定性(比如如何选择宣传项目收益的最好方式),等等。现有研究对能够带来更高参与率的最具成本优势的手段的探讨并不深入。由于像食物券和医疗补助这样的安全网项目日益将此前不太受到福利管理机构关注的人群——工薪、低收入家庭——设定为目标,因而又产生了进一步的难题。对于那些已经脱离福利状态而且从此不再依赖社会救济的人群来说,实现高申请率又引发了特别针对项目登记的新挑战。正是在这样的背景下,不论是家庭急难补助项目还是其他安全网项目,都会产生自相矛盾的项目后果。

经常有人提出,在减少对社会福利依赖度的同时又维持对医疗补助项目和食物券项目的参与度,这完全是将这些项目分割开来了。通常情况下,同一位工作人员既利用通用的规则也利用计算机系统来评判福利、医疗补助和食物券的申请资格。

尽管作为一项正式的政策,福利改革在使申请医疗补助和食物券的资格与现金援助脱钩方面发挥了重要作用,但这三个项目在很多方面仍然存在管理上的联系。几乎每个州的社会福利管理部门都设立了管理食物券的机构。虽然有些州的决策者将医疗补助项目的管辖权移交给了卫生部门(如纽约州),或建立了一个独立的医疗补助管理机构(如亚利桑那州和密歇根州),但社会福利管理机构仍旧合法地享有对资格认定许多重要方面的控制权。即使是在那些从组织上使医疗补助项目与家庭急难补助项目脱钩的州,社会福利管理机构通常仍旧保有对地方工作人员用来评判资格条件的计算机系统,以及向州政府官员提供登记人数变化信息的报告系统的控制权。各州的公共事业部门通常也继续控制着与县或其他地方社会福利管理机构之间的官方沟通渠道,以致于医疗补助项目的管理机构如果想向各地的执行者传递大量信息,只有通过其他机构控制的传播渠道。

更有可能的是,项目的整合在草根层面甚至会更为充分一些。尽管各地的社会福利管理机构在很多情况下会将与家庭急难补助项目客户打交道的责任移交给劳动部门或民营承包商,但它们仍然要对医疗补助和食物券的资格认定负责。由于缺少专业化的医疗补助项目和食物券项目的管理单位或从事资格认定的工作人员,因而它们要想独立地与家庭急难补助项目客户进行交往常常会受到限制。在许多州,地方政府社会福利工作人员所依赖的计算机系统仍将评判医疗补助和食物券的资格条件设定为决定收入支持项目资格的附设条件。虽然客户在放弃接受家庭急难补助项目资助后仍然满足申领医疗补助和食物券的资格条件,但计算机系统并不会自动对资格条件进行重新确认,因而有可能将那些事实上仍旧满足资格条件的客户排除出去。在实施福利改革之后,这一问题很可能导致相当数量的医疗补助受助者被不恰当地终止服务。在很多情况下,这些计算机系统也会向受助者发送"提示",告知他们必须提供例外的信息以便得到继续的保障,或者告知他们的医疗补助资格按照规定已被终止,却并未做必要的信息披露,告诉他们按照其他规定仍能继续享有医疗补助的资格。尽管某些州的官员进行了人工修复或"故障排除"以弥补这些系统的问题,但对工作人员用来进行资格评判而言,这些措施常常是复杂和困难的。

这些因持续进行的项目整合而产生的问题,以及必然会伴随这些问题产生的对登记工作的潜在负面影响,促使某些改革的支持者呼吁要在更大程度上使医疗补助项目和食物券项目与福利系统脱钩。健康保险的支持者们一直反对根据福利政策来确定医疗补助受助者的资格条件,认为那些符合资格者的频繁流动会扰乱医疗救助的持续性并使长期的预防性项目难以实施。在某些州,时断时续的资格认定也增加了将医疗补助项目受助者转移到管理式医疗的难度。支持者们认为,与福利体系完全独立开来的医疗补助制度、系统和组织能够减少干扰因素和其他障碍对登记工作的影响。著名的支持者埃尔伍德对这种情况进行了强有力的说明:

> 使针对家庭的医疗补助资格评判过程摆脱基于福利的制度约束,并使用一套替代的简化规则和程序,是一种显而易见的发展方向……随着时间的流逝,建立一套专门处理健康保险资格认定工作的独立的组织体系,将会对减少申请者和受益者的困惑,以及减少因医疗补助项目与社会福利的联系而产生的耻辱感大有裨益。

呼吁进行更大程度的脱钩或许对那些不符合领取家庭急难补助救济金的工薪家庭也极具意义。然而,试图进行更多的脱钩也会带来问题。除了这种变化会增加行政成本之外,还存在着这样的现实,即家庭急难补助项目的受助者仍旧占到了医疗补助项目和食物券项目服务对象中的一大部分,而且建立独立的组织体系有可能使这些受助者更难而不是更容易获得救济金。有些州利用家庭急难补助项目新的具有灵活性的可行途径,将责任委托给那些不管是有还是没有这种责任的民营承包商、劳动力发展局、劳工部门以及其他机构,例如民营承包商就不能决定医疗补助和食物券的资格条件。这种制度上的分割,或许会给那些向满足条件的项目提出申请并获得救济的家庭带来更多而不是更少的困难。针对医疗补助项目和食物券项目建立单独的机构、工作人员和模式,将要求家庭为了进行申请和重新证明资格而与多个工作人员和机构打交道,因而有可能对参与率产生抑制作用。

与其进行完全的脱钩,倒不如在良好合作的基础上对福利和其他权利项目进行重新整合,以便更好地应对变化的外部环境,这或许能对项目的申请率起到更好的提升作用。确保食物券项目、医疗补助项目和儿童健康保险项目针对外部福利管理机构进入许可的独立性是有意义的。联邦政府的法律法规要求各州在部分医院和诊所建立医疗补助资格认定工作人员的"分站"(out-station)机构,有些州也的确是这样做的。其他州开始尝试通过邮件的方式提出申请,而不需要亲临福利管理机构的现场。而一种综合采用这些或其他扩大服务范围的措施,并在福利管理机构内部设立一个单独的用来办理医疗补助和食物券事务的场所的方法,可能要比进行完全的分离更能提升申请率。

三、评估的挑战:透明的绩效指标

绩效管理的效力最终取决于领导者获取涉及相关目标的有效、可信和及时信息的能力。设想一下食物券项目和健康保险项目中居于联邦、州和地方层级的高级管理者的"理想"状态。他们所有人都能够定期且轻易地接触到与分门别类的受益者登记人数(在更好的情况下还有申请率)有关的数据。如果有这样的反馈机制,上层管理者(类似于那些借助跟踪调查掌管政治运动的领导者)就可以为了实现更好的结果而对他们的战略做出调整。在这种理想化的情境中,绩效评估也应该是透明的。执行机构如能就报告过程中共同使用的概念和程序达成一致,就能够利用绩效数据在不同的管辖范围间进行准确的比较。而且,包括社区团体和媒体在内的利益相关者也可以普遍接触到与登记人数和参与率有关的数据。如此的公开透明迫使各级官员将食物券项目、医疗补助项目和儿童健康保险项目的申请情况置于更为重要的地位。例如,一位州长可能会对她的州在儿童健康保险项目申请率方面排在第 48 名的原因感到纳闷,并会要求她的下属取得更好的成绩。

这种理想状态与医疗补助项目、儿童健康保险项目和食物券项目的绩效管理现实之间存在着巨大的差距(有人可能会称之为断层)。在涉及申请率的情况下,这一差距尤其容易理解。要创建针对这些申请率的指标,需要的不仅是有关登记人数(分子)的数据,而且还要有在某个项目领域满足收入、资产条件并通过诸如是否缺少健康保险这样的相关资格测试的人数(分母)。毫不奇怪,不管是联邦政府还是州政府,通常都难以得到与分母有关的准确而及时的数据。显得尤为重要的是,联邦政府本身的统计机构也难以对与计量参与率有关的各个参数做出有效的估算。

例如,可以对一部分人群是否享有健康保险的判定过程做一番考察。由于医疗补助项目和儿童健康保险项目将目标锁定在那些没有参加保险的人群身上,因此计算申请率需要掌握特定范围内未参保人员的数量。通常情况下,联邦政府的政策制定者会依赖人口普查局进行的三月当前人口调查所形成的估算数据。但就该项调查提供有效数据的程度而言,专业人士却有不同的意见,许多人认为该调查存在着系统性高估未参保人数以及低报接受医疗补助项目保障人数的问题。在分权时代显得更为重要的是,由联邦政府进行的全国性调查通常并不能对州一级的数据做出高度有效和有说服力的估算,更不用说地方一级的数据了。对于能够完全合理地提供全国范围内未参保或不同收入水平人员估算数据的样本规模来说,却往往不能得出准确的州一级和地方一级数据。

各级官员不能获得高质量的参与率信息,意味着登记人数的数据在评估项目完成情况的过程中具有两面性。缺乏参与率信息使这些官员难以对登记人数的数据做出精确的解读。而欠缺申请率绩效评估指标,这些官员又会寄望于强大的经济实力,并发现要说服自己正在使差不多所有需要帮助的人获得救济并不困难。

健全的成年人和儿童的登记人数因而就成为一项并不理想但却更容易获得的项目绩效指标。然而即使是这一指标也会产生问题,尤其是在联邦政府层面。食物券登记人数的数据会相对准确和快速地传递给各级政府官员。但联邦政府医疗补助项目管理部门对这些数据无法掌握的程度却令人吃惊。在过去近30年的时间里,卫生保健筹资管理局放缓了试图说服各州接受一套管理信息系统的步伐,这套系统采用统一的概念,并针对不同类型医疗补助项目登记者人数提供相对有效、有说服力和可进行比较的数据。但卫生保健筹资管理局的工作人员(在城市研究院分析师的协助下)必须常常费劲地去发现和修正各州提交报告中的错误。试图跟踪各州登记人数变化趋势的分析人士通常认为,他们更应该依靠与每个州耗时费力的打交道过程,而不是依靠卫生保健筹资管理局的信息系统。缺乏时效性也削弱了联邦政府官员和其他人利用登记人数的数据跟踪各州绩效的能力。例如,截至2000年年中,卫生保健筹资管理局仍旧没有公布1998年医疗补助项目登记人数的相关数据。

在监控登记人数的变化趋势并将其用作绩效管理的目标方面,州政府官员要比联邦政府管理部门处于更为有利的地位。例如,在印第安纳州,管理者们通过为印第安纳88个县中的每一个都设定登记人数目标的方式,来应对弗兰克·奥班诺(Frank O'Bannon)州长对该州新胡热尔人卫生事业项目儿童健康保险项目下的一个医疗补助扩展项目)[①]的关注。到1999年底,只有6个县没能实现这些目标,而该州也因在申请率方面的成就获得了全国性的认可。

在建构更为有效、及时和透明的绩效评估指标(既有登记人数又有参与率)方面的进展,最终要取决于两种高度技术化的量化策略手段。为了改进针对社会保障项目的管理信息系统,以便使联邦政府、州政府和地方政府官员随时获取相关的、具有可比性的登记人数数据,需要有一种兼顾激励与强迫的手段。另一种手段涉及国家一级的动力机制,它能够对像人口普查局这样的高级统计部门的能力起到支持作用,为计算州和地方层级的申请率提供必要的数据。为了更好地获得与如未参保

---

① 胡热尔人(Hoosier)即指印第安纳州人,印第安纳州也被称为"胡热尔州"(Hoosier State)。——译者注

儿童的数量和家庭收入水平这类重要指标有关的州及地方层级数据,这些联邦政府部门需要得到另外的资金支持,以扩大样本规模并对方法做出更多改进。就所有的技术领域而言,过去 20 年间已经取得了某种进展,而且在接下来的数年间必然还将不断取得改进。

发挥作用的因素

尽管有很多人对《政府绩效与结果法案》推行的这一具体方法提出了批评意见,但绩效管理和"任务驱动型"政府的吸引力仍旧足够强大。政府再造和"新公共管理"运动的支持者们一再强调达成目标协议、提出评估结果的指标,对可信、有效和及时的绩效数据进行系统收集,以及根据绩效对管理机构进行奖励或惩罚的好处。联邦体制的制度结构使得实现这些规则的工作变得极为复杂,但这并未能阻止克林顿政府对这种打着"绩效伙伴关系"旗号的方法或直接针对某些特定项目的法律条款的支持态度(国会偶尔也持此种态度)。例如,1996 年的《个人责任法案》就对这种方法表达了某种程度的敬意。

本章所讨论的安全网项目——食物券项目、医疗补助项目和儿童健康保险项目——绝对不是绩效管理的杰出典范。它们的授权法案也并未强调过这种方法。然而,这些项目的经验(尤其是健康保险改革方案),却提供了对由联邦政府高级官员做出的、旨在提升特定绩效目标(即更高的申请率)重要性的更多非正式尝试的可能性和局限性进行深入观察的机会。为了鼓励各州更多地尝试帮助那些领取救济的目标人群,总统和其他高级官员采取了以下措施:

> 在各种大众媒体参与报道的公开会议上不断重申对更高申请率这一目标的支持态度。
>
> 召集联邦政府部门共同研究能够为便于更大程度的参与做些什么。
>
> 向州政府部门发送指令和函件,敦促它们将服务对象扩大到更

大的范围(在某种程度上可能更为正式的是,对联邦法规法典中的部分内容做出调整)。

为了找到最好的做法,组织研究各州提升申请率的工作。

对各州提升参与率的实践提出系统性的建议。

确保获得来自公开的利益团体(如全国州长联合会)、民营企业以及各种基金会的广泛支持,以便为吸纳更多的登记人数提供便利条件。

当工作程序背离有助于提升申请率的过程时,对州和地方实践进行审查并提出批评性的意见。

作为一项绩效管理的改革方案,联邦政府的这种尝试非常值得赞赏。它明确地表达了一个相当清晰的目标,总统和高级政府官员也在公开场合对这一目标做出了重要且连续的阐释,而且为了强化为改进登记工作所做的尝试,联邦政府机构还向各州提供了大量且不间断的支持和鼓励。联邦政府和各种民间基金会将大量的资源用于协助各州扩展服务范围及完善各种工作系统。当一个新时代黎明初现时,这一改革方案是否能带来医疗补助项目、儿童健康保险项目和食物券项目登记人数和参与率的稳步提升虽然仍是模糊不清的,但这一改革方案清楚地展示了绩效管理中一种非正式方法的创造性应用。(一个值得注意的积极变化是,从1999年到2000年,儿童健康保险项目的登记人数增加了50%多。)

当然,将非正式方法应用于绩效管理的一个关键问题在于它们的可持续性。要继续关注绩效目标,就需要上层领导者采取连续和积极的改革方案。即使同一位高级管理者一直在任,这样的工作侧重点也很难维持下去。尤其是与那些新改革方案具有的吸引力相比,政治领导人的关注度往往转瞬即逝,并且会对持之以恒地实施某项目标的日常工作产生厌倦的情绪。实际上,美国的政治体系往往鼓励追求具有创新性的政策和实践,而不是支持将某种非正式方法长年累月地运用于绩效管理之中，就此而言，许多公共管理学者也具有同样的倾向。不论是政府领导人，还是如案例中所揭示的那些或许会与政府官员进行合作以推动某项特定绩效目标的民营基金会和公开的利益团体的掌门人，都有这样的冲动。政府部门及其民营合作者领导地位的转换，也常常会削弱为支持将某种非正式方法运用于绩效管理所做的努力。因此，随着乔治·W. 布什总统的上台，为了提升申请率而提出的联邦政府改革方案或许就要寿终正寝了。抛开意识形态的差异不谈，很少会有新上任的总统和内阁成员（尤其是那些来自不同政党的总统和内阁成员）希望将自己的声望押宝在由其前任提出的管理改革方案上。

  如果信息系统每天都会提供有效、及时、具有可比性且透明的绩效数据，那么在某种程度上就有可能减少将某种非正式方法应用于绩效管理所带来的不确定性。对于政府高级官员来说，这样的信息系统也使他们难以将注意力转向他处。在这样的政治体系中，高质量的、传播广泛的绩效数据发挥着某种设置议程（或保存议程）的功能。更高申请率的支持者们也会通过采取其他措施，以促进某种更为正规的方法在绩效管理中的应用，来试图维持在这个目标上的利益。诸如此类的尝试可能会针对那些在社会保障项目中强制推行参与率目标和激励制度的法规变革而展开。这会使淘汰像食物券项目质量控制系统这样的往往会降低申请率的绩效管理系统的行动成为必然。

  考虑登记人数和参与率所面临的困境，对于探究应用于政府间实施的绩效管理，而不是正式的**或**非正式的绩效管理方法也是有好处的。设想如果有一种与提升申请率的绩效驱动型方法截然不同的方法——即联邦政府公然发布命令，要求在州一级明确投入量、过程以及救济金结构。根据这种方法，联邦政府官员将有可能脱离绩效目标、激励系统和评估指标，而将更多的注意力集中在如何塑造具体的管理行为上。例如，一个非常有说服力的例子是，采取单一的措施——要求各州保证医疗补助项目和儿童健康保险项目的登记者获得持续的资格，而无需每年都进行资格的重新认证——将极大地提升针对这两个项目的申请率。

而目前的情况是,许多州及地方政府在医疗补助的受助者身上施加了巨大的负担,他们在相对较短的时间间隔内要继续享有接受救济的资格,就必须提供有关收入、资产及相关因素的最新信息。如果没能满足文字材料或其他方面的要求,就意味着许多受益人尽管仍旧满足获得救济金的法定条件,但还是会被取消资格。而且,那些潜在的申请者会有这样一种感觉,即纵使他们最初的申请得到了批准,要满足医疗补助项目的相关要求也是很困难的,或许会极大地降低他们从一开始就向该项目提出申请的意愿。根据现行法律的规定,州政府拥有使医疗补助项目和儿童健康保险项目的受益人持续获得资格的自主权,但大多数州并没有这样做。至少从理论上来说,联邦政府能够将这种自主权变为一种必要条件。在做出重新认定之前准许登记者获得满一年的资格条件,将不仅会降低项目受益人的交易成本,而且对于州及地方政府部门来说,也将简化实施程序并缩减行政成本。

当然,此类及与此相类似的侧重于产出、过程和救济金结构的联邦政府命令也会产生副作用。要求各州允许受益人获得一年的连续资格,将有可能在某种程度上增加整个州的成本,并导致某些州采用紧缩的资格认定政策或在对申请进行初次审查时变得更为挑剔。而且,许多联邦体制的学者可能会在原则上反对这种联邦政府在与州政府打交道的过程中过于武断的方式。虽然如此,这个针对持续性资格条件发布指令的例子还是表明,将方法而非那些融合在绩效管理模型中的方面作为应加以考虑的因素,将有可能增加登记人数并提升参与率。

在一个司法、立法和行政都在安全网项目上倾向于强调向州政府放权的重要性并尊重州政府意愿的时代,联邦政府向州政府施加程序指令并以此作为实现高申请率的一种机制的可能性微乎其微。在这个意义上来说,强调在实现某一个目标的过程中采取不同的手段方面赋予州政府以更多自主权的绩效管理,要比要求州政府采用具体管理行为的方案更能适应当前的政治气候。

第十章 授权区与责任的承诺

戴维·J.赖特

很少有政府项目会比《授权区和企业社区改革方案》(Empowerment Zone and Enterprise Community Initiative)拥有更高的期望值或更为雄心勃勃的绩效评估规划,该方案作为《预算综合协调法案》(Omnibus Budget Reconciliation Act)的组成部分,由克林顿总统于1993年8月10日签署生效。综合运用专项财政拨款、税收抵免以及放松管制等措施,区域发展项目试图促进达成强有力的社区伙伴关系并刺激针对当地的特定投资,这有可能带动美国某些极为贫困社区经济的持续增长。为了区别于20世纪60年代被认为是失败的联邦政府社区复兴项目所采取的革新手段,克林顿政府承诺区域发展项目也将满足高标准的责任要求,并具有与能够通过标杆进行评估的结果相联系的社区目标和纲领性任务。[1]

《授权区和企业社区改革方案》中的**标杆管理**有多个目的,包括按通常意义所理解的绩效评估(参见有关"基本概念"的专栏)。第一个目的

---

[1] 总统社区企业委员会的《使社区建立起来:授权区和企业社区应用指南》(*Building Communities Together: Empowerment Zones and Enterprise Communities Application Guide*)对该项目的很多目的做了很好的描述(Washington, D. C., HUD – 1445 – CPD, January, 1994)。

是在一个涉及确定战略、决定行动的优先顺序、分派责任,以及在本地和向联邦政府和州政府官员传播规划的过程中,对目标和任务作出明确的说明。标杆管理也是成为授权区和企业社区的各个社区借以将资源与结果联系起来的手段:标杆管理系统将财政资金的拨付与对具体绩效评估指标的考评过程关联起来。与该项目的基本主旨相一致,那些评估指标将不会由联邦政府官员而是由参与项目的社区自己选择的。最后,出于使每个公民都能够通过互联网对授权区和企业社区改革的资源使用和项目进展情况进行监督的考虑,区域发展项目的标杆管理系统应当实现绩效评估信息的公开和透明。从这个方面来说,标杆管理的目的是在推动社区营造和促进参与民主的过程中发挥某种直接的和积极的作用。

　　以绩效为基础的授权区项目管理体系的目标无疑是高尚的,但该项目似乎并未为取得成功提供可能的环境。像其他社区建设和复兴战略一样,该项目也是复杂的、功能重叠的,并受制于那些超出地方控制的社会和经济资源——具有使建立标准、限定干预措施和评估结果这些工作都变得更为困难的特征。《授权区和企业社区改革方案》牵涉到政府的多个部门和层级,这增加了沟通、目标设定和项目控制的复杂程度。在选择和监督参与项目的城市社区方面承担主要责任的联邦政府部门,几乎很难控制住能够影响地方绩效的主要资金流以及资金的特定用途。在那些参与项目的社区中,通常负责项目实施的都是那些小型政府部门或非营利组织中缺少专业背景的管理者。他们面临着撰写绩效报告的指导、专业术语以及格式等方面的问题,这些绩效报告常常不够清晰,缺乏经验并因而经常发生改动。简而言之,如果区域发展项目的绩效标杆管理要发挥作用的话,那么将不会是因为对它的喜爱才使它具有了可能性。

专题 10-1　授权区的标杆管理：基本概念

区域发展项目所界定的**标杆管理**并不像该术语习惯上强调的那种用法一样，是指在一个客观的外部标准和绩效或实践之间所做的比较。相反，区域发展项目对该术语的使用涉及到从战略规划开始，从一份具体的项目文件到为项目支出设定优先顺序的整个过程的每一个方面。

同时，项目文件将标杆界定为一个社区出于应对明确的**分类需求**的需要而必须生产的具体的**产出**，也界定为一个社区的战略规划确定并试图去解决的社区目标或广泛的问题领域。例如："修建或翻修50个低成本的住宅单位，为25个孩子提供日间看护服务，或向15家企业提供小微贷款。"分类需求涉及"对经济适用房的供给不充分，日间看护服务不充足，难以获得小微企业贷款"，等等。

如果做更为具体的解释，**标杆活动**可以被定义为"一个社区为了满足标杆所设定的标准而必然采取的行动"。相关的例子有："提出一项住房建设或整修计划，创建一所新的日间看护机构，确定哪些地方银行愿意参与资助小微贷款的项目"。相应地，可以将**任务/项目**界定为完成标杆活动所必须付出的努力，如："对有可能进行住宅建设的地点或需要整修的现有住宅进行调查，为建造一所日间看护机构进行招标，或组建一个有兴趣联合对小微贷款项目提供资助的当地银行委员会。"

在区域发展项目的责任条款中使用的其他术语的概念较为普通。例如，**基准**，是指"用来对标杆进行评估的起点"。相应地，**成果**被界定为"因应对在战略规划中明确规定的分类需求而产生的长期结果"。它们也可以指"一段时期内社区发生的可进行评估的变化"。同时，**参与主体**被界定为在满足标准的过程中发挥某种作用的个人/组织。最后，**成本/资源**被界定为为了满足标准所必需的财政、人力和其他资源，并且由授权区/企业社区的合作者们（联邦、州及地方政府部门，企业、银行、教育机构、基金会、事业单位，以及其他一些机构）来提供这些资源。

授权区项目绩效标杆管理的结果——还有大量工作在进行中——是复杂的：尽管广为人知的信息还相当缺乏，但在这样的情况下，与其去做一个挑剔的旁观者还不如给予更多的积极评价。几个城市中向我们提供信息的重要人物认为，标杆对于设定目标，而且特别是对于向更大范围内的市民公布有关战略和项目的信息来说是有价值的。然而，正如将要进行的讨论那样，因为绩效报告的时机、对要求进行的大量修订、过早强调项目的量化进展，以及随着相关活动从规划阶段转移到实施阶段而减少利益相关者的层次和数量，会使目标设定和传播功能受到削弱。在某些情况下，对责任进行标杆管理与社区授权的目标之间似乎存在着冲突。

作为绩效标准的标杆和相关管理报告的作用并不大。通常缺少针对所涉及活动的有价值基准信息，就如同缺少可靠的成果评估指标一样。地方政府的报告通常把那些无关紧要的活动当作是项目的后果，也难以将资金信息与单个的项目联系起来。很少能够把某项活动的战略目标与要评估进展情况的内容联系起来。

总体来看，区域发展项目的标杆管理经验可以起到某种警示作用。这个案例来源于对所有72个城市项目参与地区绩效信息的考察以及由当地学者所做的深入分析，这些学者来自一个由18个城市构成的实地研究网络，该案例表明要针对复杂的、多层次的社区发展工作实施表面上直截了当的绩效评估系统是多么的困难，要为此做出尝试是多么的重要，以及如何才能改进这样的工作。

一个非典型的联邦政府项目

在有关特定社区发展政策方向的长期争论中，《授权区和企业社区改革方案》处于难得的中间立场。通过一个引人注目的挑选过程确定项目，由一个非典型的监督结构实施管理并提供一套非比寻常的支持组合。其中的每一个特征都会对该项目的绩效标杆管理尝试产生直接的影响。

经过十多年的发展，随着一个接一个的州提出各自的企业社区项目，一场关于联邦政府是否能够通过"让路"或成为一个更为积极的合作者而给予贫困社区最有效帮助的持久争论，阻碍了华盛顿政府与之相类

223

似改革方案的发展进程。前一种途径的支持者认为,政府能够通过消除发展障碍,也就是说,通过有针对性的税收政策和放松规制的手段,为鼓励民营企业参与贫困社区投资提供最有效的帮助。相比之下,后一种途径的支持者则认为,税收政策和放松规制并不能消除影响这些社区的不利因素,主张政府能够并应该通过有针对性的公共投资成为更为积极的诱导者。与此争论有关的另一场讨论则侧重于诸如此类投资和刺激措施应该是"以人为本"还是"以地区为本";是通过技能培训或工资补贴的方式将目标设定为满足人们的需要,还是通过意在吸引新的商机的城市开发项目将目标锁定在人们居住的地区。

《授权区和企业社区改革方案》达成了各方都能认同的新的共同点。该项目提出了税收抵免政策,包括对那些既生活又工作在目标区域内的新就业人员实行的工资税抵扣政策。财政专项拨款也能够对更大范围内的社会发展任务提供支持。在命名的四种社区之间,不论是税收优惠还是有针对性的投资都存在着很大的差别:在分类谱系最边上的是授权区,虽然数量极少却能得到最为深入也最具灵活性的多种发展激励手段的帮助,紧接着的是辅助性授权区(Supplemental Empowerment Zones)和强化的企业社区(Enhanced Enterprise Communities),而企业社区则位于这个分类谱系的另一边,数量最多却接受最少的补贴(用企业社区这个术语来指代除授权区之外的其他种类的社区)。所有四种社区都得到了相同的放松规制和承担项目责任的承诺(参见表 10-1)。①

---

① 受住房和城市发展部委托,由内尔森·A. 洛克菲勒政府研究院进行的一项针对该社区项目的实地网络实施情况评估,涉及到所有的 6 个城市授权区、全部的辅助性授权区、4 个强化的企业社区中的 2 个以及现有的 60 个企业社区中的 8 个。该研究与由各城市当地学者组成的研究团队展开合作,对在 18 个城市样本中选取的全部 72 个授权区/企业社区进行深入的实地调查后获得的描述性信息和与绩效有关的数据进行了综合分析,并就该社区项目的前景和绩效提出了明确的观点。参与实地调查的同行有亚特兰大的 Michael Rich,巴尔的摩的 Robert Stoker,波士顿的 Karl Seidman,夏洛特的 William Rohe,芝加哥的 Charles Orlebeke,克利夫兰的 Dennis Keating,达拉斯的 Paul Jargowsky 和 Royce Hanson,底特律的 Robin Boyle,伊利诺州东圣路易斯的 George Wendell,洛杉矶的 Ali Modares,路易斯维尔的 Hank Savitch 和 Ronald Vogel,明尼阿波利斯的 Cecilia Martinez,纽约市的 Avis Vidal 和 Elizabeth Mueller,奥克兰的 David Tabby,费城/卡姆登的 Robert Bailey,菲尼克斯的 John Hall,旧金山的 Rich DeLeon,以及塔科马的 Betty Jane Narver。

表 10-1 授权区/企业社区给予各地的优惠待遇

各地享有的优惠条件	授权区（6）	企业社区（65※）	辅助性授权区（2）	强化的企业社区（4）
社会服务财政专项拨款	1亿美元	295万美元	克利夫兰获得295万美元	295万美元
经济发展改革方案补助金			洛杉矶获得1.25亿美元 克利夫兰获得8 700万美元	2 200万美元
108条款的贷款保证金授权			洛杉矶获得1.25亿美元 克利夫兰获得8 700万美元	2 200万美元
179条款的加速折旧	有	没有	没有	没有
工资税抵免	有	没有	没有	没有
基础设施债券免税的资格	有	有	有	有
对豁免要求给予的特殊照顾	有	有	有	有
对各种联邦补助金给予的特殊照顾	有	有	有	有

※ 克利夫兰的辅助性授权区和4个强化的企业社区也被命名为企业社区，因此总数上是65个。

《授权区和企业社区改革方案》的申请程序也有所创新。申请获得授权区或企业社区称号的基础并不是一张预定格式的表格，而是一份**10年战略规划**，这份规划应该是通过一个自下而上的过程产生的，并满足全面的社区需求而且要增加社区的资产储备。① 很多城市正在推行的申请程序部分是根据一系列以社区为基础的战略规划方案制定的，其目的是把握《授权区和企业社区改革方案》提升社区建设和能力水平的精神和价值取向。由于预计到某些城市有可能会发现申请程序与以前联邦补助金的申请程序有很大的不同，联邦政府的管理机构准备了一份《指南》，该《指南》对许多参与以社区为基础的战略规划过程的组织的经验和成功做法进行了总结，同时还举行了一系列地区研讨会，以便向那些潜在的申请者解释方案和规划流程。

项目的相关材料和研讨会都强调一个共同的主题：申请者必须表明社区的所有组成部分都参与了战略规划过程——政治和政府的领导人、社区团体、非营利的服务供应商、宗教组织、医疗和教育机构、民营部门，以及最为重要的社区居民。社区不需要按照某种规定的格式提出它们的战略规划。相反，申请指南列举了那些社区"应该加以考虑"的主题和问题。

联邦政府有意使申请工作的指导原则变得模糊不清，并鼓励社区能够做到有远见（"指定地区复兴的整体设想是什么？"）、全面（"将如何使解决不同社区问题的方法联系起来以便使你们的设想变为现实？"）及借助公共和民间资源（"用来支持你们计划的政府资源将会有哪些？为实施计划将使用什么样的民间资源？"）。计划设计者们也应该对从制定计划到采取行动的转变过程中出现的挑战有所认知（"要成功实施你们的计划会遇到什么样的障碍？你们将如何实施战略规划并且使用什么样的标杆来评估相关进展？"②）。为了入选，每个地区都必须满足那些能构建相关需求的详细标准，设计并采纳一种以社区为基础的、明确表示要利用项目优惠政策的战略规划，而且这些地区还必须经过州和地方政府

---

① 总统社区企业委员会：*Building Communities Together*：*Empowerment Zones and Enterprise Communities Application Guide*，华盛顿特区：美国农业部和美国住房与城市发展部，1994年，第22页。

② 总统社区企业委员会：*Building Communities Together*：*Empowerment Zones and Enterprise Communities Application Guide*，华盛顿特区：美国农业部和美国住房与城市发展部，1994年，第22-24页。

的推荐(参见有关"资格条件"的专栏)。

该项目的管理结构也是对规范做法的一种偏离。大多数联邦政府项目是由一个单独的部门或机构管理的。然而,却有三个联邦政府部门在授权区项目中发挥着主导作用。农业部和住房与城市发展部分别负责和管理该项目的农村和城市部分。同时,健康与公共事务服务部则通过社会服务专项拨款(Social Service Block Grant)向该项目提供主要的资金支持。在一个更宽泛的层面上来说,整个授权区项目还要接受总统社区企业委员会(the President's Community Enterprise Board)的领导,该委员会由副总统担任主席并吸纳了美国政府中几乎每一个重要内政机构的部门负责人。

专题 10-2 获得授权区/企业社区命名的资格条件

获得授权区和企业社区命名的地区,必须满足下列由授权区/企业社区法规规定的,与普遍的贫困、失业和总体性衰败有关的基本资格条件:

该地区的人口少于 200 000 或人口密度最大的城区居住的人口超过 50 000 人或有超过 10%的人口居住在城区;

存在着普遍的贫困、失业及总体性衰败现象;

土地总面积在 20 平方英里左右;

在进行普查的每一个地段贫困率都达到了至少 20%,在 90%的普查地段贫困率达到 25%,并且 50%的普查地段贫困率达到 35%;

一整块地区或不超过 3 个分割开来的地块;

地方政府指定的地区应完全处于地方政府的管控之中,且不应该超出两个紧邻的州;

调查地段没有中心商业区,除非对于授权区来说,该地段的贫困率至少达到 35%,或对于企业社区来说,贫困率至少达到 30%。

> 另外,社区还必须提交一份战略规划,包含的内容有:
>
> 　　说明拟推荐地区进行的协调经济的、人才的、社区的和市容发展及相关的活动;
>
> 　　说明社区成员、地方机构及组织参与并做出贡献的过程,以及推进和实施该规划的过程;
>
> 　　明确说明在联邦、州和地方政府规划过程中需要豁免的权利或其他变化,以便获得更好的协调和实施;
>
> 　　明确说明将会被用于指定地区的州、地方及民间资源。
>
> 该地区也需要得到州政府及相关地方政府的推荐,以确保这些合作者对项目资源和创新承担的责任能落到实处。

因此,根据区域发展项目所从事的社区发展工作将涉及异乎寻常的广泛领域,对地区的选择也要经过罕见的广泛、公开和重复的过程,并且还要适应联邦政府监督体系的要求,因为对城市社区负主要责任的部门既不能对联邦政府提供的资金流和税收优惠实施控制,也不能掌控联邦政府制定的放松规制政策。该项目的这些特征与一套行之有效的绩效报告系统的要求存在着矛盾之处。

战略、标杆与社区权力

区域发展项目的标杆管理,开始于各地方群体在申请获得授权区或企业社区资格认定过程中提出的战略规划的进展。该项目的《申报指南》要求战略规划应当设定"用于评估进展的真实目标和绩效标杆",并建议有兴趣的申请人能够明确说明实施其规划所必需的详细任务和时间表,说明涉及的合作关系,对将如何定期修正战略规划以反映新的信息和环境作出解释,并明确规定那些规划实施过程中应用来评估绩效的基准、产出和目标。① 这些绩效标杆实际上要比建议更有必要：申请者被告知，资格认定的遴选标准将包含一份对如何更好地将提出的规划与用于评估进展和做出必要调整的务实的绩效指标结合起来的评估报告。

这些战略规划和标杆所包含的一个更为重要的特征是吸纳社区参与自身的发展过程。在项目的这个方面取得了令人瞩目的成就。尽管据说大多数参与的公民是那些来自社区团体、以社区为基础的服务提供商以及市民组织的代表，而非无组织的公民个人，但就地方研究者针对该项目全国实地网络研究中得到的接近全体一致的观点而言，在各地授权区/企业社区战略规划发展过程中的公民参与程度，要远高于先前联邦政府城市改革方案中的公民参与程度。②

一项授权区申请的典型规划过程开始于一份经地方政府指导的方案，并逐步发展成一个更为开放的过程，在此过程中社区成员发挥着重要的作用。为了推动社区投入，大多数社区会举行一系列市政厅形式的集会和社区研讨会，也会经常利用这些集会招募公民，为那些负责指导和起草战略规划方案的专门工作组、咨询委员会和指导委员会提供服务。

在某些城市——通常是那些有着公民参与结构或以社区为基础的改革方案的城市，这能够作为开展新的战略规划工作的平台——公民从一开始就毫无争议地全面控制了授权区/企业社区规划的过程和内容。例如，在夏洛特，市政官员在提出申请时将社区团体看作是合作者。在明尼阿波利斯，战略规划过程与该市几年前开始的社区复兴项目（Neighborhood Revitalization Program）紧密结合在一起。在旧金山，为了为战略规划过程提供方便，市政府在每一个地区的社区都会找一个受

---

① 总统社区企业委员会：*Building Communities Together*：*Empowerment Zones and Enterprise Communities Application Guide*，华盛顿特区：美国农业部和美国住房与城市发展部，1994年，第10页。

② 内尔森·A. 洛克菲勒政府研究院，为美国住房与城市发展部准备的报告。*Building a Community Plan for Strategic Change*：*Finding from the First Round Assessment of the Empowerment Zone/Enterprise Community Initiative*。Albany，NY：State University of New York，1997年3月。

尊重的社区组织并与其签订合作协议。

其他城市在制定地方区域发展规划的过程中遇到了社区参与的突出矛盾。在芝加哥，当一位社区领导人从目瞪口呆的规划副专员手中抢过话筒，要求市政官员及其顾问们离开会议室以便让参加市政会议的 200 位社区代表参与进来时，关于市民将在筹备申请程序的过程中发挥什么作用的紧张局势达到了顶点。这次会议提出了一份新的议案，即重组规划委员会以便对申请过程实施监督。不同于原来成员均由市长任命的 30 人协调委员会，拟议中的新委员会的半数成员将由社区推选产生。在该方案提出时，市政官员同意向市长加以推荐，而市长随后批准了该方案并开始付诸实施。①

为了方便市民参与城市授权区的规划过程，亚特兰大市长任命了一个工作小组，而在该小组举行第一次会议期间也出现了相似的情况。当忍耐了超过 90 分钟的市政官员有关他们在授权区的申请程序方面是多么落后的讲话之后，一位市民代表说道：

> 我讨厌在既成事实之后再将事情打包并转交给我们。这个委员会早在 6 个月之前就应该开始这一流程了。我们落后吗？对你界定的'我们'这个词我有疑问。准确地说，所有方面的问题都是你造成的，而不是我们。是你设计了这样的程序，是你挑选的地区，是你选择的顾问，也是你在控制规划过程中的钱怎么来花。②

作为回应，在市长的要求下，市议会撤销了其先前颁布的用来指定亚特兰大市授权区区域的法令，并要求社区授权委员会（Community Empowerment Board）的规模扩大到 69 名代表，贫困率在 35% 以上的普查地段的每一个社区都要有一名代表。扩大后的社区授权委员会对拟议中的授权区区域进行选择，并在提出亚特兰大战略规划的过程中发挥了重要的作用。

---

① 由同行 Charles Orlebeke 提交的第一轮芝加哥实地研究报告，1996 年夏。
② 由同行 Michael Rich 提交的第一轮亚特兰大实地研究报告，1996 年夏。

这种扩大参与范围的结果是产生了一种关于授权区申请过程的普遍而非比寻常的社区主人翁意识。期望值很高,投入了大量时间和必要的精力。社区成员感到这是对某种成果进行的投资,一种认为没有任何地方会比那些公民参与的城市更为强大的意识本身就被看作是赢得了一场胜利。

完成系列目标的设定

正如俗语所说,"对于想要的东西要小心谨慎,这样你才有可能得到它"。有72个城市从292个申请城市中脱颖而出,对于这些获得授权区项目命名的城市来说,在申请时提交的10年战略规划中设定目标仅仅才是开始。成功获得授权的地区必须使它们的规划与获得支持的程度协调起来,并要迅速和住房与城市发展部提出的不断变化着的标杆报告要求达成妥协。

除了6个授权区和少数几个地区之外,对于所有城市来说,成功获得授权从一开始就意味着需要对它们的战略规划做出根本性的重新设计。绝大多数参与的地区必须将1亿美元的授权区规划转化为295万美元的企业社区规划。对于那些被命名为辅助性授权区或强化的企业社区的地区来说,又需要根据不仅低于预期而且来源不同且缺乏灵活性的资金状况对规划做出修正。一般情况下,参与项目的地区会通过减少它们从事的标杆活动领域的数量来实现规划与可能收益之间的协调,这也是极为普通的做法;或者仍按原计划从事相同的活动,但大幅度缩减规模;再或者实质上并不改变标杆,但却试图借助民间和实物投资以及来自其他政府部门的对等资金获得补偿。

选择大幅度缩减项目活动的范围,意味着必须对社区工作的优先事项和通过有时甚至是独断专行且刚刚结束的规划过程做出的战略进行重大的改变。毫不奇怪,那些战略的支持者会因遭到排挤的前景而畏手畏脚。于是,通常会导致冲突和政治上的讨价还价。

维持规划活动的范围但削减规模的选择方案会带来政治上和纲领

性的纷争。对确定的改革方案的规模进行全面的缩减有些一视同仁的味道,而且在理论上有可能维系社区规划方案的广度,并避免引发对更有针对性的变革的密集反对意见。这种纷争在很大程度上被证明是稍纵即逝的。缩减特定活动的规模,意味着对这些活动都要做毫无意义的放弃,而且需要一个复杂的重新规划过程。作为一种明智的政治策略,让每个人都稍微有些不满而不是让少数几个人极为不满的做法并不成功;普遍但细微的变革仍旧被视为需要对社区规划方案做出重大的改动。

第三种选择方案是将规划放在一边并试图通过其他渠道填补资源上的缺口,这会引发那些参与规划过程的利益相关者们提出项目活动和为梦想而"战斗"的政治诉求。然而,这也意味着社区同意为一开始只获得部分资助的规划的进展承担责任。

不论采取何种方法,尽管经过重大的改变,但在这样的困难局面中要承担对经由社区规划过程形成的方案的责任,总是会找到办法的。结果往往是削弱了恰恰是该授权区项目试图给予支持的社区授权意识,并导致许多城市出现不信任感和政治不稳定局面,对地区绩效发挥着持续的负面影响。

正是在这种紧张且不确定的环境下,美国住房与城市发展部针对城市范围内的授权区和企业社区地区引进了一套经过修正的标杆程序。通常情况下,在大多数社区,"展望"的过程会将其大部分精力对准描绘由希望和期望组成的巨幅图景的过程;关注一种在接下来的10年中能够做什么和应该做什么的意识。规划者们相对较少,而且肯定不太关注诸如构建针对现有条件、具体行动步骤以及具体项目预算明确的评估指标这样的细节。然而,在授权地区被命名之后不久,住房与城市发展部就转而要求制定包含更多详细信息的正式标杆方案。但这一要求却并不明智:拥有一套得到认可的、经过修正的恰当标杆体系,对于财政拨款和合约确认是一个先决条件。

为了提供新的标杆报告,按照指导意见,参与的地区首先从它们的10年战略规划开始,对方案和战略进行重新审查,酌情做出确认或调整,对前两年需要实施的标杆和活动按优先顺序进行排序,并与社区的利益相关者一起确定最终的优化/重新排序方案。参与项目的地区也会依据需求种类,按照指导意见来组织和报告它们的标杆及标杆活动,明确每一个种类的基准线,确定完成每一项标杆活动所必需的任务,明确将如何资助每一项活动,并将所有这样的信息输入一个标杆管理的模板。

这些附加的具体要求的每一个方面对于参与项目的地区来说都困难重重,有几个还相当棘手。必须将涉及各自责任和资源承诺的具体协议明确化,这增加了技术和政治上的难度。如果并非所有当地的利益相关者都希望在项目的头两年内与他们有关的部分发生变化,那么将10年期限变为2年期限几乎可以等同于重新开始规划过程。

研究者们认为标杆管理过程也会在其他方面影响社区战略的内容。意识到过去数十年间发生的城市衰败且这种情况不可能在一夜之间就有所扭转,许多像路易斯维尔的企业社区这样的战略规划专注于长期的过程。然而,直到标杆管理开始正常运转时为止,各个社区想要展示进展情况仍旧面临着巨大的抗拒阻力。因此,标杆都倾向于强调相对短期的影响。与我们关系密切的路易斯维尔的研究者也指出,当严密的组织控制相关活动时,强调量化结果会使对早期发展进行有意义的观察变得困难起来。①

事实上,作为授权区/企业社区的那些社区感到要迅速完成这些程序面临着相当大的时间压力,这并没有使这种挑战变得更容易。人们希望每个地区都能提出一套完整的标杆体系,该体系应与它和住房与城市发展部签订的正式合约相一致。否则,将难以获得相关的项目资源。在此之前,强制性地签署诸如此类的协议并实施针对地方领导人的超常规检查都将是无效的。

由于有越来越多的证据表明,绩效管理报告要求是导致某些授权区/企业社区地区过分拖延的原因,因此住房与城市发展部开始接受一些虽然水平仍旧相当一般但可加以完善和发展的标杆报告。随后,该部门推出了绩效评审(Performance Review)机制,这被众多项目管理者看

---

① 由同行 Hank Savitch 和 Ron Voger 提交的第二轮路易斯维尔实地研究报告,1996 年秋。

作是对责任报告制度进行的一项实质性完善。就它"不再要求(授权区或企业社区地区)按原来的标杆报告格式提供任务信息"的程度而言,住房与城市发展部宣称这样的评审是一种"简化的标杆报告"。[①]

一个经过修改的**绩效评审模板**(Performance Review Template)被发布出来,以便对来自那些参与城市的关键信息进行组织和标准化。该模板(图10-1)要求各参与城市列明预期的重要阶段、绩效评估指标、投资、开始和完成日期,以及参与主体。将以一个城市实现预期目标的程度来测定进展情况。

这种没完没了的目标设定产生的一个意想不到的副产品,是在标杆/绩效评审中得到明确确定的内容与如何使之与战略规划联系起来之间产生了一种困惑感。没有一个地方会比芝加哥授权区(Chicago Empowerment Zone)表现出来的分割状况更为突出。芝加哥的战略规划并不是一份详细的计划,而是描绘了一个包含各种可能方法的"工具箱",这削弱了该项目标杆责任系统的整个前提——这份规划将对某个社区的前景作出明确的阐述,并使该社区能够跟踪相关的结果。

获得诸如辅助性授权区或强化的企业社区这样中间层次命名的那些城市面对着特殊的艰难局面,因为对这些命名的资助使它们的用途受到了更为严格的限制。为确保项目的重新设计付出努力而得到的结果,往往与这些社区原有的战略规划存在着显著的差别,就如同在波士顿那样,利益相关者就标杆到底代表着什么的问题存在着不确定和显而易见的不同意见,[②]以及像在奥克兰那样,当地的研究者认为"甚至是那些深入参与强化的企业社区项目的人都不知道标杆是什么或它们意味着什么"。[③]

路易斯维尔企业社区面临的问题则有所不同。尽管被命名为享有300万美元拨款额度的企业社区,但先前为实现使该社区成为享有1亿美元拨款额度的授权区战略而制定的项目决策对标杆管理发挥了重要

---

① 1996年7月16日住房与城市发展部政策备忘录。
② 由同行Karl Seidman提交的第二轮波士顿实地研究报告,1996年秋。
③ 由同行David Tabb和Rich DeLeon提交的第二轮奥克兰实地研究报告,1996年秋。

的影响。市政府和利益相关社区决定,它们宁愿寻找其他的资金来源填补资金缺口,也不愿改变原有的计划,所以设定的标杆仍旧是用来跟踪原来战略的进展情况的。然而,地方领导人却不太情愿为此承担责任。虽然获得了低层次企业社区的命名,但达拉斯企业社区为了实现全面的授权区层次的复兴计划也作出了类似的决定,但它填补资金缺口的方法是通过其他全市范围的改革方案而不是通过对标杆的设计。这两个地区的利益相关者对如何使战略规划与标杆联系起来都感到无所适从。

亚特兰大在面对将 1 亿美元的专项财政拨款"测算"为多少这样的问题时感到极为困惑。最初的标杆适用于大体上能够获得 3 200 万美元的资助。后来对标杆作出修正,使之细化为项目中 1 300 万美元以上的投资,但这又引发了有关这样的标杆指标是应该作为补充性的,还是应该包含在原有标杆指标中的争论。绩效评审机制提出了第三种标杆指标体系,但由于它在提交给住房与城市发展部之前并未提前经过公民委员会的审查和认可,因而在是应该将它还是最初的标杆看作是正式的标准方面存在着广泛的争议。①

表 10-2 授权区/企业社区绩效评审

需求的类别:	基准线:	活动名目:	地址:	说明:
绩效种类			预期	实际
绩效的重要阶段与日期 (该部分用以报告那些将导致活动完结的重要的临时性行动。包括预期的和实际的日期。)				
绩效评估指标 (该部分用以报告该活动将导致的最终结果,如创造/保留的工作岗位数,新建/翻修的住宅,扩展业务/新开业的企业数量,新开辟的儿童保育时段,或该活动其他可进行评估的标杆成果。)				

---

① 第二轮亚特兰大实地研究报告,1996 年秋。

续　表

绩效种类	预　期	实　际
投资 (联邦、州/地方、民间)		
开始日期		
完成日期		
参与主体		

活动识别号

　　一项刚刚推出的新改革方案在报告要求和方法上发生变化的程度几乎不会使人感到意外。然而,授权区项目绩效报告系统发生变化的幅度和频率仍旧引人关注,而且那些变化似乎会对实施过程产生某种负面影响。经过修改的报告要求、术语以及指导意见导致了各地的混乱局面。同样,不断设定目标的过程也能缓和混乱局面,并有助于消除来之不易的社区和谐局面中的不和谐因素。

绩效目标与治理:本末倒置与新来者

　　各个城市在获得授权区或企业社区命名后所要面对的首要且时常是最为急迫的任务之一,是创立一个治理结构来指导实施工作。区域治理结构在很多方面存在着差异。其中较为重要的是授权区或企业社区与城市政府进行整合的程度、在指定区域的街区或分区实施分权管理的范围、参与制定战略规划的决策者和从事区域治理的决策者的连续性,以及社区成员参与或控制的水平和特征。

　　在被命名为授权区或企业社区时,很少有地区就它们将要做什么或哪些人将会制定、执行和评估决策的实质内容有实实在在清晰的想法。[1]

---

[1] 有关对治理结构更为全面的讨论,可参见洛克菲勒政府研究院:《构建社区规划》(*Building a Community Plan*)。

因为要按顺序采取行动,地区的标杆和绩效评审报告在很多情况下会在组织化的机构和人员安排确定之前就被提交给住房与城市发展部。随着完成咨询委员会和治理委员会的组建工作,会招募新的领导者并调整政府各部门之间的关系,也会对标杆的早期方案,特别是活动的优先顺序和行动步骤的具体内容,进行评审和修正。

执行组织和人员通常就项目的活动所持的观点与项目制定者稍微有所不同,并会在充实新项目的过程中做大量的政策设计工作。一位关系密切的菲尼克斯企业社区的研究者指出:"最后被指定实际执行标杆的,是那些并没有在标杆或绩效评估指标的制定方面投入精力的人……(而且对于他们来说,因为)他们忙于恰当地确定需要解决的问题并且很快就会开始一个项目的设计工作,拥有已经确定的标杆和绩效评估指标就好像是本末倒置一样。"①

推车而非拉车并不是唯一的问题。拉车的马也在发生改变。一旦这些地区获得了命名,寻求资金支持的团体数量就会增加。这通常会引发那些前期从事艰苦工作的人的强烈不满。在亚特兰大,由于所有的"新来者"都声称享有分享授权区资源的权利,那些在筹备战略规划的过程中投入最多精力的人显然被其中的某一种说法激怒了。②

旧金山与我们关系密切的研究者也谈到了一种相类似的现象,这是由标杆系统本身所煽动起来的一种不满情绪。由于其拥有的人员、专业知识和关系方面的优势,那些建立起来的社区组织能够在授权区可能获得资金支持的情况下做出快速而卓有成效的回应,胜过那些曾大量参与制定规划的组织者和社区积极分子。正如实地研究报告所说:

> 一旦其他人完成了基础性工作并且开始有资金流入,那些已经建立起来的社区组织原有的谨慎的领导人就会介入并基本上会接管社区规划组织。正如一位老练的地方领导人所说:"当有钱拿时,

---

① 由同行 John Hall 提交的第二轮菲尼克斯实地研究报告,1996 年秋。
② 第二轮亚特兰大实地研究报告,1996 年秋。

所有的一切——标杆、经费使用原则——都会被抛到九霄云外。"①

在州政府部门看来，包括上述那些人在内的、某些在某种程度上有些固执己见的"新"参与者看起来像一群监督者。各州政府在区域项目中通常发挥着某种有些尴尬和矛盾的作用。至少，在向住房与城市发展部推荐地区的过程中需要它们的同意。实际情况是，项目的主要资金来源是由美国卫生与公共事业服务部拨付给各州的财政专项拨款，尽管有住房与城市发展部仅仅将资金划拨下去就可以了的告诫，但有为数众多的州政府仍旧觉得应该为这笔款项承担信托责任。

例如，在亚特兰大获得授权区社区命名之后不久，佐治亚州社区事务部（Department of Community Affairs）的部长就框定了几个与财政拨款条款和条件有关的问题，这几个问题必须在社区事务部向该市下拨款项之前得到解决。这些问题包括说明将执行亚特兰大战略规划的实施主体、当地项目管理机构对授权区专项拨款资金的用途，以及对该市为确保财政责任和遵守法律规章所建立的机制和程序的详细说明。差不多两年之后，该市和州政府仍旧没能就所有这些重要的问题达成一致。②

在北卡罗莱纳州，为了获得由住房与城市发展部提供的企业社区资金，需要经过冗长的协商以便在夏洛特市和州社会服务部（Department of Social Services）以及州社区援助部（Department of Community Assistance）之间达成谅解备忘录，其目的是确定每个政府部门的责任。最终达成的备忘录赋予州政府以相当大的权力：在支出凭证经过社区援助部认可后，社会服务部才会向夏洛特市政府支付款项。③ 在费城授权区的东圣路易斯和卡姆登地区，由于两地地方政府先前的参与不足，州监督委员会拥有在当前或随后对地方政府部门的决策进行审查和可能做出修正的权力。

---

① 由同行 Rich DeLeon 和 David Tabb 提交的旧金山实地研究报告，1996 年秋。
② 亚特兰大实地研究报告，1996 年秋。
③ 由同行 William Rohe 提交的第二轮夏洛特实地研究报告，1996 年秋。

在许多地方,自制定规划以来选举产生了新的州长或市长——纽约州就选举产生了新的州长和市长,这些新上任的官员在重新评估他们前任的支持举措或坚持做出变革方面不会感到有任何约束。由于各州政府是项目协议文本的签署人且因为获得州政府认可是实行标杆管理的必要条件,因此他们具有巨大的影响力。

在这些新参与者登场的同时,社区参与度却下降了。由于识别目标和战略的过程逐渐演变为更为技术化的完成标杆表格和提交绩效评审报告的任务,因而政府官员、服务提供者、借贷人员等专业人员的参与就变得越来越重要了,而社区利益相关者的参与则变得黯然失色。①

将技术性任务委托给专业人士应该并不是意料之外的事;那些只有有限时间的社区成员会在他们能做出最具贡献价值的地方参与工作。但标杆管理和绩效评审并不是行政部门的任务。尽管这一过程及其术语具有高度的专业性,但所涉及的工作通常完全是对由社区提出的设想和战略所做的基础性的重新阐释。由于从根本上取代了原有的战略规划,而又没有重新吸纳社区成员参与这一过程,标杆管理在很多地方灌输了一种工作"被别人接管了"的意识,并损害了社区利益相关者、市政领导人与州及联邦同行之间的信任感和伙伴关系。

责任信息的局限性:不确定的责任与模糊数学

尽管存在这些缺点和限制性因素,但实地研究报告仍然肯定地指出,在维持针对目的和目标的关注度方面,来自各个层级的参与者都认

---

① 一个例外是奥克兰的强化的企业社区,那里拥有强烈的愿望,希望使标杆的方案和运用能够与纳入最初的战略规划过程的社区合约的水平和特征相一致。强化的企业社区的政策委员会促使制定修正案,通过一个由该委员会成员、市政府官员、社区建设团队的参与者以及各种社区组织共同参与这样的参与式过程,来提出修改后的标杆草案,并在公开会议上进行讨论,随后被强化的企业社区委员会和市议会采纳。与先前匆忙制定的意在获得免费拨款的版本不同,强化的企业社区的参与者期望能够将修改后的标杆报告真正用作对强化的企业社区资助项目和活动进行监督和评估的工具。奥克兰的实地研究报告,1996 年秋。

为标杆管理和绩效评审过程通常是有效的。最主要的原因是,尤其是相对于其他项目而言,标杆系统向各地的区域利益相关者提供了一种能够对战略规划描绘的"社区愿景"负有责任的过程和机构性参与者实施控制的机制。在亚特兰大,同样也在塔科马、达拉斯、明尼阿波利斯、东圣路易斯以及路易斯维尔,当地的参与者们普遍认为,标杆管理使他们能不断思考那些他们曾说过要为之奋斗的项目,向他们提供了评估进展情况的时间表和数量标准,能够帮助他们避免那些毫无实质意义的"不可靠"的工程,并提供了一种确保地方官员实施战略规划的手段。[1]

然而,与能够使地方的利益相关者更好地确定这些地区正在做什么相比,标杆管理/绩效评审系统的目的是能够做的更多。相关的责任条款也是为了跟踪这些地区将**如何**实现它们的目标,特别是哪些主体将为那些指定的活动负责以及如何分配资金。但遗憾的是,区域项目绩效报告系统的这些方面却表明需要更多的努力才能实现。为了使之发挥效力,绩效报告系统必须能够就谁来做以及到什么时间完成什么工作提供全面、清晰的信息。而从任何超越最一般的层次上来说,诸如此类的信息又通常是不可能从区域项目的绩效标杆管理系统中获得的。

在巴尔的摩,战略规划的关键部分将由6个新组建的村务中心来执行。尽管绩效报告列明了发展村务中心的步骤,但就标杆体系而言,谁将为实现这些目标负责却并不清楚。[2] 亚特兰大的参与者们也指出,在执行战略方面与之相类似地缺乏有关责任的详细信息:标杆明确的只是那些诸如"社区开发公司"、"银行"以及"民营部门"这样宽泛的类别,而不是具体的组织。明尼阿波利斯的一项标杆完全是由"创建一家小型的商业孵化器"这样的表述所组成,缺少详细的责任表述。缺乏明确的指定责任将难以跟踪项目结果。

---

[1] 1996年秋,分别由亚特兰大的同事 Michael Rich、塔科马的同事 Betty Jane Narver、达拉斯的同事 Paul Jargowsky、明尼阿波利斯的同事 Cecilia Martinez、东圣路易斯的同事 George Wendel 以及路易斯维尔的同事 Hank Savitch 和 Ron Vogel 提交的实地研究报告。
[2] 由同事 Bob Stoker 提交的第二轮巴尔的摩实地研究报告,1996年秋。

由于住房与城市发展部作出的令人费解的指导意见而导致绩效评审报告缺乏明确性,也削弱了责任机制。该部门对绩效评审模板"一条报告授权区/企业社区正在进行的每项活动的简易途径"的描述,①导致某些地区仅仅报告那些"正在进行"的活动,而忽略了那些未处理的、延迟的或计划要晚一些开始的活动。住房与城市发展部要求各个地区"对每一项具有不同结果的活动都要填写模板",并要求地方官员"如果一套标杆体系为刚开张的 10 家小型企业制定了一项商业贷款计划,而且如果有 4 家刚开业的企业在报告期内获得了贷款,那么就要针对这 4 家企业中的每一家填写模板"。② 如果像某些地区做的那样,按照字面意思去遵守这些规定,那么就会导致实际进展的混乱:在得到 4 个不同的贷款活动完成了 100%这样不恰当的结论,而不是理解为一项新出台的贷款活动完成了 40%的信贷投放之间存在着差异。

资金的状况也很难跟踪。一般来说,绩效报告系统必须就用于一系列既定项目活动的资源加以明确规定。这在大多数授权区或企业社区地区却并非如此。对许多标杆指标而言,资金的数量和来源既不知道也没有列明。标杆/绩效评审通常包含的只是对用于各自项目或目的的资源所做的宽泛说明。

达拉斯关系密切的研究者指出,标杆体系体现了企业社区财政拨款正规渠道的收入和支出情况,但对来源于其他途径的资金并没有做出清楚的说明。菲尼克斯的官员认为,如果项目采取的是协作的、多领域的实施方法,那么在如何说明跨越部门界限的企业社区活动方面就会存在问题。③ 诸如此类的归属权和财务会计问题则是项目责任的核心问题。

另一个难题则来源于这样的现实,即在每个城市中,那些正在进行的或规划的活动会对目标区域产生直接或间接的影响,但却得不到授权区/企业社区资源的支持。地方政府在区域项目之前并在区域项目期间

---

① 住房与城市发展部的政策备忘录。
② 住房与城市发展部的政策备忘录。
③ 第二轮菲尼克斯实地研究报告,1996 年秋。

持续进行的工作就是一个常见的例子。住房与城市发展部要求各参与地区将此类活动纳入绩效评审报告中,而不管它是否是战略规划的组成部分并消耗项目的资源。这一要求并不具有理论上的正当理由:毕竟,授权区/企业社区改革方案的目的是开创并促进其他方面的工作,而不是取代它们。然而,项目的杠杆作用和影响被人为地夸大到了一定程度,以至于那些不属于授权区/企业社区的活动也被错误地纳入"项目"的名义之下。

需要对联系和因果关系进行某些审查,以便判断是否有其他活动实际上也获得了区域项目的支持。通常情况下,不论是各个地区还是住房与城市发展部,都没有做过那样的审查。对某些研究者而言,也包括住房与城市发展部的总审计长在内,如果项目报告从根本上来说并不是不可靠的,那么这一问题也会让人对项目报告有关授权区/企业社区发挥支持作用程度的表述产生质疑。

评估信息的局限性:基准缺失、评估不力、影响叠加及反馈不足

有效的责任体系需要有意义的基准信息并以此来评估进度,基准信息并非是有关社区一般情况的简单信息,而应该是与拟定的战略和活动直接相关的详细起始点信息。缺乏恰当的基准信息显然限制了标杆体系发挥作为一种评估工具的效力。实际上,很少有一个作为授权区或企业社区的地区,提出过任何近似于对某项计划实施的战略及其标杆管理活动的条件进行详细说明的分析数据,甚至那些与什么可以作为进度指标进行评估直接相关的基准数据也是稀缺的。

例如,许多参与地区呼吁能够通过小微贷款项目获得更多的发展资金。很明显,不管是战略规划还是标杆报告,都没有提及先前对此类资金的需求或供给。相反,针对"基准",标杆体系可能只会规定:"目前没有小微贷款项目"。这项活动应该被详细规定为"创立一个小微贷款项目",而进度的评估指标应当是小微贷款项目是否建立起来,而不是是否

改善了获得资金的机会。

就将基准数据应用于标杆管理过程的程度而言,这些信息是直接从战略规划中获得的且不会发生变化。由于在一个地区提出申请到获得命名之间会有6个多月的时间,而且随着项目的实施又会经过相当长的时间,因此这些信息通常都是陈旧的。

对于项目的绩效报告系统来说,针对区域活动缺少分析性的起点信息是一个重大的缺陷。如果没有这样的信息,要了解一个项目领先的地方在哪里或取得了多大进展显然很难。

对于区域项目的绩效报告系统来说,各地区使用的绩效评估指标是另外一个重要的缺陷。在早期阶段,住房与城市发展部的项目管理者们试图确保那些地区能够认识到产出与后果之间的区别,并会在出于责任的目的而提交的材料中强调将产出数据作为活动和进展情况的评估指标。"授权区/企业社区工作组正在要求各个社区根据产出而不是后果来确定它们的标杆",住房与城市发展部的官员在一份发给参与地区的公报中写道。"这样做的依据是,后果的实现要比标杆的完成更有可能受到授权区/企业社区改革方案范围以外各种因素的阻碍。"[①]这是一个合理、实用的建议,它来自一位试图在行动开始时避免引起别人注意的管理者的观点。但它却把责任的门槛设置得过低了。

有关产出和重要阶段的信息能够进一步说明细微的差别和细节。然而,为了使之具有意义,此类评估指标需要与那些客观、严密并表述清晰的预期的绩效标准进行比较。而且,此类数据还必须用那些经过仔细挑选的中间的或最终后果的评估指标进行补充:评判那些准备实施的项目活动的条件变化程度的标准。在这两个方面,在典型的授权区或企业社区进行标杆管理和绩效评审的实践,通常都达不到这种理想状态。

即使是在最好的情况下,有少数几个案例具备可行的及可量化的基准和标杆评估指标,也不能证明绩效评估指标就是有意义的。项目管理

---

① 住房与城市发展部的政策备忘录。

243

者一般会在很大程度上依靠供应商和提供服务的组织来建立他们自己的标杆评估指标,这些评估指标通常是由他们自己现有的活动发展而来的。某些组织会获得以影响为导向的直接后果,而其他组织只是以某种标杆的形式来说明它们的计划性活动(如"向1300名学生做介绍")。没有迹象表明,为了判断它们的真实性或相关性,这些地区或住房与城市发展部对有关预期绩效的陈述进行过核实。

另一个难题是由于项目活动影响的相互叠加。对于作为授权区或企业社区的地区来说,将那些能够采取相类似的标杆进行评估的方案合并在一起是习惯的做法。即使许多活动是在同一时间、同一地点发生的,一项评估工作还是会试图将变化归因于特定的活动。然而,有助于这一过程的标杆信息容量却是极为有限的。

当将结果归因于某一个项目,而这些结果又有可能是多个项目综合作用而产生,或者并不能直接将影响归因于该项目时,就涉及到一个与此有关的问题。这一问题是实施全面的社区工作所固有的。正如我们在达拉斯进行实地研究的同事指出的那样:"在很多情况下,要将社区的完善和发展归因于项目的某一个具体组成部分似乎是不可能的。如果房地产价值上升,那么它是因为新开张了一家企业、犯罪率下降了,还是因为该社区的认识发生了变化呢?"① 从标杆/绩效评审材料来看,不可能说得清楚。

达拉斯企业社区规划与公共安全相关的那些方面说明了这一问题。由于正在实施其他的项目,并且因为需要根据地理区域汇报的、适用于企业社区的犯罪统计数据与现有的报告单位并不一致,因此就将统计数据中犯罪率的下降归因于企业社区项目的实施,这多少会被认为是有疑问的。

在评估以社区为基础的工作绩效过程中,一个更大的问题是难以始终如一地把握那些外界因素。例如,经济领域宏观层面的变化将会比授

---

① 第二轮达拉斯实地研究报告,1996年秋。

权区或企业社区的活动在社区转型方面施加大得多的影响。标杆管理/绩效评审系统并未尝试将这些因素纳入考虑的范围,相反却更喜欢要求那些参与社区去关注活动的产出。

责任体系还应该提供反馈信息。收集和报告绩效信息的首要目的是:使这些信息在调整和扩充所从事工作的过程中得到实实在在的应用。洛克菲勒研究院实地研究网络考察的 18 个地区中,只有 2 个地区的绩效报告系统实现了这个层面的功能。在旧金山,为了坚持实现履约审查和资金使用决策中的绩效目标,标杆管理过程专门组建了企业社区委员会和社区规划委员会并采取了相应的措施。我们进行实地研究的同事认为,由于接受过训练并具备经验,旧金山当地的参与者在这样的反馈手段方面要更为熟练一些。[1]

塔科马也存在类似的情况。在那里,塔科马授权财团(the Tacoma Empowerment Consortium)委员会(由非营利的服务供应商和其他利益相关者组成的混合团体,监督并运营区域项目)认为,标杆管理对于重新考虑问题和关注薄弱环节是一种有用的工具——能够给他们带来更大成功机会的工具。[2]

然而,对于其他作为授权区和企业社区的地区来说,标杆管理/绩效评审过程总体上却缺少反馈,即使是在最好的情况下反馈也是不足的。在利用经验重新审查基础性的规划和战略时尤其会出现这种情况。正如一位亚特兰大授权区委员会的成员所说的那样:"标杆必须是一种现存文件,能够做出调整和改变。但从公民委员会成员的角度来说,要从根本上背离战略规划规定的内容似乎存在着相当大的阻力。……几年之前编写完成了这份规划,有些地区的条件已经发生了改变,而同时在其他地区又出现了新的机会。与其在亚特兰大将战略规划当作一种动态的和不断发展的过程,倒不如将战略规划按照一种静态的、一次性的

---

[1] 第二轮旧金山实地研究报告,1996 年秋。
[2] 第二轮塔科马实地研究报告,1996 年秋。

实践方式来完成。"①具有讽刺意味的是,亚特兰大授权区发生的情况与其他地区一样,这样的刚性问题部分是由早期的计划和过程中普遍存在的变化导致的。由于规划产生的疲劳感或顽固性与政治冲突有关,所以即使不是大多数也会有很多实施区域项目的地区,根本不会为了将绩效报告系统作为一种学习工具而做出相应的调整。

在路易斯维尔,对于住房与城市发展部而不是活跃在企业社区中的居民和专业人士更为重要的是,区域项目的绩效报告系统被认为是一个没有必要且浪费时间的负担。②菲尼克斯的市政官员对于标杆管理过程也"显然具有不满情绪",他们将之看作是"跳圈游戏"(hoop-jumping)。③重要的消息人士指出,标杆被有意识地设定为简单和模糊的,这样一来,一个地区不用费多少气力就能达到它们的要求并且面子上也会好看。市政部门会提出更为详尽和恰当的绩效评估指标,而不是那些应用于绩效评审的指标,供它们自己内部使用。一位标杆管理者说:"我们实际做的和我们报告的是两回事——而且我们报告的要模糊一些。"④

总的来说,从各个地区的观点来看,对待区域项目标杆管理/绩效评审的看法是矛盾的。大体上,各个地区认为,对于强调和沟通目标来说,这个系统是一种有用的机制。但是这一过程也被看作是累赘并且与判定绩效离题甚远。绩效报告还被看作是对诸如时间和礼仪这样的有限商品进行的一种重要投资的需求——一个需要满足"联邦政府官僚"但却对授权区和企业社区本身毫无实际用处的要求。

实现项目信息的民主化

授权区项目制定者早期的理想之一,是利用标杆管理/绩效评审向

---

① 第二轮亚特兰大实地研究报告,1996 年秋。
② 第二轮路易斯维尔实地研究报告,1996 年秋。
③ 第二轮菲尼克斯实地研究报告,1996 年秋。
④ 同上。

那些参与项目的社区居民传播项目信息。想法是按照每一个参与城市的街道网格来绘制有关规划活动、资源责任以及进展情况的信息图谱，并将相关信息放到互联网上。但实际执行情况却并未实现这一崇高的目标——项目信息与地理区域之间的关联并没有取得所希望的进展。尽管如此，克林顿政府在实现这一目标和取得的进展方面还是值得称道的。

住房与城市发展部就授权区/企业社区倡议建立了一个包含大量信息并方便使用的网站(参见 www.hud.gov，也可见和农业部联合建立的网站 www.ezec.gov)。该网站提供与参与项目地区详细信息的链接，包括说明这些地区的边界和主要道路，以及如重要机构这样的社区资产情况的指定地区的地图。正如住房与城市发展部于 1997 年 3 月针对第一轮城市地区中的每一个发布的以绩效评审为基础的《地区管理报告》(Site Management Reports)指出的那样，网站也全面概括了每一个指定地区拟定的战略规划。网站还提供了大量背景资料，以及用于社区发展的"工具"和可用资金的说明。网站上没有提供的是联邦政府提交的单个授权区和企业社区的标杆/绩效评审报告。

欠缺的还有将方案信息与地理区域联系起来的能力。该网站更具吸引力也更为有用的方面之一，是能够使用户——一家企业或是一位居民——进入一条街道的地址并决定是否在指定的项目区域内落户。但却缺少与项目活动地点有关的并列信息。用户仍旧不能有针对性地通过拖曳地图来查询在哪里进行了投资、哪里的住宅正在建设或经过了翻修以及哪里又新增了工作岗位。

问题存在于标杆/绩效评审材料的报告过程。项目资源和其他投资的信息质量时好时坏，从而在通常情况下缺乏可信度——这必然会对绘制地图造成困难。绩效评审模板的确要求各个地区要确定每一个项目活动的地理区域。然而，除了极少数例外情况之外，各个地区都会填写自己办公场所的地址，而并非是例如通过区域发展方案向其提供贷款的 10 家小型企业的地址。

尽管有的时候效果更好,但标杆管理系统也主要是以相同的方式在当地传播信息。例如,在旧金山的企业社区,标杆管理授权社区居民参与的决策领域,在传统上是属于像市政官员和根基深厚的非营利性服务供应商这样的消息灵通人士的职责范围。

以运用(标杆管理的)绩效标准为契机,企业社区委员会和社区规划组织放开了当地的契约授予程序,以便接纳新玩家参与到曾经是消息灵通人士的游戏中。由于面对明确的绩效标准感到灰心丧气,所以有些根基深厚的非营利性服务供应商选择不去申请企业社区的资助。有许多提出资助申请的机构被强迫要求向更多的社区参与者开放它们的决策过程,并要说明它们计划进行的活动和服务将会如何回应社区居民的特定需求。①

总体来说,区域项目在一个范围异常广泛的圈子里分享有价值的信息。然而,使市民通过使用互联网跟踪本地授权区/企业社区项目实施情况的关键想法仍旧没有实现。

并行的世界:联邦政府部门的情况如何?

与区域项目的绩效报告系统会如何更好地作用于当地参与者这一问题相关却又不同的问题是,它将如何更好地满足住房与城市发展部的需要。随着它的发展变化,住房与城市发展部针对控制地方授权区和企业社区地区进度的态度体现了一种日益强化的矛盾心态,也因而在将标杆指标和绩效评估报告应用于确保实现项目绩效的过程中表现出某种含糊态度。

至少,住房与城市发展部对"能够确定社区、地方政府和州政府采取的行动与战略规划相一致的授权区和企业社区的定期报告……"负有法

---

① 第二轮旧金山实地研究报告,1996年秋。

定的责任。① 而且,相关制度规定,"住房与城市发展部将根据实地进行的绩效评估和提供的其他信息,定期评估每一个指定的授权区和企业社区战略规划的进展情况",也可以采取由其委托的独立第三方进行评估的方式。②

根据这些绩效评审获得的资料,住房与城市发展部将会对指定地区进行再评估,并将结果及时报告给所有向授权区和企业社区提供资助的联邦政府部门。指定区域边界的变化,"没能在实现战略规划设定的标杆方面取得进展",以及对制度规定的"没有完全遵守战略规划",将成为住房与城市发展部部长行使撤销某个地区相应称号的自由裁量权的理由,在作出决定之前会发出一封警告函以及处罚结果的通知。③

然而,尽管有这些规定,但住房与城市发展部的项目管理者们似乎并没有使用标杆和绩效评审报告对各参与地区的绩效实施严密的监控。在一份住房与城市发展部向其区域项目中所有州及地方联系人发送的公报中,该部门明确表明它的作用只是提供技术性支持,而不是对各个地区的绩效实施监控,并且号召各州政府也采取与之相类似的立场。④如果不得不在局部控制和项目责任的目标之间做出选择,那么局部控制将会具有更高的优先性。正如住房与城市发展部部长安德鲁·科莫(Andrew Cuomo)宣称的那样:"这个项目的情况我们在第一天就对各个社区说起过,'没有联邦政府的授权,联邦政府不会提供任何帮助。提出你们自己的目标、你们自己的时间表。如果这适合于你们,上帝保佑你们,这也适合于我们。'"⑤

如果住房与城市发展部认为对那些被指定为授权区/企业社区的地

---

① Part 597, Subpart E – Post Designation Requirements, §597.400 – Reporting, Federal Register. Vol. 59, No. 11, Tuesday, January 18, 1994, Rules and Regulations, 2709.
② 同上, §597.401 – Periodic Performance Reviews。
③ Part 597, Subpart E – Post Designation Requirements, §597.402 – Validation of Designation. Vol. 59, No. 11, Tuesday, January 18, 1994, Rules and Regulations, 2709.
④ 1996年7月16日住房与城市发展部的政策备忘录。
⑤ 转引自《旧金山评论报》(*San Francisco Examiner*),1997年3月8日。

区发挥支持作用是一种可取的战略,它就不会找到多少且特别强有力的可行方法去影响单个授权区或企业社区的绩效。住房与城市发展部可能会对战略以及标杆/绩效评审报告中的个别活动不以为然。但该部门也会为在对地区层面的个别活动进行分析时表现出来的手段拙劣和人手缺乏感到不安。因此,联邦政府对地方绩效报告所做的审查只不过就是检查一下在资金使用的过程中,项目实施的活动是否符合相关法律和制度的约束。

而且,一旦标杆和绩效评审被认为代表着一份每个授权区或企业社区同住房与城市发展部之间签订的"绩效合约",那么各个地区基本上都可以随意增加、改变或删减标杆指标。根据项目的规定,只要决策不是在45天内做出的,那么住房与城市发展部都将自动批准此类决策。而各个地区需要通知住房与城市发展部的只是那些重大的变化。根据规定,"增加或缩减预算,变更某项活动的参与机构或改变期限不构成一项重大的变化,且不需要提交至住房与城市发展部、州政府或市政府以获得批准"。① 由于像成本、最后期限以及对负责实施活动的机构进行确认这样的关键信息属于地方性变化而不需要预先告知,因此住房与城市发展部在确保其"承包人"为绩效承担责任方面并不处于强势地位。

授权区/企业社区资金来源的特性也使得住房与城市发展部运用资金支配权来严密控制那些参与地区变得非常困难。通常的做法是,一旦协议备忘录最终确定下来,就会向参与的各州政府下拨专项财政资金,随后就由州政府负责处理与各地授权区或企业社区相关的各项事务。区域项目最主要的资金来源——社会服务专项拨款来自卫生与公共事业服务部,一般会流向某个获得州政府授权的经卫生与公共事业服务部指定的机构以便于支付。与之相类似的是,向具备资格的地区及企业提供的税收收益,通常依据法律也不需要住房与城市发展部进行裁决或作出分配决定。

---

① 1996年7月16日住房与城市发展部的政策备忘录。

住房与城市发展部也不能将其他联邦政府资源的可获得性与在授权区/企业社区地区内发生的活动联系起来。由于行政当局有兴趣表明授权区/企业社区与其他联邦项目具有最大程度的关联度,因此要威胁取消对此类联系的支持被证明是毫无意义的。这种方法也会要求联邦政府部门之间有更为复杂的合作,这比项目管理者们能够提供的合作要多得多。

作为一个现实问题,这使住房与城市发展部要想对那些授权区/企业社区地区的绩效改进发挥影响,除了撤销指定区域的称号之外别无他途。而那也被证明实际上是一种用处不大的手段。规章制度对这种"确认"行为的使用和频率并无明确规定。规章制度在这种评审是否会导致制裁或惩罚措施方面也是宽容的:根据绩效,住房与城市发展部部长"可以"将授权区划分为企业社区,反之亦然,也"可以"在特定的情况下完全撤销对某个地区的命名。另外,由于总的行动方案是建立在各个地区效用基础之上的,住房与城市发展部在监督每个地区更好地表现方面也具有某种含蓄的共同利益。各地的参与者或许会坚信,联邦政府的项目管理者们也不太愿意关停他们各自项目中的某些组成部分。

住房与城市发展部只在1997年3月公布过一份与城市授权区/企业社区地区进展情况有关的公开报告。该部依据第一轮修正后的绩效评审资料撰写了一份专门针对标杆管理的每一个代表性进展情况的"管理报告"。以这些报告为依据,住房与城市发展部突出强调了两种类型的项目执行者:13个"最优执行者"和5个据称比较而言未取得进展的地区(剩下的54个地区分别居于二者之间)。住房与城市发展部的官员指出,如果没有"改进"的话,这些地区就有可能失去项目的资助。"这笔钱是宝贵的,"科莫部长在新闻发布会上说,"(这些有问题的地区)如果没有使用,它必须被用于其他社区。"①

当时的新闻报道将那些表现不佳的地区描述为在绩效评审过程中

---

① 新闻发布会,华盛顿特区,1997年3月7日。

被施行了"缓刑",①但它们的地位却并不明确。例如,费城-卡姆登授权区的卡姆登地区被重点列为5个有问题的地区之一。但是并不清楚住房与城市发展部部长是否获得了可以撤销某个指定地区其中一个部分的授权;也不清楚像这样的撤销决定对费城意味着什么,因为费城-卡姆登授权区是依据某项特殊条款所命名的跨越两个州的授权区。住房与城市发展部的一位新闻发言人说:"这份(绩效评审)报告是一个警示信号,并不意味着马上要实施惩罚措施",而且联邦政府和地方政府的项目管理者们"必须齐心协力来实现该项目创造就业和复兴社区的绩效标准"。② 在回答记者的提问时,该部门的官员承认,为了防止命名被撤销,没有为卡姆登地区充分表明绩效改进设定最后的期限,也没有提出详细的要求。说得最多的就是相关各方要尽快碰面以讨论那些实施问题的解决办法。最终,该地区仍旧享有资格,也仍旧没有进展。

1997年3月的报告是住房与城市发展部唯一一次公开使用标杆/绩效评审数据。但是,住房与城市发展部的总审计长办公室却使用这些报告以及其他资料对4个授权区——亚特兰大、芝加哥、底特律和费城-卡姆登进行审计。总审计长办公室得出的结论是,在确保授权区资金的高效和有效使用以及对成果的准确报告方面所采取的控制措施并不充分。特别是,总审计长办公室的审计官员们发现,没有一个地区遵守项目资金只能用于那些主要能使授权区域居民受益的活动的要求。审计官员们也发现了违反禁令的情况,这些禁令规定不得向那些仅仅将工作岗位和商机从一个授权区外挪到区内的企业提供资助。③

还有一种常见的结果是,各地区都倾向于报告属于授权区范围内的大量活动,但依据众多审计师的判断,此类活动对于项目而言毫无助益。

---

① 《旧金山纪事报》(*San Francisco Chronicle*),1997年3月8日。
② 《旧金山纪事报》(*San Francisco Chronicle*),1997年3月8日。
③ 在美国法典(United States Code)第20条2007(c)(1)(B)章和美国法典第26条1391(f)(2)(F)章可找到具体的条款。住房与城市发展部总审计长关于亚特兰大的结果来源自发布于1998年9月28日的编号为98-CH-259-1005的审计案例。

按照住房与城市发展部总审计长的观点，这一做法会产生这样的印象，即该项目的好处要远远大于实际获得的利益。①

住房与城市发展部或许也会期望利用绩效报告系统来判断总的行动方案在实现其目标过程中的表现如何。然而，对单个地区定制内容的强调，似乎限制了住房与城市发展部的项目管理者们以此来理解绩效报告系统。尽管该部在初期为授权区/企业社区方案设定了四个核心目标，但是住房与城市发展部的项目管理者们不愿意报告与之有关的进展情况，因为这样做会将全国性目标强加在地方特权之上。而且，如果要使跨地区的绩效报告成为一项任务，那么参与的地区就应该将少数几个中期的或最终的成果评估指标合并在一起，以便使住房与城市发展部和国会的监督委员会能够对整个项目作出评估。但不幸的是，在绩效报告系统的设计方案中却并不包含这样的功能。

获得的经验教训

授权区/企业社区方案中的绩效报告服务于多个目标和受众。它被看作是针对地方利益相关者的一种管理工具和一种沟通手段：一种明确目标、评估进度、学习经验及吸引社区成员的机制。绩效报告也是为了使联邦政府的项目管理者们可以确保责任的落实，协助各个地区取得进

---

① 住房与城市发展部总审计长关于芝加哥的结果来源自发布于 1998 年 10 月 15 日的编号为 99-CH-259-1002 的审计案例。住房与城市发展部总审计长关于底特律的结果来源自发布于 1998 年 10 月 20 日的编号为 99-CH-259-1003 的审计案例。住房与城市发展部总审计长关于费城的结果来源自发布于 1998 年 9 月 30 日的编号为 98-CH-259-1006 的审计案例。住房与城市发展部总审计长建议，授权区/企业社区方案的协调人应和卫生与公共事业服务部的官员共同努力，以确保那些不当使用区域资金的城市的授权区项目获得补偿。毫不令人感到惊奇的是，市政府和授权区的官员们强烈反对那些审计结果和建议。亚特兰大和芝加哥的官员认为，总审计长挑毛病的行动只有在事先和住房与城市发展部的授权区项目办公室磋商后才能进行。费城的市政官员对此的反对意见尤其强烈："(住房与城市发展部总审计长)的结果只能被看作是令人震惊地不准确和不公平。市政府在授权区的各个社区花费了 1 600 万美元用于经济发展、教育、住房、公共安全以及至关重要的基础设施改善。总审计长办公室的结果所涉及的问题还不到全部支出资金的 1%。市政府坚持认为授权区资金的所有支出都是为了使该区域内的居民受益。"

展并就整个项目的成功之处提出报告。或许不会令人感到惊讶的是,项目绩效报告实现这些完全不同的目的的能力是参差不齐的。

作为一种确定和沟通目标的工具,标杆管理和绩效评审取得了极大的成功。大多数参与地区的重要信息提供者认为,对于目标设定,尤其是对于向更广范围的公民公开有关战略和工程的信息而言,项目的绩效评估要求是发挥了作用的。

作为测量绩效的标准,标杆和相关的管理报告却并没有发挥多少作用。由于针对后果的评估指标是固定的,因此通常欠缺涉及项目活动的有意义的基准信息。各地提交的报告通常会重新界定并包含如项目影响这样不相关的活动,并且难以将资助信息与单个的工程联系起来。很少能够做到使要评估的内容与活动的战略目标关联起来。这些报告提供给联邦政府的项目管理者们对作为整体的项目进行分析和报告的信息非常少。

考虑到环境因素,任何由标杆管理/绩效评审产生的可能结果都是值得关注的。区域发展项目创造了一种显然不适合进行绩效报告的环境。与项目有关的活动异常广泛,涉及大量复杂而形形色色的利益,而且是经过一个极其开放和重复进行的过程由地方挑选出来的,这一过程使创建目标和评估指标变得更为困难。与联邦政府给予资助的其他项目相比,社区参与要活跃得多,本身作为一个项目目标,社区参与导致了一种针对项目战略和决策过程的非同寻常的社区归属感,它虽然是有价值的但却是复杂而令人紧张的。政府的多个部门和层级参与其中,通常负责实施的是小型政府部门或非营利组织中的管理者,而对挑选和监督参与的城市地区负有主要责任的联邦政府部门却很少能控制主要的资金流,而且在影响地方绩效方面的手段也极为有限。一般说来,那些社区发展项目本来就是凌乱不堪的,并具有众所周知的评估难度。就此而言,区域发展项目一如既往。

区域发展项目绩效报告系统的几个更为重要的缺点是其自身造成的,虽然不是源自内在特性,但却是产生于对善意的执行选择方案的实施过程。区域发展规划经验的这些方面对于其他绩效报告方案的设计者们具有特别的指导意义。

尽管可以预见到，但不幸的是，绩效报告要求、治理和财政资金的相互作用削弱了目标设定和传播功能。因为各个地区通常是在建立组织结构和人员安排之前就要撰写和提交标杆与绩效评审报告，所以会因领导人员的聘用以及处理与政府机构之间的关系而对报告进行修正。最终对规划的反复阐述会造成大量有关标杆评测到底是什么的困惑和冲突。

标杆管理也会对各个社区如何保证规划与项目资源相匹配产生影响。为了任务的速度和看似具有的行政属性，标杆绩效报告系统从根本上替代了战略规划并限定了地方政府的行动方向，而不需要重新吸纳社区的利益相关者参与其中。这些变化合在一起强化了一种社区的规划过程"被别人掌控"的意识，并灌输了一种围城意识，使得那些地区要想学习经验变得困难重重。

区域发展项目绩效报告要求进行修改的程度和频率也会对实施产生负面影响。任何新方案都有可能产生报告要求会发生变化的预期。但区域发展项目的变化是大规模的且不断发生的，这对各个地区来说意味着缺乏严肃性或应对的能力。对于项目的规划者而言，实施针对区域发展项目的绩效评估系统似乎是简单明了的，但实际上却是一项复杂的任务。事后看来，所有可能更好发挥作用的相关因素不会使绩效报告过程开始得那么早，并且能够预先对缺陷进行矫正。

与其他的社区建设和复兴战略一样，区域发展项目也易受社会和经济因素而非地方控制的影响——这些特征增加了建立基准和评估后果的难度。然而，如果不是大多数，也会有许多联邦政府项目在应对诸如经济或环境这样的复杂系统，大多数会与其他部门分担责任，而且大多数在确立基准、明确项目的干预措施和评估结果的过程中也面临着类似的挑战。要求各联邦政府部门每年都要对实现其项目目标的结果进行报告的1993年《政府绩效与结果法案》，鼓励各部门将后果也列为报告的一个部分。但遗憾的是,住房与城市发展部却要求作为授权区/企业社区的各个地区在标杆管理/绩效评审报告中侧重于产出而不是后果的报告。

最后,一个有效的责任/绩效评估系统所需的要素虽然数量不多,但却重要。它们包括规划、标杆、活动以及与负责实施的人员之间的直接联系;在活动的先决条件和进度的评估指标以及按照一定标准设定的评估指标之间的清晰联系;以及以经验为基础的对规划和方法作出调整的过程。尽管克林顿政府在试图实施授权区绩效报告制度方面获得了赞誉,但实际上项目运转的过程正在很大程度上失去这些特性。住房与城市发展部对待标杆管理和绩效评审的态度是不再强调在监控单个地区绩效的过程中使用这些程序。尽管与在原则上对联邦政府灵活性和地方政府"所有权"的强调保持一致,但住房与城市发展部不愿对各地区实施严密监控这一现实,削弱了这些程序在绩效合约管理中的作用。

最好的消息是,在区域发展项目的存续期内还有充足的时间,可供住房与城市发展部按照自身的意愿进行改革和绩效管理,以便完善项目的报告系统。为了授权区和企业社区的利益,能使该部门试图通过互联网实现信息民主化的同一种精神,也适用于创建和监控社区环境的过程。除了与投资和项目有关的信息之外,此类社区监控过程还有可能产生对社区生活质量和长期稳定的影响进行评估的指标,因此可以对项目活动的影响加以评估和测量。地方、州和联邦的利益相关者可以分享信息,而且对地方的项目参与者具有巨大的价值,能够显著地提升标杆管理的实用性。正当联邦政府和国会计划增加指定授权区域的数量时,着手深化并分享现有地区绩效经验的审慎工作应该还不算太晚。

第十一章　政府间关系与联邦绩效运动[①]

贝丽儿·A.雷丁

绩效的华丽修辞成为20世纪末期公共部门的主导语言。这一华丽修辞使用了大量强调后果而非投入、过程甚或是产出的词汇。它侧重于使用公共资金而获得的收益,并试图构建一个脱离传统的渐进决策的框架,而在传统框架中,预算在很大程度上是以过去的分配模式为基础来制定的。它也被用来回应公众对政府的幻想以及政治光谱两端各种政治人物对政府进行的抨击。然而,尽管到处弥漫着对绩效的关注,但对它的表述却并不一致。这种关注有许多不同的形式,这也是与联邦体系中各级政府的努力分不开的。

对绩效运动的一种预期集中在政府间体系的现实问题上,特别是那些设计项目并提供资助(最起码提供部分资助)的政府部门与实际实施项目的政府部门之间的紧张关系。对于某些部门来说,绩效评估被看作是连接联邦政府基于责任的目标和州或地方政府出于自由裁量权和灵活性的需要之间的桥梁。在这个意义上,绩效运动和绩效评估被看作是避免对联邦政府做出命令和控制的习惯看法,以及用绩效后果的要求代

[①] 作者希望对保罗·波斯纳(Paul Posner)、莎伦·考德尔(Sharon Caudle)和其他几位匿名评阅人对本文修改提出的建议表示感谢。本文的重印出版获得了 *Publius*:*The Journal of Federalism* 30:1-2(Winter/Spring 2000)的许可。

替投入和过程要求的途径。① 根据某些绩效运动支持者的说法，那些被认为是用来产生服从心态的传统责任形态，将会被强调结果的绩效评估指标所取代。

对绩效的关注与政府再造运动有着密切关系，这场运动因戴维·奥斯本（David Osborne）和特德·盖布勒（Ted Gaebler）②以及其他强调州及地方政府再造的学者而广为人知。政府再造运动强调对结果进行评估的重要性。按照奥斯本和盖布勒的说法，"由于它们没有对结果进行评估，所以官僚化政府很少能取得结果。……因为有关结果的信息是如此之少，所以官僚化政府只能根据其他因素来奖励它们的雇员"。③

针对这些层次绩效的两种最为流行的方法是记分卡④以及与签约外包和民营化相关的各种尝试。⑤ 记分卡通常被运用于教育部门，在那里，学校、课堂以及教师常会依据学生的考试成绩进行评估。对由民营部门参与的签约外包和其他手段越来越多的运用，导致了绩效的签约过程，这一过程要求签约人要为以合同语言表述的具体后果承担责任。这些及其他针对绩效所做的尝试在很大程度上侧重于服务提供的层面，在这个层面上，政府部门既自己提供服务，也与那些提供特定服务的其他主体建立关系。

尽管这些州及地方政府的某些尝试的确提出了有意义且重要的政

---

① 可参见例如 Deil S. Wright 著：《理解政府间关系》（*Understanding Intergovernmental Relations*），第三版，Pacific Grove, CA：Brooks/Cole Publishing Company, 1988, 第244—248页。
② 戴维·奥斯本和特德·盖布勒著：《政府再造：企业家精神如何改变着公共部门》（*Reinventing Government: How the Entrepreneurial Spirit is Transforming the Public Sector*），Reading, MA：Addison-Wesley, 1992。
③ 同上，p. 139。
④ 参见 William T. Gormley, Jr. 和 David L. Weimer 著：《组织的记分卡》（*Organizational Report Cards*），Cambridge, MA：Harvard University Press, 1999。
⑤ 参见 Steven Ratbgeb Smith 和 Michael Lipsky 著：《非盈利聘用：契约时代的福利国家》（*Nonprofit for Hire: The Welfare State in the Age of Contracting*），Cambridge, MA：Harvard University Press, 1993。

府间关系问题,但与联邦政府绩效有关的问题要比州及地方政府的任务更为复杂和困难。由于有很多联邦项目涉及到错综复杂的政府间关系,因此联邦政府的各个部门都努力以各种方式对这些关系进行系统安排。联邦政府各部门要平衡两种相互冲突的责任。一方面,它们正试图使第三方为联邦款项的使用负起责任;另一方面,它们又受到政治和法律现实的制约,这些现实条件为第三方使用这些联邦资金提供了重要的自由裁量权和余地。在许多方面,联邦政府部门的绩效运动与权力下放和弱化联邦政府作用的战略是有所冲突的。与这种境况有关的最有意思的问题是,在制定政策的圈子(尤其是国会)里,很少有人意识到他们正在制定相互矛盾的战略。那些赞成更多以服从为导向的联邦政府责任的人,通常是那些主张削弱联邦政府的作用并增加各州政府联邦资金支出自主权的人。

《政府绩效与结果法案》:联邦政府绩效活动的推动力量

能够从联邦政府系统内很多正在进行的尝试中感受到这两种责任之间的紧张关系。或许在实施《政府绩效与结果法案》——由国会在1993年通过的法律要求,它要求所有的联邦政府部门都要制定战略规划、年度绩效计划以及绩效报告——的过程中,能够看到这种紧张关系最突出的表现。这些规定是在年度预算过程的约束和现实条件下得到实施的。所有这些要求应该能够引起对那些通过利用联邦资源所取得的后果的关注,并且能够证明不管是以承诺的后果还是以实际取得的后果的名义提出的资金申请的正当性。

就表面来看,《政府绩效与结果法案》似乎是非常明确的,实际上几乎是毫无恶意的。它显然延续了联邦政府过去改革实践的传统。在一份有关绩效预算运动历史经验的报告中,美国审计总署认为:《政府绩效与结果法案》"可以被看作是融合了其先前改革的优点。……虽然如此,早期改革尝试面临的许多挑战仍旧没有得到解决,并将有可能影响到

《政府绩效与结果法案》初期的实施效果"。①

同时,《政府绩效与结果法案》与早期的改革实践之间也存在着差别。它以法规(而非行政命令)的形式颁布,这确立了国会的地位,相对而言,这在政府改革实践中并不常见。另外,《政府绩效与结果法案》包含了试点计划的内容并规定了一定年限的试运行期,这也不是通常概念化的改革实践方式。虽然《政府绩效与结果法案》颁布于1993年,但直到1997年,它的要求都没有实际生效。②

在某种程度上,《政府绩效与结果法案》的通过及其实施过程所表现出来的利害关系反映了社会公众对管理过程的关注,而这也是20世纪90年代的一个显著特征。由于得到比尔·克林顿政府的支持并被看作是副总统艾尔·戈尔政府再造实践的补充,《政府绩效与结果法案》对政府部门绩效的关注是有关该主题几乎无所不在的兴趣的一个例证。该法案的多个方面,尤其是它对预算和绩效之间关系的强调,被看作是就公众对公共资金支出途径的关注作出回应的一种尝试。作为该法案附件的美国参议院政府事务委员会的报告指出:"公众对美国政府机构的信任度因这些机构并没有很好地运转而受损……公众认为政府服务的水平和质量与为之支付的费用并不相称。"③

被称为"《政府绩效与结果法案》之父"的约翰·默瑟(John Mercer),将其在加利福尼亚州森尼维尔的地方管理改革经验带到了美国国会的

---

① 美国审计总署:《绩效预算:过去的方案为〈政府绩效与结果法案〉的实施提供观察视角》(*Performance Budgeting: Past Initiatives Offer Insight for GPRA Implementation*), Washington, DC: GPO, GAO/AIMD-97-46, March 1997, p.7。
② 与此有关的大量讨论来源于 Beryl A. Radin, "The Government Performance and Results Act (GPRA) and the Tradition of Federal Management Reform: Square Peg in Round Holes?" *Journal of Public Administration Research and Theory* 10 (January 2000): 111-135。
③ 美国国会参议院政府事务委员会: *Report to Accompany S 20 to Provide for the Establishment, Testing, and Evaluation of Strategic Planning and Performance Measurement in the Federal Government, and for Other Purposes* (Washington, DC: GPO, June 16, 1993), p.61。

立法过程中。接受了参议院政府事务委员会共和党籍议员的建议,默瑟的提案是起草一份适用于绩效预算机制的法案。他相信森尼维尔的实践能够为联邦政府提供借鉴意义,形成组织严密的成本会计体系,这将会产生严格意义上纯粹的预算决策方案。尽管他的提案被几个委员会中的民主党籍议员修改了,但颁布的法案的确强调了这样一种理念,即"因缺乏充分的准确的项目目标和详尽的项目绩效信息,国会的决策过程、支出决策及监督都受到了严重的制约。……该法案将为强化项目管理、客观评估项目绩效以及为未来绩效设定现实且可评估的目标提供必要的信息"。①

该参议院委员会针对《政府绩效与结果法案》的要求提出了许多假设。首先,它认为过去和目前就绩效评估和报告所做的尝试是成功的。其次,该报告反映出的一个看法是,《政府绩效与结果法案》将不会为联邦政府项目施加大量额外的成本或文字工作负担。第三,它认为至少有部分联邦政府部门已经开始为以结果为导向的决策过程建立绩效评估系统。这份国会报告并不承认在这些假设和有关消除某些被看作是联邦政府"高压手段"的顾虑之间存在着概念冲突。

实际上,这份参议院报告中唯一的警示事项是由来自阿肯色州的民主党籍参议员戴维·普赖尔(David Prior)提出的。他写道:"我所关心的是,由于授权仍然是内部管理控制、绩效评估指标和战略规划的另一个非常具体的层次,我们正在建立更为刚性的系统。我认为该法案试图赋予某些试点项目以灵活性,但经过多年的观察发现,这些出发点很好的改革演变成了由订约人大量使用程式化语言撰写的例行报告,我不能确定这项法案是否真的能使联邦政府部门改善它们的绩效。"②

---

① 美国国会参议院政府事务委员会: *Report to Accompany S 20 to Provide for the Establishment, Testing, and Evaluation of Strategic Planning and Performance Measurement in the Federal Government, and for Other Purposes* (Washington, DC: GPO, June 16, 1993), p. 61.
② 同上。

参议员普赖尔忧心的刚性问题在高度两极化的国会范围内的确变得越来越明显了。《政府绩效与结果法案》得到了参众两院共和党领导层的支持,因为它可以被用作向民主党政府施加压力的一种手段。众议院的多数党领导人理查德·阿梅(Richard Armey,得克萨斯州共和党人)提出了一套评价联邦政府部门"进度"的评分系统,因为联邦政府个别部门会向国会和白宫提交它们的战略规划和年度绩效计划。参议院的政府事务委员会为了强调联邦政府部门中存在的浪费、欺诈和管理不善等问题,使用了《政府绩效与结果法案》的框架。[1] 二者都没有将关注点放在联邦政府部门在构建针对项目的绩效评估指标过程中遇到的困难,这些项目是为了向特别是州政府部门这样的第三方执行者提供专项财政拨款或使之享有高度的自由裁量权。

事实上,当人们考察《政府绩效与结果法案》的法律文本及其历史时,背景资料中几乎不会提供关于联邦政府部门依靠州和地方政府的真正指导意见。唯一明确对与"外部"各方进行协商加以说明的,是以相对模糊的语言表述的、与提出部门战略规划有关的内容。没有要求这些政府部门在设计它们的年度绩效计划时要与这些"外部"力量进行协商。某些研究者实际上担心的是,这会把那些承担联邦政府代理人角色的州及地方政府归入"外部"力量的范畴。与之相类似的是,也几乎没有人去关注项目实施的形式(例如,它是竞争性的补助项目还是专项财政拨款,或者是某种其他形式的规划拨款)。

在过去几年间,不论联邦政府部门是否真的通过联邦资助提供了服务,至少有一些联邦政府部门在为通过联邦政府项目实现的绩效后果承担直接责任方面,受到了来自国会及其部分委员会的压力。在某些情况下,这使政府部门脱离了对看重州政府灵活性和自由裁量权的绩效的关注,而回归到一种更为传统的以服从为导向的立场。为了根据管辖权展

---

[1] 参见 Stephen Barr: "Education Initiatives Off to a Slow Start",《华盛顿邮报》(*The Washington Post*),1998年7月11日,p. 18。

开有关具体目标和后果的协商,《政府绩效与结果法案》往往强调联邦政府在确定全国性目标方面的作用,而不是将它交给各州政府(通常称为"民主的实验室")。①

政府间关系语境中的绩效方法

虽然《政府绩效与结果法案》的实施为联邦政府的绩效实践提供了框架和一个关注点,但是为了平衡这两个经常发生冲突的责任,也就是既要使州政府具有灵活性,又要维持针对绩效后果的责任感,而这些绩效后果认可那些给予项目资助和授权的机构的预期,联邦政府部门还进行了其他的尝试。

接下来的分析是对这一话题进行的一次初步尝试,并企图提出一个概念化的基础,它可以为考察联邦政府试图将资助者的目标与那些项目执行者的需求联系起来的途径提供一个研究框架。它认为,那些相信绩效评估指标对解决政府间紧张关系是一种相对简单的方法的人,一开始的预期是天真且极不现实的。但愿这一研究框架将会引发对那些方法、它们的影响及其局限性的进一步研究。这样的研究也将建立在涉及更多关注形成绩效后果的技术性问题,特别是被刻意用来处理存在着相互冲突价值观的多个利益相关者和情景的手段的现有文献基础之上。

接下来的讨论将重点分析近来被联邦政府部门用来处理绩效问题的 6 种不同方法。这些方法有些是在《政府绩效与结果法案》之前就存在的,有些是与之截然不同的,而其他的则被融入《政府绩效与结果法案》的框架之中。有些是作为立法结果提出的,而其他的则是通过行政行为施行的。所有这些方法都在为缓解联邦政府部门的责任和权力下放,以及赋予州及地方政府部门自由裁量权之间的紧张关系做着努力。这些方法包括绩效伙伴关系、激励机制、议定的评估指标、将绩效目标纳

---

① Helen Ingram: "Policy Implementation Through Bargaining: The Case of Federal Grants-In-Aid", *Public Policy* 25 (Fall 1977): 499-526。

入法律规章、确立标准以及豁免权。

一、绩效伙伴关系

在过去的这个年代,许多联邦政府部门都认同或至少探索将某些类别的项目转变为绩效伙伴关系的可能性。由于众多政府部门意识到了在复杂环境中实现预定变革的能力方面存在着局限性,因此这些伙伴关系就变得越来越流行了。尽管各种组织与政府之间的伙伴关系以某种形式存在了很多年,但当前以绩效为导向的实践却是新出现的。伙伴关系描绘了这样一幅图景,即伙伴们在其间共同讨论如何联合所有各方的资源,以达到某个预先明确的最终状态。为了使某种伙伴关系取得成功,应该是能够对这种最终状态进行评测的。

一项绩效伙伴关系计划要解决的是某些人将其视为联邦政府管理者面临的一个最为麻烦的问题:缺乏对后果的控制。尽管管理者们有可能控制投入、过程和产出,但他们并不能对最终后果加以明确说明。绩效伙伴关系或许会涉及到联邦政府官员与州政府或地方政府部门之间达成的协议,这些协议有可能是临时性的,也有可能是长期性的。

美国环境保护署与各州政府形成的绩效伙伴关系就属于这些制度安排中最为突出的例子。然而,仍然有人建议要发展涉及健康项目、针对儿童的项目以及全国毒品控制政策办公室的绩效伙伴关系。

全国环境绩效伙伴关系系统于1996财政年度在6个试点州开始运行。到1998财政年度结束时,有45个州参与了这些制度安排。[1] 有许多印第安部落也加入了这些协议。根据环境保护署的说法:

绩效伙伴关系建立了一种新的工作关系,各州政府和环境保护

---

[1] 参见美国审计总署:*Environmental Protection*:*Collaborative EAP - State Effort Needed to Improve New Performance Partnership System* (Washington, DC:GPO, GAO/RCED - 99-171, June 1999), p. 3. 也可参见 Michael E. Kraft 和 Denise Scherberle, "Environmental Federalism at Decade's End:New Approaches and Strategies", *Publius*:*The Journal of Federalism* 28 (Winter 1998):131-146。

署可依此来决定将完成什么和如何完成的年度基础。传统上,资助和解决环境及公共卫生重要事务的过程都是由某个单一的媒体关注点所引导的。州政府提交了多达16份年度工作计划并收到了多项拨款,用以支持空气、饮用水、有害废物和其他的污染物控制项目。……该方法对行政管理和监督活动产生了刺激作用,转变了当前改进工作使用资源的途径。……绩效伙伴关系的目的是对环境结果以及更好地协调联邦政府及州政府的环境项目投入更多的关注。①

而且,根据审计总署的说法,"内在于该项目的双向协商过程促进了地区与州参与者之间更为频繁和更为有效的沟通,并在总体上改进了他们的工作关系"。② 但与此同时,审计总署也注意到这个过程存在着问题。审计总署强调了一些"技术性挑战":

  缺少用来评估改善程度的基准数据;

  量化特定结果的困难;

  将项目活动与环境结果联系起来的困难;

  发展一套高质量的绩效评估系统所必需的资源水平。③

审计总署也注意到,各州与环境保护署就其能够在多大程度上有别于全国的核心评估指标和评估指标的构成要素并未达成一致。由于环境保护署的每一个地区办事处都参与了各个地区与各州政府达成的协议安排,因此就全国范围来看,协议与协议之间是存在着某些差别的。这引起了审计总署分析师们的注意。

环境保护署有关绩效伙伴关系的经验表明了某些这种绩效战略和协议固有的问题。联邦政府部门与(本案例中)各州政府单独进行的协

---

① 美国环境保护署:*New Directions*:*A Report on Regulatory Reinvention*(Washington,DC:GPO,1977);http://www.epa.gov/reinvent/new#Performance。
② 美国审计总署,*Environmental Protection*,第8页。
③ 同上,第3—4页。

商有可能导致全国范围内不同协议之间的差异性。实际上，对于某些研究者而言，对协议进行个别调整恰恰是该机制的优点。然而，其他人则认为是不同的管辖权导致了这样的差异。

审计总署明确指出的信息问题也是任何一个绩效伙伴关系协议可以预见到的问题。这种战略通常对负责项目实施的联邦政府部门具有吸引力，包括那些没有行之有效的信息系统甚或是信息概念的政策部门。在这样的环境中，难以产生和获得为实现这种方法预期后果的绩效评估指标信息。

二、激励机制

在过去几十年间，由于政策日益受到经济学范式的影响，某些政策分析者侧重于将激励机制用作改变行为方式的一种途径。激励机制试图诱导行为而不是控制行为。① 依据戴维·韦默（David Weimer）和艾丹·韦宁（Aidan Vining）的观点，与那些接受过经济学训练的人相比，官僚和政治家常常对这种方法缺乏热情。② 他们认为，之所以会发生这种情况，是由于官僚和政治家往往痴迷于直接的规制手段，这是因为他们相信激励机制也需要政府干预，因而会使用规制手段。

在某种程度上，通过满足财政资助的条件，激励机制以前在一些联邦政府项目中也发挥过作用。当联邦政府将提供资助作为一种诱导各州政府提供它们自有资金的激励因素时，这种相匹配的要求实际上发挥了一种激励功能。然而，在很多情况下，特别是那些从过去延续下来的项目通常并没有清楚地表明绩效预期。

也许能够在从属于急难家庭补助福利项目的高绩效奖金项目中找到绩效激励机制最引人注目的现实例证。这部 1996 年的法案是在与全

---

① 参见 David L. Weimer 和 Aidan R. Vining 的著作《政策分析：概念与实践》（*Policy Analysis: Concepts and Practices*）中的讨论，Englewood Cliffs, NJ: Prentice Hall, 1992, 第 152 页。
② 同上，第 3—4 页。

国州长协会和美国公共福利协会协商的基础上,由美国卫生与公共事业服务部部长发起,旨在提出一套用来评估与专项财政拨款目标有关的州政府绩效公式。支付给每个州的奖金不得超过家庭补助拨款的5%。另外,该法案还为那些能够证明在最近两年内,非婚生育和堕胎人数与前一个时期相比有所下降的州设立了一项奖金。排在前5位的每个州将获得多达2 000万美元的奖励,如果满足条件的州少于5个,奖金将增加到每个州2 500万美元。

第一批高绩效奖金颁发于1999年12月。这些奖金被分为4类:工作安置、就业成功率(以就业持续时间和收入来衡量)、在就业安置方面实现的最大改进、在就业成功率方面实现的最大改进。27个州获得了这笔总额达2亿美元的奖金。入选的州都是以它们在每一类奖励指标中的排名为依据的。在每一类奖励指标中排名最高的州分别是:工作安置的印第安纳州、就业持续时间和收入的明尼苏达州、在就业安置方面实现最大改进的华盛顿州、在就业持续时间和收入方面实现最大改进的佛罗里达州。有11个州因在两类奖励指标上取得的成绩获得了奖金,而有一个州(明尼苏达州)在三个方面取得了成功。

卫生与公共事业服务部建议在下一年度要对现有的4个评估指标补充其他的标准,这些标准是新建家庭评估指标、医疗补助项目和儿童健康保险项目的登记人数,以及食物券项目的登记人数。

在确立奖励基金的标准和随后发放第一批奖金期间,有关急难家庭补助项目的奖励工作成了某场争论的一个话题。一度,有一种意见认为,应将每年用于奖励的2亿美元平均分配给50个州和其他满足条件的机构。这一奖金分配要求的某些批评者认为,为分配奖金设立的指标并不与承担急难家庭补助项目实施责任的州政府福利部门的行为直接相关。与州政府部门的行为相比,各州的经济条件是造成奖金分配增加或减少的更为主要的原因。其他人则认为,构建的标准并不能对急难家庭补助项目的真正目标——儿童福利水平——进行评估。他们呼吁建立那些强调儿童福利、儿童保育、"开端"计划及其他非现金资助项目,而非仅关注成年人就业行为的绩效评估指标。然而，信息的有效性被看作是其他标准直到目前仍未得到应用的众多原因之一。

急难家庭补助项目的经验表明了在运用激励战略的过程中面临的困境。要确定州或地方政府的行为与特定后果之间的直接关系是有难度的。此外，诸如急难家庭补助项目这样的复杂项目有一系列的项目目标和预期，因此要就绩效标准达成一致也并不容易。某些激励战略的批评者认为，州或地方政府的管辖权将促使它们试图在这样的体系中去赌一把，并提出那些或许能够满足绩效评估指标却并不能实现该法案基本预期的政策。还有人指出，这种情况早就存在，因此与过去的境况相比并没有太大的区别。

三、议定的绩效评估指标

州及地方政府官员最为常见的一个抱怨是，联邦政府对那些并不满足非联邦管辖权需求的财政资金强加了一系列要求。实际上，这也是被用来说明分类财政补贴转变为专项财政拨款的众多论据之一。事实证明，专项财政拨款是最难将《政府绩效与成果法案》的要求诉诸其上的拨款形式之一。联邦政府官员要在专项财政拨款的灵活性（允许州和地方政府满足它们的特定需求）和需要为这些财政资金的使用承担更大的责任之间实现平衡，面临着众多问题。

在其60年历史的大多数时期内，州政府妇幼卫生服务第Ⅴ号财政专项拨款是以联邦-州伙伴关系的形式运作的。即使在该项目转而变成一种财政专项拨款的1981年，负责该项目实施的联邦政府部门与州政府妇幼卫生部门之间的专业关系仍旧是相对密切的。1989年的《统括预算调整法》(Omnibus Budget Reconciliation Act)也要求各州报告关键性妇幼卫生指标的进展情况及其他项目信息。

1996年，卫生与公共事业服务部卫生资源与服务管理局下设的妇幼卫生办公室与各州政府启动了一项工作，该项工作将就有可能应用于该项目的信息来源建立一套相互认可的评估指标。在该项工作的初期阶段,妇幼卫生办公室组建了一个由代表妇幼卫生领域不同利益的30位专家组成的外部委员会,该委员会将协助制定工作的总体指导方针、提供技术方面的专家意见并核准最终的结果。为确保该委员会具备恰当的代表性,来自各个团体和利益群体的参与者都被期望能够代表他们各自的支持者。在整个过程的不同节点,还会征求州政府部门官员的批评意见和建议。

1997年3月,在妇幼卫生项目协会年度大会上提交了绩效评估指标的草案和指导意见的修订原则,参加这次大会的实际上都是全国与之相关的负责人。从17个志愿参与的州中挑选出8个具有代表性的州,对评估指标的实用性和数据收集问题进行了试点。磋商过程持续了大约两年的时间,提出评估指标耗费了一年的时间,而对评估进行试点又耗费了一年的时间。

到1997年年底,妇幼卫生办公室共建立了18个全国性的绩效评估指标,这些评估指标被融合进第V号专项财政拨款的申请和报告指南。这些评估指标根据与对受益人实施实际控制的"健康人民2000"计划相关的目标获得。它们被划分为能力评估指标(影响服务提供的能力)、过程评估指标(与服务提供有关)和风险因素(涉及健康问题)。每个州还被要求建立和报告7到12项各自的补充性绩效指标,以便提供项目在该州范围内运转的更为详尽的情况说明。此外,妇幼卫生办公室还设立了6项全国性的后果评估指标,它们涉及直接控制的绩效评估指标的最终目标,以及依赖外部因素而非各州受益人控制的最后成果的最终目标。

结果,妇幼卫生专项财政拨款的申请和年度报告包含了大量与州政府方案、得到州政府支持的项目以及其他州政府为解决妇幼卫生需求所作回应的信息。以申请和报告为基础,该项目开发的电子信息系统收集那些对众多使用者有用的定性和定量信息。

妇幼卫生项目的经验表明,当满足特定条件时,要就绩效评估指标达成一致是有可能的。那些不会出现政治动荡或在专家意见上不存在广泛分歧的项目适用于这样的过程。另外,以前的工作和信息系统(本案例中的"健康人民2000"计划)为就许多后果和工作任务达成共识奠定了基础。评估指标识别并区分那些受益人对其施加影响和控制的目标与那些依赖外部因素而非由受益人控制的目标。然而,即使这些条件存在,协商的过程也是耗费时间的,并且需要联邦政府部门投入人力和物力。

四、将绩效目标纳入法律规章

在过去几年间,起草了各种各样关注绩效目标的法案。这种方法强调国会的权威作用,而《政府绩效与结果法案》则关注财政拨款过程。两项相对较新的法案说明了这种战略:对职业教育项目所做的修正以及为代替《就业培训合作法案》而创立的《劳动力投资法案》(Workforce Investment Act)。这两项法案的立法过程代表了一种从强调投入或过程要求向强调绩效后果转变的趋势。

1998年8月签署生效的《劳动力投资法案》,对联邦政府的就业培训项目进行了改革,并建立了一套新的综合性劳动力投资体系。改革后的体系关注顾客需求,帮助美国人通过信息和高质量的服务获取他们管理职业生涯所需的工具,并帮助美国企业找到熟练的雇工。得到强化的责任是体现在该法案中的原则之一。该法案明确规定了绩效的核心指标,这形成了州政府和地方政府报告工作的基本结构。这些核心指标包括针对参加不受资助工作、收入所得以及获得与受教育技能有关的资格证书的评估指标。法案也明确规定了针对符合资格的青年人和顾客满意度进行评估的指标。希望各州能够在提交的州政府规划中说明针对这些指标所期望达到的绩效水平。1998年的《卡尔·D. 铂金斯职业和应用技术教育修正案》(Carl D. Perkins Vocational and Applied Technology Education Amendments)也提出了类似的绩效指标。对现有项目进行的修正强调了建立一套州政府绩效责任体系的重要性。该法案要求各州在州政府规划中明确说明对与学生技能的获得、取得教育资格证书,以及教育安置、就业或服兵役有关的核心指标。

通过颁布规章制度的过程,联邦政府部门又对这些要求进行了进一步的完善。要了解该过程的效果如何以及是否会对不能遵守这些要求的情况施加惩罚还为时尚早。在起草所有这些法案的过程中,国会设想这些核心指标反映了全国范围内的普遍做法,而且信息系统对目标实现情况的报告也是有用的。

五、确立标准

在某些情况下,联邦政府的作用是确立绩效标准,按理说要对州和地方政府的行为发挥指导作用。至少从理论上来说,这些标准都不是强制性的,而且州或地方政府遵守这些标准的能力并不与特定联邦政府资助的资格条件相挂钩。联邦政府在该战略中的作用或许涉及提出这些标准、提供技术援助,以及在有的时候为实现这些标准和指导原则的过程支付费用。

克林顿政府提议开展自愿性阅读和数学的全国性考试就是这种方法的一个例子。针对这一提案做出的回应,特别是某些州长和教育界领导做出的回应,说明了这种战略有可能导致的几种问题。

按照教育部长理查德·W. 赖利(Richard W. Riley)的说法,"这些建议的自愿性考试将会以高标准进行,提高预期并为我们的年轻人赋予他们所需要的基本技能,这些技能将使他们为21世纪将要面临的知识经济做好准备"。① 这份提案是以现有的教育评估调查(全国教育进展评估和第三次国际数学和科学研究)为基础的。据此,将会分别在4年级和8年级举行新形式的英文和数学考试,考试的内容将会以在全国调研过程中确立的标准为基础。通过这些考试,将会获得每个学生层面的信息,提供关于某个学生与同班、同校和全国其他学生相比程度如何的

---

① 美国教育部长理查德·W. 赖利:*Statement before the House Subcommittee on Early Childhood, Youth and Families, Committee on Education and the Workforce*,29 April 1997。

信息。

尽管某些州长是1997年这一政府提案的支持者,但还是有些人表达了对这一方案的担忧。① 许多州已经建立了行之有效的考试系统,因此不太愿意用联邦政府的方法取代它们现有的绩效责任体系。还有一些州对考试的内容感到不满,特别是它们在评估成绩方面的准确性、有效性和实质适用的范围。

自愿性数学和英文考试的提案,也并没有发现另一个在任何使用这种标准战略时都有可能遇到的问题:即担心通过这些评估收集到的信息有其各自的有效期并会得到不恰当的使用。按理说,所收集的信息要说明个人层面取得的成绩,这尤其是有问题的。出现了有关隐私和信息安全的问题,而且这些问题并未得到令批评者们满意的解决。

六、豁免权

认可州或地方政府在某些特定项目中享有豁免权的做法已经有很多年了。尽管对豁免权的认可被看作是实现个别州独特需要的一种途径,但它还是与某种研究和发展战略密切相关,这使那些州及地方政府获得了为提供服务而试验新技术和新手段的选择余地。例如,卫生与公共事业服务部部长享有《社会保障法案》(Social Security Act)第115章规定的、在表明项目有可能促进该法案目标实现的情况下豁免法案某些特定条款的权力。这些豁免权理应受到严格的评估。通常情况下,在特定项目的文本中会对豁免权的许可作出明确规定,并且会在授权法案或实施规章中确定许可豁免权的标准。对某些特定的要求(如公民权的要求或发送绩效信息的要求),则不能豁免。

这种对豁免权的许可过去被广泛运用于多个项目领域,特别是与福利、医疗补助和《就业培训合作法案》有关的领域。豁免权可以使各州能

---

① Rene Sanchez, "Education Initiatives Off to a Slow Start", *The Washington Post*, 11 July 1998, p. 18。

够创立自己的渠道并取消或修正有关投入或程序的条件。有许多豁免权要求做出的修改应该在预算方面是中性的：也就是说，既不会使享有豁免权的州及地方政府也不会使联邦政府产生新的成本。对于某些政府部门来说，提出豁免权的过程也是一种能够被用来说明做出政策变化正当理由的机制。过去在失依儿童家庭补助项目和《就业培训合作法案》项目中享有豁免权的经验，成为一种为这些项目每一次重大变化做出辩解的重要理由，这也导致了急难家庭补助项目和《劳动力投资法案》的产生。

1999年11月，美国众议院政府管理、信息和技术分委员会为了规范那些要求享有法律法规豁免权的行为起草了一份法案。该法案有3项主要的要求：

> 联邦政府部门必须建立一个简化的120天审查程序，以应对那些要求享有联邦政府资助项目法律法规豁免权的州政府。（尽管这与1999年的行政命令相类似，但该法案将会建立一种司法审查制度。）

> 如果有其他州类似的豁免权申请获得了许可，那么联邦政府部门就应当针对某个州要求的法律法规豁免权启动某种快速的审查程序。

> 管理和预算办公室、卫生与公共事业服务部及美国农业部应当在与全国州长协会和全国州议会会议协商的基础上，提出与预算中性有关的一般做法和要求。

针对这项提议的法案举行的听证会，既引发了那些参与作证者的支持，也引发了他们的质疑。全国州长协会执行理事雷·舍帕赫（Ray Scheppach）的证言支持这项法案，并表达了对当前程序的担忧。他声称目前的做法是"一种累赘的程序"，因为即使其他州已经就实行类似的豁免权获得了认可，各州还必须为其豁免权要求作出解释和辩护。① 然而，

---

① 全国州长协会，"Ray Scheppach Testimony on the Federal Grant Waiver Process for States Before the House Government Reform Committee, Subcommittee on National Economic Growth, Natural Resources, and Regulatory Affairs, and Subcommittee on Government Management, Information and Technology", September 30, 1999; http://www.nga.org. RegReform/Testimony19990930Waiver.asp。

克林顿政府的作证者却强调单独处理每一项权利豁免的重要性。卫生与公共事业服务部负责管理和预算的部长助理约翰·卡拉汉（John Callahan）把该过程比作合同的谈判过程，各方都需要达到使项目具有创新性和灵活性的共同目标。其他一些为政府作证的人提醒国会议员注意，实际上已经出现了某些在他们看来否决豁免权的情况，因为政府没有豁免某项特定要求的权力。

至少有一位众议员——梅杰·欧文斯（纽约州民主党人）表达了对这一过程的忧虑。他质疑道："在这个仓促认可豁免权和让我们信任州政府的过程中，我们是否有某些预防措施？对于那些违反法律的人，我们能采取更多的预防措施和某些严格的惩罚手段吗？因为豁免权使这些人处于一种无人看管、监督和使他们承担责任的境地。"①

正如欧文斯所说，提议的法案并没有关注绩效问题。虽然某些现有的豁免权许可机构，的确会在要求把评估绩效作为一项享有豁免权的条件时强调绩效问题，但这项提议的法案所强调的是过程的高效率，而不是源自于这些变化的结果。

结论：项目—绩效工作的所有工具

尽管绩效的华丽修辞无所不在，但这些例证表明，能够采取多种方法，将联邦政府对绩效的关注与谨慎对待参与项目实施的政府第三方的需求结合起来。在某些情况下，这两个目标是不相容的；在其他情况下，却有可能找到相互融洽的方案。

但这样的过程并不轻松。所采取的方法必须要谨慎对待各种政策和项目之间的差异、参与各方的差异、涉及的联邦和非联邦政府部门的

---

① 全国州长协会，"John Callahan Testimony on the Federal Grant Waiver Process for States Before the House Government Reform Committee, Subcommittee on National Economic Growth, Natural Resources, and Regulatory Affairs, and Subcommittee on Government Management, Information and Technology",September 30, 1999。

现实复杂性,以及就目标达成一致或冲突的程度。然而,正如本文讨论所提出的那样,在绩效领域最为棘手的问题之一是"好"信息的有效性——信息可以被所有各方证明并相信对这种关系是有效的。信息问题贯穿于所有的战略之中。很少有政策部门有这样的传统,或过去曾在建立良好信息系统方面进行过投入,这些信息系统能够使人们对绩效是否真的实现有所了解。另外,所有这些努力的经验也说明,要建立一套关注后果的绩效评估体系将会是多么的困难。造成该问题的部分原因还与许多政府部门缺少对实现项目目标的控制以及将项目活动与结果联系起来的困难有关,即使能够对这些结果进行评估。

绩效工作的所有工具也表明,那些诸如《政府绩效与结果法案》这样政府层面的政策并不是特别有效。界定绩效评估指标的过程似乎只有在特定项目的背景下进行设计时才会发挥作用,似乎只有对与这些方案有关的独特属性才是敏感的。

随着这一过程的逐步展开,有许多问题或许值得研究者们认真考虑,他们正试图考察那些应用于旨在将绩效责任与政府间关系的敏感问题联系起来的战略中的方法。因而,进一步的研究或许要考察以下问题:

谁将为开展实施工作负责?

为了满足他们各自的需求,现有的系统是否为项目实施者提供了重新界定目标的机会?

涉及哪种类型的政策?(与处理分配或规制政策相比,或许处理再分配政策要更为困难一些。)

用来实施项目的政策工具是什么?

决策制定者是多方面的政府官员还是项目领域的专业人士?在项目领域(例如,财政资助的水平)中联邦政府发挥作用或存在的范围如何?

所有各方意识到的不服从所导致的风险程度如何?

对不作为可能采取的制裁措施是什么?

以往监督关系(例如,是平等关系还是冲突关系)有怎样的历史沿革?

全国范围内实践的差异性程度如何?

由于试图弥合联邦政府的责任与州和地方政府自由裁量权这两个相互矛盾的规则之间的分歧,因此它们也正是各种各样的政府间关系的行动者们正在尝试回答的问题。对于那些正在考察政府间关系更为普遍问题的人和那些正在关注特定政策与项目背景下此类关系的人来说,研究者们继续涉足这一问题领域应当说都是有益的。

第四篇
州及地方政府的绩效管理

第十二章　超越评估：州政府的结果管理[①]

帕特里西娅·W.英格拉汉姆、唐纳德·P.莫伊尼汉

导论

各个层级的政府在20世纪90年代都见证了许多旨在提升政府绩效的改革。这些改革包含了大量侧重于改进政府战略能力的管理技术。"结果管理"（managing for results）——认真设定公共目标并对实现它们的工作进行评估——是一种最为重要的改革实践。可以用概括性很强的术语将结果管理界定为"在寻求政策绩效与政府或部门的使命和目标相一致的过程中实施的管理"。结果管理并不局限于任何唯一的技术，相反却意味着一个产生某种"明确的任务和目的"的计划过程，而且能使政府理解并就其如何能够更好地运转进行沟通。结果管理的一个首要目的是改善政府向公民和其他社会成员提供绩效信息的能力。这一定义使结果管理有别于以前诸如目标管理（MBO）、绩效预算（PBB）和零基预算（ZBB）这样的计划和管理改革。

倘若漫长而稍微有些不光彩的改革历史旨在将理性引入公共行政，

[①] 本章作者对玛雅·胡萨尔（Maja Husar）和克里斯汀·利瑟（Kristin Lieser）在筹备本章内容的过程中给予的研究协助表示感谢。

那么政府官员以怀疑的态度看待改革也就不应该有什么奇怪的了。但是,结果管理却为改进政府的战略能力带来了重要的尝试和新的方法。本章要考察的是州政府在建立结果管理框架方面的经验。我们以先前有关州政府战略规划和绩效评估的研究为出发点,来说明这些方法在实践中是如何相互联系的。

本章所使用的数据来源于政府绩效项目(Government Performance Project),这是一个由皮尤慈善基金会资助的旨在研究联邦、州和地方层级的政府管理系统的多年项目。该项目的研究计划由雪城大学马克斯韦尔公民与公共事务学院阿兰·K. 坎贝尔公共事务研究所和《治理》杂志制定。由于它与提升州政府的管理和战略能力有关,所以我们利用政府绩效项目的研究来讨论结果管理的一般模型。我们也要分析各州是如何将决策制定过程与战略规划过程和评估联系在一起的。这一分析过程从下列定义及其暗含的假设开始:一套绩效评估系统应当能产生精确且有价值的信息,应当与那些实际运用这些信息以提升绩效的行动者们(诸如那些管理者和民选官员)相联系,为那些立法者提供信息以改进绩效辩论的质量,向决策制定者提供有关改革对绩效可能影响的信息,并向公众提供有关他们缴纳的税款是如何更好地支出的信息。

什么是公共部门的结果管理?

与今日的结果管理关系最近的早先实践,是将在本部分讨论的传统上应用于民营部门战略规划过程的那些方法,以及将在下个部分讨论的评估绩效的政府实践。

大多数有关战略的定义,都认可为指导一个组织实现一套可取的和预先设定的目标的行为而采取有针对性的行动。然而,像所有公共部门一样,州政府需要对公共部门所处的环境对形成和指导这些任务的影响有所认知。尽管某些实践既可以应用于民营部门,也可以应用于公共部门,但仍然存在与战略规划工作相关的差异性①。或许有一个"公共部门实现战略管理的唯一方法"②,公共部门所处的环境中缺少竞争是重要的差异之一。对于许多在民营部门制定战略的人来说,关键的控制点是利用市场的某些方面:既包括竞争优势,又包括市场机会。对于公共部门的工作来说,以对市场的依赖作为控制点,显然并不会总是一种可行的或可取的标准。

因而要理解公共部门的战略规划过程,需要涉及对过程及其作用产生关键影响的相关知识。一条经验是:对规划的强调经常将其看作是本身的一个目标,而不是当作实现其他结果的一种手段。一个积极的规划过程因而不仅能够替代实际的行动,而且有助于形成一种公共关系工具的概念,即规划过程和文件能够掩盖实际执行过程中的缺陷。结果管理明确地将规划看作是实现更强责任感和更高绩效的一种途径。例如,结果管理的一个核心准则是:为了确保公共责任的实现,要对公众和民选的决策者公开实际的绩效结果。

与之相关的一个经验是,人们越来越意识到规划的成功要依赖于那些发生在组织内外的具有决定性的偶然事件。20世纪70年代的战略管理文献也得出了与此相类似的结论,这反映了关注点从规划向管理的变化。这种变化强调,考虑那些在目标设定过程中可能遇到的管理挑战会增加成功的可能性。这种变化在公共部门中的反映则是对执行过程复

---

① 埃尔德里奇在1989年提出了为什么战略管理可以在公共部门得到不同应用的一些理由:政府要比企业面对更少的竞争,顾客所施加的影响有可能更弱,要对工作绩效进行评估会更为困难,在奖惩方面会存在更大的限制,而且一个政府部门会受制于领导更为频繁的变化,会有更多的利益相关者并受到更大的外部影响。政府通常也需要比民营企业实现多得多的目标。林和佩里认为,那些使公共部门战略具有独特性的因素也会使它更具回应性而非目的性(1985年)。由于"政策模糊、开放且密集的影响过程和同盟的不稳定性,公共组织能够被描述为在审慎战略上的低姿态和在新兴及未实现战略上的高姿态。如果这种对特征的描述是正确的,任何一个不能,比如说,为了追求新兴战略而放弃预期战略的管理者都有可能失败。"
② 尽管米勒断言,对于公共部门的战略来说只有唯一的一种方法,但他仍旧试图去验证任何一种特别针对公共管理的方法。更确切地说,他成功地说明了对于公共管理来说是唯一的并且影响公共部门战略的制度性特性。其中包括制约莽撞行为的目标的模糊性、媒体和利益团体,更多地强调是谁实现了什么样的目标而非目标的实际性质,相互冲突的价值观以及对相对保守的管理而非风险承担的强调。

杂性进行的评估。关注执行过程以及组织的利益相关者阻止或推动它的能力,使对项目、政策和活动给予政治支持的重要性超过了那些核心技术官僚所做的战略工作。

绩效评估与当代的结果管理改革

对于结果管理而言,严厉的评估是重要的,但却只是一个方面,其他的活动和条件要优先于它(参见专题 12-1)。要理解结果管理,首先要对绩效评估就其本身来说并不必然会对绩效产生影响这一点有基本的认识。

专题 12-1 结果管理的核心要素

结果管理能够采取不同的方式并且与诸如战略规划和绩效管理这样的其他管理概念相重叠。然而,结果管理的确包含一些核心要素:

政府设定目标。

目标是可量化的,具有可识别的目标,以产出和后果为导向,并侧重于中期的视角。

目标经过了与所涉及的行政和立法机关以及利益相关者的协商并达成共识。

目标经过了与雇员的沟通过程。

目标经过了与公众的沟通过程。

目标明确地与某个负责的行动者相联系。

目标被分解为较低层次的任务和行动步骤。

一套能够跟踪目标执行过程的绩效评估系统。

对绩效进行例行的报告。

绩效信息是得到验证的。

为了使人们承担责任和提升分配与运营效率而使用绩效信息。

尝试将理性引入治理过程的历史,从总体上来说是一段希望破灭的历史。乔伊斯和汤普金斯就先前进行的绩效预算改革尝试所做的简要评论提出了告诫意见。绩效预算改革的远大抱负超出了政府部门进行分析和信息管理的能力,缺乏政治领导以及模糊或相互冲突的预期使改革变得一团糟,而且理性化的规划系统与天生具有竞争性利益特征的政治化预算过程也毫不相容。尽管相关改革带来了这种值得注意的经验,但在过去的10年间,仍然能够发现在州政府层面出现了越来越多的战略规划和绩效管理实践。例如,梅尔克斯和威洛比就提到在50个州中有47个州提出了实施绩效预算的要求。在这47个州中,31个州有绩效预算法案,而有超过16个州通过行政命令对预算绩效做出了规定。梅尔克斯和威洛比将预算绩效界定为一个系统,该系统要求在部门层面实施针对使命、目标和任务的战略规划,并对与项目后果相关的量化绩效信息提出了要求。这一定义并没有要求将绩效信息用于预算过程——一种与更为狭义和更为准确的绩效预算定义有关的标准。斯内尔和格罗特斯发现,更为特别的是,32个州有全面"结果治理"的法案(包括对绩效信息报告提出的要求),13个州要求实施全州范围内的战略/长期规划,27个州要求在预算中使用绩效信息,还有18个州要求实施部门规划。

如果,正如这些数据所揭示的那样,州政府正在增加对结果管理概念和工具的使用,那么是什么样的条件导致各州使用这样的技术?战略规划最有可能实施于州长任期的早期,因为新的领导人会在关注再次当选之前推进其有关治理的愿景。那些拥有闲置资源的政府部门也最有可能进行规划。如果邻近州的相同部门已经在采取行动,或者如果它们在工作上与民营部门保持着密切的关系,那么政府部门会进一步倾向于采纳战略规划。将责任由联邦政府层面下移至州政府层面、一种被感知到的将社会公众纳入决策过程的需要,以及使复杂的绩效评估成为可能的技术上的重大突破,这些都是促使州政府采用结果管理方法的其他因素。

但不幸的是,与结果管理有关的工具在政府中应用的快速增长,却与对此类应用结果的认识的飞速提升并不相称。有关公共部门战略规划的研究通常聚焦于单个的政府部门,而缺乏一种政府全方位的视角,甚至在对各州是如何运用有关绩效的信息以及实施评估所进行的全面的描述性分析方面也是有限的。

政府绩效项目

为了填补这些空白,政府绩效项目(GPP)将结果管理界定为一系列相互联系的管理过程和行为,并且在整个政府的层面和单个政府部门的层面来考察结果管理过程。政府绩效项目的研究也对州政府实施结果管理的实际经验进行分析。这种深入的研究方法使得对各州应用结果管理的程度、结果管理适合于并得以应用的方面、结果管理过程导致的绩效以及与结果管理关系密切的情境因素的理解成为了可能。

政府绩效项目收集数据的方法是在所有的 50 个州进行详细的调查、政府文件的文本分析以及与行政官员和立法官员进行访谈。调查考察了 5 个管理系统:财务管理、人力资源管理、信息技术管理、资本管理和结果管理。该项目针对每一个管理系统都使用了清晰明确的标准,以便对每一个州管理能力的质量作出评估和评分。表 12-1 对每个州的结果管理以及它们在所有 5 个管理系统中的总体能力进行了打分。

将能力、评估与绩效联系起来

政府绩效项目将管理能力界定为:"为支持实现其政策方向,政府组织、发展、指导和控制其人力、实物和信息资本的内在能力。"[①]管理能力

[①] 作为将绩效用于确保责任实现先行者的新西兰,最近以更为宽泛的相似表述来关注公共管理能力的观念。新西兰国家服务委员会(the New Zealand State Services Commission)对公共管理能力所界定的基本概念是:"可以,或能够对公共组织产出所必需的资源、系统和结构进行恰当的综合应用,以便针对未来实现现有基础上客户明确的绩效水平。"

表 12-1　1998年各州结果管理和管理系统的总体评分

州	结果管理评分	总体评分	州	结果管理评分	总体评分
阿拉巴马州	F	D	蒙大拿州	C	B⁻
阿拉斯加州	C⁻	C	内布拉斯加州	B⁻	B
亚利桑那州	B⁻	C	内华达州	C	C⁺
阿肯色州	D	C⁻	新罕布什尔州	D⁺	C⁺
加利福尼亚州	C⁻	C⁻	新泽西州	B⁻	B⁻
科罗拉多州	C	C⁺	新墨西哥州	D⁺	C⁻
康涅狄格州	D⁺	C	纽约州	D⁺	C⁻
特拉华州	B	B	北卡罗莱纳州	B⁻	B
佛罗里达州	B	C⁺	北达科他州	D	B⁻
佐治亚州	C⁺	C⁺	俄亥俄州	C⁺	B
夏威夷州	C⁻	C⁻	俄克拉荷马州	D⁺	C
爱达荷州	C⁻	C	俄勒冈州	B⁺	B⁻
伊利诺伊州	C	B⁻	宾夕法尼亚州	B⁻	B⁻
印第安纳州	C	C⁺	罗德岛州	C	C⁻
爱荷华州	B⁺	B	南卡罗莱纳州	B⁻	B
堪萨斯州	C	B⁻	南达科他州	D	B⁻
肯塔基州	B	B⁻	田纳西州	C	B⁻
路易斯安那州	B	B⁻	得克萨斯州	B⁺	B
缅因州	C	C	犹他州	B⁺	A⁻
马里兰州	B⁻	B	佛蒙特州	B⁻	B⁻
马萨诸塞州	C	B⁻	弗吉尼亚州	A	A⁻
密歇根州	B	B⁺	华盛顿州	B⁺	A⁻
明尼苏达州	B	B	西弗吉尼亚州	C	C⁺
密西西比州	C	C⁺	威斯康辛州	C	B
密苏里州	A⁻	A⁻	怀俄明州	C	C

并不是一个单一的系统,而是一个宽泛的信息网络。

如何将管理能力与绩效及其评估联系起来？近来改革的华丽辞藻排斥过程并为结果辩护,这导致政府必须要在这二者之间做出选择的错误印象。政府改革者也经常错误地认为,绩效评估系统就等同于改进后的绩效或对结果的关注。然而,就其本身而言,绩效评估仅仅提供信息;就如何使用这些信息却什么也没说。评估与管理之间的区别是重要的,因为它所强调的基本点是,尽管有一套评估系统会恰如其分地提供一系列有关绩效的信息,但它并不能保证将会产生或已经产生了良好的绩效。

专题 12-2　用于评估州政府结果管理的政府绩效项目标准

1. 实施结果导向战略规划的政府:

　　界定战略任务并提出清晰的目标。

　　政府领导层与所有雇员就战略任务进行有效的沟通。

　　政府规划要对公民及包括雇员在内的其他利益相关者的投入做出回应。

　　部门规划与重要的政府规划协调一致。

2. 政府提供能够评估结果和成就进展情况的指标和评估信息;政府能够确保信息的有效性和准确性。

3. 领导者和管理者将结果信息用于决策、管理和进展评估。

4. 政府就其活动的结果与利益相关者展开明确的沟通。

与国际市/县管理协会和城市研究院使用的方法相比,政府绩效项目强调管理能力而不是最终的绩效指标。从这个角度来说,因为**能力**是实现绩效的**平台**,所以良好的管理和强大的能力是极为重要的。绩效评估的效用取决于政治环境和政府的管理能力。为了使绩效信息有价值,必须满足两个条件,而这两个条件都与管理能力相关。首先,绩效信息必须要有好的质量。绩效信息的质量取决于所采用的评估指标类型、评估指标如何能密切地反映战略目标,以及将评估指标看作是与个人相关的利益相关者到底有多少。其次,政府需要表明,为了改进管理、分配资源和设定目标,它是如何将绩效信息应用于决策①和工作过程之中的。这样的过程构成了一个有效结果管理系统的基础。诸如此类的系统也具有整合政府其他管理系统的潜力:

> 除了获得利益相关者对战略目标的认同以及评估实现这些目标的进度之外,部分州也开始调整它们的信息、人力资源、预算以及财务管理系统,以便能更好地确保这些系统为那些通过自己的努力来实现州及部门目标的管理者们提供支持。

通过验证、收集及随后对绩效信息的应用,领导者们在评估项目和政策以及管理系统的效力过程中就有了稳固的基础。结果管理也有可能为有效的组织学习提供了某种工具,用以认识政府成功或失败的原因。

各州针对结果实施战略管理的状况

州政府依赖许多由各种不同类型文件代表着的结果管理系统。一种方法是提出一份无所不包的全州范围内的战略规划,另一种方法则是在政府部门层面实施战略规划,州政府也可以通过年度预算提供结果管理的相关信息。② 所有的州都在实施结果管理方面采取了某些措施,有47个州采取了系统记录结果管理过程的方法(见表12-2),而有44个州实施了战略规划(见图12-1)。③

---

① 除了取决于高质量的数据,对绩效信息的有效利用还依赖于及时且容易获得的数据。
② 由于所有的州都会编制预算,而且所有的预算都不是结果管理的文件,所以为了能被视作结果管理的文件,预算必须包括某些目标和评估指标。战略管理是结果管理更为狭义的方面。为了能够被视为战略规划文件,预算必要有能够指导政府活动的短期或中期战略目标或目的。按照这样的标准,有19个州的预算可以被视为战略规划文件,并被包含在图12-1中。
③ 在表12-2中体现的对州政府结果管理过程所做的分析,是以记录这些工作的文献为基础的。该研究方法的假设是,任何为结果管理所做的系统性工作都会以某种书面形式记录下来。不能提供有关结果管理系统证明文件的州将不予计分。

表 12-2 州政府战略规划的类型和性质

战略规划要素	全州范围的规划(17)	预算(31)	部门规划(34)
全州范围的任务描述	12	3	N/A
核心价值	9	1	24
单个部门的任务描述	2	11	30
高水平后果目标	17	9	27
较低水平的目标	12	14	30
中期/长期目标(3年以上)	1	2	6
短期目标(1—2年)	0	2	5
量化的绩效目标	3	10	11
明确的绩效评估指标	8	24	20
实施战略	6	2	20
为与部门相联系的目标承担的责任	4	5	N/A
为与部门下属单位相联系的目标承担的责任	0	14	6
为与项目层次相联系的目标承担的责任	0	6	10
为与指定管理者相联系的目标承担的责任	1	0	3
关键的外部因素(经济条件、资源、必要的法律制度、其他)	7	5	15

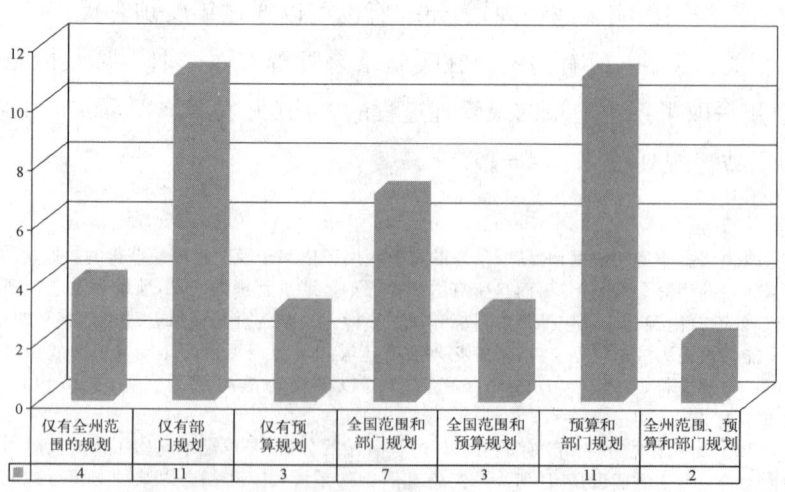

图 12-1 州政府针对战略规划的不同方法

第十二章 超越评估:州政府的结果管理

为了协调政策并为各州的未来提供重要的远景规划,有17个州编制了无所不包的战略规划。然而,其中某些内容宽泛的文件却允许全州范围的规划与单个政府部门的规划工作相脱离。在构建治理和对核心价值的描述、高水平的结果目标以及较低水平的任务方面,全州范围的规划往往能取得某种程度的成功,但这些规划在将宽泛的目标与较低层次的责任进行明确联系方面却是最为薄弱的。在31个考虑吸纳结果管理要素的州预算中,有19个也被描述为战略规划。由于大多数预算都按照部门层次和项目信息划分为不同的部分,因此在传递与政府部门使命的描述、较低水平的任务和绩效结果有关的信息方面具有极强的说服力。形成与结果管理有关的信息的最为常见、也最为全面的途径,就是借助于政府部门层面的战略规划过程。利用政府部门战略规划的州有可能使用更多结果管理的基本要素,包括设定目标和目的、提供绩效数据,以及将实现目标的责任与某个特定的部门、项目或管理者联系起来。总的来说,有24个州选择对全州范围内的规划进行某种形式的整合,并在预算或部门的战略规划中提出目标。有13个州的规划仅仅是通过部门文件而不是任何其他的形式提出的。①

一、绩效评估指标的类型

几乎在所有的州,产出的评估指标通常在数量上都要比后果的评估指标多得多;只有像犹他州、弗吉尼亚州和俄勒冈州这些将首要的关注点放在后果上的州是例外。抛开评估的难易程度和能够与部门的任务保持更为直接的联系不谈,关注产出的主要原因之一是政府部门能够更为直接地控制这些评估指标。北卡罗莱纳州将中间后果与政策后果区别开来,将政策后果明确地界定为涉及多种职责且不能归因于任何一个

---

① 这是所认识到的在州政府和市政府实施结果管理方面最大的区别,这也是政府绩效项目研究的问题。35个最大的市(根据财政收入)表现出了通过预算或全市范围内的规划来实现战略规划的某种协调的强烈偏好。实际上,没有任何一个大型城市在进行战略规划的过程中仅仅依靠单个部门的规划(莫伊尼汉,2000年)。

政府部门的高水平后果。中间后果将具体的部门工作与更大的政策后果联系起来。实际上,各州最常在部门或项目的层面上产生后果——也就是按照北卡罗莱纳州的术语所说的中间后果。

试图将政策后果和中间后果联系起来会带来两个主要的风险。第一个风险是,如果在处理这些后果与部门活动之间的联系时不够慎重,那么这些后果会变得与日常管理毫不相关。第二个风险是,在项目或部门层面上设定后果目标的管理者或许不会考虑州政府主要的政策后果。如果不在高水平目标和中间后果之间进行整合,那么政府的目标设定过程就会产生断层。

应用绩效信息

正如我们先前提到过的那样,能力和管理的概念远远超越了单纯的绩效评估,而且还包含着对结果管理和众多管理系统进行的整合以及对绩效信息的积极应用。绩效评估能够与管理能力联系起来,如果绩效信息被用于:

  跟踪项目和管理系统的绩效。
  更好地提升资源配置、程序改进和管理系统领域中的决策能力。

绩效信息的有效应用反过来也取决于信息传输的质量和参与各方应用这些信息所受到的激励。实现绩效信息的有效应用至少有 5 个清晰的目的:

  通过向公众公布信息来提升责任感。
  实现对绩效改进的管理。
  扩大对管理能力和绩效水平之间联系的认识范围。
  更好地提升资源配置效率。
  利用绩效合约。

一、提升责任感

战略规划和绩效评估能够对政府想要实现的任务和对其将会如何成功实现这些任务进行跟踪做出清晰的描述。直接向公众提供绩效信息能够提升公众了解政府如何开展工作的能力,并且能够塑造公众对政府承担提供可理解绩效信息和满足绩效标准的责任的期望值。在绩效报告和州政府的预算中对绩效评估指标的报告日益增多。绩效评估指标,尤其是那些后果评估指标,也可以对公共政策争论做出有意义的贡献并激发公民的兴趣。马里兰州和夏威夷州的例子表明,低于预期的教育考试成绩成了公众争论的话题,这导致州政府在教育方面投入了更多的资源并改善了它们的管理能力。在回应政府绩效项目所做的调查时,夏威夷州指出绩效评估指标"成为公众要求改变目前的政府状态和管理实践的焦点"。夏威夷州通过改变管理和人事政策实现了对其能力的提升。

二、实现对绩效改进的管理

在那些试图改进其项目和工作流程运转效率的管理者中,绩效信息或许得到了最为广泛的应用。效率评估指标、服务质量指标、工作量指标以及顾客满意率,都是能够对理解和改善工作流程发挥作用的几种绩效信息。能够用这些评估指标来设定绩效目标和制定实现这些目标的战略、按照时间序列跟踪绩效、作为与其他组织进行比较的基准,并与雇员或民营部门签订绩效合约。管理层和雇员是此类信息重要的使用者,但民选官员也是绩效信息的重要消费者,因为他们要据此做出未来的决策。这些官员在要求提升绩效方面能够发挥某种重要的作用。

在运用绩效信息改进绩效方面,各州都有很多例证。例如,康涅狄格州的信息技术部以效率评估指标为基准进行公共和民营组织的比较。最终的分析结果导致该部门对其工作流程计划和过程进行调整以便降低单位成本,这进而也导致了该州数据中心支出的每单位费率的下降。

马萨诸塞州的社会事业部是另一个案例，在该案例中，绩效评估指标与政治监督一起强化了改进绩效的压力。社会事业部为每一个地区办事处都设定了年度任务目标，并全年跟踪实现这些目标所取得的进展。该部部长会在与每个地区办事处会面的过程中强调这样的任务方案，而且高层管理者也会经常与地区办事处的管理者会面以便讨论任务活动。自推行绩效目标以来，工作量几乎翻了一倍。

三、运用绩效信息强化能力

各州的决策者们也利用绩效评估指标来关注如何组织工作、诸如管理系统和工具这样的能力问题以及在提供服务过程中做出的选择。有关能力的信息在本质上通常并不是绩效信息，而是关于现有的能力如何实现或制约绩效以及能力的变化将如何提升绩效。政府领导人，尤其是那些民选官员，是这些信息最为重要的使用者，因为他们制定决策的能力会改变政府提升能力的途径。将绩效与能力联系起来，能够使领导者们对结构、过程和规则如何确立绩效的决定因素，以及对这些决定因素进行的有目的的改革如何能改进绩效有一种现实的认识。

北卡罗莱纳州是运用绩效信息强化能力的一个典范。该州以绩效评估指标作为基础，不仅对成本是否具有竞争力，而且对是否可以外包特定的服务进行评估。北卡罗莱纳州范围更宽的结果管理框架明确界定了战略目标和工作团队的顾客群体，突出可以重复的任务并导致这些项目的结构性变革。例如，该州合并了商业部下设的就业与培训处和州长办公厅下设的劳动力规划办公室。

这些例证表明，各州都在利用绩效评估指标跟踪管理系统的效用，但就各州如何将这种信息与范围更广的改革整合在一起的证据却并不清晰。此类尝试的一个关键因素就是对资源的配置加以变革。

四、更好地提升资源配置效率

将绩效评估指标和资源联系起来能够带来很多好处，如提升预算辩论的质量、为参与各方实现绩效目标提供激励因素、投资于那些有效的项目并应对那些绩效不佳的领域。然而,绩效与预算的简单联系——实现高绩效的各方得到更多的资源,而绩效不佳的各方只能得到更少的资源——却为决策者带来了困惑:奖励是应该给予那些表现优异的部门,还是给予那些需要帮助的部门？例如,在密苏里州,某项初等教育项目中学生表现的积极效果促使该州向该项目配置了更多的资源。然而,像这样简单地将绩效与奖励联系在一起,却并没有为配置资源提供一种全面的方法。"适者生存"(Survival of the fittest)或许对某些人具有吸引力,但对于政府来说却并不是一条恰当的决策准则。评估成就和良好绩效的能力或许会不规则地分布于不同类型的公共部门,但这并不意味着更多的公共资源就该因此流向那些高绩效的部门。如果各州撤销某个项目或部门的情况很少发生,那么就会经常产生这样的绩效困境。在应对有关绩效评估指标如何影响资源配置的问题过程中,大多数州认识到了这种联系的复杂性。夏威夷州指出:

> 当资源有限或不足时,绩效评估指标与资源配置的这种联系就变得模糊了。如果考虑到政府的边际效用,即便是一个"表现良好"的项目,与之相匹配的资金或许也不会是唾手可得的。相反,如果是"基本的"政府职能——如教育、福利或监狱,那么即使是低成本-效率的或"表现不佳"的项目也有可能继续获得资助。

实际上,政府绩效项目提供的绩效评估指标与资源配置之间联系的证据表明,立法者几乎总是会为了帮助那些绩效不佳者或为了应对那些绩效评估指标所强调的政策挑战而增加或重新配置资源。这些经验表明,对于立法者而言,绩效评估指标可以起到强化能力问题的作用,但是他们极为关注的是那些需要**构建**能力和绩效的部门,而不是去关注对在这个方面取得某种成功的部门进行奖励的过程。例如,俄克拉荷马州的卫生保健部门使用未参保儿童的数量作为获得有效卫生保健的指标。民选官员们觉得这一数字高得离谱,并转而将医疗补助项目的覆盖范围扩大到了指定的幼童和怀孕妇女。得克萨斯州调查了预防儿童疾病的多个案例，并利用该信息来增加州免疫项目的资助金额。

乔伊斯和汤普金斯在2000年利用政府绩效项目的数据，对绩效评估指标和预算之间的联系做了另一种解释。绩效预算可能是实施结果管理最为困难的方面，因为它与围绕预算的政治斗争密切相关，而且立法者也不乐意采用有可能限制他们权力的决策方式。然而，一旦确立了结果管理体系，绩效信息就会因预算过程不同层次的参与者而非立法者而对预算决策产生影响。预算过程会以立法决策的方式结束，却会先于部门层次的预算准备阶段，最高预算机构所做的审查和协调也同样如此。在这些决策点上运用绩效评估指标对预算方案和最终的资源配置都会产生影响，但可能并不会直接观察到影响的方式。换句话说，绩效信息可以对提供给政治决策者的信息种类产生影响，并因此会间接地影响他们的决策。

尽管并不清楚对预算方案的影响会有多大，但乔伊斯和汤普金斯还是发现大多数州都在部门的层次上使用绩效信息。只有4个州——密苏里州、得克萨斯州、路易斯安那州和弗吉尼亚州——的最高预算机构广泛使用了绩效信息（有19个最高预算机构报告说有某种程度的使用）。仅在路易斯安那州有证据表明，立法者在制定决策的过程中对绩效信息的使用是积极的。如果绝大多数州有某种形式的绩效预算法律制度，那么对绩效信息如此少的使用就会令人感到奇怪。因此，实施积极的绩效预算的立法支持和最初的要求并没有转化为州立法者对绩效信息的运用。在回应政府绩效项目的调查时，各州的解释是，立法官员经常以怀疑的态度来看待绩效评估指标，因此除非评估指标与绝大多数选民的利益相一致，否则他们不太可能会使用绩效信息。这种怀疑态度部分归因于这些信息的低劣质量——这是众多绩效审计通常都会强调的问题，部分则归因于在为绩效评估设定目标和评估指标的过程中缺少立法机关的参与。

五、绩效合约

管理与那些提供公共服务的外部合作者之间的关系,是某种程度上绩效信息尚未得到考察的用法之一。这在有些时候被描述为绩效合约。① 随着近来转向一种治理的视角,以及对支持将不可知论用于服务提供**方式**选择过程的网络的不断使用,在判断**如何更好地**提供这些服务的过程中,绩效信息将变得越来越重要。对绩效信息的这种应用已经有所实践。马萨诸塞州指出,其心理卫生部提出了针对民营服务提供者的绩效指标,认为"总体的目标是通过一套明确表达和界定每一种服务类型的预期和标准的标准化流程来提升服务提供者的绩效"。该州将标准和指标列入其发给民营部门投标人的招标申请书(request‐for‐responses)中,并与明确的绩效目标一起通过协商签订合约。每半年的绩效报告和审查会议保持了对绩效标准的关注。密歇根州表示,其教育部将绩效标准与专项财政拨款结合起来,并使用这些标准来评判受资助对象的绩效。明尼苏达州的污染防控局与那些受到规制的产业达成了绩效协议。利用对污染后果的评估,该局能够就豁免权展开协商,这可以使那些产业因为能绕开正常的官僚规章而提升污染物减排的水平。明尼苏达州的劳工部与民营保险公司之间也采取了与之相类似的做法,设定了为劳工支付赔偿金周转期的目标,并与这些公司共同努力来实现这些目标。

将绩效信息纳入签约过程有非常明显的潜在优势。公共部门能够明确规定所要求达到的绩效水平,并可以据此对签约方实施奖励。然而,这样的制度安排并不会必然带来好处。公共管理者需要确保合约中的目标能够准确反映项目的目标。管理者能够利用正式且明确的目标来激励那些签约者,但如果这些目标只是对项目目标的部分反映,那么

---

① 马丁对绩效合约所下的定义是:"绩效合约是一种关注服务供给的产出、质量和后果,并至少可以将签约人的部分报酬以及合约的任何扩展或重新签订与他们所取得的成就联系起来的合约。"

服务就将偏离它们原初的目的。简而言之,公共部门的管理者应该对合约关系实施谨慎的管理。但不幸的是,尽管这种合约管理手段的重要性日渐增加,但传统的公共管理过程却并不重视对这些手段的运用。

结果管理取得稳步发展

将绩效评估指标融入内部和外部的合约表明,当得到很好的利用时绩效信息能如何发挥改进政府过程的作用。哈特利指出:"绩效评估的最终目的是要利用评估信息以帮助取得改善——不论是否会扩大、取消还是修正项目。这种评估信息的利用似乎仍旧是有极大局限性的。"几乎所有的州政府都能找到它们有效利用绩效数据的例证,但它们会发现,要想说明对绩效信息进行过谨慎而系统化的考虑——而不仅仅是一种巧合——则要困难得多。要实现这个目标不仅需要一套绩效评估系统,它也需要一套结果管理系统。对结果管理的过程和结果施以更多的关注和责任,有可能会对该系统获取的信息产生更为持久的影响。与评估绩效一样,各州也必须实施战略性的规划过程,确立那些具有实质价值并与评估指标相联系的目标,确定利用绩效信息的明确策略,向正确的人提供正确的信息,并为确保恰当结果的实现提供激励因素。各州政府正在渐渐地尝试整合这些因素。然而,针对绩效评估及管理的立法联系和责任在几乎所有的州都是一个问题,而且在设定目标和分享信息的过程中,行政部门和立法机关的相互脱节似乎也是普遍现象。

尽管存在这些缺陷,但不应当忽视结果管理对实践所做的贡献。各州政府正在利用这些工具,并在使用过程中达到了娴熟的地步。虽然立法的意图和修辞可能要比实践显得有抱负得多,但是支持结果管理的各种因素遍布政府的各个角落,从而使它们能够褪去"新奇"的标签。公共服务的提供者已经超越了诸如"什么是战略规划"和"什么是标杆管理"这样的基本问题,而转向了那些对成功来说极为重要的问题,如"这些工具如何做到相互适应"以及"我如何能使它们发挥作用"。致力于结果管理的战略意义并实现它与治理日常过程的整合,会为解答这样的问题并确保绩效得到改进提供一种途径。

第十三章 州政府的绩效预算

凯瑟琳·G.威洛比、朱莉娅·E.梅尔克斯

导言

在过去10年期间,州政府针对以绩效为基础的预算系统提出的立法和/或管理要求是,要将对评估和报告部门的要求和对项目绩效结果的要求融合在一起。采纳这些要求是与政府会计准则委员会关注州及地方政府绩效评估的发展和应用情况的进程相一致的。为了协助政府部门进行绩效评估的报告工作,政府会计准则委员会提出了服务工作与成就指标,该指标既包含有关服务工作和成就信息的财务绩效评估指标,也包含相应的非财务绩效评估指标。① 这些指标的目的是能够使政府部门通过财务文件对这些指标加以跟踪和报告。实际上,政府部门早已超越了为建立以结果为导向的系统而提出要求的阶段,而是到了要对部门项目和活动的日常管理中实施的绩效评估和绩效预算实现制度化的阶段。此类系统要求规划和目标设定能够发挥更为重要的作用,并规定了绩效评估和对有关项目结果进行报告的行为。本章将简要描述一

---

① 要了解政府会计准则委员会绩效评估研究方案更为详细的说明,可登陆政府会计准则委员会官方网站:http://www.rutgers.edu/Accounting/raw/gasb/。

次通信调查的研究结果,此次通信调查关注绩效评估和结果导向是如何在预算行为人、预算周期、关系等方面影响州政府预算过程的,以及媒体和公众对政府的看法。我们尤其要分析州政府预算官员对绩效评估和绩效预算重要性的看法。我们要探究选取的这部分预算行为人是如何并在何时将绩效评估信息应用于有关支出的决策过程的。这项研究对政府部门来说应该是有所助益的,因为他们开始尝试通过财务和项目报告向外界提供相应指标的某些方法,以便向利益相关者(公众、其他政府机构、投资者,等等)提供与其绩效有关的可靠信息。

我们所说的绩效、绩效评估和绩效预算系统是指什么?

安东尼·P. 卡内瓦莱和戴维·G. 卡内瓦莱指出,当前政府对绩效评估的关注点与进步时代留给人们的记忆是有所区别的,它在对公共组织在质量、多样化、顾客导向、便利性、服务及项目的时效性以及经济效益考量的强调方面都有所提升。同样,杜邦—莫拉莱斯和哈里斯对有关目标(计划/任务)、方向(目标/战略)和影响(产出/后果、结果)的责任所做的讨论,也与对成本的关注有很大的不同。他们阐释了当一开始考虑部门绩效并对该绩效进行评估时就对任务有清晰理解的重要性。例如,他们指出了将矫正服务作为建设更为安全社区的改革措施的可能任务,与将其看作一种使公民远离犯罪的安全阀之间的区别。

国家生产力中心认为,绩效评估已经发展到了不仅仅考虑简单的效率问题的程度。它进而指出,有一些要素对全面评估涉及任何活动或项目的政府绩效是重要的:

生产率,对一个组织的产出和投入进行量化并以比率的形式表述二者的关系;

效用,判断一个组织的产出与该组织想要实现的目标之间的关系;

质量,考察一项产出或制造一项产出的过程,以诸如准确性、全

面性和复杂性这样的特征来表示;

时效性,评估制造一项适当产出所涉及的时间。

一位著名的绩效评估应用权威哈特利也指出,当前的概念要比20世纪50年代充分考虑基于活动的预算过程的概念复杂得多。他强调指出,绩效评估融合了所有上面列举的概念,在评估结果的过程中还加上了**规律性**的要求。他解释说,"对实现具体后果的进展进行定期评估,是任何强调实现服务和项目的顾客最大化收益和最小化负面影响的结果管理工作、以顾客为导向的程序的一项必备要素"。

在其"如何实施"绩效评估的论述中,哈特利接着指出,所有为公众/公民/顾客服务的部门,都能够对绩效(某些部门的绩效好于其他部门的绩效)和对下列有使用价值的信息进行评估:

预算的合理解释;

改善管理及对项目的成就/问题进行监督;

解决公平问题。

关于公平问题,他指出,"一套设计合理的评估系统能够使部门的管理者评估一个项目的公正性并做出适当的调整。一套好的绩效评估系统将有助于官员们向公众和政策制定者说明服务的供给是公正的,并且也会建立双方的信任关系"。在哈特利提到的绩效信息的几种用途中,我们要讨论的是,出于管理的目的以及为了提升沟通水平的需要,政府官员和工作人员为了对预算作出合理解释并制定支出决策和权衡利弊时对绩效信息的应用。

无论如何,我们都知道上述对绩效评估的讨论需要政府雇员具有更为充分的技能。这些雇员不仅必须掌握与阅读、写作和计算机相关的基本技能,而且还必须擅长分析、沟通和宣传。政府官员和项目工作人员必须擅于理解评估进展(那些新开发的要素)、相关性和标杆管理以及评估改进。最基本的是,这些雇员必须能够理解评估指标背后的意义、对它们进行的准确计算和解释,以及随之何时可以将这些评估指标用来改进决策过程。因此，对绩效预算系统的理解必须融合绩效评估扩展的概念，并且实际上要重点考虑对结果的计算和排列以及关于这些结果的沟通。

使绩效评估融入美国的预算过程

对美国各级政府发展和应用绩效评估的历史已有大量的记载。尽管本章的关注点停留在州政府层面，但显然我们正在见证的这一政府层面的行动在联邦政府和地方政府层面也是显而易见的（本书其他章节对此进行了大量详细的说明）。在联邦政府层面，经常提及的1949年胡佛委员会为向绩效监控方向的发展创造了极为引人瞩目的推动力量，它呼吁将联邦政府预算调整为具体的活动而非项目。该委员会也要求各政府部门提供绩效报告。后来，《首席财务官法》要求挑选一定数量的联邦政府部门对绩效数据进行报告。随后，1993年的《政府绩效与结果法案》通过提出一份到1997年开始实施的绩效报告进度表，在大多数联邦政府部门推行了绩效评估并形成了大量的绩效规划。最后，克林顿总统执政期间的戈尔委员会又对政府再造运动保持了长期的关注，这项运动持续致力于联邦政府层面的绩效评估和监控。

对绩效评估和监控的特别关注也渗透到了地方政府层面。研究结果表明，在美国有近五分之一到三分之一的地方政府应用了某种形式的绩效评估。在一项调查中，有超过一半（1 218个中的694个）的城市（人口在25 000人以上）对该调查做出了回应，波伊斯特和斯特莱布发现，有15%的城市并没有在所有的市政机构和部门中全面地实施绩效评估，只是有选择性地进行了应用。更大一些的城市以及那些被认为更具改革精神的城市（市议会-市经理制和市长-市议会制），往往对绩效信息的利用要更为频繁一些。国际市/县管理者协会的绩效评估中心与城市研究院一起，继续对各个地方政府就绩效监控、评估和报告的应用和效用所采取的制度化尝试给予支持和鼓励。

与地方政府和联邦政府层面的趋势类似,州政府也承担了建立绩效监控和报告系统的刻意且持续不断的压力,而绩效评估则是其中的一个重要组成部分。20世纪90年代初,不论是全国州长协会还是全国州立法委员会议,都鼓励各州将绩效评估和监控融入它们的预算体系。在此期间,大多数州听取了这一建议,要么通过立法、发布行政命令,要么通过确立政府的指导原则,提出了建立某种类型绩效预算系统的要求。至20世纪90年代后期,除3个州以外的所有州都提出了绩效预算的要求,而大多数州在20世纪90年代后都明确提出了这些要求。说得更具体一些,正如图13-1所示,在47个提出某种与绩效相关要求的州中,有31个州是通过立法的方式实施绩效预算的,而有16个州是通过预算的指导原则或指导意见来推动改革的。到上个年代末,只有阿肯色州、马萨诸塞州和纽约州这3个州没有采取任何强制措施来推行绩效预算。

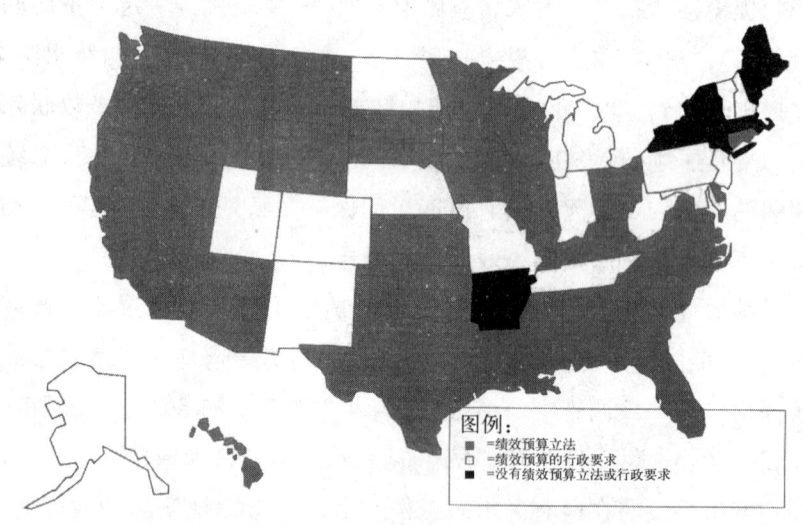

图 13-1　各州的绩效预算:行政的和立法的要求

政府会计准则委员会规定了州及地方政府的财务报告标准。借助服务工作与成就报告的要求,它们对绩效评估的关注进一步推动了各州去继续完善绩效监控系统,并持续进行绩效改进和报告更新。最近,政府会计准则委员会的第34号声明将分阶段在州及地方政府中应用更为先进的财务报告系统,其中有一些是与绩效有关的。该声明对必须由州及地方政府在财务报告中提供的新的和有差别的信息、对所有资产和折旧费用进行报告的要求,以及对权责发生制会计的全面应用做出了纲领性的说明。

研究表明,在过去几年中,绩效预算在各州取得了某些尽管是有限的成就。人们发现此类成就主要与项目管理有关,而与支持这些项目或涉及项目活动实际成本的财政拨款无关。我们知道州政府对绩效预算系统的运用是复杂的、不完全的而且仍旧在不断发展着的;每一套系统都是不同的,而且实施战略和取得的成就也各有差别。实际上,李和伯恩斯为了解释有的州预算决策的绩效评估一直在"滑坡"的原因,提出了一个预算系统成熟度的概念。他们解释说,"制度化了的记忆"有可能阻碍政府部门对绩效预算系统的广泛运用和认可。实践者基于过往的经验对改革抱着谨慎的态度,不愿意或不能转向立即和广泛地接受新的举措。而且,"或许在各州政府中还存在着一种更为现实的看法,即需要付出努力来改变预算系统,以及对改革可能的结果持有观望态度"。换句话说,实践者认识到存在着一条与在预算决策过程中运用绩效评估指标相联系的"学习曲线"。

乔丹和赫克巴特强调,作为州长预算建议案的重要组成部分,在预算过程中应用绩效评估可能会产生极为重要的影响,而且"预算过程的绩效提升需要以州政府预算办公室为组织中心"。这里一定会存在不同意见。州政府预算办公室居于政策和预算过程的中心位置;那些在行政首长和各部门之间来回传递信息的预算编制者们,则在获取、权衡和向行政首长公布绩效信息的过程中处于强势地位,州长随后就能够通过比较政策目标做出解释。立法机关预算办公室的运作与之相类似,尽管向其众多领导人提交的信息要经过更多的筛选。无论如何,考虑到财务上的相关性,对于这些官员(政府官员和立法官员)提出建议并在随后通过一项财政拨款议案而承担的责任来说,有关项目结果的绩效数据和信息一定是重要的。

探究绩效评估指标在州政府预算过程中的应用:研究的问题

绩效预算被界定为一个索取量化数据的过程,这些数据能够为预算过程提供有关项目产出和后果的有意义信息。美国各个层面的政府部门对绩效预算要求的广泛接纳,反映了对预算决策方式进行变革的支持和强调。然而,这并未反映出绩效数据在预算决策过程中的实际应用情况。

为了准确评估绩效预算要求和活动在各州的实施情况,我们必须了解州政府预算过程中绩效评估和数据实际应用的方式。我们尤其对预算周期和涉及预算的决策中的绩效评估及以结果为导向的**期间**步骤的实际应用情况感兴趣。具体来说,这些步骤包括:

编制预算;
准备行政首长的预算建议案;
资金拨付;
预算执行。

预算周期的第一个步骤是编制预算,这一阶段要早于行政部门提交建议的预算方案和立法机关通过财政拨款议案。该阶段包括考察机构和部门提出的重要预算需求并提出一揽子方案。为了准备行政首长向立法机关提交的预算建议案,下一个步骤是评估政府预算办公室提出的部门预算请求。立法机关的议员们随后要在权衡最终的财政拨款方案时考虑行政部门的预算建议案。在财政资金拨付之后,预算执行就开始了。预算过程的复杂性因而分为了几个节点,将绩效数据应用于这些节点是有可能的并/或是可行的。

本章所记录的研究,关注在下述州政府预算决策程序背景下围绕三个话题产生的问题:

特定评估指标的确认和有效性;

将绩效数据应用于预算过程的实际使用情况和原因；

将绩效评估指标融入预算过程对预算和政策参与者之间的沟通产生影响的程度。

首先，州政府的预算官员在多大程度上正在使用那些经过报告的绩效评估和结果数据？他们对于本州各政府部门使用这些数据的看法又是什么？例如，我们会关注产出和后果的绩效评估指标在各州整个预算过程的文件资料中出现的程度。其次，绩效评估指标在预算过程中发挥了怎样的作用？哪种类型的部门绩效信息对绩效官员以及对哪一类型的决策最为有用？例如，从编制部门预算开始，行政首长准备提出预算建议案，通过立法机关对预算方案的权衡过程，再经过预算执行，最后是审计阶段，我们要探究预算官员对于产出和后果的绩效评估指标在预算周期各个环节重要性的看法。我们也要关注预算官员对于在部门内部各种决策中可以应用哪些类型的绩效数据（投入、产出和/或后果评估指标，成本/效益评估指标，效率/质量评估指标，和/或解释性评估指标）的看法。考虑到的决策种类包括：项目规划、运营管理、预算和资源的分配及再分配、评价和评估。最后，在传递绩效和结果评估指标的过程中存在着什么样的问题？绩效评估是否改变了州政府的沟通方式？先前对州政府层面行政机构和立法机构的预算办公室工作人员所做的有关绩效预算系统有效性的调查表明，此类系统在"对部门的项目结果、政府的决策制定以及行政部门和立法机关的协调进行改进"方面，**至少**是发挥了某种作用的。随着时间的流逝，对于这些预算行为人绩效数据的评估会一以贯之吗？

研究方法

本项研究所提供的数据代表了一项有关州及地方政府绩效评估应用情况的重要研究的一个部分。该研究属于政府会计准则委员会为扩展服务工作与成就研究而做的多年努力的一部分。在斯隆基金会的资助下，政府会计准则委员会的绩效评估研究团队对 26 个案例进行了研究，并做了一次重要的通信调查。该研究团队由政府会计准则委员会的研究人员、佐治亚州立大学安德鲁·杨政策学院的教师、1 名政府部门的顾问和 2 位研究生组成。总体而言，这个研究项目关注各政府部门将绩效评估指标实际应用于预算、管理和报告的深度与广度。本章介绍的研究，与政府和立法机关的预算官员对绩效评估和某种以绩效为基础的方法在其所在州政府的预算周期和预算决策中的有效性所做的评估有关。政府会计准则委员会迄今为止在这个方面所做的研究，将会对由第 34 号声明提出的得到强化的州及地方政府财务报告要求产生支持作用。

至于通信调查，在全部 50 个州中，分别有 121 份和 434 份调查问卷邮寄给了预算官员及选定的部门领导。另外，还向全国的州政府预算官员和部门领导投递了 700 多份调查问卷。总体来说，共寄出 1 311 份调查问卷，回收了 491 份，回收率为 37%。本章内容仅限于与那些州政府预算官员的预算决策过程有关的问题。因此，我们的研究成果是以这次通信调查主题的一个分项主题为基础的。我们将研究集中在从 50 个州的政府和立法机构预算官员那里回收的 62 份问卷，对于这个群体来说，回收率为 51%。这个分项主题所涉及的调查问卷来源于 37 个州，有 15 个州回收的调查问卷既有来自政府部门预算办公室的，也有来自立法机关预算办公室的。不得不承认的是，这是一个小样本。但是，调查对象却代表着一群极为专业化的预算行为人（政府或立法机构的预算官员），他们对预算过程以及在此过程中跨部门和项目应用绩效指标持有某种全局化的视角。

利用通信调查，我们试图去证实绩效评估在州政府层面应用的程度，理解实施的评估验证/确认活动，考察调查对象对提供和使用绩效数据目的的认识，并探讨绩效数据出现在预算和财务报告中的位置，以及绩效信息在预算周期内最为有用的时机。我们也会探究政府奖励实现绩效目标的部门或者是对未能实现这些目标的部门实施惩罚的能力。而且，就趋势而言，我们试图确证的是，绩效评估的应用是如何成功地对成本节约、效率、效用和项目结果、提升沟通水平,以及实现政府官员与公众之间更好的相互理解产生影响的。我们会在此展示根据对预算官员进行的通信调查取得的研究结果。为了进一步说明绩效数据在州政府预算决策中的应用情况,在这些结果中还会结合政府会计准则委员会进行的案例研究所取得的其他定性研究结果。

研究结果

我们的研究表明,将绩效评估应用于决策过程在各州还远远谈不上全面,并且与项目或利益相关的活动也会各有不同。我们发现,作为一种向预算编制人员提供的决策辅助手段,绩效评估的应用取得了最大程度的成就,而且将结果与支出联系起来最适用(最有用)于那些可以简单易行地评估其绩效的活动。特别是,绩效评估对于预算决策的有效性,取决于预算周期所处的阶段以及相关的预算参与者。我们希望这些结果能够为学术界和实务界提供有关如何提升在预算决策中应用绩效评估的有效性,以及如何能利用这一要素来强化一种全面的绩效预算活动的信息。

根据调查问卷(仅针对预算官员)分项主题以及案例研究所取得的结果将在下面进行说明。首先,我们要分析各州预算办公室正在使用的绩效评估指标类型,并探讨那些预算官员对其效用的看法。其次,我们要剖析作为预算过程组成部分的绩效评估的详细应用情况。最后,我们还要讨论应用绩效评估产生的"溢出"效应,关注绩效评估指标是如何影响预算行为人之间的沟通的。

一、各州对绩效评估指标的运用

行政部门和立法机关预算办公室的预算官员对绩效评估在各州的应用或许有着广阔的视野,他们是州政府中最了解如何报告各州绩效评估活动的人。预算官员也有可能是将绩效数据用于各自评估工作的使用者,他们还会经常与各个政府部门保持联系,并因此能够充分了解对包括绩效数据应用在内的政府部门过程和程序。在那些将绩效报告融入预算编制的部门,出于为预算说明正当理由的目的,预算官员往往在审查各个部门绩效信息的过程中发挥着重要的作用。鉴于此,他们可以为政府部门的活动提供某种有价值的外部或全局视角。

我们的研究结果表明,预算官员表示绩效评估在其所在州的政府部门中得到了很好的应用。有超过一半的受访者指出其所在州的政府部门正在应用绩效评估指标,有四分之一的受访者表明其所在州中至少有50%的政府部门正在应用绩效评估指标。而且,在填写问卷的预算官员中有超过一半的人指出,其所在州也运用项目评估来分析项目或部门所处绩效水平的原因。尽管在对绩效评估进行着持续的努力,但各个部门也有可能为了集聚对项目活动的某种"轰动的"关注而进行项目评估,这能够为某个单一时点提供更为详细的信息。换句话说,为了评估项目后果,各州已经普遍采纳了绩效评估以及项目评估的做法。

可以预见到的是,在实际参与绩效评估指标构建过程的各类组织中会存在变化。大多数受访者指出,行政部门的预算办公室工作人员不仅参与提出评估指标的过程,也参与设定绩效目标。受访者们对于行政部门的领导层在决定采用哪些绩效评估的程度方面存在着意见分歧——许多州的州长办公室在选择评估指标的过程中发挥着主导作用;还有一些像爱荷华州这样的州,对公众参与政府绩效的评估过程做出了正式规定,但大多数受访者表示公众对评估指标选择过程的参与并不积极。然而,至于公众意见会对评估指标和评估活动的哪些方面产生重要影响,他们的意见还存在着分歧。

我们要求预算官员按照某些类别来说明绩效评估指标在其所在州政府部门的应用情况。例如,我们要求他们说明以下几个评估指标的应用情况:

投入的评估指标；

活动/流程的评估指标；

产出的评估指标；

后果的评估指标；

成本/效益的评估指标；

质量/客户满意度的评估指标；

解释性评估指标；

标杆指标。

为了能够使对每一个术语含义的理解保持一致，我们向受访者明确了每一个术语的定义。例如，为了帮助受访者区别产出与后果，向他们提供了下列定义：

产出——提供服务的数量或满足特定质量要求的服务的数量的评估指标。（例如，修缮道路的英里数或报告的恶性犯罪案件数。）

后果——由于提供服务而发生，或至少部分发生的结果的评估指标。可能包括初期的、中期的或长期的后果。（例如，使道路维持在极佳、良好或尚可的英里数所占的百分比，或者是消除恶性犯罪案件的比率，亦或是居民将其社区评价为安全或非常安全的百分比。）

大多数政府部门采用绩效预算的目的，是从一种活动层面的或以产出为导向的报告系统转变为一种更为强调质量且尤其是结果的报告系统。另一个重要目的是，从确定评估指标和收集这些指标的相关信息转变为在决策过程中实际应用这些信息。根据观察州政府预算编制人员对我们调查的回答情况，有三分之二的人指出其所在的州正在使用后果评估指标，有四分之一的人表示其所在的州中有超过50%的政府部门在使用后果评估指标。然而，当被问及他们所在州的绩效评估是否更多地关注项目结果而非直截了当的工作量评估时，受访者出现了分化。他们在绩效报告的范围和评估指标相互协调方面的意见也不一致。例如,有接近一半的受访者极为赞同或赞同其所在州的政府部门"从产出到后果再到社会基准,都提出了多层次的评估指标"。当被问及用于预算过程的具体评估指标类型时,如用于资源配置或用于资源变化讨论的评估指标,大多数预算官员(70%)认为,投入的评估指标和产出的评估指标在他们所在的州得到了最为经常的使用。成本和效益的评估指标要比后果的评估指标更为常用,而提到质量评估指标和解释性评估指标的次数并不多。

实践者通常会很快承认,要确定有用且可测量的后果指标是他们正在面临的挑战,他们感到还没有为此做好充分的准备。因此,这些发现是令人鼓舞的,因为它们反映了一种从依赖易于测量的产出评估指标到依赖更有意义的侧重影响的评估指标的转变(尽管只是一种缓慢的变化)。这些结果也强调了从关注活动或产出的评估指标转变为关注更有意义的后果的评估指标需要长期的过程。

二、绩效评估指标和预算决策

尽管预算官员在观察州政府的活动时处于独一无二的有利位置,但他们有关绩效评估在各自工作中应用的报告,却反映出州政府层面对将绩效信息融入预算过程所承担的责任。我们要求这些官员说明在预算过程的各个阶段,绩效评估指标出现和进行报告的程度。有差不多三分之一的受访者指出,其所在的州有超过50%的政府部门会在部门预算要求中涉及产出或后果的评估指标,而有接近一半的受访者表示其所在州的所有政府部门都会涉及这两类指标。与之相类似的是,绝大多数官员表示,其所在州1999-2000年度政府预算报告中有超过50%的政府部门提及产出或后果的评估指标。

在预算文件中到处可见这些绩效评估指标反映了绩效报告的一致性,而且也表明了将这些信息融入预算过程的一种责任,但我们仍然不能确定,绩效信息在预算周期的什么阶段对于预算实务人士是最为有用的。我们询问了受访者关于产出或后果的绩效评估指标在预算过程的下列阶段中重要程度的意见：预算编制、财政拨款、预算执行，以及审计或评估。我们感兴趣的是，预算实务人士从部门层面和州政府预算过程的角度对绩效评估指标在这些阶段应用情况的看法。总的来说，不论是在部门层面还是在州政府层面，受访者都没有太多强调产出和后果的评估指标在预算过程任何阶段中的价值。对于每一个类别来说，大约都会有三分之二到四分之三的受访者认为这些评估指标"不重要"或"不太重要"。然而，正如表13-1所示，当我们比较来自不同部门和来自有不同绩效预算系统要求的州的官员的回答时，在涉及这些评估指标在预算过程中重要性的看法上仍然存在着差异。

表13-1 受访者认为绩效信息在预算过程不同阶段的重要性

	受访者回答的平均值 在预算过程的下列阶段中产出或后果评估指标的重要程度如何？ （1＝不重要……4＝非常重要）			
预算过程的不同阶段	行政机关	立法机关	行政机关的绩效预算要求	立法机关的绩效预算要求
部门层面 编制部门预算	2.54	2.29	2.38	2.37
针对部门的财政拨款	2.31	1.96	1.94	2.26
部门的预算执行	2.31	1.92	1.88	2.29
部门审计/结果评估	2.24	1.96	1.75	2.31
州政府层面 编制州政府预算	2.44	2.09	2.06	2.27
行政首长的预算审议	2.50	1.96	2.00	2.24
立法机关的财政拨款审议	2.23	1.83	1.69	2.21
最终的财政拨款决定	2.08	1.58	1.50	1.97
州政府的预算执行	2.12	1.71	1.62	2.06
州政府审计/结果评估	2.04	1.92	1.53	2.24

根据先前的研究，我们知道各州在应用绩效评估方法上的区别，取决于它们的绩效预算系统是通过立法途径还是基于政府需要而建立的。既然如此，那么从总体上来说，来自那些通过立法途径建立绩效预算体系的州的受访者们，就会更为强调在预算过程中应用绩效评估的重要性。这两类预算官员对在预算编制期间提早将绩效评估指标应用于预算过程的认同态度则更为接近。接着，我们比较了分属行政机关预算机构和立法机关预算机构的受访者的看法。同样，这两类受访者对于产出和后果绩效评估指标在预算编制阶段所具有的价值的看法也几乎一样。然而，来自行政机关预算机构的受访者始终都更为强调产出和结果评估指标在预算过程后几个阶段的重要性。当被问及部门层面和州政府层面的预算过程时，情况也是如此。

从管理和决策的视角来看，实践者往往认为制定评估指标的过程是能够有所作用的。我们要求预算官员说明，在从资源配置问题到程序性变革，再到诸如改变关键参与者之间的沟通模式这类文化因素的众多事项中，制定和应用绩效指标是如何有效影响其所在州的特定变化的。表13－2列明了这些类别和具体的事项。许多受访者更乐于将绩效评估看作是"不太有效"的，但有极少数人是极为认同的。就总体而言，有不到三分之一的受访者认为，绩效评估指标的制定和应用对于任何一个项目都是"非常有效"或"有效"的。最为引人注目的是，很少有人愿意将绩效评估指标与财政拨款水平联系在一起。但是，这并不会让人感到奇怪，因为大多数绩效预算要求的真实目的，要比仅仅对改变财政拨款发挥影响的涉及面更为广泛。

另外，我们也对来自行政部门预算机构的受访者和来自立法机关预算机构的受访者进行了比较，并对那些来自通过立法途径建立绩效预算体系的州的官员和应行政机关的要求建立绩效预算体系的州的官员进行了比较。看一下回答问卷的平均值就会知道，行政部门的预算官员明显要比立法机关的预算编制人员更倾向于将包括财政拨款水平变化在内的变化归因于评估指标的制定和应用。在影响成本节约和削减重复

表 13-2 预算官员对绩效评估指标有效性的看法

受访者回答问卷的平均值 在你所在州的政府部门中有关下述方面制定和应用绩效评估指标的有效性如何？ （1＝无效……4＝有效）				
	行政部门预算官员	立法机关预算官员	遵守绩效预算行政要求的州政府官员	遵守绩效预算立法要求的州政府官员
实现削减				
是否影响成本节约？	2.00	1.35	1.62	1.76
是否减少重复服务？	2.00	1.55	1.42	1.94
是否减少/消除无效服务/项目？	1.81	1.45	1.38	1.74
改进项目				
是否提升对客户的回应能力？	2.37	1.80	2.08	2.18
是否改善项目/服务的质量？	2.42	1.90	2.00	2.26
是否提升部门项目的效益？	2.27	1.85	2.00	2.06
关注结果				
是否增强了对结果的意识和重视？	2.63	2.09	2.29	2.46
是否强化了对影响绩效结果的因素的意识？	2.48	2.14	2.21	2.37
是否会为了实现预期的结果而改变战略？	2.50	1.95	1.92	2.32
改善沟通与协调				
是否改善了部门与项目之间的沟通？	2.48	2.00	1.92	2.31
是否改进了跨部门的合作/协调？	2.00	1.67	1.69	1.81

续　表

	行政部门预算官员	立法机关预算官员	遵守绩效预算行政要求的州政府官员	遵守绩效预算立法要求的州政府官员
是否改善了与行政部门预算机构的沟通？	2.67	2.00	2.38	2.37
是否改善了与立法机关和立法机关工作人员的沟通？	2.50	2.05	1.83	2.43
是否就绩效与公众进行了沟通？	2.16	1.71	1.85	2.09
是否改善了与政府外部进行的合作/协调？	1.88	1.43	1.46	1.71
改变讨论的依据				
是否在立法机关对部门预算进行讨论的过程中改变了依据或基调？	2.12	1.76	1.67	2.09
是否改变了议员们对政府部门实施监督的讨论的依据或基调？	2.04	1.77	2.08	1.88
是否改变了议员及其工作人员质询政府管理者或执行者的问题？	2.08	1.95	1.85	2.17
改变州政府的支出水平				
是否改变了财政拨款的水平？	1.74	1.41	1.50	1.54

服务方面，立法机关的预算官员对应用绩效评估指标的评价尤其低。当考虑到绩效预算要求的类型时，两类官员之间存在的差异则变小了，而那些来自有立法支持的绩效预算体系的州的受访者，似乎更有可能将显著的变化归因于绩效评估指标的制定和应用。

某些州的绩效评估指导原则中有一项重要的内容是,当没有达到、实现甚至是超过绩效目标时会采取的相应惩罚和奖励措施。从早期的研究成果中,我们了解到有少数几个州正式规定了这样的奖励或惩罚措施,尽管几乎没有哪个州在那时实施过这样的惩罚措施。就调查结果来看,我们发现这种情况并没有发生太大的变化。然而,正如表13-3所示,预算官员意识到在应对那些实现或未达到绩效目标的政府部门的过程中还是存在着选择余地的。自1998年以来,有更多的州似乎规定了惩罚和奖励措施。而且,有更多的奖励和惩罚措施在本质上是与财政资金有关的。然而,即使是在这样的情况下,实际上也没有几项奖励或惩罚措施是由处于核心地位的预算机构来实施的。

总的来说,预算官员似乎在**使用**绩效评估指标方面受到了**某种程度**的鼓励,但就他们对绩效评估指标的**综合体验**而言却并不积极。说得更具体一些,他们愿意承认绩效评估指标是有用的,但同时也指出了他们在识别和使用绩效评估指标过程中存在的问题。当被问及"总体来说,你如何评价你在使用绩效评估指标支持所在部门要求的预算决策时的感受"时,有绝大多数预算编制人员的回答是"不好"或"一般"。最后,我们询问预算官员是否赞同"绩效评估指标是本州针对绩效问题的一项重要决策辅助工具"这一说法,有超过一半的受访者对此的回答是极不赞同或不赞同。这或许说明,尽管对于预算决策来说,绩效评估可能是有用的或者能够提供有用信息,但它绝不是决定性的。

虽然预算编制者们有可能混淆了在决策过程中实际使用绩效评估指标的感受,但他们都愿意承认绩效评估能够对预算过程中的沟通产生溢出效应。我们向预算官员们询问了一系列观念问题,这些问题与绩效评估在改变预算过程的文化层面所具有的价值有关。正如表13-4所示,对于绩效评估实施的结果对项目活动的沟通和理解所产生的影响,预算官员普遍持赞同意见。总体而言,预算编制人员愿意承认,通过运行一个以绩效为基础的体系,政府部门工作人员与预算官员之间的沟通得到了改善。当被问及绩效评估指标的实施是否改善了政府工作人

表 13-3　各州用于实现绩效目标的奖励类型

奖励类型	使用奖励的州
部门奖励	
灵活性	肯塔基州、明尼苏达州、得克萨斯州、犹他州、佛蒙特州
总额预算	佛罗里达州、爱达荷州、肯塔基州、明尼苏达州、蒙大拿州、得克萨斯州
放松预算规则(如预算资金可在项目间划转,实施职位控制)	爱达荷州、肯塔基州、明尼苏达州、蒙大拿州、纽约州、得克萨斯州、犹他州
附加/补充性资金分配	佛罗里达州、肯塔基州、蒙大拿州、纽约州、得克萨斯州
使用剩余资源的自主权	爱达荷州、肯塔基州、马里兰州、蒙大拿州、纽约州、得克萨斯州、犹他州
有权使用特定数额的资金	佛罗里达州、肯塔基州、蒙大拿州、纽约州
褒奖	佛罗里达州、马里兰州、蒙大拿州、纽约州、得克萨斯州、犹他州、佛蒙特州、西弗吉尼亚州
部门中的个人奖励	
附加工资	康涅狄格州、爱达荷州、肯塔基州、马里兰州、蒙大拿州、得克萨斯州、犹他州
收益分享	肯塔基州、得克萨斯州
个人的绩效工资	康涅狄格州、爱达荷州、肯塔基州、马里兰州、蒙大拿州、新泽西州、纽约州、得克萨斯州、犹他州、西弗吉尼亚州
其他特定形式的褒奖(颁奖典礼等)	康涅狄格州、佛罗里达州、爱达荷州、肯塔基州、马里兰州、蒙大拿州、纽约州、得克萨斯州、佛蒙特州、西弗吉尼亚州

表 13－4　预算官员对绩效评估指标影响的评价

	受访者回答问卷的平均值 预算官员对下列表述赞同的程度 （1＝极为不赞同……4＝极为赞同）			
	行政部门预算官员	立法机关预算官员	有绩效预算行政要求的州的预算官员	有绩效预算立法要求的州的预算官员
对沟通产生的影响				
因实施绩效评估，政府部门工作人员与预算机构之间的沟通得到了改善	2.63	2.67	2.43	2.79
因实施绩效评估，政府部门工作人员与议员之间的沟通得到了改善	2.45	2.60	2.31	2.67
总体来说，部门项目的工作人员意识到了期望的项目/服务结果	2.87	2.94	3.00	2.89
因实施绩效评估，议员间针对预算进行讨论的依据和基调变得更为关注结果	2.46	2.58	2.36	2.63
持续性的影响				
总的来说，使用绩效评估指标提升了本州的**项目效率**	2.50	2.33	2.50	2.57
总的来说，使用绩效评估指标提升了本州的**项目有效性**	2.50	2.10	2.30	2.54
总的来说，自使用绩效评估指标以来，本州的情况有所好转	2.80	2.71	2.53	2.96
未来，本州有可能增加绩效评估指标在决策过程中的使用	3.39	3.14	3.27	3.20

员与预算机构之间、以及政府工作人员与议员之间的沟通时,有稍多于一半的受访者回答是"极为赞同"或"赞同"。那些来自通过立法程序建立绩效预算体系的州的预算官员对沟通效力提升的感受更为强烈一些。非常有价值的是,他们也注意到议员之间有关预算讨论的依据和基调发生了向更为强调结果的转变。

结论:是否比什么都不做要好?

早前的研究表明,尽管大多数行政部门和立法机关的预算工作人员(61%)认为他们的预算改革体系并没有直接改变财政拨款方式,但有85%的人认为实施这样的预算改革"总比什么都不做要好"。同样,大多数人(81%)认为立法机关缺乏对改革方案的兴趣在某种程度上是一个重要的问题。

接受政府会计准则委员会研究调查的政府官员也表明了类似的态度,但对绩效评估有用性的看法则是乐观的。例如,下列节选的案例就说明了完全将绩效评估与资源配置决策结合在一起存在的问题:

> 在**得克萨斯州**,一位项目主管指出,"有的时候信息对于反映工作情况并不够充分,而且(评估指标)描绘了成功和失败的虚假图景。它们变得耗费精力并且成为关注的焦点,而不是评判进度或环境的一种指标。这种趋势更多的是绩效评估指标所预期达到的,而不是我们应该想到的,并导致评估过程要远远超过对可用信息的利用过程"。

但预算官员和其他实践者还是对他们的绩效评估体系从一开始就具有的有效性坚信不疑:

> 在**艾奥瓦州**,围绕结果展开预算过程似乎得到了很好的实施。立法机关各委员会的主席正开始索取来自政府部门的绩效信息,一种情况是与某个政府部门展开广泛合作以便简化其预算的形式(公

共卫生部)。在有些情况下,据说对绩效的讨论会导致财政资金的重新配置(经济发展和公共事业领域提供了相应的例证)。政府部门已经感到,在决策、编制并说明预算的理由以及将结果预算看作一种用来说明需求和影响的有用工具的关注点上,出现了某种变化(矫正部、教育部和交通部提供了相应的例证)。

在**亚利桑那州**,经济安全部儿童抚养司的管理者们对与收缴抚养费指标有关的儿童抚养费收缴情况进行跟踪的过程进行了评审,以决定为了提升该评估指标的绩效需要哪些行动或资源。管理层及工作人员确定的明确父亲的权利以及法院强制的抚养费,是影响儿童抚养费收缴情况的两项关键因素。儿童抚养司随即又再次关注这两项关键因素。结果是儿童抚养费的收缴有了持续性的增长,亚利桑那州也被看作将在下一年度儿童抚养费收缴方面取得最大改善的州。

在**得克萨斯州**,预算与规划办公室的工作人员承认,因立法机关和行政部门对这一过程的参与而使责任有了很大的提升。许多政府部门使用绩效评估指标对外部的利益相关者作出回应。它是"使过程得以开放,进行标杆管理"并"使利益相关者参与其中"的一种手段。例如,为使利益相关者有机会参与,"公园和野生动物部举行了听证会"。

在一份来自**路易斯安那州**的调查问卷中,一位受访者指出,"我的确认为这产生了更多的实质性影响。人们越来越认识到这样的事实,即我们正在接受评估"。

在一次有关绩效评估与公共管理未来的讨论中,布卡尔特谈到了绩效评估的应用及绩效预算体系所面临的挑战,包括:

建立有效、合法和实用的管理系统;
关注个别管理者的绩效以及他们对于组织绩效的影响;
通过与预算程序的联系使绩效评估实现制度化。

通过对绩效官员在制定支出决策时使用绩效数据手段的评估,我们试图分析绩效预算体系以及具体的绩效评估是如何影响预算决策的。我们已经证明存在着相当不同的应用环境,但我们在这个方面的研究也为某些确定无疑的**共同关注的主题**提供了支持。也就是说,对整个国家预算过程进行的考察得出了有关预算过程、预算改革和预算调整的结论,并指出正是因为它们与绩效评估和预算评估体系的联系,才会出现这样的局面。

要了解一项改革运动成功与否,首先需要判断最初推行这项改革的目的。最初,我们调查了那些在州政府层面的行政部门和立法机关中居于核心地位的预算机构工作人员,发现有86%的预算编制人员认为**改进决策过程**是其所在州建立绩效预算体系的一个重要或非常重要的目的。另一方面,仅有不到四分之一的人(23.4%)对于**改革财政拨款方式**重要性的看法与那些预算改革发动者的看法相类似。至于他们对所实施的预算改革有效性的看法,调查显示,有32.8%的人认为他们的绩效预算体系在改进决策过程中是有效或非常有效的,而认为这对于改革财政拨款方式也同样有效的只有6.6%。显然,大多数人通常认为他们实施预算改革的目的是改进决策过程,而**并不是**专门去改变支出比例或"预算份额"。一开始,这些预算编制人员似乎只是期望预算改革能够使预算决策**变得活跃起来**,而并不是对其做出重大的变革。

对政府会计准则委员会对政府绩效评估所做的案例研究进行的筛选也产生了相同的结果:其他的预算行为人对隐含在绩效评估体系运行背后的目的有类似的看法。例如,在对政府官员、管理者和工作人员有关在其所在的政府中提出和使用绩效评估指标的原因进行调查时,浮现出了一些熟悉的主题,他们解释的原因包括为了制定财政和预算决策,为了管理的目标以及为了在预算行为人之间进行更好的沟通。那些受访者宣称,隐含在绩效评估体系背后的目的是总体上改进预算决策过程,为预算依据提供支持,提升效率,推进审慎的财政政策以及使立法者获得更为详尽的信息。这些目的与威洛比和梅尔克斯2000年的研究相一致，在该研究中，改变资源的配置方式并不被看作是推行结果导向预算体系的主要原因。当然，运用绩效评估指标以便做出合理的解释、澄清问题、报告结果以及实现决策过程的改进也是重要的。例如，在亚利桑那州，"大多数人认为资源配置只是运用绩效评估指标的次要原因。人们普遍感觉，如果绩效评估提升了生产率和责任，那么就能够控制政府支出的增长"。

说得更具体一些，我们的研究分析了预算编制人员在回应各部门预算过程的特定阶段，以及根据不同类型绩效预算要求获得的绩效信息的重要性时体现出的差异性。例如，与立法机关的同行相比，行政部门的预算编制人员觉得绩效评估指标在预算过程的各个阶段都几乎具有同样的重要性。而且，与借助行政要求推行绩效预算的州相比，在通过立法程序提出绩效预算要求的州，预算编制人员也认为绩效评估指标在预算周期的各个阶段都同样重要。

在有关预算官员对绩效评估指标有效性的看法方面，关注结果与改进沟通和协调排在预算编制人员所有选项的最前面。我们发现，不同部门之间或具有不同绩效预算要求的州的预算编制人员之间的观点并没有实质的差别。最后，某些预算官员明确将改进与政府部门预算机构的沟通排在了绩效评估有效性选项的前面。如果考虑到预算机构的确在预算编制中发挥着重要作用，那么这一点就令人感到兴奋。

通过验证乔丹和赫克巴特的研究成果，我们发现绩效评估在目前最适用于预算编制的阶段。而且，在预算过程的其他节点，预算评估指标似乎并没有得到诸如立法者这样的其他行为人相同程度的关注。这似乎正是李和伯恩斯得出的有关绩效导向的活动有所滑坡的结论。但是，我们并不认为这是值得关注的原因，至少现在还不是。为了习惯于决策过程中不断改变信息的类型和用途，像绩效预算这样正确且长期的改革需要赋予组织以灵活性和时间。

第十四章　佛罗里达州取得的成果

罗伯特·B.布拉德利、杰拉尔多·弗劳尔斯

1994年,《政府绩效与责任法案》经佛罗里达州议会通过并由齐利斯州长签署生效(《佛罗里达州法典》94—249章,《佛罗里达州章程》216章)。该法案为该州计划与预算过程的实质性改革奠定了基础。它的目的是将关注点从法律和财政控制转向更多的管理和绩效责任。仅仅是得到了行政机关和立法机关高层领导人的承诺和关注,该法案就出台了。

该法案的出台经历了长达数月的合作。在州长齐利斯、州众议院议长博·约翰逊以及州参议院主席帕特·托马斯的支持下,法案的起草工作开始于1993年夏天,该法案强调增强政府部门的责任感,并为部门管理者在项目运行过程中提供更多的灵活性。随后,现任国会议员的众议员阿兰·博伊德与其下属委员会主席众议员乔·特德和人事主管巴里·克林一起,起草了众议院的草案。在州参议院,参议员查尔斯·威廉姆斯领导的委员会与来自帕特·托马斯主席办公室的尼尔森·伊斯特林共同开展相关工作。齐利斯州长的预算主任戴维·科伯恩则负责政府部门的相关工作。

令人感到奇怪的是,该法案的制定过程并没有利用同时期出台的《政府绩效与结果法案》。相反,它是在佛罗里达州逐步发展起来的。在

很多方面,它适用于该州特定的制度和实践特色。但要说佛罗里达州的经验提供了更为一般性的借鉴则又是不正确的。佛罗里达州的某些政府部门运用该法案改善了其面向社会公众的项目绩效和责任。从更低一些的程度上说,它们受益于该法案赋予的操作灵活性。佛罗里达州构建了值得进行更为全面考察的诸如绩效分类这样的机制及项目的政策分析与政府责任办公室。面对全国范围内与结果预算改革相伴而生的夹杂着成功的诸多挑战,该州在继续审慎地推进着改革措施。

佛罗里达州仍旧在不断完善其项目绩效的管理方法。有很多都是在过去6年间掌握的,但是仍然存在问题。对于它们将对佛罗里达州的未来预示着什么,以及它们对政府部门在实现结果的过程中遇到的挑战来说,都是值得关注的。

法案的特征

1994年的法案规定,佛罗里达州所有的州政府部门都要实行基于绩效的项目预算制度(通常在佛罗里达州被称为PB^2,并被读为"绩效预算的平方")。它是为了:

使州政府部门具有以最优方式有效利用其资源所需的灵活性;

为以最有效率和有效的方式提供服务和产品建立激励机制;

使政府部门为它们提供的服务和产品承担责任;

帮助公众了解他们能够从部门项目中获得的收益,以及在改进绩效方面取得的进展。(《佛罗里达州法典》,94-249章)

该法案要求政府各部门说明其重要的项目,并评估每一个项目对于PB^2的适用性。根据法律的要求,每个政府部门提出的项目都必须在与州立法机关协商后,经过州政府办公厅下设的计划与预算办公室的审查和批准。计划与预算办公室也审批由政府部门提出的针对每一个项目的绩效评估指标和标准。在共同提交给计划与预算办公室和州参众两院的年度《立法机关预算要求》中,会包括那些接受PB^2管理的部门项目。

应按照由计划与预算办公室以及立法机关的财政拨款委员会(州参议院的预算委员会和财政政策委员会,以及州众议院的财政责任委员会)颁布的操作指南来编写《立法机关预算要求》。《立法机关预算要求》会同时提交给立法机关和州长。它必须包含政府部门对运转开支的需求、获得批准的绩效评估指标、产出、后果、基准数据、绩效标准,以及对该部门先前项目绩效的评估结果等内容。

在政府部门提交的文件基础上,州长会向立法机关提出建议,《州长年度预算建议案》中包含了每一个项目的内容。按照PB^2的法律要求,推荐的那些项目将会以总额支付的形式(或者以基于绩效的项目类别),而不是以需要罗列详细拨款类别的项目支付形式列入预算。与按传统的项目支付而采取的财政拨款类型相比,总额支付能够使政府部门的管理者获得更大的灵活性。对于部门绩效而言,州政府办公厅提出的建议既可能发挥激励作用,又可能产生限制性影响。在提高预算和人员的灵活性、追加拨款的保留、雇员的奖金,以及在各层面改善部门资源水平等方面可以发挥激励作用。而在从季度报告和当面接受州长及民选政府的质询,到项目取消或转让,以及对人员和管理施加的各种限制等方面,都会产生限制性影响。

立法机关必须批准所有用于PB^2的项目和评估指标。对项目的批准与少量评估指标和标准一起,成为年度《一般性财政拨款法案》的组成部分。作为《一般性财政拨款法案》并列文件的年度财政拨款实施议案,会将大多数的评估指标和标准作为内容的一部分加以颁布。立法机关最终的决策会被列入由计划与预算办公室提出的绩效分类账,这有些类似于财政拨款的分类账。政府部门可以在州长否决程序结束的45天内,在可行性估算的基础上,通过运用州政府的预算修正程序,就分类账的科目提出申诉和修改。计划与预算办公室要负责将得到批准的绩效分类账调整内容记录在案。政府部门必须在财政年度开始之前,按照传统的财政拨款类别对针对项目的总额支付进行分解。这样的分解要经过计划与预算办公室的审查和批准,也要经受立法机关领导层行使否决权的考验。政府部门享有在根据 PB² 拨款的某个项目范围内跨类别和跨资金调整预算管理机构的灵活性,而无需获得立法机关的批准。

《政府绩效与责任法案》规定了各政府部门、计划与预算办公室和立法机关对审查项目绩效所承担的责任。它还建立了项目政策分析与政府责任办公室,作为从事项目评估的主要机构,其工作人员不到 100 名。项目政策分析与政府责任办公室会在从对资源的事前分配到州总审计长实施审计的整个过程中发挥作用。它是州立法机关的组成部分,会出于筹备预算决策的目的,而在每年及时向计划与预算办公室以及立法机关报告结果并提出建议。

佛罗里达州 1994 年的《政府绩效与责任法案》要求根据依法确定的进度表,在一定年限内逐步分阶段实施 PB²,希望到 2002 年时,所有的州政府部门都能够满足相应的要求。根据该法案的规定,联合立法审计委员会、《一般性财政拨款法案》或者依据州长通过针对预算修改过程的协商程序提出的建议案,可以对该进度表进行修订(参见《佛罗里达州章程》216.177 条)。

追溯 PB² 的起源

佛罗里达州预算体系的现代结构能够回溯到 20 世纪的早期年代。它的演进反映了全国范围内最为普遍的发展历程。该州第一份政府部门的预算编制于 1921 年,当时的立法机关承担着提交行政部门预算申请书的责任。在这个方面,佛罗里达州的预算体系遵循了与其他各州相同的发展路径。不过,佛罗里达州的预算申请书是由州长、财政部长和审计长组成的合议机构——预算委员会编写的。

在接近半个世纪的时期内,预算委员会都侧重于佛罗里达州的预算过程。根据大多数研究者的观点,该委员会运转良好,特别是在那些立法机关只有在每隔一年才举行会议的年度中。但这样的过程也总是会面对批评者的质疑——他们认为它并没有对效率和分散的责任起到鼓励作用，而且赋予了立法机关太多的权力。预算委员会毫无疑问贬抑了州长在预算过程中的地位，并削弱了州长在处理州务中的权力。在很长时间内，佛罗里达州都没有赋予州长像其他州给予行政首长那样的相应权力。

在20世纪40年代中期以及60年代中期，为了对预算过程进行评估并提出建议，建立了一些研究委员会。它们关注从使用信托资金到财务标准的一系列问题。在此过程中，它们提出了许多对州政府运转产生影响的建议。为了对此类建议做出回应，例如，在预算仍旧是一个行政系统共同分担责任的时代，州政府的计划过程被置于州长的直接控制之下。总体而言，变化是极为细微的。一直到20世纪60年代后期，佛罗里达州预算过程的框架都没有发生过大的变化。

1967年，该州颁布了《规划与计划法案》，这成了绩效预算改革的开端。两年后，伴随着新宪法实施工作的展开，州立法机关着手进行计划、规划和预算体系的推进工作。该授权法案要求每一个州政府部门都要编制全面的项目预算，该预算要能够反映与其有关或与其每一个项目、分项目和活动有关的所有项目和财政状况。

在接下来的几年中，该州形成了一套复杂的程序结构，在此结构中，所有的州政府活动都能够被记录和登记在相关的信息系统中。为了将规划与预算整合在一起，人们也进行了持续且大量的工作。那个阶段的预算很好地反映了相关部门付出的努力。它们综合了计划、规划和预算体系模型的主要要素：联系密切的程序结构、对任务所做的阐述、计划目标以及绩效评估指标。在每一份预算方案都需要手工打印的时代，预算方案对于州政府的规划文件来说是具有参照价值的，并提供了具有广度和深度的有关目标、任务和绩效的信息，这即使在今天看来也是值得羡慕的。

但不幸的是，这些努力并没有取得许多设计者所希望实现的目标，其中有很大一部分原因与用来说明20世纪60年代计划、规划和预算体系在国家层面上失败的原因相同。尽管穷尽了所有的先进手段，预算案也没有带来该州工作方式的重大变革。相反,预算形式还要承载并适应盛行的惯例,尤其是立法过程中的惯例。很多地区对于继续使用按照如工资、支出和基建投资这样的传统财政拨款类别的分项预算体系仍然抱有强烈的意愿。事实证明,在缺乏一体化预算工具的情况下,要协调完全不同的预算要素是困难的,而且要收集和有效利用那些使预算方案取得成功所必需的信息也会更加困难。尤其重要的是,这个过程并没有将项目类目、财政拨款类目和审计控制结合在一起。缺少这样的联系,项目信息就会脱节,而且也不会产生有价值的反馈。

然而,这一尝试也并非没有其成功之处。特别是州长已经认识到了它在改进政府运作和设定优先事项方面存在着可能性。在20世纪70年代后期和80年代早期,格拉汉姆州长试图将规划过程、绩效和预算过程联系起来。他提出了一种改良的程序结构。该州开始开发一种实现计算机化的一体化财政管理系统。将执行计划任务的政府部门与《州政府综合规划与立法预算申请书》联系起来。计划和预算流程实现了重组,并且强化了州政府计划与预算办公室的地位。

1985年,格拉汉姆州长向州立法机关提交了一份《州政府综合规划》,该《规划》包含了针对一系列州政府目标的量化绩效评估指标和时间表。例如,它包括一项呼吁将50%的精神病患者和不便于使用社区公共设施的残疾人送往社会收容机构的目标,使卫生保健的成本低于或与通胀率持平,以及使超过15%的年龄在75岁以上的老年人能够生活自理(参见《佛罗里达州章程》,187章)。此外,州长还要求每一位政府部门负责人都要对那些使他们为其绩效承担责任的合约做出承诺。这种形式的州政府规划,不仅会对州政府的优先事项发挥指导作用,而且也会对地方政府和地区政府的规划过程产生影响。随着之后经由州立法机关的颁布实施,该规划与州长日渐提升的管理能力完整地结合在了一起,最终影响着当地基础设施建设项目的时间安排和工程选址。

这些改革措施仍旧在发挥作用。它们的影响在很多方面仍旧是有意义的。但是,与对地方政府和地区政府规划过程的影响相比,它们对州政府预算过程和管理主要方面的影响则是短暂且微不足道的。由于要求在部门规划和预算间建立更为细致的联系,因此它们影响了政府部门提交预算的特征,且更为重要的是影响了其范围。但遗憾的是,它们并没有对大多数政府部门的管理实践和立法机关的财政拨款过程产生实质性的影响。它们也没有对州政府的预算实践产生重要的影响,既没有削弱立法机关的控制,也没有使州政府对结果的关注发生改变。到20世纪80年代后期,对于大多数研究者而言,这些改革在州政府层面显然并没有取得希望的效果。于是又重新响起了要求变革的呼声。

20世纪70年代中期,佛罗里达州曾短暂尝试过某种改变了形式的零基预算体系,它依赖于某种逐渐缩减的预算基数。它被正式融入预算结构之中,但随着对计划、规划和预算体系做出了其他方面的修正,这种尝试最终被放弃了。然而,特别是对于那些希望借助这样的预算过程从事全方位的受资助项目的人,以及那些对以诸如"持续成本"(cost to continue)这样的概念为基础的实践感到不甚满意,并区别对待"新出现的及改进的问题"和"持续的问题"的人来说,却仍然具有象征意义。

1989年,州众议院曾经短暂地重新提出了某种修改后的零基预算体系的想法。拟议中的改革包含了由那些重要的、经过认证的公共会计师事务所派出的评估人员对州政府的每一个项目进行定期评估的内容。根据州众议院的提案,评估人员对于每一个审查的项目都具有建议删减、取消或延续的权力,他们所建议的删减或取消都将为该项目设定新的财政拨款基数。

不论好坏,许多人一想到那些民营的、未经过选举且是来自外州的评估人员要为佛罗里达州的项目设定预算基数,就会畏缩不前,并提议以某种内部审计机制来代替它,这种内部审计机制是以联邦政府审计总署的某些活动为基础的。这一方案最终以《项目责任与部门审查》的名义收录在《佛罗里达州法典》中,它被置于州政府总审计长的控制之下,并有助于扩大关注预算改革的范围,同时也再次引发了将部门项目作为基本改革路径的兴趣。最终,它引发了总审计长和联合立法审计委员会有关预算过程的一系列重要研究,这有助于记录现有预算实践的基础并为有益的变革指明方向。

到20世纪80年代后期,有越来越多的选民支持改革州政府的预算过程,并在进行各种不同的实践方面积累了丰富的经验。然而,选民的意见也并不一致,从经验中获得的启示也并不清晰。在这种具有不确定性的氛围下,1989—1991年的经济衰退为明确改革的紧迫性提供了契机。在此期间,州政府削减了超过20亿美元的预算。尽管10年之中每年的税费都在增加,但财政收入跟不上服务需求和该州人口持续增长的步伐,它也不能对经济周期发挥缓冲作用。对于包括州参众两院领导层在内的那些老练的州政府预算研究者们而言,该州需要找到一种更好的途径来评估款项如何开支和如何设定优先事项。

这种忧虑最重要也最明显的表现就是成立了税收和预算改革宪法委员会。该委员会成立于1988年11月,其目的是对该州宪法的变革提出建议,并且拥有直接将这些变革付诸公民投票的权力。经过两年的深思熟虑,该委员会建议建立清晰、明确的关系,以实现规划、预算、财政拨款和绩效的联系。它也在14个领域提出了具体的建议,如项目和绩效评估、绩效测量和提高工作效率,以及审计。

税收和预算改革委员会出具了一系列宪法修正案的书面证明供全州进行投票表决。其中有建立一项预算稳定基金、调整用于年度预算的格式,以及要求对预算中特定项目进行逐条记录的提案。该委员会也主张在宪法文本中指定州长作为该州负责规划和预算的首要行政官员(条款Ⅳ,1a条),并要求在一般情况下应实施一套质量管理和责任程序(条款Ⅲ,19h条)。这些修正案获得了83%的选民支持,并在1992年得以通过。

该委员会的建议得到了该州许多团体的支持和推进。其中起主导作用的有佛罗里达税赋观察(一个高水准的政府监督团体)、佛罗里达100人委员会(一个由企业管理者组成的联合会)、佛罗里达产业联合会(一个企业的游说团体)以及生产力伙伴组织(根据一项行政命令于1987

年建立的公共/民营行动组织，其目的是对公共部门的效率进行监督和奖励）。这些团体，特别是税赋观察，积极主张引入绩效预算、绩效评估和建立在激励基础之上的概念。例如，早在1986年12月，佛罗里达税赋观察一份标题为"建设更美好的佛罗里达"的出版物，就讨论了该州将绩效预算、评估和激励作为一种提升政府责任的手段所具有的优点。

劳顿·齐利斯1990年的胜选，又为预算体系的变革带来了另一股推动力量。齐利斯州长以前供职于佛罗里达州的立法机关，因此他对该州的财政拨款程序是再熟悉不过了。也许更为重要的是，他在美国参议院作为国会预算委员会主席任职达18年之久。在此期间，他提出了一套评估州政府和联邦政府预算方法缺陷的体系。

在1991年3月5日发表的第一次任职演说中，劳顿·齐利斯州长要求预算过程将能够终结州立法机关所谓的"微观管理"，并赋予行政首长在预算管理方面更大的灵活性。为了回应他的建议，州立法机关授权在税务局、劳工赔偿处、劳动就业安全局开展为期一年的方案试点。该试点方案放宽了人事管理和预算实施方面的官僚制度，还成立了一个监督委员会来监控实施效果。1992年和1993年的法案将该试点方案扩大到了所有的政府部门。为了使政府承担更多的责任，齐利斯州长在1991年还任命了一个委员会。该委员会为建议案提供依据，有很多建议案是与使政府变得更为关注结果、以预期的后果为基础而不是由项目投入来决定对公共项目提供资助这一主题有关的。

1992年初，齐利斯州长指示计划与预算办公室提出一套基于绩效的项目样本。在那年夏天，计划与预算办公室和环境管理局合作构建了最初的模型。这些工作以及州政府的改革需求因1992年8月袭击南佛罗里达的飓风安德鲁而被一扫而光。直到1993年州立法机关全体会议召开之后，预算改革的工作才重新开始。

在1993年的立法机关全体会议之后，州政府计划与预算办公室重新启动了对预算过程的考察。在那年的整个夏天，计划与预算办公室与由众议员阿兰·博伊德领导的众议院政府运行委员会（以及由参议员乔·特德领导的财政拨款分委员会)和州参议院主席帕特·托马斯共同合作拟定了提交给1994年全体会议的法案。在州政府预算主任戴维·科伯恩的领导下,计划与预算办公室与税务局合作建构了一套新预算流程的工作模型。

框架及设计参数

导致颁布实施《政府绩效与责任法案》的综合环境因素也为该法案带来了一系列共识和共同的经验。1994年法案的设计者们决心不再重复过去的错误,并充分利用来之不易的经验教训。

人们通常认为,现有对预算控制和预期工作量的强调,既不会带来更好的结果,也不会使成本受到控制。州长和州立法机关每年都纠结于职位的配置、设备的需求以及工资收入的总体水平。他们要去争夺那些可能被取代的过时机构所带来的好处,以及因取代那些空闲职位而流失的可用工资额度。然而,对支出的需求却在增长。在20世纪90年代初的经济衰退中,似乎很清楚的是,现有的预算机制被证明既不是获得公众对州政府项目支持和理解的有效工具,也不是为服务质量、回应、效率或创新提供组织激励的有效手段。

在齐利斯政府的高层管理者和州立法机关的领导层之间逐渐达成了三项重要的原则。即政府必须:

对绩效实施奖励且不应忽视不足之处;
允许管理者实施管理并使他们承担起责任;
通过强调对项目结果和导致这些结果的关键程序的关注,来提升对结果的责任感。

这些并不是新观念,但它们却涉及一种必须如何实施改革的全新理念。回想20世纪70年代早期和80年代早期所做的大量尝试,就改革必须逐步推进也存在着广泛的共识(参见附录A)。人们普遍认为,该州必须抵制那种任何事都必须立刻完成的诱惑。它在从全面规划向战略规划转变过程中的经历表明,需要花费时间来完善绩效评估。人们也形成了这样一种认识,即在承担责任的过程中要强调项目的影响后果是多么困难。或许尽管重要,但是却表明该州必须要避免等待体系完善之后再向前推进的倾向。相反,很明显的是,改革必须允许进行定期和经常的重新斟酌及调适。

存在着相当广泛的共识,认为为了能够对管理者和政策制定者有所帮助,应该将对绩效评估的关注加以制度化。而且,大多数相关者认为,为了确保评估指标和数据的有效性和可信度,需要构建相应的体系。如果可以勉强这样认为的话,就有意义的改革还需要行政部门和立法机关做出积极协调这个方面来说,存在着更为广泛的认识。改革应当是渐进的、整体性的,并建立在可测量的影响之上。

就所有这些共识而言,针对这项改革的某些最基本特征,行政部门和立法机关中的许多相关者仍旧存在大量且常常是未及言明的不同意见。现行体制中会有多少在今后保留下来?谁来最终决定项目的基本框架?应该并能够增加管理者的某些灵活性,但是应该在多大程度上增加灵活性并应具备什么样的条件?应当采取奖励和惩罚措施,但是绩效达到何种水平和程度时才会启用这些措施?产出或后果是否应该成为关注的焦点?如果是极为重要的,那么评估指标和标准将如何在预算体系中得到应用?是否应该利用绩效评估指标来配置财政拨款?

在佛罗里达州,预算改革的功能目标和程序目标是持续争论的话题。例如,行政部门最初的想法是,绩效评估指标能够作为一种帮助改进政府部门及其项目业务流程的诊断手段。它明确关注对预算体系申请和论证程序的改进。简而言之,它在某些方面类似于一个实施绩效管理的方案,同时带有一定程度的灵活性。然而立法机关的很多人关注的却是经过改进的财政资源配置机制。这部分人希望能够通过某种分配稀缺资金的手段来对绩效实施奖励。而且,不论是行政部门还是立法机关,都有些人希望新的改革重点能够促使政府部门的管理者去更多关注他们活动的结果,而且作为必然的结果,能够在申请州政府资源的过程中提供更具说服力的论据。

行政部门主张减少强调立法控制以获取对绩效的更多关注。1994年时管理财政拨款的主要法规包含 26 项对政府行为实施的重要控制（参见附录 B）。范围从所有财政拨款的最大支出都需要获得授权这样相当常规的要求，到甚为少见的对一个部门薪金率①的控制，再到对一个具体的预算主体内部不同财政拨款类别之间转移资金的限制。通过依据一定的限制条件将相关活动捆绑在一起，以及允许更具灵活性的资金转移，行政部门认为此类限制措施应该稍微放松一些。或许可以用关注某个项目中可以评估结果的更大范围的一组活动的方法，来取代那些与诸如支出和薪金这样的财政拨款类别联系起来的控制措施。它们认为，经过一段时期的可行性试验，应该能够将 26 项控制措施削减为 15 项。

当然，对于立法机关来说，控制措施居于被认为是其做出财政决策能力的中心地位。它关注的是放松控制的范围和时机。它尤其关注程序和功能相互交叉的节点——也就是说，对单个项目的识别和界定。针对该问题，州长最初于 1993 年秋提出了一种激进的解决办法，就是用将服务和项目合并在一起的分类项目总额预付来替代构成分类项目的传统类别（参见附录 C）。作为回应，州立法机关极力推进一种缺乏全面性的方法。从一种建立在组织基础之上的关注投入的责任体系，转变为一种以项目、产出和后果为中心的责任体系，新的预算单位将不可避免地成为关注的中心。

奇怪的是，不论是政府部门还是立法机关，在改革设计初期都没有给予预算方案的节约程序过多的关注。效率问题被忽视了，最主要的原因可能是出于对有效性问题的考虑。没能及时推进单位成本绩效和投资回报的观念。在最初的审议过程中，在预算执行过程中被看作是更为

---

① 年度薪金率是在年度基础上，为所有职位中的某一个职位预计支付的薪金或实际支付的薪金。

重要的节约程序被放在了次要的地位。

1994年的立法机关会议,搁置了前一年秋天那些有争议的问题。预算改革得到了来自行政部门和立法机关的支持。因在颁布实施一项针对州政府责任计划的宪法修正案过程中获得了83%的选民认可,行政部门和立法机关获得支持的坚实基础得以奠定。在州立法机关审议的关键时刻,像佛罗里达税赋观察这样的团体所采取的举足轻重的行动,使改革得到了广泛的媒体支持。尽管在有关制度变革的观点方面存在分歧,但行政部门和立法机关的领导层还是能够达成某种折中方案。

最终,改革以一种几乎是不可抗拒的气势在大多数地区展开。这被看作是整个演进过程中接下来的一个步骤。按照一位参与者的说法:

> 当你认真对待它时,随着我们在这件事情(PB^2)的计划上不断取得进展,我们开始利用昨天好的想法并修正为今天更好的想法。绩效预算是对项目预算的修正,绩效预算是对零基预算的修正,绩效预算也是对目标管理的修正,这恰恰就是一种进步。发生在佛罗里达州的一切,就是我们演进到了我们今天所处的状态。

改革现状及成就

1999财政年度,佛罗里达州通过了其8年分阶段实施 PB^2 计划的中期要点。在33个州政府部门中,有22个提出了至少是其部分项目的 PB^2 预算方案。在总共72个项目中提出了350项评估指标,尽管这达到了一定的规模,但并非占绝大多数。

在这个方面,重点是要注意从开始确定项目到获得财政资金的 PB^2 实施过程耗费了差不多两年的时间。那些适用于 PB^2 的项目在接受项目政策分析与政府责任办公室评估之前还需要两年时间。从开始建立针对项目和评估指标的研究团队,到完成论证并由项目政策分析与政府责任办公室实施评估审查,将历时整整5年。在佛罗里达州,仅有少数几个项目会经历这一完整的过程。就此而言,要对改革进行评价还为时尚早。

然而,还是有一些初步的评价意见值得肯定。项目政策分析与政府责任办公室进行了数十次中期评审和项目评估,它们报告计划得以成功实施。有三个案例将能够说明自法案颁布实施以来政府部门取得相关进展的情况。

一、佛罗里达州法律执行局

佛罗里达州法律执行局在实施 PB^2 的过程中一直表现非常积极,它是第一批自愿实施 PB^2 的政府部门之一,而且也是第一个在其所有组织部门中实施这一预算制度的政府部门。按照该部门内部人士的说法,这种积极态度在很大程度上要归因于该局精明果断的领导人蒂姆·摩尔(Tim Moore)局长,他被很多人看作是最具效力的州政府部门领导人之一,并被《治理》杂志评选为1999年的"杰出政府官员"。他鼓励采取相关行动的结果是,佛罗里达州法律执行局被要求接受州立法机关委员会的质询,并作为如何实施 PB^2 的"模范"在多个场合被提及。

改革之初,为了提升绩效,佛罗里达州法律执行局对其工作流程进行了重组,并调整了它的组织结构。传统上,涉及法医学这类活动的项目都要依靠来自不同处室的人员。在法案颁布实施之后,该局将其工作合并为三个严格按照 PB^2 项目和核心业务流程运转的处室。为了满足 PB^2 框架设定的标准,它在实施过程中利用法案所允许的预算灵活性,使资源在新的项目内部流动起来。或许最为重要的是,该部门既能够向那些有所担心的议员又能够向组织内部的人员表明实现了富有价值的项目改进。

1997年,在取得初步成功之后,佛罗里达州法律执行局公布了它自己的激励项目方案——为了使业绩实现了个人、部门、处室或附属单位的任务或目标的雇员获得的奖励工资实现增长,而实行的持续的高绩效薪酬模式。在佛罗里达州法律执行局试图要求佛罗里达州立法机关允许其使用财政资金进行一项"初步试验"之前的一年中,经过与其他政府部门和公众利益群体的讨论,又对该模式进行了相当大的完善。1998年,州立法机关批准对使用持续的高绩效薪酬模式进行试点。该部门的官员认为,这一模式有可能成为一种以激励为基础的州政府部门体制的典范。

二、佛罗里达州税务局

或许州政府部门中没有哪一个部门像佛罗里达州税务局那样为改变组织文化和提升绩效付出那么多的努力。在这个年代的大部分时间里,税务局都是州政府范围内持续进行质量改进的领先者。最近,它在该州所有的民间组织和公共组织中赢得了最佳管理组织的认可,获得了斯特林奖(效仿马尔科姆·波多里奇国家质量奖进行的一项详尽的管理评估)。

该部门运用PB^2帮助提升其正在实施的全面质量管理和流程重塑任务的创新与预算整合水平。除了能够使税务局对过程进行评估之外,由此建立的体系还要求有大量用于评估的产出和后果信息,因此税务局能够通过以下手段,根据结果而不是惯例来制定预算方案:

明确部门的客户、结果及关键供应商;
详细规划业务流程;
提出名为绩效能力评估指标的关键评估指标;
分析评估指标的缺陷及问题;
以评估指标为基础实施战略规划;
运用绩效能力评估指标和团队评估对业务流程进行持续性的改进。

PB^2的实施是在更广泛地尝试组织变革的背景下进行的。税务局对全面质量管理、流程再造和民营部门经验的整合,使其得以免受绩效预算不尽全面和应用更流于形式的指责。该部门维护了一套得以广泛公开、每个月都对大量评估指标进行更新的堪称典范的绩效责任评估体系。作为对其不断实现绩效改进的认可,税务局也被另外授权,承担起该州问题儿童救助执行项目的管理责任。这样的责任体系有助于在面对立法机关时对资源的需求做出合理的解释,并在解决儿童救助问题的过程中关注该部门给予优先考虑的事项。

三、佛罗里达州儿童与家庭服务局

过去20年的大部分时间里,佛罗里达州将大部分社会和福利服务合并为卫生与康复事业管理局,这是一个拥有超过40 000名雇员的单一的一体化部门。早在齐利斯政府时期,就开始经历了一次普遍的组织重构过程,最终的结果是组建了几个新的部门。其中一个新组建部门的前任局长、儿童与家庭服务局的埃德·菲弗采用PB^2作为一种改进在区域内进行分权且新近重新组建部门的管理手段。通过一个强调任务和重要客户的战略规划过程,儿童与家庭服务局明确了15个重要的目标客户群体,并针对每一个客户群体,提出了适合该局13个部门统一使用的、战略性的、关键的后果评估指标。该局随后运用绩效标准和后果评估指标,以及那些来自高绩效区域项目的最优做法,来确定问题并促进绩效的改善。按照这样的方法,该局发现了许多自身服务中存在的问题。其中最主要的就是量化其取得的"后果"的能力。

在1997年的整个秋季,儿童与家庭服务局首次尝试以一种严谨的、数量化的方式来说明它提供服务的客户人数。该局首先测算了各个区域内家庭和睦、心理健康和滥用药物、身体残疾以及在经济上能够自立的15个客户群体的总人数。然后提出了一套该局需要持续关注的战略目标。这些目标与绩效评估指标相联系,并且是由该局、行政区的管理层以及各地区的卫生与公共事业委员会共同签署的年度绩效协议的基础。这些协议和对绩效的强调帮助该局重新获得了议员们的信赖。

PB^2为儿童与家庭服务局提供了一个有价值的平台,借此它可以向州立法机关提出有关绩效的辩解意见。正如一位管理者所解释的那样,"通过更人性化地看待资金做什么、政府部门应该实现什么目标以及它应该为谁服务,它使我们避免因作为一个社会福利部门而受到责罚"。该局有能力表明它的项目是如何对客户产生影响的、各种服务的单位成本是多少,以及预防性行动带来的收益是什么。这在因20世纪90年代早期经济衰退导致的预算危机的善后工作中显得尤为重要。一位消息人士解释说,20世纪90年代早期该部门的预算一直在削减,并且,"缺乏表明我们正在为谁工作以及工作得怎么样和做了多少工作的能力",因而该部门就会被告知"从预算中减去300万美元"。虽然政策制定者会追问,"为什么会发生这样的事?",但对此的回答毫无疑问会是,"哦,我们也不知道。"PB^2使该部门具备了回答这些问题的能力。

在有关PB^2的法案颁布实施很久之前,局长菲弗将绩效评估看作是一种游说州立法机关的工具。这种认识导致儿童与家庭服务局的领导人拖延了对他们自己、部门工作人员以及决策者为接受该部门以客户目标人群为中心的一种新方法进行教育的过程。他们很快发现,州长的预算官员和议员们以及他们的工作人员并不知道该如何去应付这套新的体系。他们也了解到,决策者们对社会后果(而非诸如处理的案例或接种的疫苗这样的具体事务)感到很不适应。正如一位参与者所说:

> 让我们算算工作量要安全得多,就像我们通常所做的那样。政策制定者们想要简单的答案。他们并不想知道我们在接受评估培训过程中了解到的涉及评估复杂性的内容。所以我们必须要去了解什么是政治上可行的,以及为了制定决策哪些种类的信息是他们,议员们,需要掌握的。

这使儿童与家庭服务局的领导机关在专业团体与议员之间扮演着一种富有争议的协商者角色,这些专业团体和议员的评价系统经常就发生在政策逻辑与执行的严酷现实之间的偏差存在着不同意见。PB^2的颁布实施改变了这样的格局。尽管大多数研究者认为,那些核心工作人员已经在他们的认识和他们的问题与期望方面变得越来越老练了,但是议员们在提出和应用项目评估指标方面的学习和参与程度仍旧极不均衡。

一位参与者注意到,该部门正在将 PB^2 引入在经济上实现自立这个最终的项目领域,"它并没有付出那么多的努力使议员们对我们正在做什么有所了解"。存在这样一种认识,即某些参与者真的找到了一种共同语言,借助它可以实现对其预期的沟通。对于其他人而言,这种新方法太复杂了,以至于有可能出现对达成一致的事情却并不理解的情况。此外,该部门也有可能按照政策制定者们的观念来转换它的想法和合法性基础。最有可能的答案是在某种程度上综合这些可能性。

PB^2 的框架有助于达成社会福利社区内部的对话和交流。从历史上来看,各个行政区的代言人都有向地方议员们争取"火鸡"项目(佛罗里达州用来描述"猪肉桶"工程的术语)的动机,尤其当这样做通常会更为强化议员取悦地方选民的努力时,情况更是如此。多年以来,儿童与家庭服务局的领导机关付出了艰辛的努力,就是为了说服行政区的管理者和卫生与公共事业委员会达成统一战线,以符合所有人的利益。通过使信息实现结构化,PB^2 使这种尝试获得了支持。那些行政区的官员们变得更为团结了,并很形象地说,"瞧,我们知道我们正在做什么,这是整个部门的规划"。对于一套共同的目标和评估指标来说,重要的是行动。儿童与家庭服务局的领导机关知道各个利益相关者群体保持着与每一个议员的沟通渠道,但是现在他们将这些行政区在立法方面所采取的迂回策略看作是例外,而非惯例。

儿童与家庭服务局逐步使 PB^2 成为其战略规划和评估过程的一个部分。其中给人留下较为深刻印象的做法是将三个重要的功能——战略规划、评估和 PB^2 ——合并在了标准与评估处这一个机构中。作为 PB^2 实施过程的一个部分,该机构承担着提出一项新战略规划的工作,该战略规划能使儿童与家庭服务局明确客户目标群体,并使取得的广泛后果能够与项目和行政区的投入相匹配。人们尚没有对这些做法的实际影响进行过评估,但有某些证据表明,该系统能够使儿童与家庭服务局更好地关注它自身的工作,并能使公众和州立法机关更好地了解与其工作有关的信息。这一变化有助于该部门对存在项目重复现象的某些领域作出判断和缩减。

四、佛罗里达州项目政策分析与政府责任办公室

项目政策分析与政府责任办公室对于PB^2的持续实施和评估来说是极为重要的。它向包括税务局、法律执行局和儿童与家庭服务局在内的众多政府部门提供及时的帮助,并就取得的进展给予明确的评价。自1997年初以来,项目政策分析与政府责任办公室针对税务局的工作发布了9份报告,针对法律执行局的工作发布了6份报告,并发布了7份针对儿童与家庭服务局的报告。它的报告有助于肯定成绩、指出缺陷并使政府部门保持正确的方向。

在约翰·特科特的领导下,项目政策分析与政府责任办公室不仅独立评估政府部门的活动,而且将自己定位为在州政府部门和立法者及其工作人员之间沟通许多PB^2问题的桥梁和协调者。根据PB^2,该部门现在扩大后的职责包括:

培训政府部门和立法机关的工作人员;

管理信息数据库;

评估适用于州立法机关的评估指标的有效性和可信度;

通过政府部门绩效评估和合理性审查来评估政府部门在实施PB^2的过程中取得的进展;

就是否应该对项目进行修改或终止向州立法机关提出建议。

作为实现《政府绩效与责任法案》目标的一项机制,项目政策分析与政府责任办公室①编制了《佛罗里达州政府责任报告》,这是一份百科全书式的州政府项目网络在线情况说明。借助对绩效评估信息进行的季度更新而不是年度更新,《佛罗里达州政府责任报告》可以使公众和政策制定者对各个项目随时间变化的信息进行比较。该报告提供了有关PB^2

---

① www.oppaga.state.fl.us.

所有方面信息的唯一来源。1999年,它发布了75份针对项目绩效的报告(参见附录D),并提供了374份项目简介供感兴趣的官员和普通公众查询。项目政策分析与政府责任办公室还定期和及时发布能够被政府部门工作人员及立法机关工作人员广泛阅读的针对单个项目的评审意见。通过佛罗里达监督网,它每周还提供与州政府官员和公众利益相关的政策问题的数据和报告的相关信息。仅1999年一年,项目政策分析与政府责任办公室以《佛罗里达州政府责任报告》和佛罗里达州监督网为主要内容的互联网页面就有超过133 000次的访问量。

令人担忧的问题

在过去数年间,PB^2已经历过多次的正式评估,也暴露出许多令人担忧的问题。其中有一些关注的是改革的观念基础和预期,有些是与实现制度化的特点和进度有关,还有一些则侧重于技术方面的缺陷。需要特别说明的几个问题是:

> 政府部门与立法机关之间关于目标产生的冲突;
> 程序结构存在的问题;
> 不合理的绩效评估指标及缺乏恰当的信息;
> 失调的成本核算体系;
> 欠缺与整个管理过程的联系;
> 缺少足够的回报。

一、针对目标和前景的持久冲突

不同的参与者和机构行为人在一开始就对PB^2的目的和应用存在着不同的信念。政府部门的官员和行政首长通常都会在管理自身事务的过程中追求享有尽可能多的灵活性——也就是放松立法机关经常说的"微观管理"。作为对立法机关更少控制的交换,他们宁愿为项目的结果承担更多的责任。纵使有这样共同的态度,但在责任和认识方面仍旧存在着很大的差异。某些行政首长看到了通过利用这样的体系实现管理改进的可能性,并致力于全面地推进实施。而有些人则谋求灵活性,希望避免扰乱组织的内部程序和惯例。

在立法机关内部也有相似的部门抱有提升项目责任的愿望。许多委员会希望在推进项目方面能够比财政拨款委员会获得更为优先的地位,而各财政拨款委员会则试图维持它们在财政拨款过程中的地位不变。它们的关注点具有现实的实践和政治基础。最终,在会议协商过程中形成的《财政拨款法案》必然只是形式上的整合,并在会议闭幕当天才摆上了台面。大量在最后一分钟才做出的决策以及将这些决策方案放在一起所面临的技术挑战,都被正在运行的统一的决策程序简化了。在某些人看来,根据财政拨款来调整绩效标准的要求增加了复杂性,并且威胁到了"会议终了"做出决策的运作方式。

也有一些部门对待改革抱有观念上的不同预期。对于很多人,尤其是那些财政拨款委员会的工作人员来说,PB^2的真正价值就在于它实现预算流程合理化的能力。PB^2被认为能够通过将绩效和财政资金按照单位成本联系起来的运算法则推动针对大量项目的分配过程,并能因而缩小做出主观政治选择的范围,收益共享的方式和有教育意义的分配公式有助于解决其他领域存在的问题。而对于其他人来说,这种流线型的方法似乎超越了现有的信息处理能力,而且更为重要的是,它违背了对优先事项进行定期、全面考虑后再做出决定的要求。

像这样的分歧还有一些。政府部门与立法机关在某些细节方面始终争执不下。这两大部门的看法和管辖权在这里的冲突更为直接。政府部门的管理者并不会对PB^2的可能性表示一致的支持。改革需要通常能够将政府部门的不同机构组织在一起的一体化的项目活动。为实施项目而采取的措施需要持续地重塑和再造那些对某些地区几乎没有益处的任务。尽管立法机关试图将PB^2用于资源配置的情况在一定程度上已经有所减少了,但仍然有一些人希望能够使单位成本的评估指标成为财政拨款流程的一个最为重要的方面。

二、程序结构存在的问题

自20世纪70年代开始,佛罗里达州采用了一种繁复的程序结构作为其预算和财务体系的一个部分。以程序为特征,这种程序结构的目的是获取州政府将资源用于相关活动的有关信息。它被看作是一份通过某种共同的编码结构,与在不同的组织背景中发生的相类似活动相互关联的全面的活动清单。在过去25年间,预算都是建立在作为某项程序结构组成部分的明确的要素基础之上的。程序结构的构成要素被梳理出来并被用来构建预算中的要点。尽管这是重要的,但直到PB^2出现之前,财政资金都不是按照程序下拨的。《政府绩效与责任法案》试图改变这一局面,它迫使决策过程按照预算过程的基本关注点来努力应对各种程序。

这种程序结构与一种组织的和目标的分类体系并存。会计科目表构成了财务系统的基础,它随即又与由立法机关每年通过的一般性财政拨款法案建立起来的、发挥多层次控制功能的审计系统联系起来。实施控制的基本单位是预算主体,它们通常都是那些包含在财政拨款类别中的组织化主体。

尽管颁布实施了PB^2,但这样的程序结构仍然没有实现与财务和审计系统的系统化联系。事实上,程序仍旧达不到审计控制的层次。这一特征的影响涉及很多方面。政府部门并不能获得程序层面的审计信息,因而削弱了可获取信息的可信度。相反,通常汇集在一起的程序信息更多地是来自相关的活动,而不是来源于审计核查。存在于预算主体内部和之间的众多程序使管理变得困难了。当1994年佛罗里达州开始实施PB^2时,100个程序要素占据了该州差不多95%的支出款项——就该州的政策制定者认为要实现对项目进行有效管理和监督的详细程度而言,这些要素仍然是太少了。像医疗补助项目的程序就是庞杂无比的。立法者将不会在这些活动上赋予管理者更大的自由裁量权。反而,他们希望能够确保对该项目诸如疗养院或药物支出这样的组成部门所实施的控制。从这个意义上说,将这些活动整合进更大规模的程序结构,实际上会对公共组织需要承担的全方位责任产生不利影响。利益群体尤其会对确保它们给以支持的那些活动得到持续的关注和支持感兴趣。它们希望财政资金大致能够在程序的层面上进行拨付。程序结构也就在政治上变得极为重要了。

对程序结构的设计必然涉及到对活动种类以及应当为之承担责任的信息层次的选择。理论上来说,一种结构应当以一种前后一致的方法获取精确的信息。不同政府部门间相类似的活动应得到同样对待。

在佛罗里达州,程序结构正在按照领域进行逐步修正,这导致不同政府部门在应用过程上的前后不一致。在某些政府部门,诸如环境保护局,程序被设定在相对较低的层次。而在其他部门,诸如税务局,程序涵盖了大量的活动。这种逐步实施的过程造成了混乱,因此,程序结构的整体架构就变差了。

事实证明,为了对州政府所有的程序性活动进行审查而需要进行的大量工作是真正的障碍。佛罗里达州规定项目必须获得立法机关的批准。这一过程是在立法机关的委员会结构内进行的,这增加了形成一种统一方法的难度。建立起来的程序是为了适应立法机关实施监督的需要和特定的关注点,因而并不必然与政府部门的核心业务流程相一致。立法机关实施控制的愿望常常与实施程序管理的考虑发生冲突。当程序性问题跨越组织边界时,例如由不同部门实施的缉毒行动,情况尤其如此。

牢记立法者总是想把责任明确地确定下来是有用的。由于能够使部门、处室或单位各负其责,各种组织成为了关注的焦点。然而,程序往往涉及一个组织的多个组成部分,因此这引发了问题。最终,立法者想要知道的是,利用公共资源正在完成的工作是什么,以及要使工作得以推进他们能够与谁联系。要在 PB^2 体系内实现这种程度的联系已经被表明是困难重重的。

三、不合理的绩效评估指标以及缺乏恰当的信息

在 20 世纪 70 年代早期,州政府部门就开始针对它们的项目提出评估指标了。自那时以来,预算过程就吸纳了这些评估指标。然而,即使实施了 PB^2,仍然存在着问题。例如,佛罗里达税赋观察在 1999 年指出,州政府部门并没有提出适当的绩效评估指标来说明其项目的重要功能。它们也没有对重要的项目后果进行过全面的评估。这些疏漏通常可以归因于不清晰的标准、不充分的专业知识、对关键绩效的界定不够全面,以及缺乏重要项目后果的相关信息。

这一问题的部分原因与技术有关。由于政府部门要对依据评估指标设定的标准负责,因此为了确保这些标准能够与部门的活动相关,它们必须要拥有充分的信息基础。而这些信息通常是缺失的。收集和存储一套充分发展的 PB^2 信息的体系并不完善,缺乏足够资源的政府部门也没有充分利用信息技术来解决这个问题。在这样的背景下,政府部门在现有法律体系下的确没有遵守将它们的活动与产出和后果联系起来的逻辑模型就显得意义重大了。当然,这种联系处于 PB^2 所追求责任的核心位置。少了它,就不可能进行有意义的评估。

政府部门的管理者不太乐意提倡那些涉及他们受到或感觉受到有限控制的职能的后果评估指标。结果,建议用于 PB^2 的那些后果评估指标通常都关注次要问题或政府部门的产出。项目政策分析与政府责任办公室认为,通过重新界定后果的概念以便包含那些影响后果和与项目结果有明确联系的因素,或许可以使这一过程得到改进。例如,在对参与者获得高收入工作的成败进行评估的过程中,一项职业培训项目可以将对失业率的报告作为值得考虑的一个外部因素。当然,这里的困难仍旧是这种联系是成问题的,而且诸如此类的因素可能远远超出了州政府有意义行动的范围。

也存在其他一些难题。和立法者一样,政府官员通常在概念上对那些项目试图要实现的结果并不明确。例如,教育就不仅仅与成绩有关,

人们也期望学校能够对学生进行社会化，为他们走上工作岗位做好准备。部分来源于哲学观的差异，对成功的雇员和公民培育的构成要素还存在相当大的争议。这种问题是 PB^2 体系内一个不可避免的难点，它难以解决，但必然会在如何将评估指标用于全面的尝试以提高责任感的背景下得到处理。并不存在明确的评估指标，每一项评估指标都必须在由州政府采纳的全面的问责机制中加以审查。关注点有可能在州与州之间存在差别，甚至在一届政府与另一届政府之间存在差别。

PB^2 试图建立的责任机制需要一系列丰富且存在差异的信息。但在州政府层面常常缺乏按照时间顺序来追踪项目产出和后果的恰当信息。政府部门出于管理其运转的需要收集信息，而且这些信息通常都聚焦于操作问题——事情是如何进行的，而不是它们会产生什么样的影响。项目政策分析与政府责任办公室断言，缺少与项目有关的信息，可能是政府部门经常建议使用弱化后果的评估指标的原因。1999年，项目政策分析与政府责任办公室发现只有少量的项目具有可信度符合预期的信息，绝大多数都需要关注，管理层需要提升其质量控制和检测水平。佛罗里达税赋观察发现，许多政府部门习惯跟踪项目的流程和在某些情况下的项目产出，但却很少去评估对公民产生的后果，或反过来解释和说明它们在政府如何更好地提供服务中的关系。虽然某些政府部门为了提出绩效评估指标正在收集新的信息，但这些信息也经常是缺乏可信度并引发质疑的。政府部门的审计长们并没有将信息问题置于核心的优先地位上。

还有很大一部分困难在于收集必要的信息需要承担很高的成本。政策制定者们和公众试图提出的评估指标，常常将关注的中心放在了以前未得到经验验证以及难以获得现成信息的方面。要凭借自身的能力来利用这些系统以便鉴别和收集新信息是一项艰巨的挑战。纵使它不那么重要，还存在着对此类系统进行资助的难题。要求为新的信息系统提供财政拨款，必然会面临来自提出要求的政府部门内部以及所有州政府部门提出的优先事项的竞争。尽管某些部门获得了这笔资金，但大多数其他部门却并非如此。

四、失调的成本核算体系

有些研究者表达了对在实现预期的项目产出和后果的过程中缺少适用于跟踪支出情况的州政府成本核算体系的担忧。该州的初级会计核算体系并没有为向项目和服务进行的所有直接和间接的成本分配提供可靠的支持。除了按照联邦政府要求的全州成本分配计划进行的改造之外,不论是立法机关还是政府部门,很可能都不会经常考虑政府部门项目的成本和收益问题。这项计划是由联邦政府推动的,却并没有与PB^2联系在一起。

在佛罗里达州,政府部门按照资金来源、财政拨款类别以及组织单位,而不是根据项目或服务编列支出预算。除了在特定的情况下,它们习惯上并不会将诸如管理费用这样的间接成本分配给单个的项目。基于为购置投入品承担责任以及发生公共腐败可能性的考虑,这些是长期存在的做法。它们又因联邦政府各种各样的要求以及立法机关对组织责任的关注而得到了进一步的强化。因此,要获取与在某项责任评估指标中明确规定的制造产出或后果的成本有关的准确信息,通常是不可能的。

有一些人认为,在一个信息系统实现计算机化的时代,让这种会计核算体系方面的缺陷继续存在下去缺乏正当的理由。也许,实际上该州正在对其一体化的财务管理系统进行重新设计。它耗费了过去两年的时间来考察企业案例,以便构建全州范围内的企业资源规划系统。不过需要明确的是,要实现这些需要很多方面的努力,而不仅仅是在财务核算体系方面做稍许改变。要充分利用将现代"清算"技术与预算改革融合在一起所带来的好处,还要在再造方面做出彻底的尝试。民营部门在管理此类变革方面的经验表明,这一过程将会是长期的,而且是代价不菲的。

五、在确定激励措施和制约手段方面存在的难题

针对 PB² 中激励措施和制约手段的运用，在某些地区存在着相当多的批评意见。在那些对于他们而言改革就意味着一种对时间、精力和资源做出的重要承诺的政府官员中，这种意见尤其尖锐。州立法机关已经给予某些政府部门以激励，但这些奖励却并不是以授权法案所期待的那种方式与 PB² 相联系的，相反，它们与那些并不直接与绩效相关联的政治考量有关。正如贝里和弗劳尔斯指出的那样，对于给予激励或对部门因缺乏项目绩效而采取的负面惩罚措施来说，一直都缺少明确的程序。立法机关领导层做出的建立和支持 PB² 的承诺，并不包括放弃他们依据自动授权划拨财政资金的特权。

1996 年，根据法规设定的一般性激励措施/制约手段的标准，佛罗里达州唯一一个在相当长的时期内实施 PB² 以满足绩效奖励资格的政府部门是佛罗里达州税务局。尽管事实上该局的一般税收管理程序符合最多可达其未使用财政资金 50% 的激励性奖励的条件，但却没有获得过奖励。在接下来的几年中，佛罗里达州法律执行局和交通局因在管理方面具有的更大灵活性而获得奖励，这部分是由于它们的工作体现了 PB² 的特征。虽然它们根据 PB² 得到证明的绩效有助于立法机关采取的行动，但要量化其影响却又是不可能的。此外，贝里和弗劳尔斯进行的访谈表明，政府官员仍然对要获得激励性奖励就必须实现根据 PB² 设定的绩效目标抱有怀疑态度。他们一直担心，即使州立法机关没有采取任何法律允许的制约手段，他们也会因未能达到这些目标而受到处罚。

必须注意的是，尽管实施了激励性的奖励，但那些制约手段却并未得到利用。即使在未达到标准的情况下，也并未要求政府部门当面向州长和民选政府报告其工作情况。管理人员的薪酬和政府部门的职位没有受到削减，也没有出现过项目转移的情况。因此，如果未授予政府部门它们所希望的灵活性，那么它们也就不会如某些人想的那样受到处罚。

州长办公室对 1998 年一项旨在解决此类有关激励措施和制约手段问题的改革方案给予了支持。不论这一改革方案是否得到了充分执行，仍然能够感觉到这种支持态度。而且，立法机关实际上反映的真实想法或许是以难以理解和明确的方式流露出来的。那些有"良好"记录的政府部门通常在面对立法机关各个委员会的质询时都会一帆风顺，其他部门同样如此。而那些被认为"偏离轨道"的政府部门，则会在为其方案寻求资助、获得更多的工作人员以及谋求更多的管理灵活性的过程中遇到更多的困难。很有可能并没有按照固定的套路来运用激励措施和制约手段。

六、缺少整体化的管理关注点

目前，预算体系并不能轻易地处理 PB^2 的信息。更为严重的是，它并不能以一种有助于广泛使用的方式在决策者之前获得信息。这是个在实施 PB^2 的过程中处于核心地位的难题。由 PB^2 推动的改革必须得到其他变革的补充和支持。在实施 PB^2 的过程中，部分挑战来源于变革州政府基本管理流程带来的挑战。

州政府是一家大型的企业——每年的支出达 500 亿美元，而仅养老基金资产总额就超过 1 000 亿美元。然而，在基本手段和途径方面，它又有别于与之相类似的民营组织。它要真正向成千上万的生产线提供资金支持。它的各项事务要以大多数民营企业管理者难以想象的方式承担对公众的责任。因此，州政府管理的特征和推动力关注那些完全脱离结果甚或是绩效的问题也就不足为奇了。州政府的管理者，或许要比他们的民营企业同行在了解什么是长期的期待方面接受到更多的训练。正是由于有所期待，才会在投入管理方面比生成影响后果的产出方面更为谨慎一些。

所有的州政府管理者对提升管理水平都不感兴趣，这应该不会让人感到奇怪。尤其是政府机制中那些被任命的管理者，这更是他们工作中不太感兴趣的方面。通常，他们管理的组织更为复杂，规模也更大，已经超过了他们自身经验所能预见到的一切。政策问题而非管理问题,占据了他们工作日程和日渐紧凑的活动空间的主导地位。

要让这样的管理者承诺花费时间和精力将 PB^2 融入其部门的日常运作当中是困难的。分阶段实施会有所帮助,但在绝大多数情况下,改革都不会在整个组织中得到贯彻执行。事实上,PB^2 的实施在很大程度上脱离了其他的管理改革则是值得关注的问题。齐利斯政府将相当多的注意力集中在对政府部门的重组和实施质量管理方面,却没有以相同的魄力将对关键业务流程的重塑设定为目标。在很大程度上,它并未试图将质量管理与 PB^2 联系起来,这部分是因为这些工作是由不同部门来承担的,部分是因为质量管理从来都没有像 PB^2 那样受到立法机关领导层的支持。因此,对于某些管理者来说,要将 PB^2 分隔开来就显得轻而易举了。

然而,就所有的问题来说,佛罗里达州某些部门的领导人认为,在 PB^2 能够更好地融入预算过程的每一个层面之前,这只是时间问题。普遍存在着一种信念,即现阶段证明 PB^2 是取得了进展的,并且需要花费时间加以实施。正如佛罗里达州一位部门领导人所说:

> 如果说我们什么都没有学到,那是因为你并没有立即充分地行动起来构建 PB^2 体系,特别是在信息和程序很难转化为 PB^2 的社会福利事业领域。但是我认为就整个这一体系来说——要逐渐使我们相信选取了正确的目标、所进行的评估都是恰当的而且我们在收集信息方面做得还不错——所有这些都需要时间。我们已经构建了那样的进程,但正如要一个部门充分展开工作一样需要时间。在使一套整体的认知转变为预算方案之前,你真的必须对那些最初的进展有一点信心。议员们具有挫折感,因为他们真的想实现这种转变,而且直到他们这样做时也理解这一点,可他们的确并没有充分实施 PB^2。

七、缺少足够的回报

根据贝里和弗劳尔斯的观点，在佛罗里达州政府部门领导人中普遍存在的看法是，立法者和州长目前仍旧没有以 PB^2 为基础来制定预算决策。一位在过去 3 年中致力于实施 PB^2 的部门分析人士坦率地指出：

> （过去几年对 PB^2）有少数议员涉足，但大多数并不感兴趣。PB^2 可能并没有改变决策制定过程，但毫无疑问它引起了对责任问题的关注，我相信它已经对其他几件法案产生了影响。但是我并不认为会有任何一位议员是根据 PB^2 的信息来制定决策的。

当被问及对 PB^2 的总体评价时，另一位佛罗里达州政府部门领导人的看法却是非常负面的：

> 老实说，除了那些有所应用的政府部门改变了它们的文化之外，我不认为 PB^2 取得了什么成就。PB^2 并没有改变这个部门或立法机关的决策过程。大多数的单位绝对没有将其应用于预算。议员们想进行的是微观管理。

很明显，这些看法正中要害。PB^2 只在少数几个项目中被用来分配财政资金。绩效评估指标、标准以及为项目做出的合理解释并没有影响到财政拨款程序的主要特征。对于大多数立法者而言，将有意义的评估指标整合在一起并进行全面监督的工作，并不会比进行有针对性的调查更有吸引力。

在一定程度上，这些看法对财政拨款的使用有所误解。PB^2 已经与能够对财政拨款做出合理解释的过程实现了充分的融合，甚至有证据表明它在节约资源的过程中还发挥了一定的作用。但即使如此，有关 PB^2 将如何发挥作用的预期明显还是大大超过了它实际上能发挥的作用。不仅要记住改革正处于初期阶段，而且要牢记在通过这样的变革能够在决策过程中合理地取得什么结果方面还缺少共识，这是非常重要的。财政拨款流程的结构表明，对于从收入水平到联邦政府任务架构的其他考量来说，PB² 必然是处于次要地位的。

州政府的预算编制通常是一个政治过程。有的时候能够使决策实现暂时的相互独立。但最终，即使是那些最为神圣不可侵犯的议题也将"提交投票箱"进行表决。PB² 并不是一个与政治无关且中立的过程。它的确试图对三个重要预算流程的构成要素做出合理的解释，但在面对政治意愿时也必须做出妥协。逆向的预期扭曲了能够期望 PB² 取得的成果并误导了它的评估过程。

如果有人对 PB² 的期望值过高，那么就会有人低估其影响。即使在很差的情况下，评估绩效的动力也并非毫无影响。项目政策分析与政府责任办公室多次指出了运用不恰当或设计不当的评估指标所存在的问题。最近，它又指出了在政府官员和立法者中存在的将过多的活动糅合在一项程序中的趋势。这些进展情况都值得引起关注。

政府部门推动了它们评估内容的发展。评估指标转而又能在更为认真地考量通常与意外结果之间存在复杂的相互作用的过程中，发挥作为快捷方法的作用。例如，目前由佛罗里达州的州立大学系统使用的责任评估标准就是针对公共服务的强有力的制约因素。这些评估指标可以使每所大学对来自联邦政府的拨款及合同做出说明，但却忽略了那些来自州政府的拨款和合同。州政府提供的公共服务并没有包含在这个责任体系中。由于没有得到支持，州政府在从事相关活动时毫无疑问是缺乏动力的。整个州政府的各种其他活动也存在着类似的结果。在这些方面，逐渐实现制度化的 PB²，或许会对真正需要有广泛信息的公共政策产生不利影响。它或许真的会取代慎重的深思熟虑。

经验的总结

绩效评估与预算处在过去 20 年管理改革的最前沿。在佛罗里达州，PB² 仍在发展之中。在最近所做的一次调查中，有超过 53% 的州政府部门领导人对 PB² 的实施持肯定态度。有一位政府部门的领导人说，即使州立法机关取消了支持,他的部门仍将继续实施并使PB^2实现制度化。其他管理者的行动表明他们也对此持肯定态度。与之相似的一个倾向是,在PB^2方面的经验有助于使管理者重新去关注结果。曾经留心立法机关关注点的管理者们,比以前任何时候都更为关注部门的产出和后果。

州政府管理者的定位非常重要,但其重要性却要依据变革管理的难度做出判断。今天有大量关于政策实施和战略管理的文献,聚焦于部门管理者或政策企业家在改善公共政策过程中的作用。佛罗里达州对PB^2的实施表明,部门管理者(或部门企业家)的行动会在根本上影响部门环境,并受到部门环境的影响。诸如组织结构和文化这样与每个政府部门都相关的环境会对其支持PB^2的能力和意愿产生影响,这显然是不正确的。由此得出的推论是,只有辅之以从领导层的长期承诺到不间断地关注准确和及时的信息联系的具体措施,才极有可能在所有部门中实现成功的实施。在这样的情况下,单独进行的预算改革并不是充分的改革。对于管理者,同样也对于立法者来说,这是一条需要长期铭记的经验。

目前,预算改革的一个关键问题是基于绩效的项目预算制度如何能得到有效且高效的实施。弗劳尔斯提出了某些至少是在佛罗里达州背景下的思路。首先,尽管明显是为了建立统一控制和责任机制,但在允许使用极为不同的实施方法方面,证明佛罗里达州的《政府绩效与责任法案》还是具有充分灵活性的。政府部门实施以绩效为基础的体系的努力,受到部门领导层在确定这些部门面临的战略问题以及正在实施的其他管理改革先后顺序的过程中行为的显著影响。战略规划、预算削减以及全面质量管理都会对PB^2改革的轨迹产生影响,尽管这三个领域所采取的途径存在差别。一个部门关键的工作技术和专业导向会对应对绩效责任改革产生持续影响。如果其他条件都相同,那么拥有相对常规技术的组织在实施基于绩效的责任体系时,就会更为容易也更为连贯。那些以相当程度的专业自由裁量权来指挥其最底层工作人员的政府部门则会发现实施起来要困难得多。将自上而下的责任评估与自下而上的有关工作流程的认知结合在一起的任务是困难的,但这对于成功实施来说却又是最根本的。

根据PB^2的要求实施的改革的本质属性,能够耗尽已背负压力的政府部门提升服务质量的能力。在缺少额外资源或特定帮助的情况下,将很难敦促处于这种环境中的管理者们去提升项目信息的可信度。即使是那些有益的做法,要应对那些涉及核心运作系统的绩效改进,也只会使面临的难题进一步恶化。

在这个方面,应用于佛罗里达州的分阶段实施方法被证明是有所助益的。它减轻了培训负担,对文化转型起到了缓和作用,并缓解了财政压力。它也提供了按自身特点采取实施手段的机会。事实上,不同部门的不同项目受到了规划和预算办公室以及州立法机关的不同对待。分阶段实施也缓和了不同群体之间的冲突。由于并非所有的问题都性命攸关,因此针对那些居于各自权威和权力中心的财政拨款问题,由共和党控制的州立法机关能够准确地找到与民主党州长的共同点。政府部门有机会与州政府构建新型关系,并以一种进行评估的方式来应对组织内部缺乏活力的问题。

渐进的分阶段实施也在某些方面对实施造成了不利的影响。它分散了支持改革的能量,并使那些坚定的支持者丧失了积极性。尽管立法机关的工作人员具有相当大的稳定性,但他们要想发挥影响,也必须通过领导层的居间调解。佛罗里达州立法机关的领导层每两年变更一次。即便工作人员的支持意见已经发酵,也需要立法机关的领导层控制变革的节奏。例如,尽管由众议院和参议院财政拨款委员会的人事主管以及规划和预算办公室主任组成,但州立法机关财政拨款系统/项目预算分系统的协调委员会还是不能控制PB^2的实施过程。

实际上,没有任何一个团体能够在实施中发挥协调作用。项目政策分析与政府责任办公室是PB^2所有工作和注意力的核心,对于改革来说极为重要。但项目政策分析与政府责任办公室也不具有单独推动改革实施的制度化的地位。与立法机关的工作人员一样,它也只能通过调解来发挥影响。

最后,得到延续的实施过程对改革方案认知的连贯性发挥着传播作用,也减轻了领导层的责任。尽管有助于避免许多改革的内在冲突,但得到延续的实施过程仍旧没有解决某些特定的问题。它并没有以一种系统化的方式对程序结构进行重新考察,没有尝试去解决有关部门灵活性和控制的持续争论,没有将对政府部门实施奖励的程序固定下来,对激励措施和制约手段的利用也没有取得好的效果。在面对长期存在的技术性难题时,立法机关使绩效成为资源配置决策核心要素的渴望,在很大程度上偏离了轨道。

PB^2的实施过程还在继续。它的潜力还没有得到充分的认识。2000年1月,布什州长公布了继续推进改革的建议。州立法机关也颁布实施了一系列全面推进改革的方案。这一方案的结果将有助于对PB^2是取得了成功,还是仍旧逃不出佛罗里达州预算体系早期改革失败的命运做出判断。

附录 A 州政府部门实施 PB^2 的进度表

财政年度	政府部门	项目（所列明的均为得到批准的）
1994－1995	税务局	一般性税务管理
1995－1996	税务局	房地产税务管理
	管理服务局	基础设施
1996－1997	社区大学	AA 学位课程
		AS 学位课程
		职业证书
	劳动就业安全局	伤残鉴定
		康复鉴定
	法律执行局	刑事司法的调查与保护
		刑事司法信息
		刑事司法职业化
	管理服务局	支持
		技术
		劳动力
	退休管理处	退休事务
1997－1998	州大学系统	教学
	运动与淡水鱼类委员会	法律执行
	公路交通安全与机动车辆管理局	公路巡警
	州政府	图书馆、档案与信息管理
1998－1999	交通局	通行费管理
		支援服务
		机动车遵章守纪
		公路工程建设
		道路通行权的获得
		公共交通
		日常的道路维护

续　表

财政年度	政府部门	项目（所列明的均为得到批准的）
1998－1999	劳动就业安全局	安全和劳动者赔偿
	儿童与家庭服务局	酒精、药物滥用及精神健康服务
	卫生事业管理局	卫生服务质量保证
		医疗补助的医疗卫生服务
	运动与淡水鱼类委员会	渔业管理
		野生动物管理
	公路交通安全与机动车辆管理局	驾驶执照管理
		机动车辆管理
	管理服务局	州政府雇员团体保险
	州政府	企业登记与营业执照管理
	劳动就业安全局	就业保障
	青少年犯罪管理局	监禁
	银行与金融管理局	为公共资金承担的财政责任
	犯罪矫正局	监管和控制
		医疗卫生服务
		社区矫正
		罪犯的就业、培训和赔偿
	教育局	公立学校
	环境保护局	休闲设施与公园
		法律执行
		海洋资源
		州政府所有的土地
	州长办公室	改善经济条件
	儿童与家庭服务局	精神健康服务
		为社区中存在发育障碍的人员提供服务

357

续 表

财政年度	政府部门	项目(所列明的均为得到批准的)
1998－1999	儿童与家庭服务局	为社会收容机构中存在发育障碍的人员提供服务
		对需要安全和保护服务的家庭提供服务
		药物及酒精滥用服务热线
		成人服务
	法律事务部	民事代理及法律服务
		全州范围内的诉讼事务
		刑事司法和受害人援助服务
	保险管理局	火灾预防与调查执行官
1999－2000	农业与消费者服务管理局	食品与资源保护
		食品安全与质量
		消费者权益保护
		农业经济发展
	儿童与家庭服务局	对有儿童看护需求的家庭提供服务
		为实现经济自立提供的服务
	老年人事务管理局	为老年人提供服务
	彩票中心	彩票产品的销售
	军备局	军队事务的准备与应对
	州政府	历史、考古和民俗的评估
2000－2001	行政听证办公室	
	商业和职业规范管理局	
	假释和缓刑委员会	
	公共服务委员会	
	卫生局	
	教育局	

358

续　表

财政年度	政府部门	项目(所列明的均为得到批准的)
2001-2002	柑橘种植业委员会	
	社区事务委员会	
	保险管理局	
	退伍军人管理局	
	州检察官办公室	
	公益辩护律师办公室	
	司法行政委员会和资本担保委员会	

附录 B 1993 年主要的预算与人事控制措施

法定的控制措施	现有控制措施	1992-1994 财年的试点部门	建议实施的项目预算
预算			
所有财政拨款需获得最大支出授权。	×	×	×
除非相应的职位也发生了转移,否则工资额度不得在预算主体间进行转移。	×		×
政府行政部门只能设定法定的职位。所有需要另外设置的职位都要经过批准。(OPB,立法机关咨询委员会,行政委员会)	×	×	×
未经许可,禁止在预算主体间转移职位。(OPB,立法机关咨询委员会)	×		
未经许可,禁止超过 $25 000 或 5%的财政拨款款项在预算主体间进行转移。(OPB,立法机关咨询委员会)	×		×
未经许可,禁止在同一预算主体内转移超过 $25 000 或 5%的财政拨款款项。(OPB,立法机关咨询委员会)	×		
只有在存在特别拨款的情况下,才可提供按总额支付的工资奖金。	×		×
因预算修改而对财政拨款支付类别进行的总额预付财政拨款转移,必须经过 OPB 和立法机关咨询委员会的批准。	×		×
部门信托基金总额支出权限的所有扩大需要经过批准。(OPB,立法机关咨询委员会)	×	×	×
增加工资额的申请必须经过批准。(OPB,立法机关咨询委员会)	×	×	×
未经许可,不得设立新的项目。(行政委员会,OPB,立法机关咨询委员会)	×	×	×

续 表

法定的控制措施	现有控制措施	1992-1994财年的试点部门	建议实施的项目预算
没有立法机关特定的财政拨款,政府部门不得启动固定资本支出项目或改变范围。	×	×	×
未经许可,禁止在固定资本支出项目间转移财政资金。(行政委员会,OPB,立法机关咨询委员会)	×	×	×
截至6月30日,要实现所有未受约束运营预算的平衡。	×	×	＊

×＝仍旧发挥作用的控制措施
＊对于满足绩效评估指标的政府部门,允许每个部门保留未指定用途预算中的25%。

人事			
每个部门都必须在由DMS根据《佛罗里达州章程》110章所颁布的人事规则内开展工作。	×		×
DMS应建立并维持统一的分类计划,并对该计划实施整体性的协调、监督和维护负责。	×		×
政府部门所采取的分类和再分类行为应当限定在DMS所确立的种类范围内。	×		×
DMS应当建立并维护公平的薪酬计划。	×		×
政府部门必须根据DMS确定的操作指南运用增加薪酬的措施。	×		×
未经立法机关许可,政府部门不得新设部门。	×	×	×
未经批准,政府部门不得新设科室、分支机构及下属部门。(DMS,EOG)	×	×	×

361

续 表

法定的控制措施	现有控制措施	1992-1994财年的试点部门	建议实施的项目预算
其他重要的限制			
除非在经过与立法机关协商后由 EOG 批准,购买机动车辆必须获得立法机关的特别拨款。	×	×	
所有的收入、特许费用、服务费用应当缴存国库,除非根据年度拨款法案,否则不得支付资金。	×	×	×
所有超过 $10 000 的购货合同都必须经过竞争性招标。	×	×	×
政府部门采购超过 $10 000 的商品或服务必须通过州政府的长期合同获得。	×	×	×
州审计署在兑付支付凭证之前可以要求出具采购物品收发货的证明材料。	×	×	
×=仍旧发挥作用的控制措施			

第十四章 佛罗里达州取得的成果

附录 C 州长最初建议对预算格式进行的修改

目前的预算格式：1994 年			建议的基于预算的程序预算格式		
税务局			**税务局**		
行政首长办公室与行政处	职位数				
1540 工资和福利	202	4 614 963	在绩效预算框架下向税务局提供的1548A 到1553G 专项拨款资金，要使该部门为提供特定标准的服务而负责，但不限于此处限制性条款所描述的实现特定标准的服务。该部门年度最大工资额不变。该部门依据任何预算所批准的年度最大工资额不变。该部门依据任何预算灵活性条款所申请实施的针对这些专项拨款资金的任何预算调整或重要项目修正，都应依据S. 216, 177条款所设定的通告和审查程序由立法机关作出许可。		
未源于一般收入基金		3 215 645			
未源于管理信托基金		15 330			
其他的个性化服务		119 976			
1541 未源于管理信托基金	71 402				
开支					
1542 未源于一般收入基金		1 622 269			
运转资本支出					
1543 未源于管理信托基金		39 013	行政支持	职位数	
特殊类别			总额预付	334	
诉讼费用			1548A 行政支持程序		
1545 未源于一般收入基金	50 000		未源于一般收入基金		7 499 696
信息处理服务			未源于企业所得税的管理信托基金		9 304 435
1548 未源于管理信托基金		922 235	未源于周转基金		438 505
税收管理信息中心					5 985 604
从价税管理处			利用专项财政拨款1548A所提供的资金、行政支持程序应对确保部门项目目标的实现进行监督和管理。它还应就实施情况向州长和政府的以及立法机关递交进展报告以及相应的支出报告。每个季度可能存在的偏差的操作指南，将由州长办公室和立法部门在本财政年度结束时使其法定职位中的93%得到补充。		
1549 工资和福利	158	6 111 196			
其他的个性化服务					
1550 未源于无形税收信托基金		262 031			
开支					
1551 未源于无形税收信托基金		1 461 240			

363

续 表

	目前的预算格式:1994年			建议的基于预算的程序预算格式	
				从价税管理处	
				从价税 总额预付	
				从价税	8 031 380
1552	运转资本支出		1552A	来源于无形税收信托基金 利用专项财政拨款1552A提供的资金,从价税程序应使法定要求参与TRIM评估的人数增加10%。增加26%,接受培训的人数参与TRIM评估的财产子类数使全州范围内进行不公平子类划分的财产子多于11项。	职位数 158
	来源于无形税收信托基金	7 805			
1553	信息处理服务			总额预付	
	税收管理信息中心			纳税人登记与教育	职位数 175
	来源于无形税收信托基金	189 108			3 994 749
	审计处		1553A	来源于管理信托基金 利用专项教育程序应使1553A提供的资金,纳税人登记与教育增加19%。该程序应使首次登记时回收正确的文件数增加19%。该程序应还应使自愿缴纳的税款达到总缴税款的97.25%。	3 520 869
	工资和福利	职位数 1 218			
1554	来源于一般收入基金	32 916 999			
	来源于管理信托基金	13 641 188			
	来源于捐赠信托基金	46 806			
1555	其他个性化服务				
	来源于管理信托基金	43 800		退税款汇款处理	职位数 279
1556	开支	3 998 913		总额预付	
	来源于一般收入基金	2 659 796		来源于一般收入基金	6 545 985
	来源于管理信托基金	10 119		来源于管理信托基金	4 858 748
1557	运转资本支出		1553B	来源于企业所得税管理信托基金 利用专项财政拨款1553B提供的资金,退税/汇款处理程序应使向州政府部门和地方政府进行收入初次分配的准确率维持在94%的水平。	218 138
	来源于管理信托基金	27 250			
1558	信息处理服务				
	税收管理信息中心				
	来源于管理信托基金	710 99			752 058
	征管处				
	工资和福利	职位数 900			
1559	来源于一般收入基金	19 900 247			
	来源于管理信托基金	6 754 967			
	来源于捐赠信托基金	85 218			

续表

	目前的预算格式：1994年			建议的基于预算的程序预算格式		
		职位数		从价税管理处	职位数	
1560	个性化服务			总额预付		
	来源于管理信托基金		75 000	退税与汇款协调		
1561	开支			来源于一般收入基金	135	2 570 519
	来源于一般收入基金	2 302 909	3 428 402	来源于管理信托基金		2 151 993
	来源于管理信托基金		39 970			
	来源于捐赠信托基金		30 595	来源于企业所得税的管理信托基金		471 497
1562	运转资本支出					
	来源于企业所得税的管理信托基金		1 138 995	1553C 利用专项财政拨款1553C提供的资金，退税/汇款协调程序应使由部门或纳税人引起的错误税款减少8%。该程序应使应纳税账单和未缴税款的准确率增加到93%。		
1563	信息处理服务					
	税收管理信息中心					
1564	工资和福利	职位数	1 019 699	总额预定		
		36		责任确定-已登记的纳税人	职位数	
1565	其他的个性化服务		17 680	来源于一般收入基金	1 135	34 077 756
1566	开支		1 938 611	来源于管理信托基金		15 966 846
1567	运转资本支出			来源于企业所得税的管理信托基金		14 003
	来源于周转信托基金		2 155 041	来源于捐赠信托基金		56 925
1568	信息处理服务					
	行政管理信息中心-管理服务局					
	来源于周转信托基金		854 573	1553D 利用专项财政拨款1553D提供的资金，责任确定-已登记纳税人程序应使原来对纳税人进行的评估最终恢复到78%的水平。		
1569	信息系统和福利服务处					
	工资和福利	职位数				
	来源于一般收入基金	114	1 299 378			
	来源于管理信托基金	2 745 684	347 810			
	来源于企业所得税的管理信托基金					

续表

编号	目前的预算格式:1994年	职位数	金额		建议的基于预算的程序预算格式	职位数	金额	
1570	其他的个性化服务			95 628	总额预付			
	来源于管理信托基金				责任确定-已登记的纳税人	163		
1571	开支				来源于一般收入基金		3 992 000	2 277 275
	来源于一般收入基金		315 625	566 233	来源于管理信托基金			16 003
	来源于企业所得税的管理信托基金			47 806	来源于捐赠信托基金			125 188
1572	运转资本开支			4 327	1553E 利用专项财政款1553E提供的资金,责任确定程序将使在完成纳税人登记时的未登记纳税人数增加7.5%,并应使每一次应接触纳税人程序的接触纳税人数增加37%。			
1573	信息处理服务							
	税收管理信息中心			2 525 401				
	来源于管理信托基金							
纳税人辅助处								
1574	工资和福利	160			总额预付			
	来源于一般收入基金		3 535 818		征收	453		
	来源于管理信托基金			2 690 412	来源于一般收入基金		11 115 296	6 052 952
	来源于企业所得税的管理信托基金			149 293	来源于管理信托基金			1 282
1575	其他的个性化服务			19 380	来源于企业所得税的管理信托基金			
					1553F 利用专项财政款1553F提供的资金,征收程序将使对有责任对纳税的纳税人的征收率达到90%。			
1576	开支		85 895					
	来源于一般收入基金			1 096 504				
	来源于企业所得税的管理信托基金			9 003				
1577	运转资金支出			5 085				
	来源于管理信托基金							
1578	信息处理服务							
	税收管理信息中心			59 946				
	来源于管理信托基金							

续表

目前的预算格式:1994 年				建议的基于预算的程序预算格式		
税收处置处	职位数				职位数	
工资和福利	360			总额预付	316	
来源于一般收入基金		4 927 187	2 623 005	裁决		8 225 333
来源于管理信托基金			1 122 847	来源于一般收入基金		4 702 975
1579 其他的个性化服务				来源于管理信托基金		30 548
来源于一般收入基金		30 000		来源于企业所得税的管理信托基金		
来源于管理信托基金			363 084			
1580 开支						
来源于一般收入基金		2 090 692	2 574 665	1553G 利用专项财政拨款 1553G 提供的资金，裁决程序应使对决定的通知提升 30%。该程序处在财政年度结束时将处理一个案件的平均天数下降 33%。		
来源于企业所得税的管理信托基金			249 945			
1581 运转资本支出						
来源于一般收入基金		330 000	380 747			
来源于管理信托基金						
1582 信息处理服务						
来源于管理信托基金			102 176			
1583 税收处管理信息中心						
来源于管理信托基金						

附录 D　案例：节选自项目政策分析与政府责任办公室对佛罗里达州图书馆、档案室及信息项目进展情况进行的检查，报告 99-05

责任评级系统

责任评级	符合预期	需要进行某些改进	需要进行重大改进
项目的目的与目标	×		
绩效评估指标			×
信息的可信度		×	
信息的报告及管理层对信息的运用		×	

问题及评估意见：

该项目已采取措施，利用其现有的 PB^2 评估指标来解决相应的问题。例如，认识到客户对图书馆服务的满意度是一项针对项目影响有价值的评估指标，该项目提出了客户满意度评估指标，并于 1999 年 9 月开始实施。

这些指标包括：

- 客户对查询响应相关工作的满意度；
- 客户对查询相应时效性的满意度；
- 客户对档案管理技术辅助手段的满意度；
- 客户对档案管理培训的满意度。

然而，该项目向立法机关提出的 2000—2001 财年预算申请仍然包含那些存在可信度和/或有效性问题的评估指标（正如政策分析与政府责任办公室在 1999 年 3 月有关《州政府图书馆、档案室和信息计划的 PB^2 绩效报告》的第 98—72 号报告中概括的那样）。例如，该项目的评估体系仍旧包括如下政策分析与政府责任办公室建议取消的评估指标：

- 政府部门通过记录/分配/具体的图标设计实现的年度成本规避；
- 图书馆顾客获取不属于本地公共图书馆资料的机会的年度增长。

第十五章 公立高等教育系统的绩效财政制度

约瑟夫·C.伯克

高等教育系统的绩效财政制度成为20世纪90年代各州政府驻地和公立学校校园中的热门话题。20世纪90年代后期发表的《各州财政调查报告》(Fiscal Survey of the States)认为,州政府部门实施的绩效预算是"州预算的明显趋势"。①在公立高等教育系统,这成了整个时代的财政预算方式。洛克菲勒政府研究院在2000年6月进行的一份调查报告显示,有接近四分之三的州考虑将绩效纳入公立高等院校的预算过程。②

绩效预算源自20世纪90年代早期的流程再造与重塑政府运动。③这些运动宣扬一种针对美国企业的全新信条,以及一种针对州政府和高等教育的新主张。管理选民政治——而非客户服务——通常主导着州

---

① 州政府预算办公室全国联合会(National Association of State Budget Offices), *The Fiscal Survey of the States* (Washington, DC: author, 1997, 1998).
② J. Burke, J. Rosen, H. Minassians, and T. Lessard, *Performance Funding and Budgeting: An Emerging Merger: The Fourth Annual Survey* (Albany: Rockefeller Institute of Government, 2000).
③ Daivd Osborne, Ted Gaebler, *Reinventing Government: How the Entrepreneurial Spirit is Transforming the Public Sector* (Reading, MA: Addison — Wesley 1992); Michael Hammer, and James Champy, *Reengineering the Corporation: A Manifesto For Business Revolution* (New York: Harperbusiness, 1993).

政府的决策过程，提升组织的威望——而非客户服务——通常推动着学校的决策过程。

绩效管理宣称组织不仅能够——而且必须——在削减成本和增加服务供给的同时提升质量，它主张结果管理而非依据规则进行控制。通过关注绩效而非服从，管理者能够将责任与发展的目标有机结合起来。通过将设定目标和评估结果紧密联系并放松控制结果的分权过程，组织能够改善绩效。关注客户需求，对以顾客为中心而非以供应商为中心的企业起到了促进作用。对结果进行管理、评估和奖励是三位一体的。绩效管理就像所有的信条一样，说比做要容易。像所有的改革运动一样，它对那些热情的支持者和激昂的批评者都起到了刺激作用。

尽管学者们提出了许多绩效管理方面的理论，但各个院校的一个共识是，它们对于企业而言是完全适用的而且可能也是恰当的，可对于学术界而言则是令人深恶痛绝的。局外人可能会预测说对效率的强调将引发校园内的抵触情绪，但很少有人会猜到对质量的关注原来也会遇到这么大的障碍。比福特（Ford）公司早几个世纪，高等院校就提出了"高质量的工作第一"（Quality Job One）的口号。但遗憾的是，高等教育界却从来没有精确地判断和界定过本科生教育的目标，或者提出过评估学校绩效的系统性方法。

不论承认与否，对高等教育教学质量的判断在很大程度上取决于诸如学校的资源、录取学生的质量以及学术研究的声誉这样的资源投入因素，却忽略了大学的产出，如毕业生的数量和质量，对所在州及其居民提供了怎样的研究成果和服务，带来了怎样的收益。这种"资源与声誉"模式反映的是提供者的愿望而非客户的需求。① 医疗保障向管理式保健的转变，似乎使高等教育成为提供者驱动型事业组织（provider-driven enterprise）最后的避难所。

---

① Alexander Astin, *Achieving Education Excellence: A Critical Assessment of Priorities and Practices in Higher Education* (San Francisco: Jossey-Bass, 1985), Chapter 2.

到 20 世纪 90 年代,公立高等教育对于各州来说变得越来越重要,付出的代价也越来越高,大学产出的结果不再被忽视。一旦考虑到公立高等教育对于大多数国民而言是一种奢侈品以及对毕业生带来的个人收益,在一个由知识和信息推动的竞争性的全球经济背景下,高等教育对于各州的经济成功就成为至关重要的了。20 世纪 90 年代上半期的经济衰退,以及为医疗保健、公立学校、社会福利和社区矫正寻求资金而展开的竞争,也对限制在高等教育方面的财政支出率起到了推动作用,高等教育支出只是州政府预算中极少数可以自由支配的项目之一。① 责任的观念因对高等教育日渐增加的重要性和不断提高的成本的认识而发生了转变。"以前的责任"探讨的是有关公办院校如何花费州政府资源这样的财务问题。而"新兴的责任"则要回答它们产生了什么样的结果这样的管理问题。

新的责任杠杆

希腊数学家阿基米德(Archimedes)相信,只要用足够长的杠杆,放在正确的位置,你就可以撬动任何物体。一直到 20 世纪 80 年代末,各州政府及高等教育协调委员会都在很大程度上忽视了两个强有力的责任杠杆:**信息**和**预算**。"值得评估的就是值得重视的"这句格言只说对了一半。与其说价值来源于评估,还不如说来源于对决策者和普通公众进行的结果报告。到 1990 年代末期,有大约 30 个州的公立高等院校针对学校在优先性指标方面取得的结果提交了绩效报告。②

但很遗憾,由于提交这些报告并没有带来财政拨款,所以各州及大学的决策者往往忽视了它们。钱款对于州政府和高等教育而言没有对于民营企业那么重要。如果所评估和宣扬的就是值得重视的,那么值得

---

① Steven Gold, *Fiscal Crisis of the States: Lessons for the Future* (Washington, D. C.: Georgetown Press, 1995), Chapter 5.
② Burke et al., *Performance Funding and Budgeting*, p. 11.

给予资助的就越发是重要的了。绩效报告为向绩效预算的转变创造了条件。很难想象，州政府的决策者获得了有关高等院校成就的报告，却在分配稀缺资源时完全无视它们的存在。对于州政府官员来说，从报告到拨款的进步似乎只是一小步，但对于大学的领导者而言却是一次重要的变革。

一、传统的预算过程

传统上，各州在很大程度上是根据现有成本、在校学生人数以及通货膨胀增长率来编制公立高等院校预算的。这些投入或资源因素忽略了毕业生的数量和质量以及向各州及社会提供服务的范围和效益。即使是在各州人口和学生需求下降的情况下，这种成本加成的预算方式也助长了支出、在校学生和项目的不恰当增长。某些州为了鼓励希望能够促进经济发展的学术活动，还会预先提供前期的启动资金（front—end funding）。

通过向已实现的结果而非承诺的结果分配资源，绩效拨款和预算有别于早期的做法。这种做法在某种程度上使预算问题从州政府应该为它们的大学做些什么，转变为大学能为各自所在的州及其学生做些什么。由于按照绩效分配的资金数额相对较少，因此这种转变在各州是很轻微的。现有成本、在校学生人数以及通货膨胀增长率这些工作量的评估指标将——而且必然——获得州政府资金分配的最大份额。真正的问题是，在州政府的拨款过程中绩效是否应该是具有某种价值的。

绩效拨款和绩效预算

将绩效运用于州政府对公立高等院校的资金配置可以有两种方式。尽管存在明显的区别，但由于一些共同的特征，这两种方法有的时候也会被混淆在一起。

绩效拨款将具体的资金配置与大学在每一个指定指标上取得的结果紧密联系在一起。这种联系是自动的和程式化的。如果某个大学实现了诸如学生毕业率这样的指标所设定的目标,那么它就会收到一笔有明确金额的绩效资金。绩效拨款关注于预算分配。

绩效预算允许各州州长和议员或州政府的协调委员会和高校系统委员会在确定向一所大学的资金配置总额时,从总体上考虑大学在各个指标上的绩效而不仅仅考虑某一项因素。绩效预算的关联性是松散的且具有灵活度。这种方法通常侧重于预算筹备和编制,忽视甚至是忽略预算分配。

这两种方法各自的优缺点互补。在绩效拨款中,结果与资源之间存在着清晰的联系但却缺乏灵活性。而在绩效预算中,联系具有灵活性但并不清晰。

以前那些调查报告的作者并没有对绩效拨款和绩效预算进行明确的区分。[1] 由于缺少明确的定义,决策者混淆了这两种做法。尽管这些先前的调查报告引发了对预算过程中一般性趋势的关注,但却没能明确指出各州政府、协调委员会或高等院校系统应如何在预算过程中实际运用各个大学在绩效评估指标方面取得的成果。资源与结果之间的联系是宽松一些还是紧密一些?高等院校的绩效对州政府的资金配置会产生直接影响还是只有间接的影响?是自动根据绩效做出拨款决策还是在做出拨款决策时有自由选择权?

为了阐明在绩效预算过程中结果与财政资源之间的相互联系,一项由洛克菲勒研究院进行的调查要求各州高等教育的财务主管对州政府拨款程序对于公立高等院校的实际效果做出评价。[2] 各州有关此类程序的答复明确表明,绩效预算仅对高校的资金状况产生了有限的影响。

绩效预算过程中绩效与预算之间的松散联系为决策者提供了政治上的便利条件。从理论上来说,那些州议员或许会对变更为以绩效为基

---

[1] Melodie Christal, *State Survey on Performance Measures: 1996—97* (Denver: SHEEO 1998); Mary McKeown, *State Funding Formulas for Public Four-Year Institutions* (Denver: SHEEO 1996).

[2] Burke et. al., *Performance Funding and Budgeting*, pp. 2-4.

础的高校预算方案采取支持态度,但实际上他们通常会反对那些有可能导致他们所在行政区的高等院校预算损失的程序。绩效预算为这一棘手的难题提供了一种政治解决方案。决策者能够在不经过改变高等院校资金配置方式的情况下,赢得在预算过程中认真考虑绩效的赞誉。这一程序也会保护议员们的宝贵财产:保留对州政府预算的控制和决定权。

二、构成要素

绩效拨款和绩效预算的确包含某些相同的构成要素:

项目目标包括说明面对外部环境的责任、改进大学的绩效以及满足州政府的需求。增加州政府对公办高等教育的财政拨款,对于协调委员会和各个高校来说是一项未公开的目标。

绩效评估指标明确界定预期成果的范围。(评估指标从佛罗里达州最少的3个到南卡罗莱纳州最多的37个。)

剩下的这些构成要素大部分适用于绩效拨款。

拨款权重为评估指标赋予相同或不同的价值,或允许大学做出的某项选择方案。

为评估指标设定的**成功标准**要求每所高校都能实现绩效改进,并与州或全国范围内的同行进行比较,或者是对这些标准的综合运用。(某些绩效预算项目也含有这项构成要素。)

拨款水平由州政府支持高校实施预算方案投入资金所占的百分比构成。(现有项目的水平从0.5%到约6%不等,平均水平大约是2%。)

资金来源涉及另外的或进行重新配置的财政资源,或者是对二者的综合运用。(几乎所有方案都要求有超过基本预算额度的附加资金。)

资金分配方式由基本预算额度的增加或以绩效为基础的年度奖金构成。(大多数方案都会增加预算基数。)

拨款类型是0指公办高校所使用的财政拨款是竞争性的还是非竞争性的。(大多数方案的财政拨款都是非竞争性的,各高校只要实现它们自己设定的绩效水平就可以得到这部分拨款。少数财政拨款允许那些实现了高绩效的高校在超过其自己设定的绩效水平的情况下得到这部分财政资金,而这部分拨款是其他院校得不到的。)

三、绩效拨款

绩效拨款表明了普遍性及不稳定性具有的矛盾性特征。目前有超过三分之一的州采用了这种制度安排。尽管自1996年以来这一数字从9个增加到了17个,但阿肯色州、科罗拉多州、肯塔基州、明尼苏达州和华盛顿州却在同一个时期内放弃了这样的制度安排。很显然,绩效拨款在理论上的愿望是与其在实践中的难度相匹配的。采纳要比实施容易得多,开始也要比坚持简单得多。相关预测表明,有2个州认为极有可能今后对这套制度安排的使用会有某种程度的增加,有5个州很可能会采用这套制度安排。也表明了在各州政府所在地和公办高校中对绩效拨款存在着的抵触情绪。有3个州似乎绝对不可能、有15个州不太可能在接下来的5年中采用这套制度。有8个州的州政府财政主管难以对这项制度安排的发展前景作出预测。①

表 15-1:绩效拨款

数量(百分比)	州
17个州(34%)	加利福尼亚州*、科罗拉多州、康涅狄格州、佛罗里达州、伊利诺伊州*、堪萨斯州、路易斯安那州、密苏里州、新泽西州、纽约州**、俄亥俄州、俄克拉荷马州、宾夕法尼亚州、南卡罗莱纳州、南达科他州、田纳西州、得克萨斯州
* 只用于2年制院校 ** 只用于纽约州立大学系统	

---

① Burke et. al., *Performance Funding and Budgeting*, pp. 7-10.

四、绩效预算

绩效预算要更为流行而且无疑也更为稳定一些。它的使用范围从 1997 年时不到三分之一的州扩大到了 2000 年时超过一半的州。目前有 28 个州已经采用了这套制度安排,并且还有 11 个州似乎非常有可能采用。有接近一半适用于公办高校的绩效预算安排,也成为应用于全部或某些州政府部门一般性计划的组成部分。目前有 22 个州批准在州政府部门范围内实施绩效预算。①

表 15-2:绩效预算

数量(百分比)	州
28 个州(56%)	亚拉巴马州、加利福尼亚州、康涅狄格州、佛罗里达州、佐治亚州、夏威夷州、伊利诺伊州、爱荷华州、堪萨斯州、路易斯安那州、缅因州、马里兰州、马萨诸塞州、密歇根州、密西西比州、密苏里州、内布拉斯加州、内华达州、新泽西州、新墨西哥州、北卡罗莱纳州、俄克拉荷马州、俄勒冈州、得克萨斯州、犹他州、弗吉尼亚州、威斯康辛州

五、双重安排

有 10 个州在公办高等院校系统内既采用绩效拨款又采用绩效预算。采用两种制度安排可以使州政府获取每种方法带来的好处,并抵消它们存在的问题。绩效拨款为每一项评估指标都规定了清楚明了的资金分配具体金额,辅之以绩效预算,能够使各州州长、议员以及协调委员会和高校系统委员会享有基于高校的整体绩效并通常按照一份较长的指标清单来考虑是否要增加额外拨款的自由决定权。前者增加了确定性;后者则提供了灵活性。

---

① Burke et. al., *Performance Funding and Budgeting*, pp. 4-7.

共同的挑战

尽管绩效拨款和绩效预算之间存在一些重要的区别,但它们还是面临着某些共同的挑战。与绩效预算相比,来自于关键利益相关者的投入、启动的方法以及实施相应制度安排的时机掌握,都会对绩效拨款的稳定性产生更大的影响。就项目设计的细节、政策价值的关注点以及解决主要困难而言,也同样如此。

一个恰当的开端并不能保证每一项制度安排都能持续进行下去,但离开了这一点要想取得成功也是不可能的。按照有效性从小到大的顺序排列,有三种方法可以启动绩效拨款和预算。

强制执行/规定:法律强制推行相应的制度安排并规定评估指标。

强制执行/未作规定:法律强制推行相应的制度安排,但允许州政府的协调部门与高等院校的领导者通过协商合作提出评估指标。

非强制执行:在没有法律相应规定的情况下,协调委员会或高校系统委员会与各高校的官员展开合作,自愿采纳相应的计划方案。

强制执行,特别是为此作出相应的法律规定,会削弱制度安排的稳定性,这是因为它们是强迫的而且忽视了与协调委员会、高校系统以及各高校领导者进行协商的重要性。没有协商就意味着不存在一致的态度。根据那些新兴管理理论的观点,政府官员应该决定政策的方向并对绩效作出评估,将细节问题交给组织的管理者来处理。绩效拨款和绩效预算的很多初期制度安排忽视了这一准则。在5个最终放弃绩效拨款的项目中,有4个强制推行相应的制度安排,有3个规定了评估指标。

法律强制推行的绩效预算在目前的项目中占了将近一半,但对评估指标作出规定的只有两例。有略多于三分之一的项目的绩效拨款是根据法规启动的,仅有两个州的评估指标是由法律规定的。新近的改革方案表现出一种逐渐摆脱强制执行和规定的值得肯定的发展。这种变革反映了州政府减少强制执行和规制的趋势。

大多数非强制执行的制度安排都来源于各州的协调委员会和高校系统委员会,但更多的高等院校系统正在启动的则是它们自己制定的制度安排。纽约州和宾夕法尼亚州的高校系统以及加利福尼亚州和伊利诺伊州的社区学院系统,采用的就是它们自己根据学校绩效来配置某些资源的计划方案。

不管采取什么样的启动方法,绩效拨款和绩效预算都需要来自州政府、协调委员会、高校系统以及各高校领导人的持续支持。州政府官员能够强制推行相应的制度安排并作出具体的规定,但如果没有那些监控政策实施的协调委员会和高校系统领导人以及那些创造教育成果的教职员工和管理人员的参与,改革方案是不可能取得成功的。协调委员会和高校系统的领导人能够自愿启动这些制度安排,但只有各州的州长和议员才能提供相应的资金支持。

不论是绩效拨款还是绩效预算,都必须在不同程度上解决概念上和实践中存在的难题。选择绩效评估指标、评估高等教育的成果,以及保护任务的多样性和高校自治都是特殊的挑战。高等教育的多重目标使得选取数量有限的评估指标成为一个令人感到困惑的问题。目标的模糊性及在如何评估取得的成绩方面缺乏共识,使评估高等教育结果的任务变得极其复杂。要设计一个不仅能涵盖而且要适合于高校类型和任务多样性的财政拨款方案也是一个难题。最后,在没有损害到对高校多样性和教职员工创造性来说所必须的高校自治性的情况下,绩效拨款和绩效预算必须对特定的优先事项加以明确说明并给予支持。

其他实践中出现的问题也困扰着绩效拨款和绩效预算。包括项目规划和实施时机的把握、信息收集和分析的成本以及州政府优先事项和领导人的变更。实施那些复杂的和有争议的项目也会耗费时间。对于规划和实施来说,项目设计的复杂性、针对关键构成要素的争论、与多个利益相关者进行协商以及收集需要的信息要经历一个漫长的时期。在高等教育领域要取得结果也需要时间。州政府所确定的优先事项和项目要求必须持续足够长的时间，以便使高校能够产生并评估那些期望和要求的结果。尽管这需要连续性，但州政府确定的优先事项往往会随着各州州长及议员的变更以及选民兴趣和紧迫问题的转移而发生起伏变化。为跟踪和评估高校结果而进行信息收集和分析所产生的成本，也会为那些处于紧张状态中的高校预算和工作人员增加额外的负担。

某些州的案例

某些州在处理绩效拨款和绩效预算的挑战的过程中要比其他州做得好。以下提到的案例均与绩效拨款有关，包括了在制定州政府资源与高校绩效有关的制度安排过程中必然会产生诸多挑战的最为引人注目的案例，既包括因潜在难度太大而终止的制度安排，也包括有明确成功方法而稳步推进的制度安排。

南卡罗莱纳州启动了最具约束性的制度安排。在几乎没有与高校领导人或教育专家进行任何协商的情况下，一个由企业界和立法机关领导人共同组成的委员会设定了一项实施高等教育改革的基本计划。法规强制推行"完全"基于绩效的拨款方案，并规定了一份包含37项指标的冗长清单。南部地区教育委员会（Southern Regional Education Board）主席马克·穆西克（Mark Musik）称这一制度安排是"在未知领域进行的一次如星际迷航（Star Trek）般的旅行"。[1] 在尝试推行这一史无前例的方案的两年之后，在各高校对预算缺乏稳定性的抱怨声中，协调委员会最终放弃了对一个有限的绩效储备基金的全部拨款，该储备基金对高校运营预算方案中大约5%的损益提出了限制性要求。[2]

科罗拉多州是唯一一个先放弃然后又重新采用绩效拨款的州。该

---

[1] 这是穆西克和本章作者伯克在一次谈话中提到的。
[2] Joseph Burke, "Performance Funding in South Carolina: From Fringe to Mainstream", *Assessment Update* (November—December), 121, 6: 4—5,16.

州仓促实施并强制推行一套规定了众多指标的复杂程序法案,这样的努力中途夭折。立法机关领导层的变更以及来自高校领导人的反对意见抹杀了这第一次尝试。[1] 科罗拉多州新的改革方案强制推行的是一套具有一般性政策目标,并允许协调委员会在与高校官员进行协商的前提下提出评估指标的制度安排。

肯塔基州对绩效拨款安排的放弃是州长变动再加上高等院校的抵制造成的。原先的民主党州长强制推行一套改革方案,并承诺增加高校的财政拨款以获得来自高校的支持。他拨付了这笔资金,来自高校领导人的消极抵制以及协调委员会针对评估指标的争论,动摇了这一改革方案。新上任的州长也是一位民主党人,他施行的新的改革方案,是以事先承诺的绩效而非以实际实现的绩效来分配资金的。这个"两个州长的故事"说明,即使来自同一个党派,也很少会有州长通过推动其前任的计划来使自己获得赞誉。[2]

田纳西州和密苏里州确立的制度安排,是一个在没有相应法律法规的情况下协调委员会采纳绩效拨款的经典案例。它们揭示了设计严谨、协商充分、分阶段实施以及定期检查的重要性。更为重要的是,这些制度安排都是建立在对学生学习效果进行评估的长期传统基础之上的。密苏里州和田纳西州在推动评估程序方面在全国处于领先地位,这些程序能够对学生在入学时掌握的知识和技能以及他们在毕业时所取得的知识和技能的增长及发展情况进行评估。所有的制度安排都有表明外部责任的目标,但它们侧重于高校在指标效率方面所实现的改进及令人满意的质量。虽然两个州的协调委员会都自愿采纳了各自的方案,但这些改革方案也反映出外部的关注度。在缺少入学人数增长可能性的情况下,田纳西州希望通过教育质量的提高来增加州政府的拨款。密苏里

---

[1] Joseph Burke and Andreea Serban, "Performance Funding for Public Higher Education: Fad or Trend?" *New Directions in Institutional Research*, No. 97 (Spring), 1998: 28–30.
[2] Ibid, 32—35.

州的案例意味着先发制人的手段可以避免州政府可能采取的强制措施。①

一、绩效指标

不论是支持者还是批评者都认为,选择绩效指标是绩效拨款和绩效预算的关键。绩效指标是理解各州政策制定者对公办高等教育的关注点的线索,可以看出他们如何判断一个州立高等院校是否卓越。绩效拨款和绩效预算似乎都挑选了一套具有共同核心内容的指标。这些指标显然是为了回应外界有关公办高等院校绩效的批评。例如,它们都强调本科生教育,却很少涉及学术研究和研究生学习的指标。

表 15 - 3:绩效指标

(按出现的频率排名)

1. 在学/毕业率	10. 管理规模/成本
2. 职业资格考试成绩	11. 本科生入学率
3. 获取学位所需时间	12. 班级规模
4. 教职员工的工作量	13. 本科生的学费负担
5. 校友的满意度调查	14. 学生/老师比
6. 就业安置	15. 通识教育与学术专业考试成绩
7. 项目认证	16. K-12 教育*改革的支持程度
8. 项目评审	17. 师资情况
9. 得到资助的研究	

* K-12 教育是美国基础教育的统称。"K"代表 Kindergarten(幼儿园),"12"代表 12 年级(相当于我国的高三)。K-12 教育是指从幼儿园到 12 年级的教育,也被国际上用作对基础教育的统称。——译者注

绩效拨款或绩效预算的几乎所有制度方案都包含有在学/毕业率指

---

① Joseph Burke and Andreea Serban, "Performance Funding for Public Higher Education: Fad or Trend?" *New Directions in Institutional Research* , No. 97 (Spring), 1998: 37 - 40, 45 - 47.

标。差不多过半数的州使用的其他指标中有职业资格考试成绩、从两年制高校转入四年制高校的学生人数、就业安置率，以及对学生和校友所做的满意度调查。某些方案还包含有诸如教学工作量、行政成本和获取学位所需时间这样的效率评估指标。还有一些方案包含针对计算机辅助教学和远程学习的指标，这反映了技术在高等教育中日益显著的作用，以及对削减教学成本越来越多的需求。在对学生的需求日益增长的西部各州以及学费高昂的东部各州，可以发现还有关于入学便利性及学费可负担性的指标。①

要求从投入转变为结果的拨款方案应当去关注产出以及少量的投入评估指标，这是可以理解的。但奇怪的是，据说强调后果与产出的制度方案中包含有过程指标。绩效拨款和绩效预算很少使用像考试成绩以及高等学校平均新生人数或每名学生拨款额这样的投入指标。二者都包含了许多表明毕业生及所提供服务数量的产出指标，如授予的学位数以及注册学生的毕业率。评估学生学习质量以及对各州和社会产生长期影响的后果指标非常少。除了依赖通识教育和学术专业标准化考试成绩的密苏里州和田纳西州以外，大多数方案是通过对学生、校友以及——在较小程度上——雇主的满意度调查来评估学习成果和社会影响的。那些过程评估指标——如项目评审、管理成本和班级规模——反映了要评估高等教育的效果存在的难题。这也是对改进全面质量管理流程的再一次强调。

指标表明了制度方案的设计者们对待效率、质量、选择和公平这些传统政策价值的态度。尽管指标更加强调效率而非质量，但它们在对两种价值的综合评估方面也表现出了浓厚的兴趣。效率与质量的相互结合代表着各州政府所在地出现的一种新观念——并不为大多数高校所认同，即：这两种价值可以相互补充而不是相互冲突。绩效拨款和绩效

---

① Joseph Burke, *Performance Funding Indicators: Concerns, Values, and Models for Two-and Four-Year Colleges and Universities* (Albany: Rockefeller Institute of Government, 1997).

预算方案要比早期的绩效报告包含更少的公平指标,这反映了20世纪90年代后期高等教育领域反歧视政策的改变。这些绩效指标也没有对以资源和声誉为基础的卓越组织的学术模型表现出多少兴趣。相反,它们支持的是一种基于向学生及各州提供服务的质量、数量和成本的综合性成本/收益以及以顾客为中心的模型。[1]

可持续性制度安排的特征

一项针对密苏里州和田纳西州成熟的绩效拨款制度和对放弃绩效拨款的4个州所做的比较研究表明,具有可持续性的制度安排都具有如下特征。[2](尽管这一研究仅仅考察了绩效拨款,但研究结果也适用于绩效预算。)

1. 各州州长与议员、州政府协调委员会与高校系统的官员、以及学校领导人与受托人之间的**合作**。

所有这些利益相关者之间的合作都是重要的,但由获得全体选民信任的协调机构领导是最为关键的。由于得到了双方的支持,那些协调委员会的官员能够对政府官员与高校委托人之间存在冲突的利益发挥协调作用。

2. 实现组织发展、外部责任,满足州政府的需要并增加州政府对公办高等教育拨款的**目标**。

虽然组织发展与外部责任之间存在内在的紧张关系,但如果不能实现这两个目标,州政府提供资助的公办高等院校项目也不能长期持续下去。高校的领导人通常更喜欢组织发展而对外部责任多有抱怨,这是因

---

[1] Joseph Burke, *Performance Funding Indicators: Concerns, Values, and Models for Two- and Four-Year Colleges and Universities* (Albany: Rockefeller Institute of Government, 1997). pp. 13—16.

[2] Joseph C. Burke and Shahpar Modarresi, "To Keep or Not to Keep Performance Funding: Signals from Stakeholders", *The Journal of Higher Education* (July/August 2000), 71, 4: 432—453.

为他们将前者看作是对质量的强调,而将后者看作是对效率的强调。另外,他们将组织发展看作是按照资源和声誉的卓越模型不断实现提升的过程。各州州长和议员们当然会要求拿出证据来表明绩效拨款或预算提升了责任感,但他们也希望在项目和服务方面能够实现组织发展。在一个由知识和信息推动的具有竞争性的全球经济背景下,满足州政府的需要构成了一个基本的目标。获得更多州政府资助的期望提供了高校采取合作行动所需的某种激励因素。

3. 更多强调质量而非效率的**政策价值观**。

质量是高等教育的标志。所有公共项目都应该兼顾质量和效率,但教育机构追求质量的基本目标却使其成了最为重要的优先事项。尽管有其内在的合理性,但即使是州政府的决策者也承认,除非与质量安排和服务结合在一起,否则就会削弱对效率的要求。

4. 有充足的时间进行**规划**和**实施**。

规划和实施通常要比州政府的决策者认为必须的要耗费更长的时间,但在满足高校领导人的时间要求方面却很难说是充裕的。政府官员必须认识到在高等教育领域实现结果的过程要耗费时间;而且高校的领导人也必须认识到这一过程不可能永远持续下去。永远不可能有完美的结果,而且只有通过实践才会取得进展。最好的方法就是进行项目试点,并对指标和拨款的分阶段实施。

5. 既没有太少也没有太多的**绩效指标**。

指标太少会忽视高等院校太多的多元化目标。太多的指标又会使主要的优先事项显得过于琐碎并得到太少的资金支持。对项目进行全面评估的合理的指标数量是 8 到 15 个。两年制和四年制高校应该具有某些共同的和某些存在差异性的指标,以反映它们共同的和不同的任务。

6. 对毕业生获得的知识和技能进行**评估**。

承诺对学生的学习过程进行评估并不能确保稳定性,但如果没有这一点也不可能取得成功。密苏里州和田纳西州的制度安排是建立在评估的悠久传统之上的。相反,南卡罗莱纳州提出绩效拨款的立法机关和企业领导人,却在很大程度上忽视了该州深入且有效评估网络取得的经验。尤其是在通识教育方面,除了继续通过各种更为客观的手段对想获得的知识及技能进行评估之外,对校友所做的满意度调查也能对学生学习过程中好的做法及对待质量的看法进行评估。

7. 通过同行之间的比较,**对成功的判定标准**强调组织发展或对质量的维护。

公办高校多样化的类型及多元化的任务,使组织的公正性和财政拨款的公平性成为绩效拨款和绩效预算的基本构成要素。在对州内或州外相类似的高等院校进行比较的过程中,最为公平的判定成功的标准首先要看组织发展然后才是绩效。前者的考量是对高校差异性的支持;而后者则是确保存在可资比较的标准。应当借鉴密苏里州和田纳西州避免各个高校为了绩效拨款而进行竞争的做法。在这两个州,每一所高校都只能获得绩效拨款中自己所有的份额。对高校进行的财政资源配置,依赖于它们自己取得的结果而不是根据其他高校实现的绩效。

8. 有限但充足且可自由支配的**资金支持**。

有限度的资金支持可以防止预算的不稳定性。充足的资金支持是因为认识到在高等教育领域产出结果的困难程度。州政府给予3%到6%的支持似乎是一个合理的金额。当强制规定的支出承担了高校预算的大部分费用时,可自由支配的资金——相对于定向资金——可以使即使是金额很少的资金也能发挥作用。

9. 用额外资金而非重新分配的资金作为**资金来源**。

额外的款项可以使绩效拨款或绩效预算成为一个受高校欢迎的项目。它成为一种受到资助的方案而非争夺有限资源的其他活动。

10. 州政府优先事项及程序要求的**持续性**。

为了使高校产出期望和要求的结果,州政府的优先事项及程序要求必须要持续足够长的时间。绩效拨款和绩效预算需要的耐心和毅力是很难在州政府的预算和决策过程中看到的。如果各州州长和议员想要实现州立高等院校的绩效改进,那么他们就必须改变他们速战速决和急功近利的倾向。

支持与反对:精美的言辞与现实

有关绩效拨款和绩效预算,特别是针对绩效拨款的争论,产生的热度要远远超过其闪光点。各州州长、议员及其工作人员,以及企业界的领导人通常都会对其优点表示支持。而高校的校长、副校长、教务主任和教师领袖常常会对存在的问题提出批评意见。[1]这些争论关注过程的不同节点。支持者称赞其结果和目标,而对手则攻击其手段和实施过程。支持者对其带来的可能收益赞许有加,却忽视了实践中存在的问题。批评者侧重于存在的问题,却不去理会那些有可能带来的好处。尽管相互之间针对实施过程中存在的困难展开争论,但他们中有很多人在私底下都反对绩效拨款和绩效预算,尤其是绩效拨款,因为他们实际上还是倾向于传统的预算过程。攻击设计和实施中存在的问题,可以使他们避免给人一种抵制为绩效承担责任的印象。

支持者们获得了来自媒体的最大支持。他们只是坚持为什么应该采取这样的制度安排,却没有解释说明如何采取这样的制度安排。反对者们则因只对方案进行攻击却并未提出替代方案而处于不利的地位——但被参与争论的人看作是重要的。支持者们重复了州政府采纳一项新方案而忽视方案执行所犯的同样错误。而反对者们也体现出某种高校中普遍存在的缺点,即在没有审视现有实践缺陷的情况下就随意

---

[1] J. Kent Caruthers and Daniel Layzell, "Performance Funding at the State Level: Trends and Prospects", Paper presented at the annual meeting of the Association for the Study of Higher Education, Orlando, 1996; A. M. Serban. "Performance Funding for Public Higher Education: Views of Critical Stakeholders", in Burke, and Serban (eds.), *Current Status and Future Prospect of Performance Funding and Performance Budgeting for Public Higher Education: The Second Survey.* (Albany: Rockefeller Institute of Government, 1997).

对新方案提出批评意见。

正如在此类公开辩论中经常出现的情况一样,绩效拨款和绩效预算既不像它们的支持者所宣称的那么好,也不如它们的批评者所抱怨的那样坏。辩论双方都有部分是正确的,也有部分是错误的。支持者提出的目标是有价值的,但由反对者指出的问题也同样是重要的。综合起来考虑,它们或许有助于构建那些既能实现绩效拨款和绩效预算,又能解决相应问题的程序。这些争论值得州政府和高校的决策者们在考虑启动或修改他们拨款的制度安排时加以认真考虑。

二、支持意见

1. 在州政府的拨款和预算过程中增加绩效的考量因素。

这种有关结果预算的说辞夸大了绩效拨款和绩效预算的真实境况。在很多情况下,过程评估指标在数量上远远超过了那些直接反映组织所取得结果的产出和后果指标。而且,依据绩效进行拨款在大多数州所占的比重很小。几乎所有的财政拨款仍旧取决于现有预算方案下的工作量因素、在校学生人数和通货膨胀增长率。绩效拨款和绩效预算实际上意味着更多的观念转变,而非拨款方式的转变。

2. 规划与预算相联系。

为投入进行的预算过程使预算方案与规划脱离了关系;而且计划与那些束之高阁的预算方案也毫不相关。设定目标、决定行动以及对优先事项拨付资金构成了有效规划的三个重要环节。有两个因素对将绩效拨款和绩效预算与高校规划联系起来的可能性起到了限制用。首先,为项目分配的小额资金抵消了它们对规划的真实影响。其次,除高校的高层管理者之外,缺乏对绩效拨款和绩效预算的关注,而且高校在为院系编制内部预算的过程中也缺乏绩效指标。

3. 推动州政府官员明确他们的优先事项并鼓励与高校领导人展开对话。

习惯上,高校的领导人只能通过预算文件、州政府官员偶然发表的意见或者特别委员会定期公布的报告来猜测州政府的优先事项。缺少有关高等教育的明确目标,使各州州长和立法者可以为了缓解政治危局和选民的抱怨而随意改变他们针对高等教育设定的优先事项。绩效拨款和绩效预算迫使州政府官员去设定或接受某些针对公办高等院校的优先事项。①尽管绩效拨款和绩效预算都为政府官员与高校管理者之间的对话提供了机会,但他们在实践中却很少这样做。科罗拉多州最初的计划的确对这样的讨论有强制性的规定。它要求由州长和立法机关的领导人以及协调委员会和高校代表组成的委员会每年都要举行会议来设定绩效拨款的政策范围。但遗憾的是,这项年度会议的要求却助长了对州政府优先事项频繁而仓促的调整。

4. 对外部责任和组织发展都可以起到促进作用。

虽然所有的绩效方案都宣称追求责任和改进,但实际上,绩效指标往往只会侧重某一项目标。尽管这是指标的重点,但绩效拨款和绩效预算都将组织发展看作是判断成功的标准。高校和州政府的领导人用增强的责任感和组织发展作为说明绩效拨款两个主要优点的依据。②

5. 迫使高校变得更加以顾客为中心而不是以供给者为中心。

绩效可以帮助公办高校从根据管理者和教师的期望驱动的、以供给者为中心的事业组织,转变为关注学生和社会需要的、以顾客为中心的组织。在这些绩效方案中,学生构成了享受优待的顾客群体的最大部分,但它们也要对州政府、企业和公办学校的需要作出回应。

6. 关注本科生教育。

绩效拨款和绩效预算几乎都毫无例外地关注本科生教育。之所以有这样的侧重点是为了回应外界的质疑。州政府官员和企业领导人纷纷抱怨教师教学和学生学习的质量和数量、研究生学习和研究的关注度以及忽视本科生教育。批评者们指责大学校园接纳了太多不合格的本

---

① John Folger and Denis Jones, *Using Fiscal Policy to Achieve State Education* (Denver: Education Commission of States, 1993).
② Serban, "Views of Critical Stakeholders", pp. 26—29.

科生，要耗费太多的资源来纠正他们的缺陷，招收的学生中毕业人数太少，并允许太多的人耗费太长的时间来获得学位。他们也认为，有太多的学生缺乏在由技术和信息推动的经济环境中实现成功的职业生涯所必须的知识和技能。绩效拨款和绩效预算使用的指标非常明确地指向这些质疑。

7. 奖励良好的绩效并惩罚不良绩效。

绩效拨款和绩效预算都声称要奖励州立高等院校的良好绩效并惩罚不良绩效。虽然有这样明确的意图，但判断成绩的标准和评价指标实际上对大量的组织损耗或资金在高校之间的转移起到了限制作用。为了达成共识或至少是为了消除不一致而达到必须的妥协和让步，往往能够防止拨款过程出现大规模的显著变化。即使不能确保取得好成绩，用于高等院校的绩效标准和标杆也似乎对取得好成绩发挥了一定的鼓励作用。或许可以将与此有关的座右铭解读为："奖励或惩罚，但不要太多或太快。"

8. 在不减轻责任的情况下实现权力的分散。

绩效方案通常用更多的操作灵活性来换取对组织实现的结果给以更多的关注。它们关注为公办高等院校设置的目标，并使单个的学校能够自主选择实现这些结果的手段和途径。批评者们希望得到更多的灵活性，却担心财政拨款有可能变成一种比规章制度更为有力和隐蔽的控制手段。联邦政府为学校研究活动提供资助——尤其是来自国防部的拨款——的先例证明了财政拨款在未经高校官员和管理委员会同意的情况下决定优先事项的强势地位。批评者们也对虽然在关注结果方面有华丽的言辞，但绩效拨款和绩效预算却经常试图对手段和途径加以控制颇有微词。绩效拨款和绩效预算包含与教师教学工作量、管理规模以及高校预算在主要的组织职能之间进行分配有关的指标。表面上来看，州长及议员对官僚组织膨胀和减轻教学工作量的关注并不能阻止向通过吸纳评估指标并试图控制这些做法的形态的转变。某些批评者将绩效方案看作是"传统的问责"法令，它的效力范围甚至大到既适用于手段也适用于结果。

三、反对意见

1. 由于评估高等教育结果的困难而无效。

在我们对 9 个州进行的调查中,有超过三分之二的高校受访者提到,评估高等教育结果的困难是绩效拨款存在的一个主要问题。① 在绩效预算中也存在着同样的问题。大多数高等教育的评论者同样承认存在着对本科生教育结果进行评估的困难。②

绩效拨款和预算显然是要试图解决这样显而易见的困难。甚至很少有绩效方案试图去直接评估毕业生所掌握的知识和技能。在我们进行绩效拨款研究的 11 个州中,只有 3 个州将通识教育和学术专业标准化考试取得的成绩用作绩效评估指标。③ 有更多的州用职业资格考试作为绩效指标,由于它们局限于那些外部管理机构需要实践许可证的专业领域,所以似乎更容易被人所接受。尽管这种不同于标准化考试的做法是针对教育后果的有效评估指标,但管理者和教师都抱怨绩效方案中几乎没有多少能够评估本科生教育质量的指标。

许多圈外人士认为,正如适用于公立中小学的情况一样,标准化考试也能够评估本科生教育的学习后果。但批评者们却认为,考试从来都不能对本科生教育的复杂结果进行评估或掌握其难以捉摸的质量特征。州政府的决策者们或许会同意只有那些教育工作者才能决定评估学习后果的手段,但他们绝不会接受不能进行评估的结论。

2. 损害高校任务的多样性。

批评者认为,没有任何一种方案能够反映——更不用说鼓励——高

---

① Serban, "Views of Critical Stakeholders", 29.
② Gerald Gaither et al., *Measuring Up: The Promises and Pitfalls of Performance Indicators in Higher Education*, ASHE/ERIC Higher Education Report, (Washington, D. C.: George Washington Press, 1996).
③ Burke & Serban, "Performance Funding: Fad or Trend?", Chapter 4.

校在类型和任务方面的差异性。这个问题显然也是由多个高校的代表构成的方案设计者们所关注的。他们选择判断成绩的标准和分级制度来保护高校之间的差异性。大多数方案用组织发展作为它们评判成绩的标准,并通过比较相同领域的高校来设定目标。① 某些方案允许高校可以选择某些能够突出其任务多样性的指标。大多数方案也也允许两年制和四年制高校可以使用某些不同和某些共同的指标。这些预防性措施并没有平息那些绩效拨款不利于就学人数少的小型院校,和强调职业培训而不是升转为学士学位教育的两年制院校的指责。许多研究生教育和研究型大学也准确无误地指出,指标轻视了它们研究生教育和学术研究任务的重要地位。

3. 使预算处于不稳定状态。

绩效拨款和绩效预算按照绩效拨付的小额资金实际上往往能够防止预算出现不稳定状态。另外,在预算拨款过程中设定权重、标准分值可以减少预算可能出现的波动。高校对预算不稳定性的担心似乎更多意味着期望而非现实状况。

4. 处罚绩效最差的教育机构。

这一观点反映了资源数量通常会对绩效水平产生影响这样的现实。运用组织发展作为一项评判成绩的标准以及同行比较作为一项组织的标杆,能够降低对那些拥有最少资源的高校进行惩戒的可能性。批评者们的指责的确是正确的,即:即使剥夺那些绩效不良高校的资源不至于使组织发展停滞不前,也会使它们的发展变得更为困难。通过将资金置于第三方托管之下而非由绩效不良的高校直接获得,以及在这些高校提交具有可行性的补救改进计划时再拨付款项的方法,绩效方案可以避免产生这样的问题。

5. 可以使外部责任和组织发展这些不相容的目标相互结合。

针对目标不相容的指责来自那些对学习后果进行评估的支持者,他

---

① Burke & Serban,"Performance Funding: Fad or Trend?",Chapter 5.

们认为一项单一的方案不可能同时实现责任和组织发展。① 这些批评者认为,外部责任所必须的信息与实现组织发展所需要的信息是存在着差别的。外部责任关注结果,而组织发展产生自活动。前者意味着高校所实现的结果,而后者则表明了为改进绩效所需的活动和项目发生的变化。实际上,外部责任和组织发展是相辅相成且不可分割的,因为缺乏任何有关良好或改进绩效的信息是绝不可能达到外部责任要求的。

6. 造成信息收集与分析的过高成本。

一直有人在抱怨绩效方案所需的信息收集成本过高。但目前并没有与这些活动成本有关的分析看上去是可信的。1996年进行的一次全国性调查表明,各高校对收集高校信息不断增加的成本表示担心,而它们已经承担了向州及联邦政府、认证机构以及院校的指导部门报告相关信息的沉重负担。另一方面,该报告的作者又认为这种担心最主要是局限于发展阶段。② 对于这种抱怨最好的回应是仔细考察一下从每一项指标中获取的信息是否值得为此花费信息收集的成本,以及数据库在经过某种程度的修正后是否能够满足多个目标的需要。③

7. 对效率的强调超过对质量的强调。

批评者指责绩效拨款和绩效预算方案对效率的强调超过对质量的强调。尽管用来说明效率的指标的确要比那些反映质量的指标所占的比例要大,但有五分之一的指标是对效率和质量这两个政策价值取向的

---

① Peter Ewell, "The Current Patterns of State — Level Assessment: Results of National Inventory", in G. H. Gaither (ed.), *Performance Indicators in Higher Education*, (College Park, MD: Ashe—Eric Higher Education Reports, 1996).

② M. Gray, *Enhancing The Quality and Use of Student Outcomes Data: The Final Report of the NPEC Working Group on Student Outcomes from a Data Perspective*, Washington, D. C., 1996.

③ Thomas Freeman, "Performance Indicators and Assessment in the State University of New York System", in Gerald Gaither (ed.), "Assessment Performance in an Age of Accountability: Case Studies", *New Directions for Higher Education* 91 (San Francisco, 1995): 25—50.

综合体现。①

8. 使高等教育受到州政府优先事项变化的影响。

批评者们坚持认为，在一个受到任期限制和问题不断发生变化的时代，政治环境会使州政府针对绩效方案所设定的优先事项发生过于频繁的变化。绩效拨款的发展历程证实了这种指责存在的合理性。由于管理层的变更和优先事项的变化，阿肯色州、科罗拉多州、肯塔基州和明尼苏达州纷纷终止了绩效拨款方案。这样的变更和变化也对绩效预算产生了影响，但影响的程度不同。很少有绩效预算方案被终止。更为经常的情况是，新任领导人对其他问题感兴趣并逐步减少对州政府预算过程中绩效结果的关注度。绩效拨款通常以突然死亡的方式终结，而绩效预算则常常是随着逐渐的忽视而慢慢销声匿迹。

绩效拨款和绩效预算有两个优势，有助于避免州政府优先事项的突然变化。各州州长和议员会在绩效方案中正式设定优先事项，或在年度预算方案中对这些优先事项给以支持。这些行为赋予这些优先事项以某种正式的地位，而要改变它们就会比较困难。第二个优势则更有意义。这些绩效方案阐释的优先事项并不新鲜，因为它们已经持续存在了超过15年的时间。各州州长和议员们不断对公办高等院校是否能够在满足学生和各州要求方面变得更有效和更高效提出质疑。他们的担心还会持续下去：在学率和毕业率；就业安置；在两年制和四年制高校之间的学生升转；管理岗位的增长；教师教学工作量的下降；以及学生、校友和雇主的满意度。

9. 更倾向于传统高校而不是非传统的高校。

绩效拨款方案的条款通常对于那些拥有非传统项目和学生的两年制院校及实施学士学位教育的高校是不公平的。指标中有很多似乎是为那些拥有全日制学生并在传统意义上实施学士学位教育的高校，而不是为那

---

① Joseph C. Burke, *Performance Funding Indicators* (Albany, N. Y.: Rockefeller Institute of Government, 1997).

些社区和技术学院以及市区大学的非全日制学生设定的。社区学院和市区大学提出的观点是正确的，即对全日制学生的侧重，使它们在满足非传统学生的多样化需求方面处于不利的地位。

对组织发展的影响

当然，对绩效拨款和绩效预算进行评估的底线是每一种方案在改进组织发展方面能够发挥作用的程度。由于几乎所有这些方案都是20世纪90年代的产物，而且大多数只实施了几年时间，因而实践中使用的评估方法还不够成熟。然而，开始初步评估它们在绩效方面产生的影响并不能说为时尚早。2000年进行的调查要求各州的高等教育财务主管对绩效拨款或绩效预算在改进高校绩效方面产生的影响做出评价。[1]调查结果证明，考虑到绩效拨款和绩效预算的短暂历史，要对它们的影响做出评价仍旧显得有些操之过急。调查结果的确表明，绩效拨款要比绩效预算发挥的影响作用大得多，而且两种手段影响力的提升是与实现的财政后果的清晰度及水平相关的。

在实施绩效拨款的州，有接近一半的财务主管认为要评估该方案对组织发展的影响还言之过早。但是有35%的受访者认为，该方案在很大或相当大的程度上实现了绩效改进。认为"达到很大程度"的有南卡罗莱纳州和田纳西州，而认为"达到相当大程度"的是康涅狄格州、密苏里州、俄亥俄州和俄克拉荷马州。南达科他州的受访者认为"达到某种程度"，而佛罗里达州和得克萨斯州的受访者则认为"没有什么效果"。显然，方案的持续时间和拨款水平会对这些判断产生影响。田纳西州、密苏里州、南卡罗莱纳州和俄亥俄州都在一段时间内实施了相应的制度安排，并给予了相当大的财政支持。尽管佛罗里达州在此方面的努力持续了5年时间，但它的高校部门在最后的几个预算周期内获得的财政拨款

---

[1] Burke et al., *Performance Funding and Budgeting: An Emerging Merger*, pp. 11-12.

却少得可怜。

虽然绩效预算的历史要相对长一些,但有差不多三分之一实施该方案的州的财务主管也认为要评估其影响还是太早了。没有人对方案的影响做出"达到很大程度"的评价。受访者中认为绩效预算在相当大的程度上改进了高校绩效的占 18%,而达到某种程度的占 7%。然而,认为绩效预算没有太大影响的占到了现有项目的 36%,毫无影响的占到了 29%。所有那些被认为具有相当大影响或某种程度影响的项目也设置有协调委员会和高校系统委员会,它们会在高校的资金配置过程中对绩效进行考察。

所有方案对绩效改进的影响似乎都取决于其财政效果,这对于绩效预算和绩效拨款来说是合理的。绩效预算中绩效与资金配置的松散联系,对比绩效拨款中的紧密联系,似乎可以对前者表面上对绩效产生较小影响的原因做出解释。

1996 年末和 1997 年初,洛克菲勒研究院的高等教育项目针对州政府和高校决策者有关绩效拨款的态度进行了调查。[1]当时实施绩效拨款方案的 9 个州的超过 900 位受访者接受了调查。绩效拨款实现其宣称的提升公办高等教育责任感及提升绩效的目标的程度,是调查中的一个关键问题。

调查结果表明,在州政府领导人和高校领导人之间存在着分歧。总体来说,与高校管理者相比,州政府的决策者对提升责任感和提升绩效方面影响的评价要更为积极一些。尽管在绩效提升方面的人数稍微少一些,但仍然有超过 50% 的州政府官员认为对责任感和绩效提升都产生了积极的影响。绝大多数高校领导人认为该方案对责任感产生了积极的影响,但大多数人觉得要对组织发展的影响进行评价还为时尚早。[2]

---

[1] Serban,"Views of Stakeholders", pp. 7-34.
[2] Ibid, 30.

混合模式

将绩效拨款和绩效预算融合在一起有可能会实现各自的优势和避免各自的劣势。关键是要解释清楚拨款与绩效预算之间的联系,并增加绩效拨款的灵活性。2000年对州政府高等教育财务主管所做的调查表明,已经出现了这些变化。① 刚刚出台的绩效预算方案明确了资源与绩效之间的联系。亚拉巴马州和加利福尼亚州以及俄克拉荷马州和俄勒冈州建立了绩效专项基金。另外,马里兰州、密苏里州、犹他州和威斯康辛州的协调委员会和高校系统委员会在对高等院校分配资源时也考虑到了高校所取得的绩效。在所有新出台的方案中,只有内华达州两种方法都没有采用。总的说来,在实施绩效预算的州中有接近40%目前组建了协调或高校系统委员会,它们会将绩效看作是对高等院校配置资源的重要因素。

如果绩效预算新的改革方案要试图解决它存在的不确定性问题,那么那些绩效拨款的改革方案就要尝试纠正它缺乏灵活性的缺陷。许多绩效拨款早期的努力受制于追求公办高等教育激进改革而采取的严格的强制措施。冗长的适用于全州范围的指标清单制约了高等院校的多样化发展,还将年度拨款与高校实现的结果联系起来,而这些结果需要耗费多年的时间才能有所改进。新出台的方案减少了那些早期的死板要求。

在过去两年间,大多数改革方案来自于协调和——特别是高校系统——委员会,而非立法机关的强制命令。加利福尼亚州和伊利诺伊州的社区学院系统启动了它们自己的方案,就如同纽约州和宾夕法尼亚州的高校系统一样。由立法机关规定绩效指标——常见于早期方案中——的情况已经非常少见了。

---

① Burke et al., *Performance Funding and Budgeting: An Emerging Merger*, pp. 13–14.

许多刚刚推行的方案,包括在科罗拉多州进行的重建工作,允许各个高校选择2项与它们的战略规划有关的指标。与早期的绩效拨款方案相比,新推出的方案往往有更多的限制性目标,并使用了更少的指标。大多数新近方案在正式实施之前也允许有一定的过渡期,以便提出方案并与高校进行咨询和磋商。这种谨慎的做法与1997年对许多方案的仓促实施形成了鲜明的对比。

许多新出台的改革方案也将绩效拨款与多年的实施计划联系起来。加利福尼亚州与其社区学院系统之间的卓越伙伴计划(Partnership for Excellence)在整个7年的期限内都会对绩效进行周密的考察。宾夕法尼亚州的高等教育系统规定了拨款与组织绩效相互关联的4年期限。路易斯安那州的方案设定了5年期的时间限制,在此期间各高校都应提交年度运营规划。弗吉尼亚州一项在近期很有可能获得批准的延后执行方案,涉及到为期6年的组织绩效协议(Institutional Performance Agreements),这些协议包含了众多适用于全州及各个高校的、与组织战略规划相联系的指标。

这些变化必然会模糊绩效拨款和绩效预算之间的差异性。它们或许预示着某种混合模式的出现,该模式保留了两种方案的优点并弥补了各自的缺陷。州政府资源与高校所实现结果之间的联系,代表了绩效预算与绩效拨款之间最主要的差别。在对高校进行资源配置的过程中,绩效预算使更多的协调和系统委员会致力于考察绩效时,就会消除这种差别。当各种方案为各高校所取得的结果拨付专门用途的州政府资金时,这种差别差不多也会消失。如果这种趋势得以持续的话,那么就会产生一种使州政府的资源与高校所取得的结果相互联系起来的混合模式,这种模式既是有把握的也是具有灵活性的,而且在实践中也会更为有效并为各高校所接受。

结语

绩效拨款和绩效预算的缺陷主要是过于详细的规定、未经过充分的协商、缺乏周密的设计、仓促实施以及缺乏与拨款清晰又灵活性的联系。绩效拨款和绩效预算方案最近的发展表明,存在着解决这些问题的创新性手段,但致命缺陷在于,高等教育界不愿意对毕业生应该掌握的知识和技能作出明确的规定和评估。遗憾的是,公众对这些方案的争论并没有聚焦于此。大多数来自州政府所在地和企业界的支持者关注的是这些方案的可能性。来自于高校的批评者,则痴迷于他们对那些难以解决的问题的深思熟虑。前者往往忽视了这些方案的复杂性,并将来自高校界的各种抱怨看成是对承担绩效责任感的抵触。而后者则常常忽视了将投入的资源与产出的结果联系起来的可能性,并将任何尝试都看作是试图使高等院校像企业那样运转的阴谋。

要判断绩效拨款或绩效预算现有的方案是否代表着潮流或趋势还为时尚早。但是有一点却是越来越清晰的。公办高等教育对于各州及其居民来说是极为重要的,因此不能仅仅资助其投入而忽视其结果。纳税人也不可能永远接受这样的主张,即绩效应当指望除州政府对高等教育财政支持以外的所有尝试。学术界擅长批评其他组织的绩效,却不能为难以评估其自身的绩效提出合理的解释。

真正的问题是拨款与绩效之间的联系是松散的还是紧密的,如何来评估高校取得的教育成果以及高校是否会放弃对外部人士负责。绩效拨款和绩效预算的最新发展表明了那些在预算和拨款过程中的创新性方法。或许只有时间能够告诉我们,州政府尤其是那些高校的决策者是否有意愿采纳这些方法。

第十六章　纽约市的绩效管理：Compstat 模式[①]与警务管理变革

丹尼斯·C. 史密斯、威廉·J. 布拉顿

众多学者或许会就州政府和联邦政府层面"再造运动"的有效性展开争论。在地方政府层面，城市警察机关的管理者实际上已经改造了美国的警务行政，而且这样做的结果致使全国范围内的犯罪率快速下降。这种再造的沿革过程是复杂的，但最重要的是，警务部门为了实现更大的管理责任而对战略性地运用**绩效信息**方式的根本性转变。由于纽约市在 20 世纪 90 年代中期开创了这些新的绩效管理方法，因此由纽约市警察局（New York City Police Department，NYPD）提出和实施的 Compstat 模式就是将这种新方法应用于警务部门的一个有价值的研究案例。

公共行政及警务行政领域的传统教科书侧重于组织设计和过程，却很少提及绩效评估或项目评估。如果本章的讨论提及了这些目标，它通常是要解释和说明对诸如保障公共安全这样的公共产品和服务进行评

[①] Compstat 的全称为 Computerized Statistics，最初的意思是"计算机化统计"，后来发展成为一个专有名词，即指美国警务改革中的一种崭新模式——"情报引导警务"的 Compstat 模式。这一模式集情报分析与警务管理于一身，以主动降低犯罪发生因素为目的，以收集、分析第一手的犯罪数据为基础，在数据的基础上制定警务管理措施，并用数据作为考量标准，促使警务管理者真正为其行为负起责任。——译者注

估的众多阻碍因素。

例如,20世纪70年代中期的财政危机表明,市政府在有关经费开支和服务提供的及时性信息方面基本上处于"误打误撞"(flying blind)的状态,自那以后,纽约市政府引入了市长的管理规划和报告系统(Mayor's Management Planning and Reporting System, MMPRS)。① 然而,20世纪80年代末针对市长的管理规划和报告系统所做的研究却发现,在一年两次向社会公众公开的庞杂的政府部门统计数据中,却几乎没有包含任何与后果或"结果"有关的评估指标。(史密斯,1993年)

处于过去10年兴旺发达的政府再造运动核心地位的仍然是"结果管理"的观念。在纽约市,政府再造的一个最重要的例子,就是在1994年市长鲁道夫·朱利亚尼(Mayor Rudolph Giuliani)就任伊始由警察局长威廉·布拉顿(William Bratton)发起的警务管理改革。在一份大篇幅说明阻碍进行根本变革的因素的文件中,对一种称为"计算机化统计"(Computerized Statistics)的新管理系统(其缩略语Compstat如今广为人知)的介绍因其覆盖的范围、实施进度及其对绩效的影响而备受关注。警务管理Compstat系统的提出,不仅涉及对后果评估的关注,也涉及**对改进后后果的管理**。自引入Compstat系统以来,各种犯罪——治安管理的后果——均快速回落到了20世纪60年代的水平。

1996年,由警务部门公布且出现在纽约市警察局的一篇题为《结果管理:构建能够快速减少犯罪、骚乱和恐惧的警务组织》(*Managing for Results: Building a Police Organization That Dramatically Reduces Crime, Disorder, and Fear*)的文章,是如此描述Compstat系统的:

> 历史上第一次,纽约市警察局正在利用罪案统计数据和关键性执法人员的定期会晤来指导其执法工作。过去罪案统计数据总是与发生的案件有几个月的滞后期,而且对犯罪控制方案成功与否的

---

① 当然,这是在财政危机之后除了对开支进行规划和监控的新的控制手段进行详细说明之外的措施。

判断也是如此。正如罪案统计数据所要求的那样,现在每天的"Compstat"数据都会发生变化,而纽约市警察局的管理者可以像民营企业关注收益和损失一样敏锐地关注每周罪案的发展趋势。罪案的统计数据成了该部门的标准,以及在全市范围内按分局来评判警务机关工作情况的最好指标。

在为期半个星期的"Compstat"会晤期间,市警察局的首脑轮番与来自本市各个区域的分局管理者和警察分队的管理者接洽。这些艰苦而刨根究底式的会谈,要考察当前的犯罪趋势、计划策略以及资源分配情况。每隔5个星期这些管理者就会被重新召集起来举行"Compstat"会晤以说明取得的结果,这形成了一种能够使纽约市警察局强化对广泛分布的地方机构的控制的直接责任意识。这些会晤也向该部门的主管人员提供了一种评估各分局管理者绩效的方法,分局管理者也有更好的机会使他们指挥下取得的成果和有效应用纽约市警察局各种战略的努力获得认可。

自1994年引入Compstat系统到1999财政年度,纽约市及所有76个警察分局报告的各种罪案都有显著的下降。

事实上,就全国报告的情况来看,纽约市在减少各种罪案方面的表现要优于全国其他地区,领先的幅度还很大,而且在降低犯罪率方面是一支成熟的和最重要的力量。从1993年到1999年,纽约市的联邦调查局犯罪总量指标(FBI's total crime index)下降了50%,美国其他主要城市下降了17%。具体来说,纽约市自1993年至1999年期间:

谋杀和故意杀人案件下降了66%(**不包括纽约市**,美国主要城市此类案件的发案率下降了34%);

盗窃案件下降了40%(美国全国是11%);

汽车盗窃案件下降了66%(美国:24%);

入室盗窃案件下降了59%(美国:26%);

抢劫案件下降了58%(美国:35%);

重大盗窃案件下降了37%(美国:6%);

严重伤害案件下降了36%(美国:19%);

强奸案件下降了40%(全美国是17%)。

而且,纽约市相关罪案发生率在全美国接近200个人口超过100 000人的城市中的排名也得到了提升,从第88名下降至第165名。纽约目前是全国最安全的大城市。

因纽约市警察局与交通警察局(Transit Police Department)和住宅区治安局(Housing Police Department)相互独立,所以多年以来纽约市拥有全国10个最大警务部门中的3个。尽管它们都是按照传统的组织原则运转的,但是创建更大官僚机构的观念对于交通运输的参与者和住宅区的居民——或者对于大多数警务人员——来说,却并不是一个有吸引力的前景。在权力分散方面的程度更高、信息资源更为丰富也更具响应能力的Compstat模式,最终使得规模经济并通过综合这些部门承诺的目标实现相互协调具有了可能性——以及政治上的可行性。这些警务部门自1995年合并以来,地铁犯罪率持续下降。从1995年到2000年6月之间,纽约市住宅区7种主要的重大犯罪案件也下降了39%[《市长的管理报告》(Mayor's Management Report),2000年9月]。

尽管某些警务人员和一位学者针对近期纽约市警察局的发展历程写下了一些说明性的文字[布拉顿和诺布勒(Knobler),1998年;梅普尔(Maple),1999年;西尔弗曼(Silverman),1999年],但却没有一个人公开发表过有关Compstat模式对公共安全影响的多方位实证研究成果。尽管如此,仍然有大量的证据表明,罪案降低的速度自Compstat模式运行以来是显著加快了。本章所要讨论的就是Compstat模式是如何改变了美国的公共安全思维。

警务管理改革:Compstat模式

Compstat模式是由威廉·布拉顿领导的管理团队引入纽约市警察

局的,他在市长鲁道夫·朱利亚尼1994年就任伊始成为警察局长。在20世纪90年代初纽约市达到凶杀案件超过2000起的顶峰,在警察局长李·布朗(Lee Brown)和雷蒙德·凯利(Raymond Kelly)领导下进行的具有历史意义的强化警务人员建设工作之后,①由于得到了当时的丁金斯(Dinkins)市长坚持下由立法机关通过的《安全街区、安全城市法案》(Safe Streets, Safe City Act)的资金支持,纽约的犯罪指数开始下降。尽管如此,在1993年的市长选举过程中,丁金斯想要赢得对其"社区警务"(community policing)方案在减少罪案发生率方面取得的成就的支持还是遇到了麻烦,并且面对着不断炒作公共安全话题的另一个候选人的挑战。

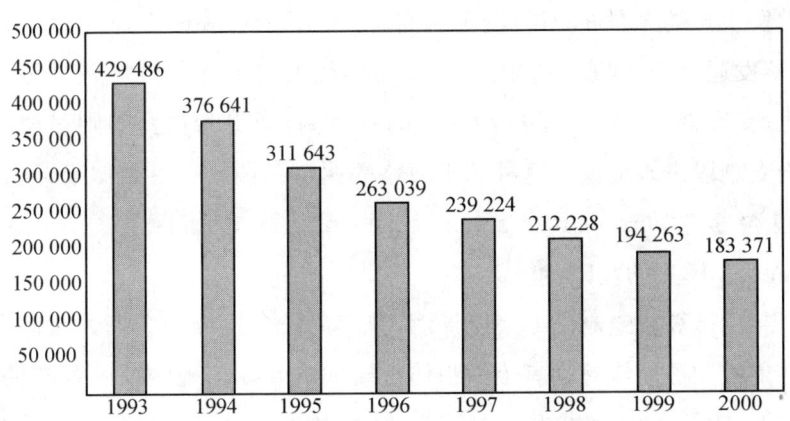

图16-1 纽约市主要的重大犯罪案件数量

大多数分析人士当然也包括当年新当选的朱利亚尼市长相信,握有选票的社会公众对犯罪和公共安全的持续关注是其在选举时取得胜利的关键因素。然而,韦恩·巴雷特(Wayne Barrett)却在他有关朱利亚尼的传记中着重指出,作为候选人的朱利亚尼并没有提出他将如何实现降低罪案发生率的具体方案。尽管在其领导下犯罪指数有所下降,巴雷特

---

① 布拉顿在其名为《转变》(Turnaround)的书中(第198页)指出,在1993年秋季选举之前的那个关键夏季,纽约各街区得到《安全街区法案》资助的警务人员只增加了6 000多名。

还对丁金斯的第二任警察局长雷蒙德·凯利将犯罪潮归因于"家庭的价值观……满大街脱离家庭的年轻人缺乏监督……非婚生育率",却并未足够重视因社区变革而导致的犯罪率降低提出了批评(巴雷特,2000年)。

按照大多数人的说法,朱利亚尼市长之所以选择威廉·布拉顿担任警察局长,是因为布拉顿相信警察能够减少犯罪。布拉顿局长自有其相信警察行动效力的原因。在担任纽约市交通警察负责人时,他就成功地大幅度减少了严重罪案的发生率。他所用方法的最好例证就是针对少数"打劫"(fare beating)犯罪的策略性执法措施。他的依据是,那些进入地铁意图实施抢劫或其他犯罪的人是不可能支付地铁票款的。通过将经常发生打劫案件的车站设定为目标,利用便衣警员抓捕和审讯打劫者,签发通缉令,搜查那些因携带武器而被捕的人并起诉那些携带武器的人,交通警察局减少了打劫案件的发生率,而更为重要的则是使刀具和枪支难以进入地铁。这种基于战略的执法手段——更类似于"问题解决型警务"(problem — solving policing)而非社区警务——成了Compstat模式的基础。①

利用计算机绘制的罪案统计图,警察局长布拉顿的管理方法区别于高度集权和被动应对的官僚组织传统模式以及新出现的社区警务模式。事实上,Compstat模式在思想体系、结果及管理过程方面都与先前的模式不同。Compstat模式是建立在一系列复杂的、与维护公共安全的前因后果有关的相互关联的假设基础之上的(参见图16-2)。警务部门正式公布的Compstat模式只关注四个因素:准确和及时的情报、快速的部署、有效的策略以及不间断的后续措施与评估[萨菲尔(Safir)]。增加的警务人员(《安全街区/安全城市法案》规定的)、领导和指挥(来自警察局长和市长)以及各分局局长的新角色(分权)也都是关键的投入因素。详

---

① 梅普尔在其称之为"正生活质量"(quality—of—life—plus)的战略中对这些后续的行动作了强调。

尽的跟踪过程覆盖范围广泛,不仅仅包括犯罪指数。Compstat 模式包含了诸如枪击事件、枪击受害者以及逮捕的涉枪人员等被认为可以作为警示标志的指标,所有的指标都详细标注了地理方位,以便对各个层面的日常管理工作实施监督。

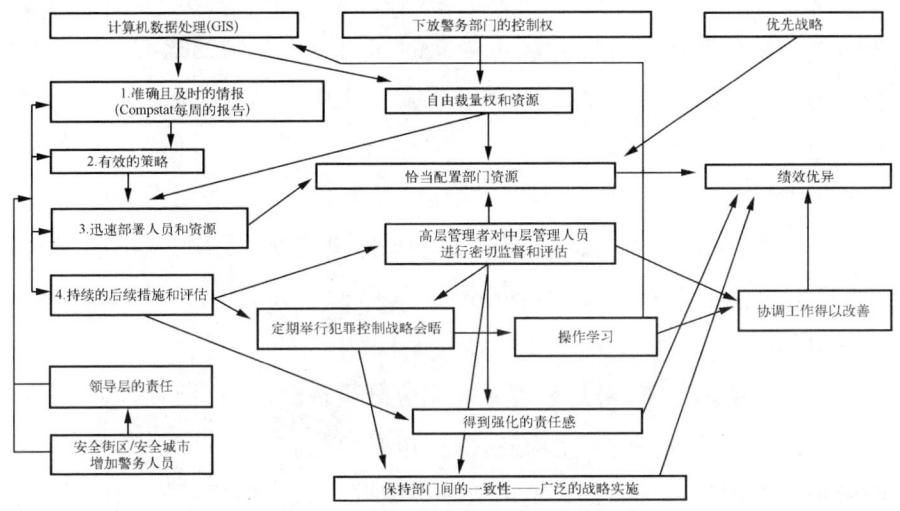

图 16-2　绩效管理的 Compstat 模式

这种模式必然产生的理念变革依托于警务行动能够对犯罪和公共安全产生影响这样一种信念。面对许多警务管理同僚的担忧和众多犯罪学家在学术上异口同声的质疑,布拉顿在任期开始时设定了在第一年使罪案减少 10% 的目标(实际下降了 12%)。新的理念体现了由乔治·凯林(George Kelling)和詹姆斯·Q. 威尔逊做过最明确阐述的"破窗"(broken windows)理论,他们认为有效的犯罪控制应该开始于严重程度最低时而不是最高时。然而,布拉顿同时强调最高的犯罪控制目标(严重的重大犯罪案件)和最低的犯罪控制目标(有质量的生活),"逐街逐巷"(block by block)地夺回城市的控制权。布拉顿负责日常工作的副局长杰克·梅普尔(Jack Maple)坚持认为,"破窗"理论实际上只是构成了纽约市干预行动的一个极为有限的部分。他写道,"虽然我赞同那些减少骚乱发生并降低公众对犯罪恐惧感的手段,但仅仅实施'有质量的生活'的策略就如同给癌症病人做整形手术一样。……要使'有质量的生活'的实施为减少犯罪率做出重要的贡献,还必须得到更大战略的支持"(梅普尔,1999年)。"破窗"理论的核心要素不是去具体关注执法,而是警务部门的干预能够对犯罪产生重要的影响这样一种信念。

Compstat 模式也包含了重要的结构性变革:将各分局的管理者界定为运作权威和责任以及以社区为导向的问题解决机制的核心。纽约市警察局传统的组织结构将控制、信息和责任集中在高层次警务人员和具体部门身上。社区警务可能强化了各分局管理者的权力,但正如由警察局长沃德(Ward)和布朗在纽约实施社区警务的经验所表明的那样,它更多地关注强化单个警务人员作为问题解决者的权力[麦克尔罗伊(McElroy)、科斯格罗夫(Cosgrove)和萨德(Sadd),1993年;沃德,1988年]。

而且在旧体系下,分局管理者的职位既是在纽约市警察局这一长期职业生涯中到达顶峰的锦上添花之物,也是官员在向上升迁的职业生涯中做短暂停留的一条捷径。不论是哪种情况,通常都会使绩效目标受到限制:在不良事件或丑闻带来不良记录之前逃离岗位。

在 Compstat 模式下,各个分局成为解决问题和绩效管理的核心环节,它们接受统一设计的战略指导并得到统一配置追加资源的帮助。各分局的管理者被赋予相应的工具和手段,以分析最新统计数据、探寻犯罪及警务活动方式,并在由统一主管部门确立的减少罪案发生率的优先事项和战略的背景下,设计针对他们所确定的问题的解决方案。各分局的管理者知道 Compstat 系统的工作人员拥有和他们一样的数据,并且出于监督的目的也正在分析这些数据。

在一号警务大厦(One Police Plaza)的指挥和控制中心(Command and Control Center)每两周举行一次的犯罪战略会晤是这种管理过程变革的标志。纽约市 8 个行政区指挥部的某一位领导人与市警察局的高层管理者们一起举行历时 3 个小时的会议来评审各个分局的绩效——原来是对分局进行逐个评审,现在则是将相邻的分局放在一起进行评审,以便做出更为宏观的认识和回应。在早期阶段,评审都会提前安排好,但现在各个分局只能提前几天才接到通知。评审过程会辅助以地理信息系统(geographic information system,GIS)地图,相应的变化趋势会经过计算机终端演示并投放到大屏幕上。各分局的管理者会被问及他们对相关手段和趋势的分析结果、他们为解决犯罪问题所采取的行动,以及他们与其他警务部门的协调情况。不管采取什么方式,一次评审会议通常都会包括所有这10项核心的警务战略目标:①

使街区摆脱枪支危害。
控制年轻人在学校和街区的暴力活动。
将毒品交易者驱逐出纽约市。
打破家庭暴力的恶性循环。
开辟更多的公共场所。
减少与机动车有关的犯罪。
清除腐败的根源。
改造道路。
培养有礼貌的行为、职业精神和守法意识。
将逃犯绳之以法

除了强化对责任的关注之外,Compstat会议也成为组织学习的重要机制。过去,没有恰当的机制来分享掌握的经验和打击犯罪手段的最新进展。Compstat会议上提供的信息都会经过严格的审查,以便深入了解在打击犯罪的过程中做了什么工作——以及没有做什么工作,而结果会全面而迅速地在市警察局范围内传播开来。由于与会者在Compstat会议上会就他们所熟悉的工作方法接受提问,因此他们有强烈的动力做好相应的准备工作。②

---

① 在最初的几年间,只有8项战略目标;后2项战略目标是霍华德·萨菲尔(Howard Safir)局长补充的。
② Compstat会议上所总结的经验能否被迅速传播取决于会议的质量。

Compstat 模式的意外后果

众多政策和项目可能会产生意外的后果，这在公共行政领域几乎不是什么新闻。隐含在 Compstat 模式下的管理原则是，只有建立在组织绩效基础之上的才是有价值的。①由此得出的一个直接推论就是：不作考虑的往往就是不重要的。

在推行 Compstat 模式最初的几个月中，分局的管理者不会因市民的抱怨和警务人员不当的行为方式而受到质询；几个月之后这些信息将会被补充进分局局长简历（Precinct Commander Profile），他会在 Compstat 评审会议期间接受质询。这也没有得到纽约市警察局——肯定也包括市长——给予和犯罪同样的关注度，但这也的确从另一个方面反映了布拉顿最初的态度，即绩效管理要兼顾各方。

对警务人员以过度使用攻击性治安措施和粗鲁的手段并对公民缺乏尊重的关注，也被逐渐补充进战略目标。这并不是因为有任何系统性的证据表明这样的不当行为有所增加，而是为了回应某些受到高度关注的警民对抗事件，社会公众对这些事件的反应表明警民关系非常糟糕。很少有确凿的证据来说明警务人员不当行为与社会公众之间相互影响会向什么趋势发展。②

在布拉顿局长的领导下，为了跟踪和分析诸如腐败这样的严重犯

---

① 在引入关注对诸如减少犯罪率/增加公共安全感这样的"后果"评估的 COMPSTAT 模式之前，对警务部门活动和产出进行的评估是与快捷但低效的无线电通讯、为减轻公众压力而抓捕涉案人员，以及其他以"生产力"的名义出现的不当行为联系在一起的。参见 Eck 和 Spellman 的相关文章，1987 年。

② 在一次访谈中，负责政策与规划的市警察局副局长迈克尔·J. 法雷尔（Michael J. Farrell）指出，Compstat 模式的绩效管理取决于达成共识的绩效评估指标。社会公众对警务工作的抱怨本身就是存在异议的信息；除非经过调查甚至裁定，否则这些信息是难以用于管理过程的。系统性的公众调查有可能会对警民关系提供一种一般性的解读，但它们代价高昂而且并没有聚焦于那些真的与警务部门打交道的一小部分人口。作为萨菲尔继任者的警察局长伯纳德·克里克（Bernard Kerrick）最近宣布，将聘请非盈利组织薇拉研究所（Vera Institute）调查社会公众对警务和公共安全的态度。

罪，推出了一种运用新方法针对流氓警察（Internal Affairs）的Compstat专门程序。萨菲尔局长（Commissioner Safir）叫停了这一独立的流氓警察Compstat监督程序，他又重新恢复了那些高度分割的调查手段，表面上是因为一直存在着对警察局内部泄密行为的担忧。

信息技术与警察组织

对由Compstat模式引发的结构改革过程而言，存在着一个极为重要的技术维度。在1994年布拉顿任职之初，各个分局通常还没有配备个人电脑。纽约市警察局是排斥大型计算机技术——并具有过度的中央控制思维——的众多最后堡垒之一。各警察分局生成了大多数的警务信息，这些信息都要送到总部进行分析和处理。罪案及警务活动的信息送到总部再返回至各分局通常要耗费数周的时间——如果这些信息全部返回的话。如果各分局局长在降低罪案发生率方面没有多少压力的话，那么这种及时信息的缺乏并不会被普遍地看作是一个问题。在旧有的模式下，911接警电话的调度人员谈论更多的将会是对巡逻警员的配置而非管理者。

在Compstat模式之前，信息技术就在美国的警务改革中发挥了作用。在由个人计算机和GIS地图的分析能力承担分权功能之前，发挥作用的是实施集中控制的911报警电话和无线通讯系统。遵循司法部（Administration of Justice）总统执法委员会警务工作组（Task Force on the Police of the President's Commission on Law Enforcement）的建议（1967年），警务部门希望成为实施集中控制、高度机械化的半军事化官僚组织。①需要有大规模的大型计算机系统来支持庞大的911报警系

---

① 例如，汤普森（1967年）就假设"按照理性的标准，面临复杂任务环境的组织试图去识别具有同质性的部分，并构建组织单元来处理每一个部分。"他也认为"当任务环境的差异程度很大且难以预测时，做出回应的组织的组成部分必须通过监控环境和对回应过程做出规划的方式实现必要的调适，而这就需要有实现局部化的组织单元。"

统——纽约市每年呼叫服务的接警记录超过1 000万次,这体现了这种居于主导地位的警务管理模式的集权化组织结构。

具有讽刺意味的是,正是在警务工作组认为改善警务管理的关键是传统的"组织原则"的1967年,组织理论的学术界提出了将具有分权"可能性"的方法应用于组织设计的强有力论据。劳伦斯和洛尔施(Lawrence and Lorsch,1967年)以及詹姆斯·D. 汤普森(James D. Thompson)的杰出著作提出了充分的理由,来说明高绩效组织的结构会因为他们书中所运用的技术和条件而发生变化。根据这样的理论,缺乏因果信息(詹姆斯·Q. 威尔逊)并在动态且复杂环境中运转的城市警务部门,需要进行分权化的决策过程。911报警系统能够完好无损地存在到20世纪90年代,这在很大程度上要归因于公众和政治需要、官僚组织的惯性,以及缺少"理性的标准"这一被组织理论者认为在发挥作用的限制性因素。"理性的标准"是指能够对组织产出结果施加压力的绩效评估指标。假设存在着这样一种观点,即警务部门不可能对社会安全产生重大的影响,那么大型警务部门反而会去关注它们的内部事务或"技术理性",如改进无线电的调度技术和尽可能缩短反应时间。但是随着关注点向社会后果、减少罪案发生和增加公共安全感的转移,理性行动的准则也必然会发生改变。

在20世纪的最后10年,犯罪率及其看上去似乎是持续性的上升是美国一个重要的公共话题。犯罪学家和各个领域的专家针对这种上升趋势提出了从社会因素到文化因素、从经济因素到化学因素(毒品)的各种不同解释,但很少有人会将之归咎于警务服务的组织和管理。有某种讨论针对的是需要有多少警务人员来应对犯罪并处置犯罪后果,但很少有分析者是面对警务部门来寻求解决方案的。

有关警务管理的学术文献进一步降低了对警务部门实施改革的期望。在提出警务干预的"破窗"理论很久之前,詹姆斯·Q. 威尔逊在其被广泛引用的有关警务行政的著作《警察行为的多样性》(*Varieties of Police Behavior*)中写道:

第十六章 纽约市的绩效管理:Compstat模式与警务管理变革

警务部门与其他公共部门——学校、外交机构、反贫困组织——一样缺乏准确评估其运转的有效性的能力。……尽管得到了充分的领导和组织,但没有一个警务部门能够了解一个社区发生的罪案和骚乱有多少,或者如果改变警务部门的职能方式(或者部分改变)又会发生多少罪案和骚乱。

威尔逊接着写道:

即使警务部门掌握了准确的信息,要设计一套能够降低罪案发生可能性的战略方案也常常是困难或不可能的。许多严重的犯罪案件——谋杀、强奸——都具有这样的特征:虽然报案准确或及时,但在很多情况下,这些案件可能发生在人们相互熟悉的私人处所并在情绪最激动的时候。……特定案件的发生率在很大却难以确定的程度上取决于那些警务部门很少能够控制的因素。街头犯罪会受到天气的影响,侵财案件会受到当时经济条件的影响,人身伤害案件会受到社会种族和阶层构成的影响,家庭的特征和影响以及同龄人群体的控制会导致青少年犯罪。警务部门了解这些情况——或认为他们对此有所了解——但却难以判断这些因素的重要性,或者将它们的影响与警务部门的策略所产生的影响区别开来,或者将这些因素置于警方的控制之下。

因此,按照威尔逊的说法,"很少有警务管理人员在'规划'其人员和装备配置方面表现出太多的兴趣。"

从20世纪70年代一直到20世纪90年代,威尔逊"现实主义"的观点被广泛认同,它并反映了这段时期警务管理的实际情况。美国城市的警务部门都使用回应性应对的911模式来提供服务。警务部门随机布置警员和路面上的巡逻车辆,希望他们的存在不仅能够阻止犯罪的发生,而且能够以尽可能缩短针对不可预计的报警电话的响应时间的方式来分派反应单位。当纽约市开始在《市长的管理报告》中列明部门的绩效目标时,布拉顿局长就任之前的纽约市警察局拒绝将减少罪案发生率设定为目标。由市警察局提出并被市长办公室接受的理由是,不管有多少罪案发生,警务工作并不会产生犯罪,它们要做的只是去应对这些犯罪(史密斯,1993年)。为了支持这种观点,它们或许会引用如戴维·贝利(David Bayley)这样的专家的说法:"对于那些有思想的人来说,警务工作并不能阻止犯罪的观点可能并不会让人感到奇怪。通常的理解是,超出警方控制之外的、并在总体上来说超出刑事司法制度控制之外的社会条件,决定了社会的犯罪水平。"①

在不到10年后的今天,现代警察机关只能发挥有限度的回应性的作用这一长期流行的观念已经发生了重大的改变。警务工作能够有所改观的想法在社区警务的观念中找到了源头。

社区警务模式与问题解决型警务模式

在两种互相偶有联系的公共安全管理改革中可以找到Compstat模式的源头:社区警务模式和问题解决型警务模式。正如在一些著作中全面的详细描述(戈德斯坦(Goldstein),1990年;斯帕罗(Sparrow)等,1990年),有一系列的研究对作为911城市警务战略基础的基本前提提出了挑战。随机—巡逻模式(random—patrol model)假设快速反应能够为警方提供拘押罪犯和阻止犯罪的最好机会,并且能够提升公众的安全感。专门的侦缉队伍能够解决那些未被阻止或是随机巡逻和快速反应未能拘捕到罪犯的犯罪问题(911模式)。20世纪70年代所做的研究工作——包括现在广为人知的堪萨斯市预防巡逻实验(Kansas City Prevention Patrol Experiment,凯林等,1974年;格林伍德(Greenwood)等,1977年)——对这些假设提出了质疑。埃克和斯佩尔曼(Eck and Spellman,1987年)对此项研究的政策内涵做了如下总结:"简而言之,大多数严重的犯罪案件并不受旨在对其进行控制的标准警务行动的影响。

---

① 在 Police for the Future 这一著作中,贝利对城市警务工作现有的组织和方法进行了描述。在其有关"解决方法"的总结性章节中,他提出了很多预示着Compstat模式的原则。

而且,公众并不会注意到巡逻次数的减少、对那些非紧急事件做出回应的速度有所减缓,或者缺少后续的调查措施。"

研究还揭示了社会公众对犯罪不断增加的恐惧感,并意识到在街区层面上存在着的环境与社会混乱状况。而且,这些"有质量生活"的条件在很大程度上被警务部门忽视了,它们所侧重的是狭义上的犯罪控制任务(威尔逊和凯林,1982年;在斯科甘的研究中有更为全面的阐述,1990年)。

面对城市公共安全要求使用新方法和手段的需求,有许多警务部门在20世纪80年代对那些建立在两种进一步研究成果基础之上的新战略进行了尝试:警务工作对公共安全的贡献在很大程度上依赖于公众的投入,以及警务人员的工作更多地被导向拘捕罪犯而不是防止罪案的发生。从首先出现的"社区警务模式"来说,它又回到了那种巡逻警察要对社区中的人和物有所了解的看法。从随后出现的"问题解决型模式"来说,它认为通过不仅只关注犯罪案件而且还要关注产生这些案件的社会问题,警务部门就能够减少犯罪。某些警务部门将两种模式结合起来使用。在警察局长本杰明·沃德(Benjamin Ward)的领导下,纽约市自1984年开始推行某种形式的问题解决型社区警务模式,并一直持续到了20世纪90年代初。自1994年以来,该市改变了问题解决型警务模式的发展导向,并差不多完全停止了对社区警务模式的宣传。正如马上就要说明的那样,不论是社区警务模式在纽约占主导地位的时期,还是这种模式出现明显衰败的时期,在华丽的辞藻和现实之间始终是存在着一定距离的。

当20世纪80年代初沃德局长正致力于如何在警务部门中配置新人员时,詹姆斯·Q.威尔逊和乔治·凯林(1982年)提出了"破窗"理论。他们认为,20世纪70年代末对良好生活品质罪案控制措施的忽视,或许与20世纪80年代初更为严重犯罪案件的上升存在着因果关系。[①] 1984

---

① 因纽约市警察局在1975年财政危机之后裁减了25%的警务人员,这种忽视所导致的后果进一步恶化了。作为补救措施,纽约市警察局重点减少了对"轻微犯罪"的关注度,而侧重于"实实在在的警务工作"——那些重要的犯罪案件(史密斯,1981年)。

年,薇拉司法研究所(Vera Institute of Justice)在针对警务部门的需求进行了一项深入研究之后,开始在一个警察分局推出社区巡逻警察项目(Community Patrol Officer Program,CPOP),这是一个以试验问题解决型的以社区为导向的警务模式。社区巡逻警察项目最先是在布鲁克林区一个由一位警官领导的配备有 10 位警务人员的警务分队开始实施的。按照一份建立在辖区需要基础上的灵活计划,这些警务人员被分派去单独从事固定的辖区任务。他们不对日常的(911)报警电话做出回应,但要了解社区的习俗和民风、确认各种案件("问题")的基本特征,并提出应对这些案件的各种行动方案。虽然社区的巡逻警察被认为是根据他们掌握的信息来采取行动的,但也期望他们成为社区和警务部门之间的沟通桥梁。

在还没有对这一模式进行大规模试验之前,随着 1985 年做出的要将这一模式推广到城市每一个区域的承诺,也出台了相应的计划。到 1989 年本杰明·沃德离任时,纽约市所有的 75 个警察分局都在推行社区巡逻警察项目(麦克尔罗伊、科斯格罗夫和萨德,1993 年)。1989 年,市长候选人戴维·丁金斯宣布,如果当选,他将使社区巡逻警察的数量翻倍。①

丁金斯市长任命全国公认的社区警务模式支持者李·布朗为警察局长。他公布了一份"变革蓝图",他在其中指出,社区警务不仅是一个项目而且是市警察局"占支配地位的理念和战略"。"借助社区警务,每一个社区都将配备一名以上指定的警务人员,这些警务人员要负责协助社区居民制止犯罪、形成维护秩序的能力并提升生活质量。"

纽约社区警务的效果难以得到很好的证明。1991 年在面对纽约市议

---

① 社区巡逻警察计划意味着在复杂城市警务组织中要发生怎样的管理变革?实现这样的变革非常困难!在一位精明的警察局长的强烈支持下,在一个相对宽松、政治上也具有连续性且未爆发意外的犯罪危机的时期所具有的相对清晰和有限度的目标,也不需要与外部机构就执行问题进行协调,而且主要的刑事司法组织为其提供了便利条件,尽管如此,还是耗费了 4 年的时间才将这一计划扩展到了 75 个警察分局、涉及到 750 名警务人员(不到所有警务人员的 3%)。

会(New York City Council)公共安全委员会(Public Safety Committee)作证时,杰克·格林(Jack Greene)、杰里·麦克尔罗伊和丹尼斯·史密斯都认为针对近期、中期和最终目标的评估取得的系统性进展,将会有助于指导警务部门并稳定公众的预期。然而,布朗局长却指出警务部门用于评估的资源极其有限,而且实际上所实施的评估将被作为"管理"之用。

在其1993年竞选市长的过程中,挑战者鲁道夫·朱利亚尼将丁金斯的社区警务描述为"社会工作"(social work)。作为前任的联邦检察官,他宣称要成为一位"真正的打击犯罪的斗士"(real crime fighter)。作为乔治·凯林的"学生",①他也承诺要更为关注那些与"有质量的生活"有关的犯罪活动,就像是那些为了清洁通常不愿意甚至受到惊吓的司机们的车窗玻璃,而在十字路口横穿城市街道的"清洁工人"(squeegee men)一样。②

被看作是社区警务支持者的威廉·布拉顿于1994年1月就任警察局长并领导了警务部门的再造工作。他在波士顿警察局主政时期的某些联系密切的顾问,如东北大学(Northeastern University)的乔治·凯林以及罗伯特·瓦塞尔曼(Robert Wasserman),③被认为是社区警务运动的奠基者。

但1994年时纽约的情况却截然不同。在社会公众的脑海中,社区警务是与丁金斯政府联系在一起的。在他的著作(1998年,第198—199

---

① 安德鲁·科兹曼(Andrew Kirtzman,2000)和韦恩·巴莱特有关朱利亚尼市长的人物传记,都详细谈及他在第一次竞选市长失败和第二次竞选市长成功之间受到了凯林教授的影响。传记的两位作者都参加了由理查德·施瓦茨(Richard Schwartz)组织的这位市长候选人的政策"研讨会"。
② "清洁工人"的消失常常被用来说明朱利亚尼"有质量的生活"的执法活动的早期成功。但是,威廉·布拉顿却指出,在选举之前的1993年夏季,雷蒙德·凯利局长使用问题解决型的方法清除了那些十字路口的清洁工人(Bratton and Knobler,1998)。人们或许会承认,作为市长候选人的朱利亚尼之所以会设定这样的议题,正是因为大家都知道丁金斯市长同情那些在纽约街头擦洗汽车窗户的人。
③ 作为使社区警务成为"警务部门占主导地位的运转理念"的前任局长李·布朗的顾问,罗伯特·瓦塞尔曼也在纽约市警察局发挥了重要的作用。

页)中,布拉顿阐释了他对纽约市实施社区警务的看法:

> 巡逻警察在维系与社会公众的联系并向他们提供安全感方面是重要的。他们能够发现各个社区的关注点,而且有的时候仅仅因为他们的随处可见就可以阻止犯罪。赋予警察更多做出决策的个人权力是一种很好的想法。但是由于并未关注犯罪,如果按照它原初所关注的那样,社区警务将不会发挥作用。使更多警察走上街头和降低犯罪率之间的联系是不言而喻的。缺少尤其是在某些犯罪的重灾区有效利用这些警务人员的计划……而且当他们身处其中时,也没有应该用来应对犯罪的具体措施。他们仅仅应该走上管区街头,并采取某些手段来改善所在社区的治安水平。

但社区警务模式是否会随着 Compstat 模式的引入而消失呢?新计划的很多内容充斥着问题解决型模式的内容,这一模式与社区警务模式密切相关却鲜为人知。尽管按照街头警务行为模式要使问题解决型模式具有可操作性仍然存在着问题,但作为对良好绩效进行评估、恰当的任务分配以及升职的一项关键指标,它还是出现在了 1994 年布拉顿为纽约市警察局制定的《行动计划》(*Plan of Action*)中。然而,问题解决型模式的新版本侧重于警察分局,负主要责任的是各分局的局长,并不是那些具体的社区警务人员。

警察分局的局长能够制定他们自己的运转战略并利用本部门的资源发挥这些战略的作用,并且能够依据"大幅度减少犯罪、骚乱和恐惧"来评估他们的成就。那些接受过社区警务模式培训并坚信这种模式效力的分局局长们要实现罪案发生率显著降低的目标,几乎都不可避免地要依赖其警务部门与社区的伙伴关系。因此,在纽约市减少犯罪率的成功案例中,社区警务发挥了重要的作用。

Compstat 模式下的社会治安状况

如果说打击犯罪的战略在取代该市首位非洲裔美国人市长,并使鲁迪·朱利亚尼登上市长宝座的竞选运动中居于核心地位的话,那么很有可能有关纽约犯罪和警务部门绩效的话题将不可避免的是高度政治化的。朱利亚尼市长并不认可在其前任领导下犯罪率每年都有所下降具有的显著意义,也未对丁金斯市长治下出于打击犯罪的目的建立更大规模的警务人员队伍而制定的《安全街区/安全城市法案》表示出赞赏的态度。为了表示支持,市长的反对者和批评者也根本不愿意去看看他所宣称的、纽约市警察局在其领导下在减少犯罪发生率方面发挥了重要作用的话语中,是否有值得肯定的内容。大多数批评者都愿意提供不同的解释,而新近出版的一本著作对降低犯罪率基本事实的质疑则可谓是竭尽所能,甚至有些费尽心机。[1]

虽然有关犯罪率的统计数据在可信度方面存在瑕疵,但我们在这里想要说明的是,并没有证据表明,朱利亚尼政府当政期间犯罪率统计数据的可信度发生了变化。更有可能的情况是,过去10年比历史上任何时期对犯罪率统计数据的审查都要严格得多。统计学家建议,为了消除偏差,应对几乎所有的复杂现象都使用多样化的评估指标。用来评估警务部门绩效的指标在数量上是前所未有的,而且这些统计数据都表明了同样的事实:实际上,所有类型以及该市所有辖区内的犯罪都出现了很大幅度的下降。不仅目前的凶杀案处于20世纪60年代时的水平,而且枪击案、涉枪案件以及因枪击受伤的人数也大大降低了。而且其中的某些数据还来源于警务部门以外的其他部门。

关键之处在于,在引进警务管理的新方法和犯罪发生率大幅度下降

---

[1] 在题为"这些统计数据就是犯罪"的章节中,韦恩·巴莱特(1990年)指出:1)有关犯罪的统计数据清楚地表明丁金斯市长治下警务部门为降低犯罪率所做的工作是值得赞扬的,2)朱利亚尼政府当政时期犯罪率的降低是其他因素导致的结果,如一种变化着的吸毒文化,3)犯罪发生率的任何降低都是警察局长布拉顿及其管理团队工作的结果,而与市长无关,且4)支持朱利亚尼市长的犯罪统计数据并不可信。(同样的统计数据,如果是在丁金斯当政期间或由其他的机构公布则显然会更为可信。)即使是在他每一次像变戏法一样提出质疑之后,巴莱特的底线也是犯罪率并未增加,或者也并未降低,而是它并未像所宣称的下降那么多,以及值得赞赏的是其他因素而非警务部门。

之间存在着显著的密切联系,并且尚无其他可能的解释能够对犯罪率下降的这种趋势作出恰当的说明。

用来说明纽约市犯罪率下降的竞争性假说

分析人士针对该市犯罪率的下降提出了 5 种不同的解释:人口、毒品、枪支控制、经济条件以及监禁。下面是对相关论据的简要归纳:①

人口:现实表明,年龄在 15 岁至 21 岁人口的相对规模对犯罪率有重大的影响。犯罪学家明确指出,青少年在全部犯罪案件中所占的数量和百分比都不成比例;对于某些特定犯罪的大多数案件来说,年龄在 16 岁至 20 岁之间是犯罪的高发期;而且随着年龄的增长,与某一特定年龄段人群相联系的犯罪率会逐步降低[沃尔夫冈(Wolfgang)、费格里奥(Figlio)和塞林(Sellin),1972 年;特雷西(Tracy)、沃尔夫冈和费格里奥,1990 年]。这些结论得到了来自联邦调查局统一犯罪报告(*FBI's Uniform Crime Reports*)以及对受害人所做研究的支持。

然而,犯罪学对年龄在 15 岁至 19 岁人群对总体犯罪影响的结论,并不能解释纽约市的犯罪趋势。从 1970 年到 1990 年该市年轻人口减少了大约 22%,而同期纽约和全国范围内的犯罪率指数却猛增了 23%。1990 年时的凶杀案件和机动车偷盗案件达到了 20 年以来的最高峰。这一人群要为之担责的罪案比例也有所上升:年龄在 15 岁至 19 岁之间的年轻人的人均被逮捕数上升了大约 60%。

有关犯罪的人口学理论以及对年龄在 15 岁至 19 岁之间男性人群犯罪行为的关注,并不能解释过去许多年间纽约市犯罪发生率显著下降的原因。实际上,这一年龄群体的男性人数从 1990 年到 1995 年的确是增加了,而这一时期纽约市却在犯罪率方面开始出现了显著

---

① 这一部分主要节选自布拉顿在 1995 年 11 月 28 日于华盛顿特区举行的全国司法学会(National Institute of Justice, NIJ)警政研究所(Policing Research Institute)有关"评估事项"(Measuring What Matters)的研讨会上提交的论文。

下降。①

毒品：现代犯罪学有大量最新的论述和研究关注吸毒与犯罪，特别是与暴力犯罪之间的关系。理论假设通常在两个方面构建了毒品和犯罪之间的因果联系：借助消除抑制或通过某些其他的药理反应，据说某种特定的毒品会引发暴力犯罪；据说某些毒品的高昂费用会促使吸毒者实施犯罪（特别是侵财犯罪）以获取收入来满足他们的毒瘾。尽管在吸毒和犯罪行为之间存在着正相关，但许多研究是建立在为了图省事而选取的监狱和在押犯人的样本基础上的，因而具有样本偏差（司法统计局，1988年，1991年）。另外一个实证问题是，要决定在所有犯罪案件中有多大比例与吸毒者有关存在着难度。正如威尔逊和赫恩斯坦（Herrnstein，1985年）指出的那样，即使我们掌握了吸毒成瘾者的数量及其吸毒货币成本的准确数据，要计算有多少瘾君子实施了犯罪也将是不可能的。

有些人指出，20世纪80年代后期全国范围内抢劫案件的急剧增加是因为出现了强效可卡因。1985年和1986年纽约市的毒品中出现了大量的强效可卡因，但这一时期抢劫案件却并没有显著增加。与之相类似的是，有人或许会认为，由于盗窃案件发生率长期以来都与吸食海洛因有关，所以当海洛因重新成为那些街头罪犯所选择的毒品时，就会增加盗窃案件的发案率。然而，这些假设在纽约市都缺少经验证据的支持。

就在强效可卡因大量使用之前的1984年，利用曼哈顿中央预约挂号系统（Manhattan Central Booking）的设备进行的一项毒品使用预测

---

① 在20世纪90年代犯罪率开始下降时，年轻人口的下降却出现了逆转。纽约市城市规划局（Department of City Planning）估计，自1990年至1995年，年龄在15岁至19岁之间的年轻人口增长了0.04%。更为重要的是，尤其是对于那些将种族看作是一种变量的犯罪学家来说，年龄在15岁至19岁的黑人男性人口数增加了近2%，拉美裔的年轻人口数增加了5.7%。15岁至19岁的亚裔和太平洋岛屿裔男性人口也增加了大约2.4%。拖累该人群平均水平的是白人男性，他们减少了8.4%。这些数据得到了纽约州教育部相关数据的佐证，教育部的数据表明，在1989/90学年和1994/95学年期间公立学校的注册人数上升了4.4%。公立学校9至12年级的学生人数——构成高风险人群的重要部分——上升了12%。

(Drug Use Forecasting, DUF)尿样研究表明,不管犯罪指控是什么,在所有被捕者中可卡因的阳性率达到 42%。到 1988 年——或许达到了强效可卡因流行的最高峰——在所有被捕者中普遍吸食可卡因的比例差不过增加了一倍,达到 83%,这也使强效可卡因与犯罪之间存在着关系的假说增加了可信度。

尽管自那以后在所有被捕者中吸食可卡因的比例开始下降,但下降的趋势相对温和。1995 年 2 月,有 78% 的被捕者经测试可卡因呈阳性,1995 年 5 月,呈阳性的被捕者为 68%。自 1988 年以来,每个季度经测试可卡因呈阳性的被捕者所占的比例从 59% 到 83% 不等,而自 1993 年以来这一比例则存在着自 63% 到 78% 的变化。纽约市被逮捕的罪犯中吸食可卡因的比例并未出现大幅度下降,因而就这个方面来说,无疑难以将犯罪率的大幅度下降解释为应当是与可卡因相关的。还应当注意的是,1981 年时纽约市抢劫案件达到了 107 500 起的峰值——在强效可卡因出现之前而且要比毒品使用预测的可卡因吸食峰值早了 7 年。1996 年纽约市发生了 49 670 起抢劫案件。①

枪支管控:人们能够本能地认为,枪支尤其是手枪的唾手可得与暴力犯罪之间是存在着联系的。全国范围内大体上有一半的凶杀案件与枪支有关,在所有的抢劫案中有大约三分之一而且在所有的强奸案中有三分之一也与枪支有关。至少在纽约市,这些枪支的绝大多数都是非法持有的。在纽约市涉枪暴力案件大规模下降的时期,控枪法律或任何人口或社会变量都未发生能够限制街头犯罪分子携带或使用枪支的显著变化。然而,事实却清楚地表明,在枪支数量与警务部门的战略及管理变革之间存在着联系。

"使街区摆脱枪支的困扰"是布拉顿就任纽约市警察局长时首要的

---

① 毒品使用预测每个季度的数据也并不支持吸食海洛因比例增加的假说。1984 年,有 21% 被逮捕的罪犯经测试对鸦片制剂呈阳性,1988 年 6 月阳性率达到了 27% 的峰值,1988 年 10 月为 25%。在毒品使用预测最近的季度测试中,1995 年 2 月和 5 月,被捕的罪犯中对鸦片制剂呈阳性的分别为 22% 和 20%。

战略重点。①在新管理团队就职的头一年，纽约市犯罪活动中使用武器（尤其是手枪）的数量就有了大幅度的下降。例如，抢劫案中使用武器的百分比从1993年的36%下降到了1994年的33%，并进而下降到了1995年前6个月的29%。从1993年到1994年年底，枪击案的发生率下降了40%（在1995和1996财政年度则增加了52%），在这些案件中因枪击而伤亡的人数下降了38%。警务部门在1995年前9个月接到的"开枪"报警比1994年同期少23%，由此也可以得出武器使用量下降这一结论。

枪击案件和伤亡人数的下降反映了犯罪分子携带和使用武器的数量总体在下降这一趋势，有理由将之归因于纽约市警察局有效地实施了管控枪支的战略任务。有一种貌似合理的解释认为，犯罪分子经过通盘考虑后会认为将枪支留在家里要更为明智一些。实际上，纽约市警察局因枪支拘捕的人数在开始实施控枪战略后有了相对快速的增加，只是在作为积极执法的一项职责后才开始出现下降。

经济条件：贫困是否会导致犯罪发生的问题是犯罪学和政治学中一个最具争议且永恒的话题。学术研究难以提供有说服力的数据来支持或反对任何一种常见的有关犯罪成因的经济学理论。

无论如何，犯罪学家通常用来说明犯罪波动的那些普遍的社会和经济因素中，似乎没有一个与明显下降的犯罪发生率有关。纽约市的经济状况在朱利亚尼政府当政的第一年只得到了轻微的改善。美国劳工部的数据显示，纽约市的失业率在1994年1月为10.8%，1994年9月为7.2%，1995年2月为9%，1995年9月为8%。在20世纪90年代接下来的时间里失业率都超过了8%——大大高于全国平均水平。在1994

---

① 纽约市警察局第1号战略，使纽约市的街区摆脱枪支的困扰，需要密切监督和跟踪每一起案件、每一个被逮捕的犯罪分子或每一个涉枪的同谋犯，并且跟踪来源于枪支的每一发枪弹。纽约市警察局以前关注毒品犯罪的警务人员现在开始关注毒品犯罪与涉枪案件之间的联系。纽约市警察局与一个城市-联邦专门工作组合作监控使枪支流入其他州的非法枪支交易，以便在全联邦范围内拘捕和监控那些能够使流入纽约的枪支数量增加的使用武器的人。

年和1995年接受政府援助补助金的居民人数开始略有下降,直到1996年开始实施全国性福利改革之后才出现了大幅度的下降。比较1994年8月和1995年8月接受食物券的人数就会发现,只有0.4%这样极小的减少幅度。

有越来越多的证据表明,**只有改善城市的经济条件才能降低犯罪率,而不是通过降低犯罪率来改善经济条件**。纽约市会展旅游局(New York City Convention and Visitors Bureau)报告指出,1996年接待的游客比1993年多出了30%,该市在1996年吸引了2 500万游客——比1995年增加了14%。这相当于有超过350万游客为本地的经济发展做出了贡献。纽约市宾馆的入住率也从1993年的70%提高到了1996年的82%。

相类似地,地铁的乘客人数也反映了地铁犯罪案件下降的趋势。日均地铁乘客数从1990年到1991年下降了3.5%却自1991年到1992年上升了0.2%,当时的地铁犯罪发生率下降了15%。在1992年和1993年,当地铁犯罪发生率又下降了24%时,日均乘客数上升了5%。随着1994年地铁犯罪发生率再次下降了22%,乘客数又增加了5%。根据纽约交通运输管理局的月度报告,在经历了20世纪80年代后期的稳步下降之后,自1993年以来地铁乘客人数每年都有所增加。通过这些数据,我们可以看出公众在乘坐城市快速交通系统时的恐惧感已经有所缓和。地铁基础设施建设投资以及1997年开始实施的诸如多人票(add-a-ride)这样的票价政策也是导致这些趋势好转的因素。

拘捕和限制人身自由:即使是管理最为完善和最有效率的警务部门,也不能仅仅依靠拘捕和强制措施来减少犯罪。刑事司法体系的其他领域——法院与矫正、缓刑和假释——在减少犯罪和提升公众安全感的过程中发挥着重要的作用。尽管社会公众很少能够认识到它们的重要性,但矫正机关通过限制人身自由,或许还可以通过某种程度的威慑也在减少犯罪的过程中发挥着重要作用。

虽然要准确估计限制人身自由策略的相对有效性也许是有难度的,

但限制人身自由的理论基础却相当简单。我们知道某些罪犯,特别是那些"职业罪犯"引发的罪案数量极其不成比例。像许多其他州一样,纽约的监狱数量、拘押人犯的规模以及限制人身自由的时间都有了显著增加。有的人认为日益增加使用限制人身自由的措施对犯罪起到了抑制作用。

抛开因拘捕而导致被关押人数大幅增加这一情况不谈,关键之处在于,自20世纪80年代至20世纪90年代初监狱关押的人数逐渐增加,并且在纽约的犯罪趋势开始好转时这一格局开始出现了逆转。1993年时新收监执行的罪犯为8 649人,而到1997年时则下降了33%至5 837人。就平均最短刑期增加了32%这一情况来看,或许有人会认为这两种趋势实现了相互之间的平衡。然而,在同一时期,获得假释的罪犯则从1993年的20 662人稳步增长到了1997年的22 329人(公民预算委员会(Citizens Budget Commission),2000年)。

尽管在1994年开始实施管理策略的情况下,纽约市警察局并没有特别强调拘捕重罪犯人的重要性,但通过在很大程度上不断增加对不法行为的重视,它的确解决了严重犯罪的问题。1993年警务部门因重罪拘捕了127 883人,因不法行为拘捕了133 446人。在新政府当政第一年的1994年,拘捕的总人数有所增加,其中因犯重罪被拘捕的人数增加了9%(达139 228人),因不法行为被拘捕的人数上升了31%(达175 128人)。到1997年时因不法行为被拘捕的人数为228 080人,而因犯重罪被拘捕的罪犯仍旧维持在135 778人的大致水平上。

回想在地铁实施的打击抢劫犯罪的策略,纽约市警察局为提升生活质量而进行的执法工作并没有使这些被拘捕的人受到监禁,但这些数据仍然表明,通过针对那些对提升生活质量造成危害的轻微犯罪采取持续的和有策略的执法措施,并结合对严重犯罪行为实施的强大执法过程以及随之而来的对"职业罪犯"人身自由的限制,是能够实现大幅度降低罪案发生率的。这些数据并不能为与其说是监狱倒不如说是警务工作能够给纽约市的犯罪受害者带来更多安全感这一观点提供支持。简单来说:警务部门能够控制导致犯罪的主要原因——人类行为。

将这种模式应用于其他公共部门

在警务管理中应用新的 Compstat 方法能够减少犯罪、骚乱和恐惧这样的结论不仅仅局限于纽约市警察局的经验。Compstat 模式获得了福特基金会的政府创新奖(Ford Foundation Innovations in Government award),而且在美国和其他国家的一些城市中也得到了应用。这些城市遵循纽约模式的程度并没有得到系统的记录,也没有记载相应的结果。在《犯罪斗士》(Crime Fighter)中,纽约市警察局前任副局长杰克·梅普尔详细记述了 Compstat 模式在美国某些城市的成功应用,这些城市过去的罪案发生率并没有出现过普遍的下降趋势。在实施了类似于 Compstat 方法之后,每一个城市的犯罪率都出现了显著的下降。

纽约市有两个试图在非警务领域采用纽约市警察局模式的政府部门也为公共部门绩效管理的有效性提供了证据。在管教局(Department of Corrections),准确和及时的情报再加上有效的策略、迅速部署、持续不断的后续措施与评估,以及分散的责任等要素,极大地改变了囚犯的安全状况并减少了加班费用。从该部门开始实施类似于 Compstat 模式的管理改革的 1995 年到 2000 年,暴力案件的数量从 593 件下降到了 54 件。原来属于全国危险系数比较高的管教机构的里克斯岛监狱(Rikers Island Jail),也成为最为安全的监狱之一(史密斯,1997 年)。

运用 Compstat 模式的原则,纽约市公园和娱乐局(New York City Department of Parks and Recreation)创建了 PARKSTAT 模式,该模式将一种对公园安全及清洁状况进行年度评估的很好的系统方法转变为一套对公园安全和清洁进行集中管理的系统。在开始采用评估工具之后,该部门连续两年报告的绩效都是下降的。在 1996 年运用 Compstat 模式原则将绩效评估系统转变为管理系统之后,该部门使公园设施安全和清洁率的百分比提高了一倍以上,从 39% 上升到了 87%(史密斯,

1997年)。

在引入Compstat管理原则之后很快就取得了这些成就,强化了纽约市更多的安全感主要是来源于警务管理变革这一论点的份量。这些经验表明,绩效管理能够显著提升复杂城市公共服务的水平。①

---

① 巴尔的摩市在所有市政部门引入了CitiStat模式,这是一种受到Compstat模式启发的绩效管理方法。参见Francis X. Cline,"Baltimore Uses Data Bank to Wake Up City Workers",*New York Times*,June 10,2001,p. 24. 也可参见Christopher Swope,"Restless for Results",*Governing*,April 2001。

第五篇
总　结

第十七章 绩效管理新的困扰是否掩盖了社会项目的真相?

安·B.布莱洛克、伯特·S.巴瑙

导言

在提出"绩效管理新的困扰是否掩盖了社会项目的真相?"这一问题的过程中,除了潜在的目的之外,我们并非没有其他的目的。恰恰相反,我们是想公开地表达某种特定的不同意见。我们的主题是在20世纪80年代后期和20世纪90年代初期席卷了后工业世界,并使信息收集和分析转向关注于社会项目的**结果**(后果)的"绩效管理运动",这或许会误导那些社会项目价值的评判。如果那些设计和指导绩效管理系统的人,以及使用来自这些系统的信息的人们没有仔细区分① 能够在相对意义上专门归因于这些社会项目所具有的唯一干预措施所产生的结果——即,归因于干预措施的净影响或因果关系,以及② 是由于这些社会项目内**外**的多种影响或仅仅是**偶然**造成的结果的话,那么这一潜在问题就有可能对社会救助措施产生误导。

如果基于对后果干预真实影响的错误信息而改变或撤销项目的话,那么我们认为我们正在应对的是功能失调的社会政策。我们的建议是,如果决策者能够获得精确、有效、可信的社会项目信息的话,那么充分的评估研究或社会科学的应用研究就必须与绩效管理系统相协调或整合在一起。

在本章中,我们将**绩效管理**和**评估研究**看作是"运动"(movements)。按照社会学术语,它们或许并不能类同于民权或女权运动那样的运动。然而,这些运动的特点在于,随着时间的推移,某些特定的思想和行为模式会逐渐有所发展并呈现出闪光点,而且不管是作为战略规划和管理一种新方向的**绩效管理**,还是作为社会应用研究一种新方向的**评估研究**,几乎成为自20世纪60年代到目前为止的公共和民营官僚机构日常运转中的真实运动。就每一种途径对规划、管理和研究方法所施加的影响而言,这一结论为所有的运动赋予了特别重要的意义。

我们的目的是阐明两种途径的目的和长处并审视它们不同的发展历史,以此作为讨论某些我们认为需要加以解决和仔细考虑的问题的背景。我们认为,在绩效管理的重要性不断提升并得到广泛应用的同时,却低估了评估研究的重要作用。如果绩效管理被看作是科学研究原则和方法应用的某种替代物的话,那么,这表明对是什么构成了可以改进社会政策和项目的有效和可信信息的认识还不够成熟,而且担负着对那些制定基本政策和项目决策的人造成误导的风险。

"运动"的目的和特征

不论是评估研究还是绩效管理运动都具有共同的目的,即改进社会项目以及在20世纪90年代发展而来的新出现的、在州政府层面实现了协调的公共事业体系的质量和结果。但是,这两种运动却存在着重要的区别。它们产生于不同的专业领域和官僚组织环境,而且形成于公众认同的不同层次。绩效管理混合了应用于政府及法人官僚组织的公共/民营组织的规划和管理概念——特别是战略规划思想。评估研究则是用以支持经济学、社会学、政治学和社会心理学的基础社会科学研究的一个分支,并在很大程度上适用于公共的社会政策官僚组织。两种运动都适应于处在改进政策程序过程中的官僚组织。两种运动都试图强化政府的**责任**。作为一种理想政策过程的重要因素,战略规划和评估是必需的而且同等重要。二者都提供重要的帮助并在相互之间提供信息支持。但是评估和战略规划概念的这种整合是不确定的,而且通常在制定决策的真实世界中是缺乏的。

我们坚信,绩效管理和评估研究更为有效的协调或整合,将会为社会政策的制定、项目和方案的设计以及持续进行的项目改进提供最具价值的帮助。

绩效管理与评估研究的区别

两种运动当前的主要分歧似乎是因为混淆了每一种途径的概念及其在政策过程中的恰当作用。有的时候使用绩效评估指标或指标**取代**评估来评价项目的价值,而有的时候又使用评估研究来**取代**绩效评估指标。然而,绩效管理是一种管理工具;评估研究则是一种研究工具。两种运动不同的基础和目的将会对准备采取的活动类型产生影响——**监控**活动适用于绩效管理系统;**评估**活动适用于研究活动。

评估研究

评估的最终目的是要提升我们对项目中关键因果关系的理解能力。例如,有关评估研究的一部重要文献的作者彼得·罗西(Peter Rossi)和霍华德·弗里曼是如此定义绩效研究的:

> **评估研究是对社会干预项目的概念化、计划、实施以及效用进行评估的社会研究程序的系统化应用。**换句话说,从界定和设计项目的最初阶段到项目的提出和实施阶段,评估研究者们运用社会研究的方法来判断和改进公共事业政策和项目的实施途径(参见罗西和弗里曼,1994年)。

从这个意义上来说,进行评估就是要获取能够有助于提出和改进社会项目的信息。根据它们试图解答的问题,可以将其划分为三种主要的

431

类型:

过程研究。过程或实施研究回答的问题是"发生了什么?"进行这一研究是要判断进行研究的项目是否按照预期得到了实施,并且为项目有可能发生变化的方式和原因提供观察视角。

净影响研究。净影响研究要解决的问题是"项目造成了什么样的变化?"这些研究试图判断哪些项目结果或后果能够专门归因于该项目而非其他影响。不同于通常主要是定性的过程研究,净影响研究极为依赖定量信息,它们要依靠实验性研究策略或非实验性方法,这需要对统计数据做出调整,以便能够判断某个项目对利益的一个或多个后果变量带来的影响。重要的是要将净影响研究与此类研究区分开来,这些研究仅仅告诉管理者,在参与者的角度,经过一个项目或从项目前到项目后这一阶段,在后果上可能发生了什么样的变化[参见曼斯基(Manski)和加芬克尔(Garfinkel)著作中赫克曼的论述,1993年]。

成本—收益研究。判断一个项目具有积极的净影响,并不必然意味着该项目值得继续进行下去。成本—收益分析胜过净影响研究的是要回答"该项目积极的净影响是否足以弥补其成本?"这样的问题。在成本—收益分析中,所有的收益(积极的净影响)和成本都被货币化了,而且未来产生的成本和收益都得以贴现以便能够计算当期的净值。如果项目的当期净值为正,那么就能够做出该项目值得继续进行下去的判断。

如果没有获得有关某个项目的净影响和成本—收益的信息的话,那么就不能对其方案的有效性(其按期望发挥作用的程度)及其成本效率作出具有任何真正有效性的判断。

绩效管理

指出绩效管理主要来源于管理学理论和实践而不是来自社会科学研究也是重要的。联邦政府的《国家绩效评估报告》(NPR,1993年)将绩效管理界定为:

利用绩效评估信息有助于设定达成一致意见的绩效目标、配置和按优先顺序使用资源、向管理者提供确定或改变当前政策或项目方向以满足这些目标的信息,并对在实现这些目标的过程中取得的成绩进行报告。

《国家绩效评估报告》也表明,绩效管理是"一个评估为实现预定目标而取得进展的过程,包括的信息涉及资源转化为产品和服务(产出)的效率、这些产出的质量(它们如何提供给客户以及客户满意的程度)、后果(相比其最初目的的项目活动结果),以及就其对项目目标的特定贡献而言的政府运作的有效性。"

从理论上来说,一套绩效管理系统最起码包括:① 用以描述用作绩效替代物特征的一项或多项绩效评估指标,② 一套针对每一项评估指标的绩效目标、标准和/或标杆,这设定了可接受绩效的最低水平,以及③对偏离这一目标、标准或标杆采取的某些奖惩措施。

绩效评估指标可涉及任何与设定政策或建立绩效评估系统的那些人利益相关的变量。评估指标可以包括① **投入**,诸如登记参与项目的人数,② **过程**,诸如实施一套教育课程,③ **产出**变量,如某个项目的毕业生人数或参与者在项目完成时达到的平均阅读水平,④ 对某一变量**总体变化情况**的评估指标,如在过去的一年当中在阅读方面取得的成绩,以及/或⑤ **净影响**的评估指标,如由一个项目唯一引起的某一后果(结果)的变化。然而,大多数正在运行的绩效管理系统却将它们首要的关注点放在了产出的评估指标和后果的总体变化情况上。

从积极的一面来说,绩效管理系统的奖惩措施包括从对项目地位的口头认可到对员工或整个项目的金钱奖励,而从消极的一面来说,则包括从减少资金投入到取消运营项目的权利。例如,《就业培训合作法案》(JTPA)的培训项目就是既有胡萝卜——对有良好绩效的项目增加资金投入而不附加多少条件限制——又有大棒——如果连续两年绩效糟糕将取消运营项目的权利。有意思的是,在对"最佳做法"的研究中,《国家绩效评估报告》认为"绩效评估系统应当是积极的,而不是惩罚性的"。

持续实施绩效管理而通常却并不经常进行评估这一事实,对在这两种途径中得到应用的各种评估指标具有一定的影响。由于绩效管理系统的信息是持续收集的,所以这一系统的信息收集成本是一个比并不经常收集信息的评估更为重要的问题——尽管许多评估会在某种程度上利用监控信息。因此,绩效管理系统往往要比评估更为倚重易于获得的代用信息。而且,为了提供有价值的反馈,绩效管理系统也必须要比相同情况下的评估提供更为迅捷的信息。由此,相比于评估所需要的更为充足的信息组和针对后果的评估指标来说,绩效管理系统往往要依赖既有的管理信息系统、行政信息和短期的后果。例如,对《就业培训合作法案》的培训项目所做的评估可以考察一年、两年或五年的影响,但这样长时间的随访期对于绩效管理系统而言却可能是没有价值的。

还应当指出的是,尽管官方对绩效管理系统的期望如《国家绩效评估报告》所宣称的那样很高,但实际上许多这样的系统并不能满足这种理想化的模式,并且极为不恰当地扩大了此类系统的用途,使之用来进行评估而不是用于受到更多限制的监督。

"运动"的发展演变

所有的运动都比我们想象的要久远得多。第二次世界大战期间的国防部,因为其绩效评估、报告和改进系统(Performance Measurement, Reporting, and Improvement System,PMRIS)而成为开始关注**可评估目标**的源头。美国学者 W. E. 戴明(W. E. Deming)提出了"全面质量管理"(total quality management)的思想,这一思想首先被日本人采纳并在后来被某些大型的美国企业所吸纳。许多人认为绩效管理的依据就是戴明的著作。

"目标管理"是 20 世纪 60 年代和 20 世纪 70 年代的一个时髦概念。最近,奥斯本和盖布勒指出了大多数政府部门应用这种管理方法的失败之处,并提出政府如何能够通过运用诸如竞争和以任务为导向的战略规划这样的原则,以及强调顾客服务和绩效管理并以提升质量和缩减成本的方式来实现"再造"(参见奥斯本和盖布勒,1992年)。

到1985年时,美国和其他后工业化国家的预算赤字开始引起政界和媒体的关注。包括社会福利和项目在内的预算的弹性部分更容易受到监督和削减。判断在社会项目上支出的税收所带来的公共收益,变成了一项根深蒂固的要求。

同时,在美国,由于受到计算机革命的影响,政府拥有了收集和分析大规模信息以便对社会事业开支做出判断的手段,而且由于纳税人在希望将其缴纳的税款用于所需之处方面变得更加精明,因此评估研究运动在20世纪60年代到20世纪80年代的几十年间变得极为活跃。新出现的应用社会学研究,被看作是用来研究社会项目和示范项目效率和有效性的最为先进的手段——也就是说,以成本来表示效率,而以它们如何实现既定目标来表示有效性。因其在很大程度上致力于对某些重要**关系**的研究,评估研究得以与其他方法区别开来:这包括① 政策实施、实践与组织安排;② 项目干预;③ 项目后果、净影响以及成本与收益。

有一段时间,特别是在20世纪80年代,似乎计算机化、预算赤字、纳税人对公共责任提出的新要求以及进行充分评估研究带来的实用性,共同为界定和评判"政府责任"营造了一种全新的、有所改善的氛围。运用一种实验设计方法——在评估研究领域用以判断社会项目净影响的无偏好(least-biased)方法,出于评估工作/福利项目的目的,人力示范研究公司(Manpower Demonstration Research Corporation)在20世纪80年代对美国卫生与公共事业部展开了一系列具有里程碑意义的评估[参见弗里德兰德(Friedlander)和伯特莱斯(Burtless),1994年]。

美国劳工部(DOL)也组织了严格的评估活动,对项目实施情况和就业及培训项目的净影响展开研究。美国劳工部又资助了后续的研究无家可归者和失业者项目以及各种示范项目的评估活动。1994年,在《项目评估标准》(*The Program Evaluation Standards*)一书中,评估研究学者针对评估者提出了正式目标和指导原则,这设定了严格的研究标准,但同时也极大提升了应用研究在政策过程中的实用性,以及符合绩效管理系统内在要求的可能性[参见桑德斯(Sanders),1994年]。

在其他后工业化国家直到20世纪80年代,作为一种判断社会事业开支效率(成本)和有效性(目标实现)主要手段的评估研究才刚刚开始出现。直到20世纪90年代,西欧国家才开始密切关注评估研究及其在提升政府责任中的潜在作用。预算赤字和社会项目的分权化对近来评估的发展发挥了激励作用。评估要求被用作中央政府维持对下放给地方政府的社会项目实施某种控制的一种工具。1990年,经济合作与发展组织(Organization for Economic Cooperation and Development,OECD)出版了一本有关成员国评估研究发展状况的专著,以便在遵守新的评估要求过程中为成员国提供协助。

1994年,欧盟委员会(European Commission)资助的研究专家小组制定了一份评估指南,用来评估那些欧盟(European Union)提供资金支持的公共事业和经济发展项目的价值。最近,英国和法国在国家层面成立了专业化的评估研究组织。但是那些负责政府**预算过程**的审计长仍然在评估时具有强大的影响力。

尽管有些人可能会把绩效管理概念看作是一项美国人的创造,但是这些概念在新西兰的影响却要远远超过我们自己对它们的应用,而且这种模式也广泛传播到了其他国家,尤其是澳大利亚、英国、瑞典和法国(参见美国审计总署,1993年)。通过管理方面更多的自主性和灵活性并在更大程度上重视政府活动的结果而不是过程,这些管理改革的主要目标是提升责任意识。这些以民营化为导向的改革强调那些与管理者达成的正式契约,这些契约明确了要实现的目标并规定了一套用来判断目标实现情况的绩效标准。新西兰和英国关注中期后果而不是长期的最终结果。所采取的模式常常会与预算过程联系起来,即使并没有使用成本/收益研究来支持这种联系。应用社会科学研究只是在偶然的情况下才会成为这些方法的一个组成部分。

有关随后形成的绩效管理和评估研究运动分属两个不同阵营的刻

板印象的一个有说服力的例子，是全国公共行政学会（National Academy of Public Administration，NAPA）1997年针对1993年《政府绩效与结果法案》（GPRA）实施情况出台的报告。其提升政府绩效工作组（Panel on Improving Government Performance）与美国公共行政学会（American Society of Public Administration）以及管理和预算办公室（OMB）一起，对20个《政府绩效与结果法案》的示范项目进行了研究。这份报告（NAPA，1997年）引述了该工作组两位发起人的说法："直到最近，评估政府绩效都是学术圈子的活动并且没有得出什么结论。结果与规划毫不相关，而且为了其他涉足这一新兴领域的人的利益，也没有去认真总结多少经验和'最佳做法'。"就过去20年间确定项目的结果、服务供给政策和实践的影响以及项目的"最佳做法"而言，这是对评估研究所做贡献的一种曲解。它夸大了绩效管理对项目效率和有效性做出合理解释的贡献。

两种运动在后工业化国家的发展存在着显著的差别——一种主要是由学术界发展而来的，而另一种则产生自民营/公共官僚组织的磨炼。在这些运动逐渐成形的过程中，美国的会计行业又在20世纪80年代开辟了**绩效审计**这一新的专业化领域，这导致联邦政府机构内部的预算部门开始进行它们自己的"评估"研究。这一结果的出现是因为美国的绩效管理运动获得了发展的动力，与研究机构相比，审计部门的影响力有了显著的提升。

1982年，国会通过了《就业培训合作法案》，该法案在1998年8月被《劳动力投资法案》（Work force Investment Act）所代替。《就业培训合作法案》是全国第一个强制实施绩效评估指标和标准的项目。该法案似乎也对美国的绩效管理运动提供了支持。附带有对责任提出的要求，该法案涉及将就业和培训项目的资金和权力下放至州政府层面。由于其关注后果，绩效管理也被看作是联邦政府对将资源和权力下放至州政府层面进行补偿的一种手段。绩效管理也是对社会项目网络不断增加和分化做出的一种回应，对重新开始强调协调以及公共事业的协调做出的一种回应,回应了20世纪70年代关注的话题。

在克林顿政府时期,鼓励各州建立能够对一系列相关项目进行协调、监督和评估的人力投资委员会(human investment councils)。许多州也是这样做的。州就业培训协调委员会主席(State Job Training Coordinating Council Chairs)的全国组织,发表了支持创建投资委员会的题为《清除障碍》(*Bring Down the Barriers*)的声明。与此同时,联邦政府也在各部门与相关项目间建立了新的联系,并对根据1993年《政府绩效与结果法案》在组织内部形成新的以结果为导向的责任机制提出了要求。1997年10月,所有的联邦政府部门都被要求向管理与预算办公室提交关注结果的年度战略规划,以详细说明它们执行这一法案的情况。在此期间,联邦政府的就业培训2000年绩效标准小组(Job Training 2000 Performance Standards subgroup)在1991年针对就业和培训项目也提出了一套核心的评估指标。借用多种国际模式以及本国特有的战略规划概念,美国卫生与公共事业部推出了用来明确绩效管理条件下公共责任体系基本构成要素的《实现结果:政府责任指南》(*Getting Results: A Guide to Government Accountability*)。所有这些方案都强化了对绩效管理的关注度。

不论是在联邦政府层面还是在州政府层面,绩效管理运动目前都在发挥着作用。绩效标准以及用来支持它们应用的激励/惩罚系统,现在是《就业培训合作法案》第Ⅱ、第Ⅲ和第Ⅳ章、受劳工部领导的就业培训机构(Jobs Corps)以及农业部的食物券、就业和培训项目的组成部分。而且卫生与公共事业部的就业机会与基本技能(JOBS)项目也对它们的应用做出了强制性规定(尽管从来没有实施过)。20世纪90年代初,克林顿政府组织了核心信息要素和共同概念(Core Data Elements and Common Definitions)项目,该项目提出了一套共同的、能够被所有的就业和培训项目用来监控实施结果的评估指标,这套评估指标的大部分都是依据绩效标准制定的。全国职业教育研究中心(National Center for Research in Vocational Education)在1994年发表了《超越绩效标准》

(*Beyond Performance Standards*),明确指出了职业教育项目的哪些变量对于绩效标准体系中的评估指标是最为重要的。

同样是在1994年,全国州长联合会开展了涉及12个绩效管理模式示范州的绩效管理项目。它们总结这一项目的报告《以政策协调和质量保证为基础构建州政府劳动力发展体系》(*Building State Workforce Development Systems Based on Policy Coordination and Quality Assurance*),关注于战略规划和绩效评估,包含了对评估研究有限作用的说明。创建于20世纪90年代的州政府层面的绩效管理系统,通常需要提出一种设想、目标、可进行评估的目标、绩效评估指标、可利用这些评估指标的既定后果,以及有些时候与这些绩效评估指标有关的绩效标准和长期标杆,很少会关注过程问题,也很少会与评估研究结合起来。

与绩效管理和评估研究缺乏整合有关的问题

某些绩效评估系统不恰当地认为,在这些系统中得到评估的那些后果应主要归因于受到监控的项目,而不是那些可能处于项目管理控制之外的其他因素。由于那些项目受此潜在影响可能会进行修正和得到资助,因此一个主要的风险就在于可能会依据这些后果来评判项目的价值。

一、概念化的问题

社会项目是以众多**变革理论**为基础的。它们假设在**社会变革推动者**(社会干预)和项目设计者所希望的**净影响**之间存在着某种特定的关系。在提出这种关系的过程中,设计者们会做出一定的**假设**来说明将会发生变化的人口、群体或组织,变革者实现项目目标的能力,以及项目赖以运转的环境的性质。

要明确项目或系统实施过程或者它们所取得的结果中存在的问题,就需要在收集信息的过程中解答几个关键的问题。否则要准确解释这些问题,并对如何解决这些问题做出有效的判断在信息方面就是不充分的。在这个意义上来说,对项目或系统进行的持续性改善,在很大程度上要依赖那些远远超出收集到的有关后果评估指标的信息。正是由于最主要关注的是后果,绩效管理系统往往不去关注程序理论的整体部分。因而此类系统并不能充分和全面地判断某个项目的实施和/或干预措施是如何促成所报告的后果的。

在将有价值信息应用于项目、系统或政策改进中需要处理的某些重要问题是:

项目或系统的实施是否如设想的那样?
是否真的对那些设定的目标采取了干预措施?
那些受干预措施影响的目标是否就是那些项目采取干预措施的目标?
那些受干预措施影响而产生的后果是否是所希望的结果?
那些受干预措施影响的目标的中期、短期和长期后果是什么?
可直接归因于实施手段和/或干预措施的后果是什么(如,净影响是什么)?
实施手段可能对后果分别产生了什么样的影响?
干预措施可能对后果分别产生了什么样的影响?
成本和净影响之间形成了怎样的平衡关系?

对于监控一个项目遵守政府规章的情况(前 4 个问题),或者出于比较项目的实际情况与一项正式的项目规划的目的,运用绩效评估指标和标准是恰当的做法。而且对于判断为一个项目或系统的顾客所实现的**后果**的程度来说,它们也是有价值的。其优势是能够实现更大程度的管理控制和共同责任。但是绩效管理却很少用来理解干预措施或实施过程是如何能或不能导致或影响这些后果的。如果缺少对实施过程和净影响的定期评估,绩效管理系统就不能验证程序理论。

然而,如果绩效管理要对项目进行改进,它就必须利用那些来自对程序理论进行验证的过程中产生的信息。后果可能是由那些与一个项目所预计的干预措施与后果之间的关系毫不相关的因素——选择提供服务的对象的特征、项目运转的环境、现存的绩效标准和激励,等等——所导致的。这些有可能存在的偏见会被对后果盲目的认同所掩盖,好像这些后果就代表了净影响信息。如果绩效管理信息再与预算决策联系起来的话,那么这样的信息就会产生错误的社会救济措施。例如,国家绩效评估委员会要求,每一个联邦政府部门都必须根据运用绩效评估指标并将政策重点、结果和财政拨款联系起来的绩效协议来撰写"以结果为导向的财务报表"。

例如,华盛顿州的职业教育社区决定通过某种形式的绩效管理来考察职业教育干预措施在该州社区学院产生的结果。管理者们选取了少量侧重于实现就业的后果评估指标,并且通过失业保险的工资档案来收集就业数据。并没有对干预措施本身进行评估,也没有任何针对向顾客提供职业教育方式的定性评估指标。也未很好地评估顾客自身的特征。只是系统性地收集了后果数据。研究报告表明,能够将这些后果归因于职业教育课程,并得出结论说社区学院取得了巨大的成功。后来,对该州职业教育和就业培训项目所做的一次独立的净影响评估表明,职业教育的干预措施与就业后果之间的关系是复杂的,并认为社区学院只是对所报告的后果产生影响的一个因素。如果立法机关的预算过程完全依赖于这些绩效管理报告的话,那么在缺少职业教育会对就业机会造成显著影响的任何有效证据的情况下,这些社区学院就有可能获得更多的财政拨款。

技术评估办公室(Office of Technology Assessment)对将教育技能标准用作绩效管理组成部分所做的分析指出,关键的问题是缺乏有关项目复杂性的信息,并依赖于绩效标准中范围有限的几个评估指标[参见沃特(Wirt),1995年]。

充分的评估研究将会表明,那些财政拨款的责任策略会全面考虑程序理论的所有构成要素:一个项目的组织方面、管理的性质、服务供给系统的步骤、工作人员的特征、有资格获得服务的顾客的特征、选择或选定顾客介绍服务的方式、他们有关该项目的经验、他们实际上接受的服务组合及服务的顺序，以及他们在项目终止时及项目终止前各个时间点上所取得的后果。

如果出资者能够对缺乏充分信息的重要性保持警觉的话，那么为了判断哪些结果能够单独归因于项目所采取的干预措施，他们就会实施对过程和净影响变量进行考察的**全面评估**。到20世纪80年代中期并直到20世纪90年代，美国劳工部就采用了这种科学的方法，**除此之外**也关注绩效管理。

二、评估的问题

绩效管理极为重视提出可进行评估的目标以及对量化后果的识别。这些是对项目或系统目标的可操作性表达方式。但是，仍然存在一些值得关注的评估问题。

强调一套缺乏广泛性的量化后果评估指标。有两个评估问题制约了绩效管理信息的效用：① 提出了一套受到限制的易于量化和收集的后果评估指标，② 对于项目和系统的干预措施缺乏具有操作性的概念和评估指标——既涉及实施模式又涉及提供服务和/或补贴的评估指标。所有的问题都可以追溯到在向那些制定项目和系统决策的人提供准确、有价值信息的过程中要关注整体程序理论这一要求。

将后果评估指标局限于一个小规模的、可控制的范围，以及一个能够轻易地在与项目有关的"管理信息系统"中进行评估的范围内，或许对于初始成本来说是有效的，但这样一套评估指标在解释某个项目或系统中是什么发挥了作用或者什么没有发挥作用的过程中，却可能忽略那些重要的变量。在有关就业和培训项目的绩效管理系统中，大多数州都将后果评估指标界定为就业安置和在项目结束时的工资收入以及短期内的后续措施，却没有考虑诸如技能的提升这样的中期后果、诸如工作质量这样的短期后果，以及诸如工作持续时间这样的长期后果。

过于依赖有限的量化指标,也会忽视那些如态度变化或家庭生活变化与争取和维持令人满意的工作和收入高度相关的重要的定性后果。而且也会经常忽视纳税和工作替代影响的评估指标。通过提供一系列丰富的后果评估指标以及有关净影响和成本与效益的信息,评估研究能够对绩效管理系统的信息库加以补充。

绩效评估的频率和持续时间。另外一个问题是绩效评估的频率和持续时间——也就是说,绩效管理系统会在怎样的间隔上并用多长时间来评估后果。通常情况下,该系统会在相对短的时期内在某些评估点上进行评估,如在某个项目结束时以及在项目终止后的几个月内。评估研究认为,这一局限性会产生误导信息,只有借助更为频繁的评估间隔和更长的评估期才能修正这些信息。根据多个评估点精心设计的纵向调查,可以减少信息加工中的误差,但这些却很少能成为绩效管理的组成部分。

有效性。当然,对"指标"的痴迷并不新鲜。但很多指标数据集是二手数据,这意味着使用者并不是根据自身独特的信息需求自己提出这些评估指标的,而是利用了由其他人创立的数据集。通常情况下,这些数据集中的数据元素都会毫无疑问地被管理信息系统所采纳。

反映一个数据元素真实性程度的"有效性",代表了一个更为抽象的变量。在许多就业和培训项目的绩效系统中,即使工作是不稳定的、低水平的而且薪酬很少并且工作条件极为恶劣,"在项目结束后获得了一份工作"也意味着"有成效的就业后果"。例如,最近对《就业培训合作法案》的数据所做的分析表明,《就业培训合作法案》绩效标准中的短期评估指标只与《就业培训合作法案》设想的增加就业和收入的目标存在微弱的联系。评估研究有的时候在涉及绩效评估问题时也是幼稚的,但对于验证评估指标有效性的专业决心却非常强烈。

在参加全国州长联合会绩效管理项目的某些州,某些有关后果的评估指标被想当然地看作是代表了项目或系统的目标。这表明存在着从抽象评估指标向具体评估指标跳跃的趋势，却没有首先对目标加以清晰的界定、根据这些目标使评估对象具有可操作性，并在随后根据这些评估对象选择或提出具体的评估指标。这种跳跃降低了评估指标的有效性。这一问题又因为主要是依据先前信息系统的有效性来选择评估指标而进一步恶化了。在成本压力下，这正是某些参与全国州长联合会项目的州所遇到的情况。

数据的可信度和一致性。在华盛顿州针对职业教育和公众的就业和培训影响所做的一次评估中，需要研究者们"清理"数据集并去补充那些"缺失的数据"，这是在利用现存数据管理系统的数据进行研究的评估过程中经常会遇到的一项庞杂任务。技术评估办公室在 1994 年开展的一个项目对大量出于绩效管理目的而运用管理数据的工作进行了研究，并指出在数据的可信度方面存在着大量的问题。东北/中西部研究院（Northwest/Midwest Institute）、全国就业政策委员会（National Commission for Employment Policy）以及运用数值计算数学模型软件所做的政策研究（Mathematica Policy Research），都发现了管理信息系统所收集的数据中存在的问题。然而大多数州的绩效管理系统却是完全依赖于那些管理数据的。

而且，大多数在全州范围内建立公共事业理事会或委员会的州，并没有将大量用来支持各种项目的数据系统与这些伞状的官僚结构整合在一起。为了向其管辖下的那些项目提供一套具有操作性的核心概念和评估指标，劳工部与教育部在 20 世纪 90 年代进行了前所未有的合作。（参见美国劳工部，1996 年。）但各州也仅仅是刚刚开始接受此类核心的评估指标。那些两个数据集缺少联系、或者对所有相关的项目缺少一种独立的自动联系系统的绩效管理系统，必定会用真正的谨慎态度来解释所收集到的项目后果信息。

全国公共行政学会的顾问委员会（Advisory Panel of the National Academy of Public Administration）自己提出的建议是，要在绩效管理系统中使用更为丰富、更为有效、更具可信度也更为及时的评估指标。这是一个评估研究能够在其中发挥重要的补充作用的领域(参见全国公共行政学会,1997年)。

各种绩效评估指标会在某些环境下产生效用。我们没有考察它们在监控政府项目绩效中的使用情况。我们所关注的与有些时候由这些信息导致的结论有关。尽管对以前年度的投入、过程和改进进行的解释不太可能与净影响混淆在一起,但还是存在着一种风险,即在后果变量层面上的信息、或在项目前和项目后期间后果变化的信息有可能与净影响混淆在一起。

三、方法的问题

此外,在大多数绩效管理系统中主要的方法问题是,存在着将在这些系统中收集到的后果信息归因于社会项目或整个人力投资体制的倾向——也就是说,**假设这些项目或体制应该对所收集到的后果信息负责**。它们或许是,但并没有进行一种净影响评估(而且是在使用一种非实验性的研究方案的情况下,对项目的雇佣、选择和选择过程进行的一种平行研究),也没有办法了解这些后果是否就是项目本身的结果。因此将管理和/或拨款决策仅仅建立在后果的基础上是极为冒险的。而且,那些完全依赖后果信息的管理者并不会通过成本－效益信息获益,成本－效益信息取决于对净影响所做的评估。遗憾的是,许多绩效管理者和利益相关者会假设后果实际上只是净影响以及评估项目的成本。评估研究因而仅仅能够作为对根据后果信息做出的判断进行核查的一种基本手段,并补充用来在成本和收益之间进行平衡的信息。

例如,美国劳工部培训项目的绩效管理系统是在20世纪70年代后期建立起来的,当时负责政策、评估和研究的副部长是一位经济学家,所以针对《就业培训合作法案》的绩效管理系统使用那些间接评估项目净影响的指标作为其绩效评估指标。为了判断项目后就业和收入水平与个体及局部区域特征之间的关系,通过运用管理信息系统的数据来评估地方项目的绩效。用回归分析来判断这种关系,同时根据预定的后果变量水平与实际水平之间的偏差来评估绩效。此类系统存在着两个潜在的问题。缺少对照组意味着绩效管理系统在最好的情况下也只能对地方项目的相对绩效做出评估。缺少对照组使对项目净影响的判断变得不可能。另外,数量有限的间接变量可以控制局部区域之间的差异,但也可能导致绩效评估指标对净影响的替代性偏弱。通过研究《就业培训合作法案》实验性评估得出的数据,本章的一位作者指出,实际上,净影响和绩效只具有微弱的相关性。

上面并未做出任何结论,这意味着即使在得到正确使用的情况下,也应该从消极的意义上来审视绩效评估指标。因为绩效管理系统必须迅速并低成本地提供数据,所以没有必要要求对数据的解释应该多么准确,或者要求对数据的评估也应该适用于后续的一段时期,这正如在影响评估中遇到的情况一样。显然,即使是能够用一个较为简单的系统来评估每天的进展情况,要判断某个项目的净影响和效力,也需要进行定期的净影响评估、过程研究和成本—效益分析。

绩效标准

绩效评估通常需要提出绩效**目标**、**标准**和**标杆**,它们能够对绩效管理系统的管理信息系统收集到的有限量化评估指标加以利用。这些目标、标准和标杆成为绩效管理系统的重要组成部分。绩效标准的目的是增加与项目意图的一致性,有一些研究也表明这恰恰是它们的优势之所在。

进一步来说,在诸如《就业培训合作法案》这样的联邦政府项目中,货币激励/惩罚系统也对满足这些选定的标准提供了支持。然而,在通过增加拨款的方式对实现或超过标准实施奖励,或通过投资方更为严格的监督对不良绩效进行惩罚的情况下,却存在着绩效标准对项目产生诸如使其偏离原初目的这样潜在消极影响的可能性。

20世纪90年代针对《就业培训合作法案》的绩效标准和激励措

施对管理决策的影响进行了一系列研究,这些研究是以全国《就业培训合作法案》实验(National JTPA Experiment)这样一项对《就业培训合作法案》的净影响所做的实验性评估收集到的数据为基础的。这些研究表明,在某些情况下绩效标准在使项目偏离其原初目的方面对项目管理者和工作人员具有强大的影响力,而且在设定标准的过程中所使用的短期评估指标与长期的就业和收入影响——也就是说,与那些项目的最初目标——之间的联系,也只是微弱的并且通常是负相关的。项目管理者做出的客户安置、登记和资格终止决策与满足或超过标准的需求相一致,却并不是建立在符合资格的客户需求的基础之上的。

全国州长联合会有关技术标准应用的报告表明,设定预期绩效的绝对标准会使标准具有指导行为的操纵力量,但由于存在着用后果信息作为有可能产生误导的"行—不行"(go—no go)决策的基础的趋势,因而常常会将行为导向错误的方向。1988年针对《就业培训合作法案》所做的一项SRI国际研究指出,绩效标准使得为"用心服务"(hard to serve)而采取的服务措施有所减少。一篇斯坦福大学的博士学位论文认为,那些获得最多激励性财政支出的《就业培训合作法案》领域吸纳了大量具有相当工作经验的客户。而且为了满足绩效标准,某些《就业培训合作法案》项目拒绝吸纳那些期望享受社会福利的客户。20世纪90年代人力示范研究公司从事的一项研究表明,在"从福利到工作"项目中收集到的后果信息仅与项目目标保持着微弱的相关性,有些时候甚至削弱了这些目标。审计总署1991年的一份报告也指出,《就业培训合作法案》的绩效标准以及与这些标准相联系的激励/惩罚系统正在导致严重的不平等,减少了妇女和少数族裔参与该项目的机会,并限制了客户参与适当培训课程的选择权。

某些专业人士坚持认为,风险在将总体后果作为预算决策基础的前提下是最为显著的。会计专业人士借助审计机构而不断强化的权力成为一个新的关注点。1990年政府会计准则委员会(Government

Accounting Standards Board)的报告就是一个恰当的例子[参见哈特利和方丹(Fountain),1990年]。该报告提议审计长参与"绩效审计",强调对后果审查的快速周转,然后再与预算决策联系起来。实施这些审查的审计人员往往并没有接受过评估研究原则和方法的训练,或者也没有充分考虑,根据他们"导致了"收集到后果信息这样的假设对项目做出错误判断而带来的风险。例如,对《就业培训合作法案》进行审计的结果,与经过严格评估所获得的信息是相互冲突的。在存在着削减财政拨款或取消某个项目的可能性的情况下,评估结果需要为决策过程做出某种重要的贡献。

改进绩效管理系统

显然,一种制度的重要优势就在于能够为社会政策领域建立公共责任提供一套更符合逻辑的框架。对于绩效管理极为重要的战略规划原则和实践,形成了一种有关管理者应当如何在坚守不断维护品质、更有效地对顾客做出回应和改进项目的承诺的情况下开展工作的新观点。审计总署认为,绩效管理极大地提升了联邦政府的效率和有效性。而且,绩效管理系统也为建立用来提供责任依据的、经过改进的自动信息系统设定了一套标准。然而,不论是在美国还是在其他国家,在所有的绩效管理系统中仍旧存在着需要加以解决的问题。

由于关注于后果的评估指标,作为项目管理者的一种监控工具,绩效管理能够依据设定的目标提供用以追踪进展情况的重要的短期周转信息。作为一种研究工具,评估研究能够为相对公正地评判项目或系统的效率和有效性提供需要的广泛信息。每一种途径都有助于增强项目和公共服务系统对顾客和利益相关者的责任感,并有助于提升决策者在多种项目方案中做出选择的能力。

专题 17-1　实现更好绩效管理的策略

下列建议能够增强绩效管理系统提供正在实施的监控的信息和有关项目效率和有效性的信息的能力：

概念化

在一套绩效管理系统中，用来说明与某个项目理论基础有关的所有关键变量的定性化和定量化评估指标都应该包括：参与者；组织结构和功能；服务供应体系；对待（服务）参与者的方式；为参与者带来的总体后果；总体的效率和有效性（如果可能的话，净影响以及产生这种影响的成本——也就是说，成本/效益的权衡）。

在绩效管理重视战略规划的过程中，利用评估研究作为对正在进行的信息收集工作的一种补充。

绩效管理过程中不仅要重视结果而且还要重视持续性的信息生成过程。通常只是将评估研究看作是一种周期性的活动。在对实施和/或净影响的标准化研究中，这常常是正确的。但是，经过科学设计的纵向调查却会提供连续的信息。而且作为信息生成过程的组成部分，过程、净影响和成本/效益评估可以定期举行。在这个意义上来说，能够将评估研究看作是通过生成有关项目效率和有效性的更为有效和更为可信（较少偏差）的信息的方式，来提升绩效管理系统向公众解释政策信息的能力的一种工具。

为了减少信息偏差和防止根据总体后果的信息做出毫无根据的推断，应向绩效管理的工作人员提供基本的研究原则和方法的培训。

评　估

为了提出针对利益变量更为有价值的评估指标，应鼓励评估研究者自己更为充分地了解某个项目所依据的理论基础。

提出一套在反映相关项目的关键层面具有普遍性的定性和定量的核心评估指标：有关项目的实施、后果、长期影响及成本和效益的评估指标。

围绕核心评估指标,使评估研究者、顾客和利益相关者共同参与提出一套全面的过程、后果、影响以及成本—效益评估指标的过程。

将一套针对项目目标的简单的、及时的、便于量化的粗糙的间接评估指标转变为有关方式和目的的更为全面、准确和复杂的评估指标。

建立能够收集、储存、提取、分析和报告广泛的有关单个顾客的项目信息以及与项目的组织层面有关的重要信息。

收集评估指标信息并监控它们运转中的效用和质量。

建立针对管理者的激励机制,以便真正去使用这些信息对于他们而言是可行的。

同时,应避免强化"绩效信息官僚机构"的发展趋势。

方　法

为了实现对项目干预与目标实现重要关系的更好理解,以及获取权衡项目成本和项目影响(收益)之间的相关信息,应实现评估研究和绩效管理的有机结合,以减少将存在偏差和可能产生误导的信息应用于对项目价值的评估。

应使评估研究者作为跨学科领域团队的协调者全面参与战略规划过程,以便使这一过程获得充分的、关于那些对于决策者及决策所指向的目标最为可行也最具价值的评估类型的建议。

绩效标准

应以一套全面的描述项目参与者、服务方式、对参与者产生的后果以及项目的净影响的评估指标为基础提出绩效标准。

只用在收集了一个合理时间段的相关项目信息之后才能提出绩效标准,这样分析者们才能对被吸收进评估标准的哪些评估指标是最有效的、最可信的和最有价值的做出判断。

第十七章 绩效管理新的困扰是否掩盖了社会项目的真相?

> 利用专家组提出有关后果的评估指标,这些评估指标能够在最初用作目标或标杆,而不是用作被限定为激励或惩罚的目标。
>
> 考虑到激励/惩罚机制对影响项目方向的决策可能产生的负面影响,只能是非常缓慢地建设激励/惩罚机制,根据项目的运转情况、绩效标准的使用情况以及评估的结果进行深入的了解。超过绩效标准的大规模激励措施会产生可行性和公平问题。

当用作辅助工具时,两种"运动"都能够为决策者提供大量更为有效和可信的信息,并能够为项目的改进提供更为准确的指导。绩效管理可以为战略规划、监督和运作效率提供信息。评估研究可以提供与项目存在因果关系的过程有关的信息,并能够审查更为短期的绩效策略的有效性。评估能够用来选择绩效评估指标和提出战略规划,而且战略规划过程能够有助于政府部门根据需要进行评估的项目对后果做出判断。美国审计总署建议进行这种合作,并建议评估应该成为政府部门战略规划6个一般性构成要件中的一个。

因此,我们认为,未来的主要方向应该是实现评估研究与绩效管理系统更为全面的协调,推动评估与绩效管理的充分整合。这种整合将要求绩效管理系统不应将评估者看作只是定期登陆地球进行研究并提出建议的来自于外层空间的外星人,而是应看作是跨学科团队的组成部分。它还要求评估者们在管理者获取用来跟踪后果的不间断信息的需求方面,以及在以更为谦逊的态度展示其专业根基的优势方面变得更为敏锐。

第十八章 绩效管理系统设计与实施中的困境

达尔·W.福赛斯

在 20 世纪 90 年代的后半期，在政府范围内艰难漫长、缓慢和仍旧不够充分地实施着 1993 年《政府绩效与结果法案》(GPRA)所强制规定的绩效管理系统。恰如理查德·内森在本书导言中所清楚揭示的那样，有理性的人们对联邦政府的绩效管理仍然存在着乐观与悲观的不同态度。乐观者认为《政府绩效与结果法案》将有助于改进华盛顿的管理水平，使联邦政府更具责任感并提升资源配置决策的质量。悲观者则担忧新晋的官员将屈服于诱惑而从字母表中再捡出几个字母并重头再来一次(意指政策缺乏连续性——译者)，或者《政府绩效与结果法案》成为历史上又一个以代价高昂和失败而告终的改革方案，并像诸如绩效规划预算系统(PPBS)、目标管理(MBO)和零基预算(ZBB)那样的早期改革运动一样，增加联邦政府的书面工作负担。

利用本书其他部分的案例研究和分析章节，本章将对根据实施绩效管理的所有层级政府的前期经验所获得的研究成果进行总结，并利用这些研究成果来展望《政府绩效与结果法案》在下一个实施阶段将会面临的问题。在从乐观者到怀疑论者的意见集合中，我居于令人尴尬的中间位置。一方面，我视绩效管理(PM)系统为适用于政府部门的管理者和监督者的有价值的工具。怀疑论者常常对与战略规划有关联的绩效评估指标的优点轻描淡写,却对从绩效管理系统获取有价值信息的困难夸大其词。事实上的确存在着影响绩效数据价值的限制性因素,以及许多与绩效管理系统的设计和实施有关的难题。支持者们有时犯了如希克所说的"绩效评估领域的大错误"——设想"一个组织借助对其绩效的评估就能够实现转变"(本书第三章)。这些绩效管理的限制性因素在绩效预算过程中表现得尤其明显,它们并没有如最为乐观的支持者所希望的那样使政府的预算过程发生改变。本章会更为详尽地关注这些问题并讨论某些用来解决这些问题的成功战略,从而使管理者和监督者们能够有更好的机会了解绩效管理系统的优势。

一种"绩效管理系统"是一套相互关联的绩效方案和绩效指标和/或评估指标。战略规划或其他的多年度业务规划是所有绩效管理系统的关键组成部分。如果没有这样的规划,一个政府或许也可以扬言自己拥有一套绩效指标,但却绝对不可能拥有绩效管理系统。某些绩效管理系统会向良好绩效提供激励或对结果方面的缺陷采取惩罚措施。还有一些绩效管理系统通过某一个通常可以称之为绩效预算的变量与预算决策过程联系起来。在第二章中,哈特利对绩效评估和管理的术语作了更为全面的介绍。

所有这些因素都有可能产生设计和实施问题。混淆了绩效信息的目的和对象,对评估所面临的挑战漫不经心以及对激励措施选择不当,都会使绩效管理系统遇到困难。当试图对那些包括独立承包商和其他层级政府在内的、超出某个政府部门直接控制范围之外的机构绩效进行管理时,还会产生某些特殊的问题。官僚组织内部的反对力量也会在实施过程中对绩效管理系统产生阻碍作用,当一个政府试图利用绩效数据来配置资源时又会产生另外的难题。最后,绩效管理系统有时会与民选官员的政治需求发生冲突。我会依次对每一个问题领域进行讨论。在本章的最后,我会回到《政府绩效与结果法案》来考察在其实施的下一个阶段会面临的困境与可能性。

设计实现多种目标的绩效管理系统

绩效管理系统试图实现三个主要方面的改进：①

责任：有关政府绩效的信息能够协助民选官员以及公众和媒体对政府的行为是否恰当作出判断。

管理水平的提升：尽管"就其本身而言，绩效管理并不产生绩效"（英格拉汉姆和莫伊尼汉，第十二章），但是绩效管理系统能提供战略重点、有用的度量标准以及目标和激励措施来帮助政府部门进行更好的管理。

决策：能够在预算拨款和其他的决策过程中使用与政府部门及项目绩效有关的信息。

有关绩效管理系统恰当方案的争论常常反映出混淆了这三个目标之间的相对优先顺序。那些针对责任而设计的高水平、自上而下的系统或许不会轻易与政府部门的实际操作相联系，而且可能不会为这些操作单位的管理者提供有用的信息。例如，俄勒冈州的标杆系统（Oregon Benchmarks system）最初设计的目的，是帮助公民和政府官员评估该州在诸如减少贫困人口和改进空气质量这些广泛的社会目标上的进展情况。但俄勒冈州自上而下的社会指标（或者用绩效管理术语来说，是"最终后果的评估指标"）却太过笼统，以至于脱离了大多数政府部门管理者的日常活动。因此，这些标杆在鼓励提升管理水平的过程中被证明发挥的作用是有限的。②

另一方面，为日常管理活动提供数据的自下而上的系统，却可能并不能为责任和监督提供更为有价值的信息。例如，纽约市每半年公布一

---

① 英格拉汉姆和莫伊尼汉（本书第十二章）认为有 4 个目标，而贝恩（Behn，2000 年）则针对绩效评估提出了一套极为不同且更为全面的目标体系。
② 要了解俄勒冈州标杆系统的完整信息，可登陆 www.econ.state.or.us/opb/index.htm。

次《市长管理报告》的做法已经持续了25年。报告中的某些数据对于跟踪实时的部门绩效是有帮助的,但却难以提供那些对公众、市长或市议会来说有价值的信息。比如,卫生局长(Sanitation Commissioner)或许会关心像计划的清洁车路线数量以及完成的路线所占的百分比这样简单的产出评估指标。但是对于责任目标而言,市政府办公厅也公布了那些训练有素的观察员们有关街区清洁程度的调查数据——至少在一个社会公众所希望的后果中,有某项评估指标的表现要好得多。①

如果目标是使预算决策过程得以改进的话,那么绩效管理的设计就会产生另外的问题。尽管各政府部门的管理者需要的是其所在部门所有活动的信息,但是那些他们为之提供服务的预算官员和行政首长却只需要很少的指标,关注的只是每个部门在战略上具有重要意义的活动。为了能够在编制预算的过程得以应用,绩效数据必须像应用于预算科目那样也适用于相同的组织单元,而且必须按照某项与编制预算的日程表相配合的计划来提供相关数据。预算编制的关键工作是在整个财政年度的中途进行的,但绩效管理系统却有可能是在某个财政年度结束时才形成数据。预算官员可能也会需要那些建立在成本核算数据基础上的高效率或高产出的评估指标,而要收集这些数据对于政府部门来说则可能是花费巨大和困难的。预算官员和部门首长以及立法机关,或许也需要由分处不同政府机构的部门所实施的相类似项目的绩效数据。要提供那些超越部门边界的活动——按照联邦政府绩效管理的说法,被称为相互交叉的项目——的数据又是极为困难的。

虽然行政首长和立法机关有可能就有关相互交叉项目数据的需求达成一致,但针对绩效管理数据存在着分歧的立法和行政目的却有可能使绩效管理系统陷入危险的境地。1981年,作为要求纽约州在预算和财务报告中使用公认的会计原则(generally accepted accounting principles,

---

① 可以在 www.ci.nyc/ny/us/html/ops/html/mmr.html 上在线查到纽约市的《市长管理报告》。

GAAP)的法案的组成部分,州立法机关也批准建立了一套称之为关键项目报告系统(Key Item Reporting System,KIRS)的绩效评估系统。以预算局为首的行政部门对此抱怨连连。反对者认为,关键项目报告系统的那些指标所评估的只是那些立法机关特别感兴趣的边缘项目的绩效,而且那些数据并不适合于进行全面的监督或决策,也并不能带来多大的管理改进。尽管关键项目报告系统具有法定基础,但行政部门对它的执行却并不情愿且时好时坏。在公开批评了行政部门的执行不力之后,科莫州长(Governor Cuomo)认为这项法令是失败的,并最终将它废止了。

总之,如果缺乏对每一个目标的认真关注,那么管理者在设计可用的绩效指标和绩效管理系统时就很容易犯错。在第十四章,罗伯特·布拉德利和杰拉尔多·弗劳尔斯展示了佛罗里达州的官员们是如何在设计基于绩效的计划预算系统(PB^2)时关注不同的目标以及不同受众的需求,并因此降低了佛罗里达州绩效管理系统有可能失灵的风险的。

评估的挑战

与绩效管理有关的争论中重复出现的一个话题,涉及最终后果评估指标的有效性问题。立法者和其他监督者通常认为行政部门所偏好的绩效指标在范围上太过狭窄,因而强烈建议使用涉及更多后果的评估指标。行政部门的管理者及其领导者们则回应称,有关产出的评估指标对于跟踪和评估他们的工作以及提升部门的管理水平会更有用处。在华盛顿,这是审计总署在评估政府部门绩效计划和报告的过程中经常出现的话题。

那些政府部门的管理者会对要求他们对更多的后果承担责任感到不自在,并会认为他们的工作或许只能对这些后果产生有限的影响。例如,在俄勒冈州的 90 个标杆指标中重要的是婴儿死亡率和青少年怀孕率。在实现这些目标过程中的成功或失败取决于许多因素,包括联邦政府的政策和项目、经济条件、人口特征以及社会的价值观。然而,州立法机关和公众或许会发现,诸如来自成人与家庭服务局(Adult and Family Services Division)表明在过去的两年期间俄勒冈健康计划分部(Oregon Health Plan Branch)处理了 252,000 个申请和再申请的报告这样有关最终后果的信息,会比那些与工作量有关的数据更有价值。

有经验的绩效管理系统设计者认为,政府部门应该使用一套综合了投入、产出和后果的评估指标来跟踪那些重要的项目(哈特利,1999 年)。在最近为企业发展出"平衡计分卡"的著作中能够找到关于这种方法的支持性观点。这些平衡计分卡包含的不仅只是财务数据,而且有与顾客需求、内部的业务流程和程序以及人员的技能水平和技术系统有关的信息。借助具有前瞻性的指标并跟踪绩效提升进展情况的重要阶段,平衡计分卡的支持者们试图对那些具有回溯功能的后果数据加以补充和完善。

那些州及地方政府有效绩效报告的编撰者们也关注解释性数据,强调超出政府部门管理者直接控制的力量对部门绩效产生的影响。例如,ICMA(国际市/县管理协会)——城市研究所联合体有关地方政府的研究报告就不仅包含了涉及犯罪率的绩效信息,而且还包含贫困人口和住房条件的数据——这两个指标在统计学的意义上与犯罪率有显著的关系(城市研究所和国际市/县管理协会,1998 年)。

关于是使用产出数据还是后果数据的争论,或许反映了兴趣点和看法的差异。例如,在对美国林务局(U. S. Forest Service)的活动进行监控的过程中,木材工业及其相关产业关注诸如砍伐的木材所制作的板材尺寸以及相关收入这样传统的产出评估指标。相反,环保人士却忽视木材砍伐的目标,并且正在试图提出涉及面更广的生态系统健康指标来评估该部门的成败之处。

产生争论的另一个根源,可能是绩效管理系统的设计者们要求用一套全面的评估指标来跟踪每一个政府部门中的每一个项目,正如国会根据《政府绩效与结果法案》所做的那样。这导致为了强调那些数量更少的、具有战略重要性的项目绩效目标,而在部门首长与上级部门的管理者的需求之间存在着全面的冲突。通常情况下,这可能会涉及总统或地方长官的重要方案、那些对起关键作用的立法者们具有特殊利益的项目,以及那些具有特定预算或实施风险的项目。通过阐释对于一个政府部门或项目来说"一个单一、简单的目标所具有的价值",贝恩对一套数量更少的战略评估指标的子集及其逻辑上的极限值进行了论证(1991年,第79—80页)。

这些分歧要比实际所表现的还要明显。希克在第三章提醒我们,尽管构建许多绩效**指标**或许是有意义的,但绩效**目标**在数量上却可能没有几个。实际上,他认为"将所有的东西确定为目标与没有将任何东西设定为目标并没有什么区别"。能够轻易地从全面性的数据中找到一套数量有限的重要战略指标的子集——被称为执行信息系统(Executive Information System,EIS),它用一种便于理解的方式表示并随着行政首长的变化而进行修正。同时,全套数据对于监督行政部门的运转并提供部门或项目存在问题的早期预警仍旧是有价值的。

我们可以设想一个绩效评估指标的层级结构,行政部门的管理者可以使用的跟踪产出的评估指标有很多,而只向部门领导人和预算的审查者提供少数几个更为关注后果的评估指标。在这些评估指标中,行政首长、立法机关和普通公众将能够获得的是一些数量更为有限的指标子集。

报告的频率是另一个具有某些技术重要性却很少与政策相关的问题。行政部门的管理者们经常需要数据来调整操作过程。在第十六章,史密斯和布拉顿指出,高层管理者是如何每个月聚集在一起利用纽约市警察局的 COMPSTAT 系统——一种高风险的绩效管理技术——来审查各警察分局的绩效的。相比之下,预算官员和高层行政部门的工作人员可能会满足于每季度提供的数据,而立法机关和社会公众则喜欢那些年度的指标。事实上,要一年多次获取那些诸如学生标准化考试成绩这样的与最终后果有关的数据,或许是不现实的或代价高昂的。

经过提出与其战略目标相联系的、及时的和可验证的评估指标的长期努力,绩效管理系统的设计者和使用者一样,似乎都忘记了这些数据可能并不能对项目绩效的深入分析提供支持。如果项目的战略目标从本质上来说是可以操作的——例如,及时检查那些社会保障对象的状况,那么绩效指标的数量就可能足够了。但正如布莱洛克和巴瑙在第十七章认为的那样,要对项目更为深远的目标进行分析还需要成熟的评估研究。此类高成本和耗费时间的研究,仍旧是理解复杂项目的净影响和限制性因素的金牌标准。

关心对由多个政府部门管辖的交叉项目进行跟踪的监督者们,或许会发现难以为审查和管理绩效建构一套广泛适用的指标体系,因为这些项目可能会拥有不同的目标。审计总署在有关联邦政府战略规划和绩效报告的报告中就这个问题投入了相当大的关注度,但每一组项目反映出来的问题都是独特的。

另一个评估问题涉及福赛特、盖斯和汤普森在第九章中所说的"自相矛盾的结果",当希望运作项目的政府部门去实现存在着冲突可能的目标但却只能为这些目标中的一小部分负责时,就会产生这样的问题。政府部门的管理者或许能够在那些受到密切关注的活动方面取得良好的绩效,但在其他活动上却并非如此。正如希克在第三章指出的:"由于强调某些目标而忽略了其他目标,目标使行为发生了扭曲。"

就像波伊尔和劳伦斯在第八章表明的那样,通过减少参与福利项目的登记人数和增加工作的参与率,州政府的社会福利管理者们展现出了福利改革的积极结果。不应当认为"正如我们所了解的终止福利待遇"就必须减少参与健康保险和食物券项目——维系社会安全网的重要组成部分——的机会。然而,正如福赛特及其同事在第九章证明的那样,符合资格的家庭和个人却丧失了这些福利待遇。事实上,增加儿童健康保险项目(Child Health Insurance Program,CHIP)的参与度是克林顿总统一项需要优先解决的工作。但是,参与医疗补助项目、儿童健康保险项目和食物券项目的资格却是由负责减少福利项目登记人数的相同部门来决定的,因此,要让那些官僚实现相互冲突的目标显然是困难的。

克林顿政府以旨在提升健康保险和食物券项目参与率的非正式绩效管理方案作为回应,可参与率却出现了持续的下降。绩效管理系统设计者的经验教训是,如果在相关的目标之间存在着潜在的冲突,那么就应当评估和奖励重要目标的全方位绩效。

设计有效的激励措施

绩效管理系统的设计者常常发现自己处于进退两难的境地。一方面,如果缺少针对有着良好绩效的个人或组织的激励措施的支持,绩效管理系统就会变得不太可靠。而另一方面,对那些设计不良或评估不完善的绩效指标采取强有力的激励措施,有可能会导致意想不到的甚至是事与愿违的行为。正如马什科在第四章所说,"官僚们的确会对那些有经济支持的绩效激励措施作出回应,但这种回应往往是不正常的"。例如,《就业培训合作法案》(JTPA)会对那些有着良好绩效的订约人提供额外的资金奖励。然而,这些订约人有的时候应对这些激励措施的方式是,吸纳最有可能找到工作并使其组织的记分卡获得高分的客户,而忽略更需要帮助并更难进行工作安置的客户。

在某些绩效管理系统中,对组织采取的激励措施,包括在控制采购、雇佣、薪酬以及在不同的预算类别间重新分配资金的规章制度中规定豁免权(威洛比和梅尔克斯,本书第十三章,表13-3)。其他的激励措施还包括允许一个政府部门继续使用其部分或全部预算盈余、可使用特定资金储备的资金以及获得公众认可。罗伯特·布拉德利对佛罗里达州绩效预算的讨论表明,限制性措施——额外报告及重新恢复控制手段的形式——也可以成为一个绩效管理项目的组成部分(第十三章)。

马什科依据委托—代理分析表明,当委托人(如州长)决定使用那些在代理人(政府部门的管理者)的控制下并不全面的指标时,激励机制的设计者们就应当谨慎行事。指标中的这种"杂音"会降低激励措施对控制代理人行为所发挥的作用(第四章)。

大多数政府部门发现,要为那些作为个体存在的管理者和一线的工作人员设计有效的激励措施甚至会更为困难一些,尤其是针对那些难以评估后果甚至是产出的项目。针对此类项目,马什科指出,"应当谨慎使用或根本不使用绩效激励措施。"某个特定的工作人员对所涉及的后果做出的贡献以及是否足够认真地评估了基准条件,与他是否能够因"附加价值"而不仅仅是因为良好的绩效得到赞誉不一定相关。即使在激励措施使奖励和认可成为必需的情况下也会产生这个问题,对其的争论会在将奖励作为对绩效的一种额外支付手段时变得更为激烈,比如支付给教师的绩效工资。

向某个组织单元——例如学校——中的所有工作人员支付绩效工资,这种方案的支持者认为,向每一个人发放奖金会强化团队工作。但是给予在有限的官僚组织规则和程序中开展工作却没有多少自由裁量空间的工作人员激励,仍旧是毫无意义的。按照马什科的观点,"这里的一般性原则是应将激励措施施加在能够对其做出回应的代理人身上"。而且,在大多数工作岗位上,工作人员要从事多项任务,如果不能为所有任务提供激励措施,就有可能导致没有采取激励措施的那些任务被忽视。例如,只对阅读水平和数学测验成绩实施奖励的教师和学校,会忽视艺术教育或对学生进行的辅导。总之,实践者应该牢记的是,对组织和个人采取的高风险激励措施既能够扭曲也能够改进绩效,而且要想成功地设计和实施针对个人的绩效工资制度是尤为困难的。

管理独立代理机构的绩效

联邦政府在评估和管理它直接实施的项目过程中会遇到许多困难,这些问题会在将绩效管理应用于签约人和地方政府的情况下成倍增加。实际上,由于一个政府部门并不能确定其目标或如何来实现这些目标,因此项目常常会被签约转包出去或是被严格地移交出去。新近的一个例子是住房与城市发展部的《授权区和企业社区改革方案》(EZ)。正如戴维·赖特在第十章所说，授权区和企业社区项目"天生具有复杂性和重叠性，且受到超出地方政府控制的宏观社会和经济力量的影响"。由于对目标缺乏清晰的认识，住房与城市发展部甚至在规定每个社区的目标设定过程中都会遇到麻烦，他们试图去评估进展情况并在城市和地方组织达不到目标的情况下设立惩罚措施时，这些问题会混杂在一起。

贝丽儿·雷丁在第十一章认为，国会和联邦政府官僚机构在将绩效管理应用于政府间领域的过程中目标是相互冲突的。

一方面，它们正在试图使第三方承担使用联邦政府资金的责任；另一方面，它们又因向第三方提供了使用那些联邦政府资金的显著的自由裁量权和行动自由的政治和法律现实而受到制约。在许多方面，联邦政府的绩效运动会与权力下放战略和逐渐弱化的联邦政府作用产生冲突和矛盾。在这一格局中最有意思的是，决策领域（尤其是国会中）很少有人意识到他们正在制定自相矛盾的战略。

她指出，像《政府绩效与结果法案》这样仅仅要求对那些直接由联邦政府控制的项目设定评估指标和目标，并在整个政府范围内得到应用的方法并不能在政府间的领域发挥作用。她坚持认为，建立在诸如绩效伙伴关系、激励机制、经协商确定的绩效评估指标、依法制定的绩效目标、自愿实施的标准以及豁免权这些工具基础之上的某种谨慎战略，有的时候能够弥合权力下放与责任之间的鸿沟。

实施的挑战

如果缺少来自最高管理层的支持，部门领导人临时拼凑起来的联合机构、立法机关财政拨款委员会的工作人员、抱有怀疑态度的预算审查者以及那些较低层次且不太引人注目的部门管理者，就有可能对绩效管理系统的实施造成损害。这些人或许会感到迷惑不解，为什么必须要自找麻烦向公众以及潜在的政治和官僚机构的反对者提供那些能够用来作为反对自己的炮弹的绩效信息。那些行政首长的政治盟友或许会对诸如此类的顾虑深有同感,并加入反对的行列。不太经常出现的情况是,当一位新当选的行政首长就职并本能地抛弃前任的改革方案时,绩效管理系统的实施过程就会停止。

一项强制实行绩效管理的法案或许会比行政命令为具体的实施提供更为稳固的基础。研究了《政府绩效与结果法案》实施过程的分析人士认为,该法案永久性的法律地位,有助于使其比诸如绩效规划预算系统、目标管理和零基预算这些先前建立在行政命令基础上的改革先例要更为持久一些(波斯纳,1997年)。与此相类似的是,布拉德利(本书第十四章)也指出,佛罗里达州州长和立法机关的争端或许对该州实施基于绩效的预算规划方案产生了阻碍作用,也正是由于未能将此方案制定为法律。

然而,尽管将绩效管理系统方案植入法律条文能够在经历短暂的争论后鼓励所有各方有所行动,但这仍然不能确保一个设计不良或缺少关键参与者支持的系统成功实施。当1981年纽约州的立法机关在一份范围更为广泛的财政改革清单中补充了关键项目报告系统(KIRS)时,州长及其预算部门将这一改革方案看作是立法机关的夺权行为,在设计的过程中并没有听取来自行政部门的重要意见。预算部门对立法机关出于监督的目的而选择的政府部门、项目和指标多有抱怨,因此拒绝严格执行这项法令。在该法令颁布差不过10年之后,由于纽约州遭受了自20世纪30年代最严重的经济衰退,行政部门开始停止提供所需的相关信息。在经历过媒体上有关不遵守法令的短暂争吵之后,州长说服立法机关废除了关键项目报告系统的相关要求。在最初颁布关键项目报告系统法令之后20年,纽约州成为仅有的3个不要求实行绩效预算的州之一。[①]

在华盛顿特区的联邦政府层面和在塔拉哈西的州政府层面,这是两

---

① 我要感谢作为关键项目报告系统设计者之一的弗兰克·莫罗(Frank Mauro)对与此改革方案相关往事的回忆。也可以在卡罗尔(Carroll)1984年的著述中找到另外有关关键项目报告系统的讨论。

个已经在事实上存在着强力立法机关的管辖范围,依据法令创建绩效管理系统或许并不会存在太大的风险。佛罗里达州的基于绩效的计划预算(PB^2)和联邦政府的《绩效预算与结果法案》具有某些共同的特征。二者都规定了渐进和谨慎的实施过程,在几年内各部门分阶段参与。二者也都将允许免除某些管制和控制作为激励措施,尽管这一规定在华盛顿基本上从来没有使用过。二者也通常被认为取得了有限的成功。

在实施《政府绩效与结果法案》的过程中,国会和审计总署会详细地审核各个政府部门的战略规划,国会领导人甚至会为它们推出一套短期的评级系统。审计总署仔细持续的分析,会对那些全面、充分地以部门活动为基础、且附带有能够使监督者和社会公众更好理解关键性项目所取得的结果的战略和绩效规划起到促进作用(福赛斯,2000年)。同样,佛罗里达州开展的基于绩效的计划预算(PB^2)工作,也受益于项目政策分析与政府责任办公室这样一个为监督新的绩效管理方案而建立的立法部门所采取的连续而审慎的跟踪措施。[①]

什么情况下将责任机制引入行政部门,对于绩效管理工作人员的工作而言是一个悬而未决的问题。在纽约市,有一个专门的管理机构汇总和公布《市长管理报告》(Mayor's Management Report,MMR),这是一年公布两次的两卷本绩效目标和指标纲要。尽管学术界和其他人士指出了《市长管理报告》存在的缺陷(参见史密斯1993年写的一篇批评性文章),但运营办公室还是要用它来监督各个政府部门的运转情况,而且市议会和媒体也要依赖它来获取有关重要部门和项目的绩效信息。

在奥尔巴尼和华盛顿,行政部门为实施关键项目报告系统和《政府绩效与结果法案》而承担了对预算局及管理和预算办公室的责任。对于这些预算部门而言,绩效管理显然要比编制和执行预算在优先性上要低得多,而且绩效管理系统的实施也是受折磨的过程。然而,在佛罗里达

---

① 能够在www.oppaga.state.fl.us/government/查询到项目政策分析与政府责任办公室对佛罗里达州政府活动实施监督的报告。

州，由于州政府预算主管具有强势的领导能力，州长规划和预算办公室（Governor's Office of Planning and Budgeting）却在基于绩效的计划预算系统的实施过程中发挥着重要的作用。

这些例证表明，在缺少来自主管预算官员支持的情况下，将行政部门为绩效管理所承担的责任纳入一个独立运作的管理机构是有意义的。当对商业周期所造成的财政影响进行管理将使预算部门的任何其他活动都显得无足轻重时，这一局面或许有助于使绩效管理系统在经济衰退期仍然发挥作用。

在纽约市，《市长管理报告》的长期历史也表明，随着时间的推移维系一套连续的指标体系，和为了不断完善这些指标之间存在着某种紧张关系。在与每6个月公布一次的《市长管理报告》数据一起公开的材料中，当指标发生变化或降低时运营办公室的确会加以说明。不论这些变化的技术价值如何，批评者们都会抱怨说，其真实目的是隐藏那些有可能对市长的反对者们具有价值的信息。专家或政治人物对那些存在已久的绩效数据进行的修补改进会损害到责任意识。

高性能的个人电脑和低成本但功能强大的数据库软件，使绩效信息的收集和展示变得更加容易。然而，在储存和分析这些数据方面的相对便捷，并不意味着这些数据将会是"及时、完整、精确、有价值或相容的"（审计总署，1999年，第7页）。如果他们要想获得监督者和社会公众的信任，绩效管理系统的管理者和监督者就需要提供具体的和具有可信度的信息，以说明他们将如何去核实并证明绩效数据的价值。审计总署有关联邦政府绩效指标的系列报告提供了一套有价值的指导意见。①

绩效预算的特殊问题

那些对绩效预算有所期盼的人们似乎都反复憧憬着：绩效信息的有

---

① 参见审计总署1999年对该系列报告中的关键性报告所做的说明。

效性能够突然间简化资金配置的过程,在削减不良绩效者所获资金的同时,能够自动地向那些有着良好绩效的项目提供额外的资金。然而,正如威洛比和梅尔克斯在第十三章指出的那样,绩效预算并不能导致这种变化,尽管它对在相似组织单元之间配置资金的程式化预算方面做出的某些尝试起到了激励作用。最典型的例子是高等教育,有 17 个州是依据共识向高等教育机构分配某些资金的。通常情况下,这些公式会对在实现诸如毕业率这样的具体目标过程中取得的成就进行奖励。尽管南卡罗莱纳州曾经就按照绩效公式分配高等教育资金进行过短暂的试验,但只会利用这些公式来配置数额相对有限的资金,大概上限为全部资金的 6%(伯克,本书第十五章)。高等教育的经验似乎表明,在某一个单一项目领域内相互竞争的机构之间配置资金的过程中,程式化的分配手段或许会具有某些有限的价值。

但是,总体上来说,绩效信息并没有使对 V. O. 基(V. O. Key)的著名问题"应当以什么为基础来决定向活动 A 而不是活动 B 分配 x 美元?"(基,1940 年)的回答变得更为容易一些。在项目争夺资金的过程中,活动 A 的支持者可能会利用不良绩效的报告作为争取额外拨款的依据("在没有更多资金的情况下,我们难以对公立学校进行维护"),而活动 B 的支持者则建议给予取得成功的项目更多的投资["妇女、婴儿和儿童(公共卫生项目)的工作;应扩充资金和覆盖范围"]。那些推行绩效预算的州政府官员告诉研究者,绩效信息并没有从根本上改变预算决策的特征,而且从一开始他们就"希望预算改革能够使预算决策**获得更多的信息**,而不是使预算决策发生剧烈的变革"(威洛比和梅尔克斯,本书第十三章)。

不论他们的政府是否正式采用了绩效预算的做法,大多数高绩效预算机构的审核者的确在使用绩效信息来帮助他们了解项目以及操作中存在的问题。他们也在有时正式有时非正式的情况下使用产出和后果数据来分析预算需求。由于他们已经根据某种特别设定的条件收集了绩效信息,因此许多预算官员认为没有特别的必要为了收集绩效评估指标的信息而建立大型的数据系统,而且在允许立法者和社会公众能够系统化地获取所有的信息方面也没有太多的兴趣。同时,那些能力低下的预算审查者或许会关注财务数据而忽视了绩效信息,担心这将会使他们承担部门绩效以及部门开支的责任。

在本书第六章,维吉尼娅·托马斯在指出绩效数据能够作为一种削减预算的重要工具时,为立法机构中支持更小规模政府的许多人进行了辩护。从理论上来说,立法者或许会喜欢当政府部门未能实现绩效目标时自动以预算削减做出回应的观点。但就实践而言,当用绩效数据来挑战其所在选区所溺爱的项目或开支时,他们又会作出不同的反应。在英格拉汉姆和莫伊尼汉考察各州的结果管理过程时,他们发现立法者会把绩效缺陷解释为政府部门资源不充分的指标,并且会以通过增加财政拨款或重新组织项目以解决某一社会问题的方式来作出回应(本书第十二章)。总而言之,在立法领域,不良绩效更有可能导致的结果是财政拨款增加而不是削减。

绩效预算计划也造成了分配资金的拨款人与具有程序性经验的、作为实体而存在的众多委员会之间在组织上的紧张关系。正是出于这个方面的原因,当作为实体而存在的委员会试图在绩效预算过程中发挥更大范围的作用时,财政拨款分委员会的立法者和工作人员往往会对潜在的权力转移采取抵制行为(布拉德利,2000年)。根据来源于州政府官员的调查信息,这些现实情况进一步证明了这样的预期,即绩效评估可能会在行政部门编制预算而不是立法机关审查和采纳预算的过程中发挥最大的影响作用(威洛比和梅尔克斯,本书第十三章)。

在推行绩效预算的过程中还会产生两个技术性的问题。首先,为了满足关注具体项目而非绩效报告的预算的立法者和行政首长的需求,预算科目结构——进行预算数据报告的框架——已经经过了多年的发展。在许多政府部门,出于预算目的而显示的项目账户,并不是那些承担提供具体结果的组织单元。要将绩效信息与预算数据配合使用,涉及对现有预算科目的大量重组——这是一个预算机构和立法者及其工作人员经常会进行抵制的过程。有的时候通过运用对照表——融合了新旧科目结构的表格——能够使这一问题得到解决。但创建这些对照表有可能需要政府部门和预算机构工作人员大量的额外工作。

第二个问题是许多政府部门缺少那种企业认为是理所应当收集的成本会计数据。然而,缺少这些数据,对产出和后果的单位成本所作的分析就必然是粗糙的和过于简单化的,而且在预算过程中对单位成本数据的使用也将会受到限制。希克认为政府需要在建设成本会计的基础设施方面投入相应的时间和资金:

> 半个世纪前绩效预算的失败有很多原因,但其中一个最为重要的原因是政府的成本会计和资源分配系统的不完善。缺少特定服务的成本数据,使得要将资源和结果联系起来变得极为困难。……50年后,成本会计在公共部门的发展仍旧不够成熟。……很少有政府部门会在不同的成本中心之间分配预算资源,或者在固定成本和可变成本或平均成本和边际成本之间作出区分。这些有关成本的评估指标对于成功实施绩效预算是必不可少的(本书第十三章)。

绩效管理的政治策略

正如前面所说,行政首长及其工作人员有的时候会担心——并不是没有原因的,收集和公开绩效信息会向那些政治上的反对派和立法机构中的批评者提供弹药。但是,绩效数据也能够提供针对部门管理失误的早期预警。如果给以充分的关注,行政首长能够在这些问题演变成危机之前就解决掉其中的一部分,指派管理团队去处理陷入麻烦的部门所面临的问题,并且对失误部门的领导人进行惩戒和替换。即使是因公布绩效数据而导致的预警时间紧迫,也足以作出采取有效应对举措的承诺。当媒体指出在一份《市长管理报告》中有几个关键性的绩效评估指标存在缺陷时,鲁道夫·朱利亚尼作出的迅速采取措施的承诺控制了事态发展的范围,尽管没能改变在实现管理目标方面的失败命运。①

借助对关键性改革方案实施更为系统化的监控,强势的州长和市长们应该能够充分地利用绩效管理系统的优势。绩效管理系统的成功实施也可以证明行政首长作为管理者所具备的技能高低,并转移来自诸如总部位于雪城大学马克斯韦尔学院的政府绩效项目(Government Performance Project)这样的管理监督者们的批评意见(英格拉汉姆和莫伊尼汉,本书第十二章)。

不太引人注目的是,绩效信息的公布可能会加剧项目及其目标之间的分歧,在展开是强调财政拨款还是结果的争论时,这些目标本来就已经变得模糊不清了。将绩效目标和数据也加入到预算的争议中,可能使为了通过预算案必需的、及时达成妥协的一致变得更加困难。例如,在佛罗里达州,有关社区学院绩效拨款公式的讨论,引发了针对那些特殊学校和普通高等教育的目标的激烈争论。这些分歧或许就原则而言是有价值的,但就实践来说却是令人痛苦不堪的。

实施《政府绩效与结果法案》的下一步举措②

自1993年的《政府绩效与结果法案》通过以来,联邦政府的行政部门也同样要面对州及地方政府推行绩效管理系统时所面临的许多问题。尽管部门之间存在差异,但通常情况下《结果法案》还是发挥了积极的影响。正如州及地方政府一样,在为由政府部门直接提供的服务提出和运用绩效评估指标的过程中,以及在政府采取的行动是实现预期后果主要因素的情况下,联邦政府也取得了显著的成就。在满足这些标准的联邦政府部门中,有一些已经制定了严谨的计划和考虑全面的绩效评估指

---

① 《纽约时报》,2001年2月9日。
② 这一部分主要节选自福赛斯和内森于2001年的著述。

标。有证据显示有一小部分项目领域的确在绩效方面取得了改进。[①]在本书第七章,布罗德纳克斯和康韦描述了社会保障局所实现的管理水平的提升,该部门具有提供资助和为相关符合资格的人提供服务的明确责任。

作为得克萨斯州的州长,乔治·W. 布什推行的绩效管理系统在很多方面要比《政府绩效与结果法案》更为完善。他接受过 MBA 教育的管理背景似乎能够实现与绩效管理的很好协调,而且作为总统,他指出希望为其行政部门设定目标并能够使它们承担起相应的责任。因此,由于他确立了自己的目标和评估指标,《政府绩效与结果法案》的组织结构或许能够成为这位新任总统推进实现这些目标和评估指标的一种有效工具。

然而,在接下来的几年中,要实现其提升责任感、更好的管理以及更为可靠的决策的目标,联邦政府必须围绕各种意想不到的困难进行小心谨慎的引导。在评估和管理由联邦政府资助而由州或地方政府或者是独立的承包人实施的项目绩效的过程中,联邦政府面临着尤为严峻的问题。

提升责任感

《结果法案》要求联邦政府逐个项目地汇总每一个政府部门的详细绩效信息。某些利益群体或许会欢迎它们认为是重要的项目进行跟踪的系统性信息。而其他一些利益群体可能会认为这些信息是具有威胁性的。但不管是在何种情况下,对个别项目负有责任的利益群体、政府部门员工和国会的工作人员都可能会密切关注绩效问题。由于年度绩效报告会提供越来越完备的信息,而且审计总署会协助整理和分析这些信息,国会也将开始在监督活动中应用这种及时性的信息。就政府部门

[①] 参见审计总署 1999 年对部门绩效计划作的详细评估,以及米姆在本书第五章对绩效报告所做的简短回顾。

而言,许多项目管理者希望《政府绩效与结果法案》需要的那些定期报告将能够减少国会对其他特殊报告的需求,尤其是那些要求特别详细的有关支出和活动的报告。这种平衡格局——政府部门在报告的过程中具有更大的灵活性,并控制部门管理者因良好绩效获得的回报——在像佛罗里达这样绩效管理系统正在扎根的州已经成为一种有效的激励手段。

从社会公众的整体角度来说,《政府绩效与结果法案》的绩效报告是一堆杂乱的原始数据。迄今为止,在使这些数据变得易于理解和有意义方面并没有作出多少努力。假设限定绩效报告的容量,那么联邦政府的某些工作人员将不得不向社会公众提供这些数据的详细说明和对他们来说具有战略意义的某些解释。实际上,这种需求或许能够为新就任的政府设计它们自己的工作情况报告提供机会,它们会选择那些对总统而言最为重要的项目加以报告。这样的工作报告也可以向白宫的工作人员以及政府官员说明管理的侧重点。当然,这一问题也将会防止这些工作报告内容繁杂而冗长。

责任的另一个挑战将会是对追求相关目标并为相同或相似选民服务的相互交叉项目、有的时候也可能是不同政府部门的结果进行的评估。例如,国会要求林务局、土地管理局(Bureau of Land Management)和国家公园管理局(National Park Service)的规划者,针对联邦政府的土地管理部门提出了一系列普遍适用的绩效指标。尽管进展缓慢,但是那些相互交叉的项目还是有可能成为管理和预算办公室(OMB)在整个政府范围内强制推行的绩效计划的一个焦点——直到今天也没有引起多少关注的年度《政府绩效与结果法案》报告。

改进部门的管理水平

为了对《政府绩效与结果法案》这一法令的规定作出回应,许多项目的监管官员,不仅是那些审计总署的官员,极力推动政府部门使用涉及面更广的有关后果的评估指标来跟踪绩效。例如,林务局采用生态系统健康——最终的后果——作为一项战略目标。但是，它却并未提出针对森林系统健康状况的有用的基准评估指标。林务员在实际工作中为了指定少数几项根据产出数据容易进行评估的活动，仍旧以他们习惯的方式开展工作——伐木、灭火、维修道路以及为游客提供服务。然而一线的工作人员却发现，要了解这些活动是如何在战略上是可取的却在生态系统健康后果方面产生影响的，则是困难重重的。

政府部门的管理者在任何一次改革中都是主力军，而且可以理解的是，他们关心为那些设计面广泛而只能由部门的行动加以部分控制的后果而承担的责任。为了维系他们的工作与战略目标之间的联系，部门的规划者和审计总署及管理和预算办公室的监督官员正在尝试设计详尽的逻辑模型，该模型可以跟踪高质量后果和日常产出及过程的指标之间的关系。绩效计划和报告也需要包含那些可以说明影响绩效的其他因素——例如林务局的例子中的天气和经济条件——的解释性信息。

为了建构所属部门提升绩效的能力，联邦政府也需要在新的计算机系统的研发、针对关键部门可进行审计的财务说明以及其他的财务管理方案、人力资源系统以及固定资产管理方面投入资金和管理人才。根据英格拉汉姆和莫伊尼汉的观点（本书第十二章），尽管此类方案并不能产生程序意义上的"结果"，但它们提升了"政府组织、开发、指导和控制其人力、物力和信息资本，以及对其政策方向的实施给予支持的内在能力"。按希克的话来说，"为了充分利用有关结果的信息，组织必须进行转型"（本书第十三章）。这种转型的一个重要部分是对能够为未来的进步确立基础的管理系统加大投入。部门的绩效报告应当去跟踪这些改革方案的进展情况。

对于2000年的第一份《政府绩效与结果法案》绩效报告来说，管理与预算办公室以及各政府部门主要关注的是对基准数据的说明。由于每年都会出台这样的报告，所以监督者和高层管理者应该去关注设定政府部门必须努力实现但却不至于标准高到难以执行的绩效目标。对于财政拨款不断增加的项目领域来说，"实现目标"显得尤其重要。在重新审视绩效管理的渐进主义价值的过程中，希克认为，政府部门应当根据基准的预期变化来建构它们自己的"服务基准"，并就绩效目标展开协商（本书第三章）。

为了强化实现绩效目标的重要性，联邦政府也需要针对那些绩效良好的个人和部门建构种类多样的激励措施。正如上面详细阐述的那样，政府在设计激励措施的过程中面临着许多问题，而重要的则是不断尝试。诸如此类激励手段，可以是从更高水平的绩效工资到如可以灵活地将部门产生的财政盈余用于一次性支付需求这样的组织激励。

评估中的短视行为也会演变为一种对 1993 年《结果法案》的威胁。在绩效管理和评估已经运行了超过 25 年的纽约市，《市长管理报告》已经失去了作为一种前沿性工具的价值，而且对于许多参与者来说已经变成了一种日常性的技术手段。像史密斯和布拉顿在本书第十六章详细阐释的纽约市警察局的 COMPSTAT 系统，这样有效的管理创新是脱离了《市长管理报告》的框架的。纽约市着手处理了某些重要的技术性问题，核实绩效信息并且公开了一系列具有可信度的历史性数据用于基准数据的比较，而这些领域的工作在联邦政府层面仍旧需要加以推进。然而，纽约市的经验表明，为了替代绩效管理系统的操作目标而对基准和数据进行的技术性考量，又会轻而易举地使那些身处考评缺乏远见争议之中的系统管理者们停滞不前。与之相类似的是，在得克萨斯州一个绩效管理系统已经长期发挥作用并逐渐成熟的政府部门，一位项目主管抱怨说，绩效评估指标"变成了焦点而不是用来衡量进度或环境的指标"（威洛比和梅尔克斯，本书第十三章）。在《政府绩效与结果法案》的年代，联邦政府的管理者将需要用提升联邦政府项目和服务水平的更为基础性的目标，来平衡那些维系和改进《政府绩效与结果法案》系统本身所必须的技术性问题。

改进预算决策

除了提供部门绩效的反馈信息之外，《政府绩效与结果法案》的支持者还希望能够将绩效信息用于行政部门的预算和国会的资源配置过程。但是,根据其他层级政府绩效预算的经验,这一希望将很难实现。

一、行政部门以结果为导向的预算过程

《政府绩效与结果法案》要求管理与预算办公室着手进行绩效预算的试点工作,将与预算资源有关的绩效信息用于有限的项目领域。管理与预算办公室对这项规定的执行始终处于迟缓的状态。采取这样的谨慎态度并不会让人感到奇怪,也不是没有原因的。那些关注州政府绩效预算的细心学者——认为这些做法可以作为联邦政府的参考——发现,"州政府对于以绩效为基础的预算系统的应用是复杂的、尚未完成且仍旧需要不断发展的;每一个系统都有所不同,而且实施策略和成就也各有千秋"(威洛比和梅尔克斯,本书第十三章)。而且,即使除3个州以外的其他所有州都报告说它们对绩效预算有所应用,还是会有更多的人指出,调查结果显示它们将绩效数据用于预算过程实际上是极为有限的。政府绩效项目的研究者发现"……只有4个州——密苏里州、得克萨斯州、路易斯安那州和弗吉尼亚州——的绩效评估指标得到了预算机构的广泛应用(有19个州的预算机构报告说在某种程度上有所应用)"(英格拉汉姆和莫伊尼汉,本书第十二章)。

在联邦政府层面的实施或许会更为困难。联邦政府的项目不太可能提供直接的服务,而且更有可能利用独立的代理人——承包人或州及地方政府——来提供服务。这些特征显然增加了绩效管理和预算所面临的问题。为了能够与绩效评估指标联系起来,管理与预算办公室在修正预算科目结构方面取得了进展,但政府部门在有可能针对联邦政府项目的成本推出具备可信度的数据之前,在成本会计方面还有更多的工作需要去做。这对于审计总署的审计长戴维·沃克来说是一项具有高度优先性的任务。

在管理与预算办公室全面实施绩效预算之前必须要改变态度。管理与预算办公室的预算审核人员很了解他们的项目领域。他们已经利

用绩效信息来实施对关键性项目的跟踪,而且如果他们认为收集额外的信息并向公众公开使这些信息没有多大用处的话,我们也不应该感到有什么奇怪的。尽管审计总署鼓励要更多地利用有关后果的评估指标,但那些对直接由联邦政府控制的项目进行监督的预算审核人员或许会认同希克的观点,即在预算过程中最为有用的是那些关于活动和产出的信息。实际上,希克在本书第三章认为,强调对后果的评估损害了绩效预算的进程:

> 在资源配置的过程中,对于决策而言活动是一项不可获取的尺度。我觉得如果评估指标侧重于活动的话,那么绩效预算将会比现在有更大的发展。就会在概念界定方面少一些争吵而多一些对资源配置的关注。

然而,某些监督复杂社会项目的管理与预算办公室工作人员却认为,那些有关产出甚至是/或后果的评估指标本身并不能为涉及项目影响的更为复杂的问题提供清晰的答案。布莱洛克和巴瑙在本书第十七章得出的这一观点是必要的也是必然的:对于除了最简单的之外的所有联邦政府社会项目来说,要判断该项目的净影响,进行耗费成本和时间的评估研究仍旧是必要的,而且为之服务的决策者和预算官员也需要这种信息来判断项目的收益是否等于或超过了它们的成本。

管理与预算办公室也是对过去诸如绩效预算规划系统、目标管理和零基预算这些失败的预算系统具有最痛苦记忆的联邦政府机构。[①] 尽管这些改革方案中的每一个都具有某种程度的价值,但它们也造成了沉重的书面工作负担,产生了那些只能在总统和国会决策中得到有限使用的数据,而且并没有持续下去。

布什总统在得克萨斯州推行绩效预算的经验明确无误地告诉他,绩效信息在项目领域之间分配财政资金的过程中并不能取代政治偏好。

---

① 参见波斯纳 1997 年对这些改革方案所做的全面回顾。

但他在第一份预算咨文中却承诺要广泛地推进绩效预算试点工作。如果布什坚持己见的话，那么管理与预算办公室因为要对总统负责而获得的自豪感，将战胜它对过去预算系统的那些挥之不去的记忆，它将加快推进绩效预算的进程。如果新任总统在做出自己的预算选择时真的利用了绩效信息的话，那么管理与预算办公室也将回报以真正的热情。

即使有来自总统的热情支持和管理与预算办公室全新的积极响应，绩效预算也不太可能转化为行政部门的预算。州政府的经验表明，尽管各州大部分接受调查的人认为推动绩效预算"总好过什么也不做"，但是绩效评估指标并不是重要的决策辅助手段，而且州政府的预算部门也对它们的价值缺乏热情（威洛比和梅尔克斯，本书第十三章）。在联邦政府层面，对绩效信息的系统性应用将有助于审查者在对资源状况进行考虑时关注结果，并在就行政部门预算决策的合理依据与公众和国会进行沟通时变得更为容易。

二、国会的绩效预算和监督

州政府的经验并不能对立法机关有效利用绩效信息的意愿和能力产生激励作用。威洛比和梅尔克斯认为，与行政部门相比，立法者及其工作人员会觉得绩效信息没有多少用处，而且这些信息也基本上不会影响实际的拨款水平。正如先前概述的那样，各州政府在高等教育领域主要使用的是公式化的预算——或如伯克更愿意提及的预算拨款——方法，而根据公式分配的财政资金又极为有限。按照英格拉汉姆和莫伊尼汉的说法，"在回应政府绩效项目的调查时，各州做出的解释是州政府官员经常是抱着怀疑的态度来看待那些绩效评估指标的，因此除非绩效信息与占主导地位的选民利益相一致，否则这些绩效评估指标就不太可能得到应用"（本书第十二章）。

在华盛顿，立法机关的日程要比在各州首府城市的相应日程繁忙得多。国会常常不能就预算案达成及时的一致意见，因而预算工作人员也就理所当然地会考虑今后的负担和预算程序。预算工作人员还会担心，为了明确与绩效信息的联系而改变所熟悉的科目结构,将会扰乱立法者与利益群体的协商程序。他们也知道对目标的明确有时可能会激化矛盾而不是缓和矛盾。总而言之,国会的预算工作人员担忧做出与支出相联系的绩效决策将会使预算过程受到拖延并负担过重。

另一方面,国会的工作人员也能够对在为项目分配额外资金时表现出的更高水平绩效有合理的预期,而且为了突出那些项目被扩充或紧缩或者正在实施重要的质量改进方案的领域,对绩效目标的应用能够且必须是有选择性的。从那些新的或具有优先地位的项目开始然后再延伸至其他领域,可以逐步扩展利用绩效信息进行基础性监督的范围。

如果对绩效信息的利用在国会扎下根来的话,那么国会议员及其工作人员就应当——而且必然将——在评审复杂项目时不会要求提供过多的绩效信息。根据定义,绩效评估指标都是相对简单的,要经常收集信息,要生成相关信息相对来说也并不需要花费太多资金。要明确判断复杂方案的长期影响,国会仍旧需要评估研究提供其他的信息。

国会议员可能会利用重要项目领域的绩效信息来关注讨价还价和协商,并为此提供相应的信息而不是去决定财政拨款的水平。由于州政府的经验进一步强化了国会工作人员的担忧,因此如果国会不能在其预算过程中迅速采取措施广泛利用绩效信息的话,那么《政府绩效与结果法案》的支持者们也应该不会感到吃惊和沮丧。

政府间层面的绩效管理

在实施《政府绩效与结果法案》过程中成功的案例都来自直接提供服务的联邦政府部门。然而,在从教育和社会保障到高速公路和城市发展的很多重要的国内项目领域,是由联邦政府提供资金而由州及地方政府来提供服务的。这些领域的绩效评估和管理并没有取得多大的进展。

过去,一项并不需要严格且明确责任的决策通常会允许国会就政府间的项目达成一致。有的时候这种决策会采取允许在州和地方政府层面进行试点的形式——例如,通过立法进行福利改革。有的时候——例如在教育领域——这样一种途径也表明,在项目领域有相对较少的人来分担联邦政府的财政资金。当联邦政府并没有真正承担费用时,它如何能真正说了算就是很难理解的。有时并不打算评估和管理项目绩效的决策或许会意味着,在从那些并不受联邦政府直接控制的系统或代理人那里收集信息的过程可能会面临着要对存在的问题作出现实性判断的难题。由波伊尔和劳伦斯以及福赛特、盖斯和汤普森撰写的有关福利改革的章节重点阐述了这些方面的困境。

其他政府间的项目也遇到了相同的问题。在本书第十章,戴维·赖特从一开始就以某种热情对他就住房和城市发展部在授权社区项目绩效管理方面的努力所作的分析进行了总结:

> 总体来看,这种对授权区项目进行的审查可以在某种程度上起到警示作用。这一案例有助于阐释要对那些实际是极为复杂的、多层次的社区发展措施实施看似明确的绩效评估系统将会是多么困难;要进行尝试是多么的重要;今后或许能够对此类工作进行何种改进。

当削减联邦政府财政开支时,政府通常会将属于同一类别的项目合并成专项的财政拨款,这可以使州及地方政府在使用联邦政府财政资金的过程中拥有更大的自由裁量权。然而,根据定义,这些专项财政拨款会导致"在专项财政拨款的灵活性(允许州及地方政府满足它们的特定需求)和需要为使用这些财政资金承担更大责任之间进行平衡的问题"(雷丁,本书第十一章)。对良好绩效采取的激励措施有时会加剧有关某个项目既定目标的分歧。例如,州政府实施的急难家庭补助项目(TANF)就遭到了来自福利改革批评者们的强烈抨击,他们认为:

> ……[用来对减少接受救助的登记人数和增加工作参与度进行跟踪的]已经建立的标准,并不能用来对急难家庭补助项目的真正目的——儿童的福利状况进行评估。它们要求构建那些强调儿童

福利、儿童抚养、开端计划以及其他非现金的项目，而不只是关注成年人就业行为的评估指标。

正如先前提到的那样，在诸如急难家庭补助项目这样涉及面广泛的社会项目的一套全面的绩效指标，能够有助于避免由自相矛盾的溢出效应而产生的问题——在某些目标上取得成功，如接受救助的登记人数减少，而在其他目标上却是失败的，如提高儿童健康保险项目的参与度。

简而言之，将绩效信息用于监督政府间项目被证明是存在问题的，而且政府间的绩效管理改革方案也只是取得了有限的成功。正如福赛特及其同事在本书第九章指出的那样：

> 政府间的制度安排实际上将绩效管理的所有方面都复杂化了——就关键目标达成一致性意见、提出指标、及时收集相关和适时的绩效信息、推行一套激励系统（如对绩效良好者实施奖励），等等。

虽然如此，但对那些联邦政府直接运营项目结果的不断强调，还是增加了就政府间项目提出可行的绩效评估指标和目标的压力。以布什总统的教育改革方案为开端，上述概括的问题将在针对很多新项目的争论中占据主导地位。

由于在克林顿政府时期联邦政府削减了人员规模，因此联邦政府在提供服务方面对独立承包人的依赖性有所增强。正如马什科对《就业培训合作法案》的分析（本书第四章）清楚表明的那样，为了在不至于产生意外行为的情况下提升绩效，要设计能够对独立承包人产生激励作用的评估指标是极为困难的。就像社会福利机构一样，承包人或许能够找到某种途径，以诸如为大多数有需求的求职者服务这样的其他目标为代价来满足某一项目标——如对《就业培训合作法案》来说的就业安置。然而，做出将某个项目签约转包出去的决策，常常意味着希望承包人能够开辟新的途径来解决原有的问题。这种期望会因支持给予承包人活动空间，并有可能在不如直接提供服务的情况下达成的绩效监督水平而产生争论。假如真的存在这些困难,那么联邦政府官员有的时候就只能满足于最低限度的绩效信息和那些容易实现的目标了。

《政府绩效与结果法案》的缺陷和可能性

本书的总体目标是试图实现两种观点间的某种平衡,一种是相信《政府绩效与结果法案》将会给联邦政府带来深层次变革的绩效管理支持者的积极观点,另一种是将其看作是在众多失败的联邦政府预算和管理改革的再一次失败的怀疑论者的消极观点。如果抛开中立的态度,我或许会抱着不确定的乐观态度,相信《政府绩效与结果法案》将会带来许多联邦政府项目责任感的提升和管理水平的改进,并且认为预算部门对绩效信息的系统性运用能够导致在资源配置的过程中更为严格地关注结果。

然而,我也相信联邦政府要获得《政府绩效与结果法案》改革方案带来的充分价值还要付出艰辛的努力,而且成败得失也难以确定。没有任何在整个政府范围内实施的绩效管理战略方案,能够神奇地解决对由联邦政府资助而由州及地方政府以及民营承包人运营的项目结果进行监督的难题。事实上,设计不当的绩效评估指标和激励措施会加深有关政府间项目的分歧。雷丁有关政府间项目的结论——需要根据各自的情景认真地量身打造绩效评估指标和方法,也同样适用于那些由政府直接提供复杂服务的项目。对于复杂的社会项目,正如布莱洛克和巴瑙所警示的那样,即使是设计最为完美的绩效评估指标也不能解决项目净影响的问题。

对很多人来说,利用绩效信息实现预算过程的转型,是《政府绩效与结果法案》改革取得成功的基石。希克是悲观主义者,基于先前联邦政府的改革实践,他认为"建立在绩效基础之上的预算改革差不多都是失败的"(本书第三章)。尽管接受威洛比和梅尔克斯调查的大多数州政府预算官员认为在预算过程中利用绩效信息"总比什么也不做要好一些",

但他们并没有说明以绩效信息为基础的预算方法和后果出现了显著的变化。但是，我与州及地方政府预算官员打交道的个人经验表明，他们能不间断地将绩效信息与决策过程整合在一起，而且对有关活动和后果的信息的系统化运用，也能够为预算过程带来更多的训练和对结果的关注。

如果我们不能指望行政部门在预算过程中对绩效信息的应用带来重大的变革，那么国会对绩效信息更为全面的应用就更是不可能的了。如果说州政府的经历为联邦政府提供了经验教训的话，那么我们应该可以预期将会看到《政府绩效与结果法案》在改进管理水平和提升责任感的过程中带来的更多影响，而在转变预算实践和后果方面却没有太大的影响。

随着《政府绩效与结果法案》实施的不断推进，支持者们还必须克服诸多技术性难题，尤其是那些与信息的有效性和可信度有关的问题。他们也必须在没有脱离与《政府绩效与结果法案》重要管理目标相联系的前提下去努力对后果作出评估。而如果《政府绩效与结果法案》的支持者们能够围绕这些缺陷推进改革的话，那么他们就能够继续改进和完善这一工具，它有助于联邦政府实现某些重要的目标——有助于决策制定者在考虑资金的同时也对结果进行深思熟虑，提升政府部门的管理水平，并有助于民选官员和社会公众理解联邦政府所做的事以及如何能够更好地做这些事。绩效管理或许并不会给联邦政府带来革命性的变革，但它应该能够为其实施所必需的资金和时间投入带来合理的回报。

主要参考文献

Abernethy, Margaret A., and Peter Brownell, "The role of budgets in organizations facing strategic change: An exploratory study", *Accounting, Organizations & Society* 24, no. 3 (1999): 189 – 204.

Adams, Charles F., and Miriam S. Wilson, "Welfare reform meets the devolution revolution in Ohio", in *Learning from Leaders: Welfare Reform Politics and Policy in Fiver Midwestern States*, edited by Carol S. Weissert, Albany, NY: Rockefeller Institute Press, 2000.

Ahnell, Leif, Linda Davidson, and Karen McKenzie, "Case note: a first experience with SEA reporting", *International Journal of Public Administration* 18, no. 2, 3 (1999): 581 – 591.

Allen, John R., "The uses of performance measurement in government", *Government Finance Review* 12 (1996): 11 – 15.

Almeida, Ruth A., and Genevieve M. Kenney, *Caps in Insurance Coverage for Children: A Pre-CHIP Baseline*, Washington, D. C.: Urban Institute, 2000.

Alonso, William, and Paul Starr, *The Politics of Numbers*, New York: Russell Sage Foundation, 1987.

Ammons, David N., "Overcoming the inadequacies of performance measurement in local government: The case of libraries and leisure services", *Public Administration Review* 55, no. 1 (1995): 37 – 47.

Ammons, David, "Raising the performance bar ... locally", *Public Management* 79 (1997): 10 – 16.

Ammons, David N., "A proper mentality for benchmarking", *Public*

Administration Review 59, no. 2 (1999): 105-109.

Anderson, Kathryn H., Richard V. Burkhauser, and Jennie E. Raymond, "The effect of creaming on placement rates under the Job Training Partnership Act", *Industrial & Labor Relations Review* 46, no. 4 (1993): 613-624.

Anderson, E. D., "Meeting future challenges: Business planning in Grande Prairie, Alberta", *Government Finance Review* 13 (1997): 11-13.

Anonymous, "Good performance through effective budgeting", *Accountants Journal* 72, no. 1 (1993): 34-36.

Anonymous, "Strategic planning and budgeting in the 'new Texas': Putting service efforts and accomplishments to work", *International Journal of Public Administration* 18, no. 2,3 (1995): 409-441.

Anonymous, "Bellevue: Performance measurement, benchmarking, and improvement", *PM. Public Management* 82, no. 4 (2000): A3, A11.

Ansoff, H. Igor, *Corporate Strategy*, New York: McGraw-Hill, 1965.

Ansoff, H. Igor, Roger P. Declerck, and Robert L. Hayes, eds., *From Strategic Planning to Strategic Management*, London: Wiley, 1976.

Armey, Richard, "The Results Act: Setting a New Course", U. S. House of Representatives, 2000.

Ashenfelter, Orley, "Estimating the effect of training programs on earnings", *The Review of Economics and Statistics* 60, no. 1 (1978): 47-57.

Astin, Alexander W., *Achieving Educational Excellence: A Critical Assessment of Priorities and Practices in Higher Education*, 1st ed., San Francisco: Jossey-Bass Publishers, 1985.

Atkinson, Anthony A., and James Q. McCrindell, "Strategic performance measurement in government", *CMA Magazine* 71, no. 3 (1997): 20-23.

Baj, John, Charles E. Trott, and David Stevens, "A feasibility study of the use of unemployment wage-record data as an evaluation tool for JTPA: Report on project's phase activities", Washington, D. D.: National Commission for Employment Policy, 1991.

Bajjaly, Stephen T., "Managing emerging information systems in the public sector", *Public Productivity & Management Review* 23, no. 1 (1999): 40-47.

Baker, George P., Michael C. Jensen, and Kevin J. Murphy, "Compensation and Incentives: Practice vs. Theory", *The Journal of Finance* 43, no. 3 (1988): 593-616.

Baker, George P., "Incentive Contracts and Performance Measurement", *The Journal of Political Economy* 100, no. 3 (1988): 598-614.

Baker, George P., "Distortion and Risk in Optimal Incentive Contracts", Harvard Business School (unpublished), 1999.

Balk, Walter L., Geert Bouckaert, and Kevin M. Bronner, "Notes on the Theory and Practice of Government Productivity Improvement", *Public Productivity & Management Review* 13, no. 2 (1989): 117–131.

Bane, Mary Jo, and David T. Ellwood, *Welfare Realities: From Rhetoric to Reform*, Cambridge: Harvard University Press, 1994.

Barnow, B., "The Effect of Performance Standards on State and Local Programs", in *Evaluating Welfare and Training Programs*, edited by Charles F. Manski and Irwin Garfinkel, Cambridge: Harvard University Press, 1992.

Barnow, Burt S., "Exploring the Relationship between Performance Management and Program Impact: A Case Study of the Job Training Partnership Act", *Journal of Policy Analysis and Management* 19, no. 1 (2000): 118–141.

Barrett, Katherine, and Richard Greene, "Managing for results: Phoenix", *Financial World* 16, no. 3 (1994): 47.

Barrow, Michael, and Adam Wagstaff, "Efficiency Measurement in the Public Sector: An Appraisal", *Fiscal Studies* 10, no. 1 (1989): 72–97.

Bartik, Timothy J., *Using Performance Indicators to Improve the Effectiveness of Welfare-To-Work Programs*, Kalamazoo, MI: W. E. Upjohn Institute for Employment Research, 1995.

Bavier, R., *An Early Look at the Effects of Welfare Reform*, Washington, D. C.: Office of Management and Budget, 1999.

Bavon, Aloysius, "Innovations in performance measurement systems: A comparative perspective", *International Journal of Public Administration* 18, no. 2, 3 (1995): 491–519.

Bayley, David H., *Police for the Future*, New York: Oxford University Press, 1994.

Becker, David O., Michael A. George, Adrienne E. Goolsby, and Douglas C. Grissom, "Government: The ultimate service turnaround", *McKinsey Quarterly*, no. 1 (1998): 116–125.

Behn, Robert D., *Leadership Counts: Lessons for Public Managers from the Massachusetts Welfare, Training, and Employment Program*, Cambridge: Harvard University Press, 1991.

Behn, Robert D., "The wrong way to motivate", *Governing* 8 (1994): 70.

Behn, Robert D., "Why Measure Performance? Different Purposes Require Different Measures", Paper presented at the Fall Conference of the Association of Public

Policy and Management, November 2000.

Berman, Evan M., and Jonathan P. West, "Productivity enhancement efforts in public and nonprofit organizations", *Public Productivity & Management Review* 22, no. 2 (1998): 207-219.

Berman, Evan, and Xiaohu Wang, "Performance measurement in U. S. Counties: Capacity for Reform", *Public Administration Review* 60, no. 5 (2000): 409-420.

Berry, Frances S., "Innovation in public management: The adoption of strategic planning", *Public Administration Review* 54, no. 4 (1994): 322-330.

Berry, F. S., R. Chackerian, and B. Wechsler, *Reinventing Government: Lessons from a State Capital*, Tuscaloosa, AL: University of Alabama Press, 1995.

Berry, Frances S., and Barton Wechsler, "State agencies' experience with strategic planning: Findings from a national survey", *Public Administration Review* 55, no. 2 (1995): 159-168.

Berry, Frances S., and Geraldo Flowers, "Public Entrepreneurs in the Policy Process: Performance-Based Budgeting Reform in Florida", *Journal of Public Budgeting Accounting & Financial Management* 11, no. 4 (1999): 578-617.

Berry, Frances S., Ralph S. Brower, and Geraldo Flowers, "Implementing performance accountability in Florida: What changed, what mattered, and what resulted?" *Public Productivity & Management Review* 23, no. 3 (2000): 338-358.

Bichard, Michael, "Developing structures, processes and leaders for the future", *Public Administration and Development* 18, no. 4 (1998): 327-333.

Bishop, J., *Policy Evaluation and Archived Wage Record Data: Limitations of Existing Data Sets*, Washington, D. C.: Northease/Midwest Institute, 1989.

Blalock, Ann B., and Hubert M. Blalock, *Introduction to Social Research*, 2nd ed., Englewood Cliffs, NJ: Prentice-Hall, 1980.

Blalock, Ann B., ed., *Evaluating social programs at the state and local level: The JTPA evaluation design project*, Kalamazoo, MI: W. E. Upjohn Institute for Employment Research, 1990.

Blalock, A. B., "Economic Competition, Restructuring and Worker Dislocation", *Evaluation Forum*, no. 11 (1995).

Blalock, A. B., "Youth and the Post-Industrial Future", *Evaluation Forum*, no. 12 (1997).

Blondal, Jon, *Modern Budgeting*, Paris: Organisation for Economic Co-operation and Development, 1997.

Bloom, Dan, *The Family Transition Program: Implementation and Interim Impacts of Florida's Initial Time-Limited Welfare Program*, New York: Manpower Demonstration Research Corp., 1998.

Borgia, Carl R., and Randolph S. Coyner, "The evolution and success of budgeting systems at institutions of higher education", *Public Budgeting & Financial Management* 7, no. 4 (1996): 467-492.

Bos, Johannes M., *New Hope for People with Low Incomes: Two-Year Results of a Program to Reduce Poverty and Reform Welfare*, New York: Manpower Demonstration Research Corp., 1999.

Bouckaert, Geert, "Measurement and meaningful management", *Public Productivity & Management Review* 17, no. 1 (1993): 31-43.

Bouckaert, Geert, "Performance measurement and public management", *Public Productivity & Management Review* 17, no. 1 (1993): 29-30.

Bradley, Robert D., "The Transformation of Performance-Based Budgeting in Florida", Paper presented at the fall conference of the Association of Public Policy and Management, Seattle, WA, 2000.

Bratton, William J., "Crime is Down in New York City: Blame the Police", in *Zero Tolerance: Policing a Free Society*, edited by Norman Dennis, London: IEA Health and Welfare Unit, 1998.

Bratton, William J., and Peter Knobler, *Turnaround: How America's Top Cop Reversed the Crime Epidemic*, New York: Random House, 1998.

Brickley, James A., Clifford W. Smith, and Jerold L. Zimmerman, *Managerial Economics and Organizational Architecture*, Chicago: Irwin, 1997.

Brignall, Stan, "Performance measurement and change in local government: A general case and a childcare application", *Public Money & Management* 13, no. 4 (1993): 23-30.

Brown, Lee P., "Policing New York City in the 1990s: The Strategy for community policing", New York: New York City Police Department, 1991.

Brown, Ken W., R. Steve McDuffie, and Karyn L. Molnar, "Impending changes in government financial reporting", *CPA Journal* 64, no. 8 (1994): 42-46.

Bryson, John M., *Strategic Planning for Public and Nonprofit Organizations: A Guide to Strengthening and Sustaining Organizational Achievement*, San Francisco, CA: Jossey-Bass Publishers, 1995.

Burgess, Simon, and Paul Metcalfe, *Incentives in Organisations: A Selective Overview of the Literature with Application to the Public Sector*, Bristol: Centre for Market and Public Organisation, 1999.

Burgess, Simon, and Paul Metcalfe, *The Use of Incentive Schemes in the Public and Private Sectors: Evidence from British Establishments*, Bristol: Centre for Market and Public Organisation, 1999.

Burke, Joseph C., *Performance-Funding Indicators: Concerns, Values, and Models for Two-and Four-Year Colleges and Universities*, Albany, NY: Nelson A. Rockefeller Institute of Government, 1997.

Burke, Joseph C., and Andreea M. Serban, *Performance Funding for Public Higher Education: Fad or Trend?* San Francisco: Jossey-Bass Publishers, 1998.

Burke, Joseph C., and Andreea M. Serban, *Current States and Future Prospects of Performance Funding and Performance Budgeting for Public Higher Education: The Second Survey*, Albany, NY: Nelson A. Rockefeller Institute of Government, 1998.

Burke, Joseph C., "Performance Funding in South Carolina: From Fringe toward Mainstream", *Assessment Update* 11, no. 6 (1999): 4.

Burke, Joseph C., J. Rosen, H. Minassians, and T. Lessard, *Performance Funding and Budgeting: An Emerging Merger: The Fourth Annual Survey*, Albany, NY: Nelson A. Rockefeller Institute of Government, 2000.

Burke, Joseph C., and Shahpar Modarresi, "To Keep or Not to Keep Performance Funding", *Journal of Higher Education* 71, no. 4 (2000): 432-453.

Burnaby, Priscilla A., and James R. Fountain, Jr., "Service efforts and accomplishments: Its time has come", *Government Accountants Journal* 43, no. 3 (1994): 43-53.

Burton, Dan, and C. W. Young, *Joint Letter to Agency Heads*, March 10, 1999, Available from http://www.house.gov/reform/press/99.03.10.a.htm.

Caiden, Gerald E., "Administrative reform-American style", *Public Administration Review* 54, no. 2 (1994): 123-128.

Caiden, Naomi, "Public service professionalism for performance measurement and evaluation", *Public Budgeting & Finance* 18, no. 2 (1998): 35-52.

Carnevale, Anthony P., and David G. Carnevale, "Public administration and the evolving world of work", *Public Productivity & Management Review* 17, no. 1 (1993): 1-14.

Carpenter, Vivian L., "Improving Accountability: Evaluating the Performance of Public Health Agencies", *Government Accountants Journal* 39, no. 3 (1990): 43-54.

Carpinello, Sharon, Chip J. Felton, Elizabeth A. Pease, Mary DeMasi, and Sheila

Donahue, "Designing a system for managing the performance of mental health managed care: An example from New York State's prepaid mental health plan", *The Journal of Behavioral Health Services & Research* 25, no. 3 (1998): August.

Carroll, Thomas W., *A Legislative Initiative in Budgeting Reform: New York's Key Item Reporting System* (New York Case Studies in Public Management), Albany, NY: Rockefeller Institute of Government, 1984.

Caruthers, J. Kent, and Daniel T. Layzell, "Performance Funding at the State Level: Trends and Prospects", Paper presented at the Annual Meeting of the Association for the Study of Higher Education, Orlando, FL, November 2 - 5, 1995.

Castner, Laura, and Randy Rosso, *Characteristics of Food Stamp Households - Fiscal Year 1998*, Washington, D. C.: Mathematica Policy Research, Inc., 2000.

Caudle, Sharon L., "Reengineering strategies and issues", *Public Productivity & Management Review* 18, no. 2 (1994): 149 - 162.

Caudle, Sharon L., "Managing information and technology for results", *Public Manager* 23, no. 1 (1994): 48 - 50.

Chalos, Pete, and Joseph Cherian, "An application of data envelopment analysis to public sector performance measurement and accountability", *Journal of Accounting & Public Policy* 14, no. 2 (1995): 143 - 160.

Chan, Amy, and Dan Rich, "Sunnyvale's outcome management: Taking performance budgeting one step further", *Government Finance Review* 12 (1996): 13.

Chelimsky, Eleanor, "Comparing and contrasting auditing and evaluation", *Evaluation Review* 9, no. 4 (1985): 483 - 503.

Christal, Melodie E., "State survey on performance measures, 1996 - 1997", Denver, CO: State Higher Education Executive Officers, 1998.

Citizens Against Government Waste, *2000 Congressional Pig Book Summary*, Washington, D. C.: author, 2000.

Clancy, Donald K., and Terry K. Patton, "Service efforts and accomplishments reporting: A study of Texas public schools", *Public Budgeting & Financial Management* 8, no. 2 (1996): 272 - 302.

Clark, Steven A., "Performance auditing: A public - private partnership", *Public Productivity & Management Review* 16, no. 4 (1993): 431 - 436.

Coe, Barbara A., "How structural conflicts stymie reinvention", *Public*

Administration Review 57 (1997): 168-173.

Coe, Charles, "Local government benchmarking: lessons from two major multigovernment efforts", *Public Administration Review* 59, no. 2 (1999): 110-115.

Cook, Thomas D., and Charles S. Reichardt, eds., *Qualitative and Quantitative Methods in Evaluation Research*, Beverly Hills, CA: Sage Publications, 1979.

Cook, Thomas J., Jerry Vansant, Leslie Stewart, and Jamie Adrian, "Performance measurement: Lessons learned for development management", *World Development* 23, no. 8 (1995): 1303-1315.

Cope, Glen Hahn, "Walking the Fiscal Tightrope: Local Government Budgeting and Fiscal Stress", *International Journal of Public Administration* 15, no. 5 (1992): 1097-1120.

Cothran, Dan A., "Entrepreneurial budgeting: An emerging reform?" *Public Administration Review* 53, no. 5 (1993): 445-454.

Courty, Pascal, and Gerald Marschke, "Measuring government performance: Lessons from a federal job-training program", *American Economic Review* 87, no. 2 (1997): 383-388.

Courty, Pascal, and Gerald Marschke, *An Empirical Investigation of Gaming Responses to Explicit Performance Incentives*, Albany: State University of New York, 2000.

Courty, Pascal, and Gerald Marschke, "The JTPA Incentive System: Program Years 1987-1989", in *Performance Standards in Government Bureaucracy*, edited by James Heckman, Kalamzoo, MI: W. E. Upjohn Institute for Employment and Research, Forthcoming.

Cragg, Michael, "Performance Incentives in the Public Sector: Evidence from the Job Training Partnership Act", *Journal of Law, Economics, and Organization* 13, no. 1 (1997): 147-168.

Crew, Robert E., and Belinda Creel Davis, "Florida welfare reform: Cash assistance as the least desirable resource for poor families", in *Managing Welfare Reform in Five States: The Challenges of Devolution*, edited by Sarah F. Liebschutz, Albany, NY: Rockefeller Institute Press, 2000.

Cunningham, J. Barton, "Tactics for implementing quality improvement programs", *Optimum* 27, no. 1 (1997): 14-20.

Curro, Michael J., "Federal financial management and budgeting: NPR recommendations and GAO views", *Public Budgeting & Finance* 15, no. 1 (1995): 19-26.

Davies, Marlene, and Elaine Shellard, "The value of performance measurement in the United Kingdom", *Government Accountants Journal* 46, no. 3 (1997): 48-51.

DeBaylo, Paul W., "Ten reasons why the Baldrige Model works", *Journal for Quality & Participation* 22, no. 1 (1999): 24-28.

Decker, P., "Systematic Bias in Earnings Data Derived from Unemployment Insurance Wage Records and Implications for Evaluating the Impact of Unemployment Insurance Policy on Earnings", Princeton, NJ: Mathematica Policy Research, 1989.

Deming, W. Edwards, *Out of the Crisis*, Cambridge: Massachusetts Institute of Technology, Center for Advanced Engineering Study, 1986.

Dempsey, Gordon J., August F. Geist, Anita J. Everhard, and Diane M. Chamberlin, "Paving the Road to Success at PennDOT", *Journal for Quality & Participation* 14, no. 3 (1991): 90-94.

Dickinson, Katherine P., and et al., "Evaluation of the effects of JTPA performance standards on clients, services, and costs", Washington, D. C.: National Commission for Employment Policy, 1988.

Dion, M. Robin, and LaDonna, Pavetti, *Access to and Participation in Medicaid and the Food Stamp Program : A Review of the Recent Literature*, Washington, D. C.: Mathematica Policy Research, Inc., 2000.

Dixit, A., *Incentives and Organizations in the Public Sector : An Interpretative Review*, Princeton University, 1999.

Doolittle, Fred C., and Linda Traeger, *Implementing the National JTPA Study*, New York: Manpower Demonstration Research Corp., 1990.

Dopuch, Nicholas, and Mahendra Gupta, "Estimation of benchmark performance standards: An application to public school expenditures", *Journal of Accounting & Economics* 23, no. 2 (1997): 141-161.

Douglas, James W., "Redirection in Georgia: A new type of budget reform", *American Review of Public Administration* 29, no. 3 (1999): 269-289.

Downs, George W., and Patrick D. Larkey, *The Search for Government Efficiency : From Hubris to Helplessness*, 1st ed., New York: Random House, 1986.

Drucker, Peter, "Forward", in *The Leader of the Future : New Visions, Strategies, and Practices for the Next Era*, edited by Frances Hesselbein, Marshall Goldsmith and Richard Beckhard, San Francisco: Jossey-Bass Publishers, 1996.

DuPont-Morales, M. A., and Jean E. Harris, "Strengthening accountability:

Incorporating strategic planning and performance measurement into budgeting", *Public Productivity & Management Review* 17, no. 3 (1994): 231–239.

Duquette, Dennis J., and Alexis M. Stowe, "A performance measurement model for the Office of Inspector General", *Government Accountants Journal* 42, no. 2 (1993): 27–50.

Easterling, C. Nelson, "Performance Budgeting in Florida: To Muddle or Not to Muddle, That Is the Question", *Journal of Public Budgeting Accounting & Financial Management* 11, no. 4 (1999): 559–577.

Eck, John E., and William Spelman, "Problem–solving: Problem–oriented policing in Newport News", Washington, D. C.: U. S. Department of Justice; National Institute of Justice, 1987.

Ehrenhalt, Alan, "Performance budgeting, thy name is ...", *Governing* 8 (1994): 9–10.

Eimicke, William B., "Benchmarking for Best Practices in the Public Sector/ Achieving Improved Performance in Public Organizations: A Guide for Managers/ Organizational Performance and Measurement in the Public Sector: Toward Service, Effort and Accomplishment Reported", *American Review of Public Administration* 28, no. 1 (1998): 90–95.

Eldridge, William H., "Why angels fear to tread: A practitioner's observations and solutions on introducing strategic management to a government culture", in *Handbook of Strategic Management*, edited by Jack Rabin, Gerald Miller and W. Bartley Hildreth, 319–336, New York: Marcel Dekker, Inc., 1989.

Elliot, Stern, "Interview with European Commission's Financial Controller", *Evaluation* 3, no. 1 (1995).

Ellis, Robert L., "QDF: A tool to sharpen measurement", *Public Manager* 27, no. 2 (1998): 33–36+.

Ellis, Eileen, and Vernon Smith, "Medicaid Enrollment in 21 States: June 1997 to June 1999", New York: Kaiser Family Foundation, 2000.

Ellwood, Marilyn R., *Medicaid Eligibility Maze*, Washington, D. C.: Urban Institute, 1999.

Epstein, Jeff, and Raymond T. Olsen, "Lessons learned by state and local governments", *Public Manager* 25, no. 3 (1996): 41–44.

Esser, Jeffrey L., "A new standard of excellence in budgeting", *Government Finance Review* 13 (1997): 5.

Evans, Martin, "A change for the better?" *Accountancy* 115, no. 1218 (1995): 92.

Ewell, P. T., "The Current Patterns of State–level Assessment: Results of a

National Inventory", in *Performance Indicators in Higher Education: What Works, What Doesn't, and What's Mext?*, edited by Gerald H. Gaither, College Station, TX: Texas A&M University System, 1996.

Fairbanks, Frank, "Managing for results: The path that Phoenix has followed", *Public Management* 78 (1996): 12-15.

Farquhar, Katherine, "Leadership in Limbo: Organization Dynamics During Interim Administrations", *Public Administration Review* 51, no. 3 (1991): 202-210.

Faucett, Allen, and Brian H. Kleiner, "New development in performance measures of public programmes", *International Journal of Public Sector Management* 7, no. 3 (1994): 63-70.

Few, Paula K., and John A. Vogt, "Measuring the performance of local governments in North Carolina", *Government Finance Review* 13 (1997): 29-34.

Fielding Smith, Jame, "The benefits and threats of PBB: An assessment of modern reform", *Public Budgeting & Finance* 19, no. 3 (1999): 3-15.

Finnimore, Peter, "Measuring police performance", *Management Services* 37, no. 11 (1993): 12-14.

Fisher, Joseph L, "Formal Mechanisms: Helping the Governor to Manage", *Journal of State Government* 62, no. 4 (1989): 131-135.

Florida Office of Program Policy Analysis and Government Accountability, "A report on performance-based program budgeting in context: History and comparison", Tallahassee, FL: Florida Office of Program Policy Analysis and Government Accountability, 1997.

Florida TaxWatch, "Building a better Florida: A management blueprint to save taxpayers over $1 billion", Tallahassee, FL: Florida TaxWatch, Inc., 1986.

Florida TaxWatch, "Taxpayers Win at the Wire", Tallahassee, FL: Florida TaxWatch, Inc., 1995.

Florida TaxWatch Research Institute, "Florida's Performance Based Budgeting (PB2)-- A Diamond in the Rough of Just a Zirconium Bauble?" Tallahassee, FL: Florida TaxWatch Research Institute, 1999.

Flowers, Geraldo E., "An evaluation of the effect of agency conditions on the implementation of Florida's performance-based program budgeting", Ph. D., Florida State University, 1999.

Flowers, Geraldo, and Delia Kundin, "How Agency Conditions Facilitate and Constrain Performance-Based Program Systems", *Journal of Public Budgeting Accounting & Financial Management* 11, no. 4 (1999): 618-648.

Folger, John K., and Dennis P. Jones, "Using fiscal policy to achieve state education goals", Denver: Education Commission of the States, 1993.

Forsythe, Dall W., *Performance Management Comes to Washington: A Status Report on the Government Performance and Results Act*, Albany, NY: Nelson A. Rockefeller Institute of Government, 2000.

Forsythe, Dall W., and Richard P. Nathan, "The Next Phase of Performance Management in Washington: What You Can Do", in *Memos to the President: Management Advice from the Nation's Top Public Administrators*, edited by Mark A. Abramson, Washington, DC: Price water house Coopers Endowment for the Business of Government, 2001.

Fountain, James R., Jr., "Service Efforts and Accomplishments Reporting", *Public Productivity & Management Review* 15, no. 2 (1991): 191-198.

Fountain, James Jr., and Mitchell Roob, "Service efforts and accomplishments measures", *Public Management* 76, no. 3 (1994): 6-12.

Francis, Charles D., and Allan J. Borwick, "The Equivalency Factor: Municipal Budgeting by the Household", *Government Finance Review* 6, no. 4 (1990): 7-11.

Franklin, Aimee, "Managing for results in Arizona: A fifth-year report card", *Public Productivity & Management Review* 23, no. 2 (1999): 194-209.

Frederickson, H. George, "The Repositioning of American Public Administration", Paper presented at the annual conference of the American Political Science Association, September 1999.

Freeman, Thomas, "Performance Indicators and Assessment in the State University of New York System", in *Assessing Performance in an Age of Accountability: Case Studies*, edited by Gerald H. Gaither, San Francisco: Jossey-Bass Publishers, 1995.

Friedlander, Daniel, *Subgroup Impacts and Performance Indicators for Selected Welfare Employment Programs*, New York: Manpower Demonstration Research Corp., 1988.

Friedlander, Daniel, and Gary Burtless, *Five Years After: The Long-Term Effects of Welfare-To-Work Programs*, New York: Russell Sage Foundation, 1995.

Gais, Thomas L., "Concluding comments: Welfare reform and governance", in *Learning from Leaders: Welfare Reform Politics and Policy in Five Midwestern States*, edited by Carol Weissert, Albany, NY: Rockefeller Institute Press, 2000.

Gais, Thomas, Richard Nathan, Irene Lurie, and Thomas Kaplan, *The*

Implementation of the Personal Responsibility Act of 1996: Commonalities, Variations, and the Challenge of Complexity, Washington, D. C., 2000.

Gaither, Gerald H., Brian P. Nedwek, and John E. Neal, "Measuring up: The promises and pitfalls of performance indicators in higher education", in *ASHE - ERIC Higher Education Report NO. 5*, Washington, D. C.: Graduate School of Education and Human Development, the George Washington University, 1995.

Galston, Willliam, A., and Geoffrey L. Tibbetts, "Reinventing Federalism: The Clinton/Gore Program for a New Partnership Among the Federal, State, Local, and Tribal Governments", *Publius* 24, no. 3 (1994): 23-48.

Garrett, Michael R., and Todd MacDonald, "Program/activity-based management at the Regional Municipality of Peel: An organization in transition", *Government Finance Review* 12 (1996): 7-10.

Garsombke, H. Perrin, and Jerry Schrad, "Performance measurement systems: Results from a city and state survey", *Government Finance Review* 15, no. 1 (1999): 9-12.

Garvey, Gerald, "False Promises: The NPR in Historical Perspective", in *Inside the Reinvention Machine: Appraising Governmental Reform*, edited by Donald F. Kettl and John J. DiIulio, Washington, D. C.: Brookings Institution, 1995.

Gay, Robert S., and Michael E. Borus, "Validating Performance Indicators for Employment and Training Programs", *The Journal of Human Resources* 15, no. 1 (1980): 29-48.

Gearhart, Jon, "Activity based management and performance measurement systems", *Government Finance Review* 15, no. 1 (1999): 13-16.

Geiger, Dale R., "An experiment in federal cost accounting and performance measurement", *Government Accountants Journal* 42, no. 4 (1994): 39-52.

Ghobadian, Abby, and John Ashworth, "Performance measurement in local government: Concept and practice", *International Journal of Operations & Production Management* 14, no. 5 (1994): 35-51.

Gibbons, Robert, "Incentives and Careers in Organizations", National Bureau of Economic Research, 1996.

Glaser, Mark, "Tailoring Performance Measurement to Fit the Organization: From Generic to Germane", *Public Productivity & Management Review* 14, no. 3 (1991): 303-319.

Galser, Mark, "Reconciliation of total quality management and traditional performance improvement tools", *Public Productivity & Management Review* 16, no. 4 (1993): 379-386.

Gold, Steven D., *The Fiscal Crisis of the States: Lessons for the Future*, Washington, D. C.: Georgetown University Press, 1995.

Goldman, Frances, and Edith Brashares, "Performance and Accountability: Budget Reform in New Zealand", *Public Budgeting & Finance* 11, no. 4 (1991): 75-85.

Goldstein, Herman, *Problem-Oriented Policing*, Philadelphia: Temple University Press, 1990.

Gore, Albert, "From red tape to results: Creating a government that works better & costs less", Washington, D. C.: U. S. Office of the Vice President, 1993.

Gormley, William T., and David L. Weimer, *Organizational Report Cards*, Cambridge: Harvard University Press, 1999.

Government Accounting Standards Board, *GASB's State and Local Government Case Studies: The Use and the Effects of Using Performance Measures for Budgeting, Management, and Reporting*, 2000, available from http://www.rutgers.edu/accounting/raw/seagov/pmg/index.html.

"Grading the States: A 50-State Report Card on Government Performance", *Governing*, February 1999.

Gray, Maryann D., "Enhancing the quality and use of student outcomes data: Final report of the National Postsecondary Education Cooperative Working Group on Student Outcomes from a Data Perspective", Washington, D. C.: National Center for Education Statistics, Office for Education Research and Improvement, U. S. Department of Education, 1996.

Greene, Jack R., and Stephen D. Mastrofski, *Community Policing: Rhetoric or Reality*, New York: Praeger, 1988.

Greene, Richard, and Katherine Greene, "Poisoned measures (performance measurement can drive poor government management)", *Governing* 11, no. 8 (1998): 60.

Greenwood, Peter W., Jan M. Chaiken, and Joan Petersilia, *The Criminal Investigation Process*, Lexington, MA: D. C. Heath, 1977.

Griesemer, James R., "The power of performance measurement: A computer performance model and examples from Colorado cities", *Government Finance Review* 9, no. 5 (1993): 17-21.

Grifel, Stuart S., "Performance measurement and budgetary decision making", *Public Productivity & Management Review* 16, no. 4 (1993): 403-407.

Grote, Dick, "Public sector organizations: Today's innovative leaders in performance management", *Public Personnel Management* 29, no. 1 (2000): 1-20.

Hagen, Jan L., and Irene Lurie, *Implementing JOBS: The Participants' Perspective*, Albany, NY: Nelson A. Rockefeller Institute of Government, 1994.

Halachmi, Arie, and Geert Bouckaert, "Performance measurement, organizational technology and organizational design", *Work Study* 43, no. 3 (1994): 19-25.

Halachmi, Arie, "Mandated performance measurement: A help or a hindrance?" *National Productivity Review* 18, no. 2 (1999): 59-67.

Hammer, Michael, and James Champy, *Reengineering the Corporation: A Manifesto for Business Revolution*, London: Nicholas Brealey Publishing, 1993.

Harr, David J., "Productive Unit Resourcing: A Business Perspective in Governmental Financial Management", *Government Accountants Journal* 38, no. 2 (1989): 51-57.

Harr, David J., and James T. Godfrey, "The Total Unit Cost Approach to Government Financial Management", *Government Accountants Journal* 40, no. 4 (1992): 15-24.

Harris, Jean, "Service efforts and accomplishments: A primer of current practice and an agenda for future research", *International Journal of Public Administration* 18, no. 2,3 (1995): 253-276.

Harris, Jean, "Service efforts and accomplishments standards: Fundamental questions of an emerging concept", *Public Budgeting & Finance* 15, no. 4 (1995): 18-37.

Hatry, Harry P. et al., *Service Efforts and Accomplishments Its Time Has Come*, Norwalk, CT: Government Accounting Standards Board, 1990.

Hatry, Harry P., and Joseph S. Wholey, "Toward useful performance measurement: Lessons learned from initial pilot performance plans perpared under the Government Performance and Results Act", Washington, D. C.: National Academy of Public Administration, 1994.

Hatry, Harry, "Foreward", in *Organizational Performance and Measurement in the Public Sector: Toward Service, Effort, and Accomplishment Reporting*, edited by Arie Halachmi and Geert Bouckaert, Westport, CT: Quorum Books, 1996.

Hatry, Harry P., and Joseph S. Wholey, *Performance Measurement: Getting Results*, Washington, D. C.: Urban Institute Press, 1999.

Hatry, Harry, "Mini-symposium on intergovernmental comparative performance data", *Public Administration Review* 59, no. 2 (1999): 101-104.

Heaton, John D., Linda J. Savage, and Judith K. Welch, "Performance auditing in municipal governments", *Government Accountants Journal* 42, no. 2 (1993): 51-

60.

Heckman, James, and R. Robb, "Alternative Methods for Evaluating the Impact of Interventions", in *Longitudinal Analysis of Labor Market Data*, edited by James Heckman and Burton Singer, Cambridge: Cambridge University Press, 1985.

Heckman, James, "Randomization and Social Program Evaluation", in *Evaluating Welfare and Training Program*, edited by Charles Manski and Irwin Garfinkel, Cambridge: Harvard University Press, 1993.

Heckman, James, and J. Smith, *The Performance of Performance Standards: The Effects of JTPA Performance Standards on Efficiency, Equity and Participant Outcomes*, Chicago: University of Chicago, 1995.

Heckman, James, J. Smith, and C. Taber, "What Do Bureaucrats Do? The Effects of Performance Standards and Bureaucratic Preferences on Acceptance in the JTPA Program", in *Advances in the Study of Entrepreneurship, Innovation, and Economic Growth*, edited by Gary Libecap, Greenwich, CT: JAI Press Inc., 1996.

Heckman, James, R. LaLonde, and J. Smith, "The Economics and Econometrics of Active Labor Market Programs", in *Handbook of Labor Economics*, edited by Orley Ashenfelter and David E. Card, Amsterdam: Elsevier, 1999.

Heckman, James, C. Heinrich, and J. Smith, *Understanding Incentives in Public Organizations*, Chicago: University of Chicago, 1999.

Heclo, Hugh H., "Values Underpinning Poverty Programs for Children", *The Future of Children* 7, no. 2 (1997): 141–148.

Heinrich, Carolyn J., "Do Government Bureaucrats make Effective Use of Performance Management Information?" *Journal of Public Administration Research & Theory* 9, no. 3 (1999): 363–393.

Heinrich, C., G. Marschke, and J. Smith, "The JTPA Program: Basic Information on its Design and Implementation", in *Performance Standards in a Government Bureaucracy*, edited by James Heckman, Kalamazoo, MI: W. E. Upjohn Institute for Employment Research, Forthcoming.

Henderson, Ian, "Does budgeting have to be so troublesome?" *Management Accounting – London* 75, no. 9 (1997): 26–27.

Herman, Joan L., *Program Evaluation Kit*, 2nd ed., Newbury Park, CA: Sage Publications, 1987.

Hernandez, Raymond, "Inquiry Grows As Rolls Fall For Medicaid", *New York Times*, June 8, 1999, B, 1: 5.

Herrington, Carolyn, "Performance Based Budgeting in Public Schools in Florida", in *School Based Financing*, edited by Margaret E. Goertz and Allan Odden, Thousand Oaks, CA: Corwin Press, Inc. , 1999.

Holahan, John, and Johnny Kim, "Why does the number of uninsured Americans continue to grow?" *Health Affairs* 19, no. 4 (2000): 188-196.

Holmstrom, Bengt, and Paul Milgrom, "Aggregation and Linearity in the Provision of Intertemporal Incentives", *Econometrica* 55, no. 2 (1987): 303-328.

Holmstrom, Bengt, and Paul Milgrom, "Multitask Principal-Agent Analyses: Incentive Contracts, Asset Ownership, and Job Design", *Journal of Law, Economics and Organization* 7 (1991): 24-52.

Holt, Craig L. , "Performance based budgeting: Can it really be done?" *Public Manager* 24, no. 4 (1996): 19-21.

Ingraham, P. W. , P. J. Joyce, and A. E. Kneedler, *Managing for Performance*, Baltimore, MD: John Hopkins University Press, 2000.

Ingraham, P. W. , and A. E. Kneedler, "Dissecting the Black Box Revisited: Characterizing Government Management Capacity", in *Models and Methods for the Empirical Study of Government*, edited by Laurence E. Lynn, Jr. , Washington, D. C. : Georgetown University Press, 2000.

International City/County Management Association - Urban Institute, *Comparative Performance Measurement : FY 1996 Data Report*, Washington, D. C. : International City/County Management Association, 1998.

International City/County Management Association - Urban Institute, *Comparative Performance Measurement : FY 1997 Data Report*, Washington, D. C. : International City/County Management Association, 1999.

Jackson, Peter M. , "Public service performance evaluation: A strategic perspective", *Public Money & Management* 13, no. 4 (1993): 9-14.

Jensen, Michael C. , and Kevin J. Murphy, "Performance Pay and Top - Management Incentives", *The Journal of Political Economy* 98, no. 2 (1990): 225-264.

Johnsen, Age, "Implementation mode and local government performance measurement: A Norwegian experience", *Financial Accountability & Management* 15, no. 1 (1999): 41-66.

Johnson, Pamela R. , and Jordan Stern, "From good enough to the best in business: Benchmarking for public managers", *Public Manager* 24, no. 3 (1995): 21-24.

Jones, Ann, "Winston - Salem's participation in the North Carolina performance measurement project", *Government Finance Review* 13 (1997): 35-36.

Jones, David Seth, "Recent budgetary reforms in Singapore", *Journal of Public*

Budgeting, *Accounting & Financial Management* 10, no. 2 (1998): 279 – 310.

Jones, L. R., and Jerry L. McCaffery, "Implementing the Chief Financial Officers Act and the Government Performance and Results Act in the federal government", *Public Budgeting & Finance* 17, no. 1 (1997): 35 – 55.

Jordan, Meagan M., and Merl M. Hackbart, "Performance budgeting and performance funding in the states: A Status assessment", *Public Budgeting & Finance* 19, no. 1 (1999): 68 – 88.

Joyce, Philip G., "Using performance measures for federal budgeting: Proposals and prospects", *Public Budgeting & Finance* 13, no. 4 (1993): 3 – 17.

Joyce, Philip G., "Appraising budget appraisal: Can you take politics out of budgeting?" *Public Budgeting & Finance* 16, no. 4 (1996): 21 – 25.

Joyce, Philip G., "The future of federal budgeting: What will the government do? How will it make its choices?" *Journal of Public Budgeting, Accounting & Financial Management* 9, no. 1 (1997): 72 – 89.

Joyce, P. G., and S. Sieg Tompkins, "Using Performance Information for Budgeting: Clarifying the Framework and Investigating Recent State Experience", Paper presented at the Symposium of the Center for Accountability and Performance of the American Society for Public Administration, George Washington University, Washington, D. C., 2000.

Jreisat, Jamil E., "Productivity Measurement and Finance Officers", *Public Productivity & Management Review* 13, no. 4 (1990): 315 – 329.

Kamansky, John M., "Program performance measures: Designing a system to manage for results", *Public Productivity & Management Review* 16, no. 4 (1993): 395 – 402.

Kaplan, Robert S., and David P. Norton, *The Balanced Scorecard : Translating Strategy Into Action*, Boston: Harvard Business School Press, 1996.

Kaplan, Robert S., and Robin Cooper, *Cost & Effect : Using Integrated Cost System to Drive Profitability and Performance*, Boston: Harvard Business School Press, 1998.

Keehley, Patricia, and Sue A. MacBride, "Can benchmarking for best practices work for government?" *Quality Progress* 30 (1997): 75 – 80.

Kelling, George L., et al., "The Kansas City preventive patrol experiment: a summary report", Washington, D. C.: The Police Foundation, 1974.

Kerr, Steven, "On the Folly of Rewarding A, While Hoping for B", *Academy of Management Journal* 18, no. 4 (1975): 769 – 783.

Kerr, Deborah L., "Managing Rosie the Riveter: The work between strategic planning and performance measurement", *Public Productivity & Management Review* 17, no. 3 (1994): 215-221.

Kettl, Donald F., John J. DiIulio, and Gerald Garvey, *Improving Government Performance: An Owner's Manual*, Washington, D. C.: Brookings Institution, 1993.

Kettl, Donald F., *Sharing Power: Public Governance and Private Markets*, Washington, D. C.: The Brookings Institution, 1993.

Kettl, Donald F., *The Global Revolution in Public Management*, Washington, D. C.: Brookings Institution Press, 1997.

Kettl, Donald F., "Reinventing government: A fifth-year report card", *CPM Report-98-1*, 71, Washington, D. C.: Center for Public Management, The Brookings Institution, 1998.

Key, V. O., Jr., "The Lack of a Budgetary Theory", *American Political Science Review* XX (1940): 34.

King, Laura M., "Operating and capital budget reform in Minnesota: Managing public finances like the future matters", *Government Finance Review* 11, no. 1 (1995): 7-10.

Kinser, Kim, "Colorado is redesigning its pay plan to reward employees for their performance", *State Government News* 40, no. 8 (1997): 27-28.

Kirchhoff, Judith J., "Public services production in context: Toward a multilevel, multistakeholder model", *Public Productivity & Management Review* 21, no. 1 (1997): 70-85.

Knezo, Genevieve J., and Virginia A. McMurtry, "Performance Measure Provisions in the 105th Congress: Analysis of a Selected Compilation", Congressional Research Service, 1998.

Kopcynski, Mary, and Michael Lombardo, "Comparative performance measurement: Insights and lessons learned from a consortium effort", *Public Administration Review* 59, no. 2 (1999): 124-134.

Kravchuk, Robert S., and Ronald W. Schack, "Designing effective performance-measurement systems under the Government Performance and Results Act of 1993", *Public Administration Review* 56, no. 4 (1996): 348-358.

Ku, Leighton, and Brian Bruen, *The Continuing Decline in Medicaid Coverage*, Washington, DC: Urban Institute, 1999.

LaLonde, Robert J., "Evaluating the Econometric Evaluations of Training Programs with Experimental Data", *The American Economic Review* 76, no. 4 (1986): 604-620.

Langley, Ann, "The Roles of Formal Strategic Planning", *Long Range Planning* 21, no. 3 (1988): 40–50.

Laurent, Anne, "Stacking up: The Government Performance Project rates management at 15 federal agencies", *Government Executive* 31, no. 2 (1999): 13–18.

Lauth, Thomas P., "State Budgeting: Current Conditions and Future Trends", *International Journal of Public Administration* 15, no. 5 (1992): 1067–1096.

Lawrence, Carol M., and James M. Kurtenbach, "Medicare reimbursement, debt financing, and measures of service efforts and accomplishments in the healthcare industry", *International Journal of Public Administration* 18, no. 2,3 (1995): 355–381.

Lazear, Edward P., "Performance Pay and Productivity", *NBER Working Paper* 5672, Cambridge: National Bureau of Economic Research, 1996.

Learned, Edmund P., C. R. Christensen, K. R. Andrews, and W. D. Guth, *Business Policy: Text and Cases*, Homewood, IL: R. D. Irwin, 1965.

Lee, Robert D., Jr., and Robert C. Burns, "Performance measurement in state budgeting: Advancement and backsliding from 1990 to 1995", *Public Budgeting & Finance* 20, no. 1 (2000): 38–54.

Leithe, Joni L., "Managing for results: Advancing the art of performance measurement", *Government Finance Review* 12 (1996): 40–42.

Leithe, Joni, "Guidelines for budget making", *American City & County* 113, no. 9 (1998): 8.

Lemov, Penelope, "Measuring performance, making progress", *Governing* 11, no. 4 (1998): 54–56.

Levin, Henry M., *Cost-Effectiveness: A Primer*, Beverly Hills, CA: Sage Publications, 1983.

Lewis, Kimball, Marilyn Ellwood, and John L. Czajka, "Counting the uninsured: A review of the literature", *Assessing the New Federalism: Occasional Paper No. 8*, Washington, D. C.: Urban Institute, 1998.

Light, Paul C., *The Tides of Reform: Making Government Work*, 1945–1995, New Haven, CT: Yale University Press, 1997.

Light, Paul C., *The True Size of Government*, Washington, D. C.: Brookings Institution Press, 1999.

Liner, Blaine, and Elisa Vinson, "Will States Meet the Challenge?" Washington, DC: The Urban Institute, 1999.

Llewellyn, Wayne D., "A review of budgeting systems", *Assessment Journal* 1, no.

5 (1994): 47-50.

Locke, E. A., D. B. Feren, V. M. McCaleb, and A. T. Denny, "The Relative Effectiveness of Four Methods of Motivating Employee Performance", in *Changes in Working Life: Proceedings of an International Conference on Changes in the Nature and Quality of Working Life*, edited by Keith D. Duncan, Michael M. Gruneberg and D. Wallis, Chichester: Wiley, 1981.

Longmire, Laura, "Dare to ask, 'how do we stack up?'" *American City & County* 112, no. 5 (1997): 6.

Lu, Haoran, "Performance budgeting resuscitated: Why is it still inviable?" *Journal of Public Budgeting, Accounting & Financial Management* 10, no. 2 (1998): 151-172.

Lynch, Thomas D., and Cynthia Lynch, "Twenty-first century budget reform: Performance, entrepreneurial, and competitive budgeting", *Public Administration Quarterly* 20, no. 3 (1996): 255-284.

Madler, Lisa, "Overview of GeorgiaGain and the Performance Management Process", *Journal of Environmental Health* 59 (1997): 6-8.

Mali, Paul, "Differentiating High from Low Productivity Performance in City Governments", *National Productivity Review* 9, no. 3 (1990): 281-299.

Maloy, Kathleen et al., *Description and Assessment of State Approaches to Diversion Programs and Activities Under Welfare Reform*, Washington, D. C.: George Washington University, 1998.

Mandell, Lee M., "Performance measurement and management tools in North Carolina local government-revisited", *Public Administration Quarterly* 21, no. 1 (1997): 96-127.

Maple, Jack, and Chris Mitchell, *The Crime Fighter: Putting the Bad Guys Out of Business*, New York: Doubleday, 1999.

Mark, M., and E. Pines, "Implications of Continuous Quality Improvement for Program Evaluation and Evaluators", *Evaluation Practice* (1995).

Marks, Barry R., and Raman K. K., "The behavior of interpreriod equity-related performance measures over time", *Accounting Horizons* 10 (1996): 52-66.

Marschke, Gerald, *Performance Incentives and Bureaucratic Behavior: Evidence from a Federal Bureaucracy*, Albany, NY: Unpublished manuscript, 2000.

Marshall, Martha, Lyle Wray, Paul Epstein, and Stuart Grifel, "21st century community focus: Better results by linking citizens, government, and performance measurement", *Public Management* 81, no. 10 (1999): 12-18.

Martin, Lawrence L., "Outcome budgeting: A new entrepreneurial approach to budgeting", *Journal of Public Budgeting, Accounting & Financial Management* 9, no. 1 (1997): 108 – 126.

Martin, Lawrence L., "Performance contracting: extending performance measurement to another level", *PA Times* 22, no. 1 (1999): 1, 8.

Martz, Mary Jeanne Reid, "Helpful practices in implementing GPRA", *Public Manager* 27, no. 4 (1999): 35 – 39.

Mascarenhas, R. C., "Searching for efficiency in the public sector: Interim evaluation of performance budgeting in New Zealand", *Public Budgeting & Finance* 16, no. 3 (1996): 13 – 27.

Maxwell, Terrence A., "Information Federalism: History of Welfare Information Systems", *Working Paper*, Albany, NY: Nelson A. Rockefeller Institute of Government, 1999.

McCrindell, James, and Paul-Emile Roy, "Public needs, public purse", *CA Magazine* 131, no. 10 (1998): 37 – 38.

McKeown, Mary P., "State funding formulas for public four – year institutions", Denver, CO: State Higher Education Executive Officers, 1996.

McKevitt, David, and Alan Lawton, "The manager, the citizen, the politician and performance measures", *Public Money & Management* 16, no. 3 (1996): 49 – 54.

Medoff, James L., and Katharine G. Abraham, "Experience, Performance, and Earnings", *Quarterly Journal of Economics* 95, no. 4 (1980): 703 – 736.

Meekings, Alan, "Unlocking the potential of performance measurement: A practical implementation guide", *Public Money & Management* 15, no. 4 (1995): 5 – 12.

Melkers, Julia, and Katherine Willoughby, "The state of the states: Performance – based budgeting requirements in 47 out of 50", *Public Administration Review* 58, no. 1 (1998): 66 – 473.

Melkers, Julia E., and Katherine G. Willoughby, "Budgeters' Views of State Performance Budgeting Systems: Distinctions across Branches", *Public Administration Review* (2001).

Metzger, Lawrence M., "A pricing model for internal service funds", *Government Finance Review* 10, no. 6 (1994): 17 – 20.

Meyer, Marshall W., and Kenneth C. O'Shaughnessy, "Organizational design and the performance paradox", in *Explorations in Economic Sociology*, edited by Richard Swedberg, New York: Russell Sage Foundation, 1993.

Mihm, J. Christopher, "Management Reform: Continuing Attention Is Needed to Improve Government Performance", in *Has Government Been 'Reinvented'? – Testimony Before the Senate Subcommittee on Oversight of Government*

Management, Restructuring, and the District of Columbia, Washington, D. C.: General Accounting Office, 2000.

Milakovich, Michael E. "How quality - oriented have state and local governments really become?" National Productivity Review 14, no. 1 (1995): 73 - 84.

Milgrom, Paul R., and John Roberts, Economics Organization, and Management, Englewood Cliffs, NJ: Prentice - Hall, 1992.

Miller, Hugh T., "Post - progressive public administration: lessons from policy networks", Public Administration Review 54, no. 4 (1994): 378 - 387.

Mintzberg, Henry, "The pitfalls of strategic planning", California Management Review 36, no. 1 (1993): 32 - 48.

Mintzberg, Henry, "The fall and rise of strategic planning", Harvard Business Review 72, no. 1 (1994): 107 - 114.

Mohr, Lawrence B., Impact Analysis for Program Evaluation, Newbury Park, CA: Sage Publications, 1992.

Mol, Nicol P., "Performance indicators in the Dutch Department of Defence", Financial Accountability & Management 12, no. 1 (1996): 71 - 81.

Moore, Mark H., "Accounting for change: Reconciling the demands for accountability and innovation in the public sector", Washington, D. C.: Council for Excellence in Government, 1993.

Moore, George C., and Philip M. Heneghan, "Defining and prioritizing public performance requirements", Public Productivity & Management Review 20 (1996): 158 - 4 - 173.

Moore, Mark H., Creating Public Value, Bridgewater, NJ: Replica Books, 1997.

Moore, J., and L. Sprague, "Reinventing Medicaid: Hoosier Healthwise and children's health insurance in Indiana", Washington, DC: National Health Policy Forum, George Washington University, 2000.

Morgan, Dan, "Food Stamp Rules Aim to Ease Access", The Washington Post, November 19, 2000, A - 11.

Morris, Matthew J., "The state of performance measurement in the capital budget development process", Public Manager 27, no. 3 (1998): 59 - 61.

Mosher, Frederick C., Theory and Practice, with Particular Reference to the U. S. Department of the Army, Chicago: Public Administration Service, 1954.

Mosso, David, "Accounting for the business of government - new goals, old myths", Public Budgeting & Finance 19, no. 4 (1999): 65 - 74.

Nathan, Richard P., Empowerment Zone Initiative: Building a Community Plan for Strategic Change. Findings from the First Round of Assessment, Albany,

NY: Nelson A. Rockefeller Institute of Government, 1998.

Nathan, Richard P., and Thomas Gais, *Implementing the Personal Responsibility Act of 1996: A First Look*, Albany, NY: Nelson A. Rockefeller Institute of Government, 1999.

National Center for Public Productivity, *A Brief Guide for Performance Measurement in Local Government*, Newark, NJ: Rutgers University, November 1, 1999, available from http://www.andromeda.rutgers.edu/~ncpp/cdgp.

Navaratnam, K. K., and Bill Harris, "Custmer service in an Australian quality award winning public sector service industry", *International Journal of Public Sector Management* 7, no. 2 (1994): 42-49.

New Zealand State Service Commission, "Assessing Departments' Capability to Contribute to Strategic Priorities", New Zealand State Services Commission, 1999.

Newcomer, Kathryn E., and Roy E. Wright, "Toward effective use of performance measurement in the federal government", *Public Manager* 25, no. 4 (1997): 31-33.

Newcomer, Kathryn E., and Amy Downey, "Performance-based management: What is it and how do we get there?" Public Management 26, no. 4 (1998): 37-40.

Newman, Isadore, and Keith A. McNeil, *Conducting Survey Research in the Social Sciences*, Lanham, MD: University Press of America, 1998.

Nyhan, Ronald C., and Herbert A. Marlowe, Jr., "Performance measurement in the public sector: challenges and opportunities", *Public Productivity & Management Review* 18, no. 4 (1995):333-348.

Nyhan, Ronald C., and Lawrence L. Martin, "Comparative performance measurement", *Public Productivity & Management Review* 22, no. 3 (1999): 348-364.

O'Reilly-Allen, Margaret, "Government: GASB's performance measures project", *Pennsylvania CPA Journal* 69, no. 4 (1999): 14.

O'Toole, Daniel E., James Marshall, and Timothy Grewe, "Current local government budgeting practices", *Government Finance Review* 12 (1996): 25-29.

O'Toole, Laurence J., Jr., "Treating networks seriously: Practical and research-based agendas in public administration", *Public Administration Review* 57, no. 1 (1997): 45-52.

Orr, Larry L., et al., "The National JTPA Study: Impacts, benefits, and costs of Title II—A", Bethesda, MD: Abt Associates, 1994.

Osborne, David E., and Ted Gaebler, *Reinventing Government: How the Entrepreneurial Spirit is Transforming the Public Sector*, Reading: Addison—Wesley Pub. Co., 1992.

Osborne, David E., and Peter Plastrik, *The Reinventor's Fieldbook: Tools for Transforming Your Government*, San Francisco: Jossy—Bass Publishers, 2000.

Paarsch, H., and B. Shearer, "Fixed Wages, Piece Rates, and Incentive Effects", University of Laval, unpublished manuscript, 1996.

Paddock, Susan C., "Benchmarks in management training", *Public Personnel Management* 26, no. 4 (1997): 441–460.

Palmer, Anna J., "Performance measurement in local government", *Public Money & Management* 13, no. 4 (1993): 31–36.

Parry, Robert W., Jr., Florence Sharp, Wanda A. Wallace, and Janet Vreeland, "The role of service efforts and accomplishments reporting in total quality management: implications for accountants", *Accounting Horizons* 8, no. 2 (1994): 25–43.

Patton, Michael Quinn, *Qualitative Evaluation and Research Methods*, Newbury Park, CA: Sage Publications, 1990.

Pawson, Ray, and Nick Tilley, *Realistic Evaluation*, London: Sage, 1997.

Pear, Robert, "Clinton to Chide States for Failing to Cover Children", *New York Times*, August 8, 1999, 1, 1:6.

Peters, Thomas J., and Robert H. Waterman, *In Search of Excellence: Lessons from America's Best-Run Companies*, Thorndike, ME: G. K. Hall & Co., 1997.

Pew Research Center for the People and the Press, "Deconstructing Distrust: How Americans View Government", Philadelphia: Pew Charitable Trust, 1983.

Poister, Theodore H., *Performance Monitoring*, Lexington, MA: Lexington Books, 1983.

Poister, Theodore H., and Gregory Streib, "Performance measurement in municipal government: Assessing the state of the practice", *Public Administration Review* 59, no. 4 (1999): 325–335.

Poister, Theodore H., and Gregory D. Streib, "Assessing the validity, legitimacy, and functionality of performance measurement systems in municipal governments", *American Review of Public Administration* 29, no. 2 (1999): 107–123.

Porter, Michael E., *Competitive Strategy: Techniques for Analyzing Industries and Competitors*, New York: Free Press, 1980.

Posner, Paul, "Performance Budgeting: Past Initiatives Offer Insights for GPRA

Implementation", Washington, D. C.: General Accounting Office, 1997.

Posner, Paul L., "Performance budgeting: A critical process", *Public Manager* 28, no. 3 (1999): 8.

Prendergast, Candice, "The provision of incentives in firms", *Journal of Economic Literature* 37, no. 1 (1999): 7-63.

Pressman, Jeffrey L., and Aaron B. Wildavsky, *Implementation: How Great Expectations in Washington Are Dashed in Oakland*, Berkeley, CA: University of California Press, 1973.

Pulos, Victoria, "One step forward, one step back: Children's health coverage after CHIP and welfare reform", *Families USA Publication No. 99*, Washington, D. C.: Families USA, 1999.

Quinn, James Brian, *Strategies for Change: Logical Incrementalism*, Homewood, Ill: R. D. Irwin, 1980.

Raaum, Ronell B., and Edwin Soniat, "Measurement-based performance audits: A tool for downsizing government", *Government Accountants Journal* 42, no. 2 (1993): 61-70.

Radin, Beryl A., "The Government Performance and Results Act (GPRA): Hydra-headed monster or flexible management tool?" *Public Administration Review* 58, no. 4 (1998): 307-316.

Radin, Beryl A., "Intergovernmental Relationships and the Federal Performance Movement", *Publius* 30, no. 1/2 (2000): 143-158.

Rahn, Mikala L., E. Gareth Hoachlander, and Karen A. Levesque, *State Systems for Accountability in Vocational Education*, Berkeley, CA: Office of Vocational and Adult Education, U. S. Department of Education, 1992.

Raine, John W., and Michael J. Willson, "From performance measurement to performance enhancement: An information system case-study from the Administration of Justice", *Public Money & Management* 17, no. 1 (1997): 19-25.

Rainy, Anthony H., "Benchmarking to become best in class: Guiding principles in Gresham, Oregon", *Government Finance Review* 13 (1997): 5-9.

Ridley, Clarence E., and Herbert A. Simon, *Measuring Municipal Activities: A Survey of Suggested Criteria for Appraising Administration*, Chicago: The International City Managers' Association, 1943.

Ring, Peter Smith, and James L. Perry, "Strategic Management in Public and Private Organizations: Implications of Distinctive Contexts and Constraints", *The Academy of Management Review* 10, no. 2 (1985): 276-286.

Rogers, Dale S., Patricia J. Daugherty, and Theodore P. Stank, "Benchmarking programs: opportunities for enhancing performance", *Journal of Business Logistics* 16, no. 2 (1995): 43-63.

Rogerson, Philip, "Performance measurement and policing: Police service or law enforcement agency?" *Public Money & Management* 15, no. 4 (1995): 25-30.

Rossi, Peter Henry, and Howard E. Freeman, *Evaluation: A Systematic Approach*, 5th ed., Newbury Park, CA: Sage Publications, 1993.

Roth, William V., Jr., "Performance-based budgeting to enhance implementation of the CFO Act", *Public Budgeting & Finance* 12, no. 4 (1992): 102-106.

Rouse, Paul, "Performance measurement", *Chartered Accountants Journal of New Zealand* 74, no. 9 (1995): 18-19.

Rubin, Irene S., "Budget Theory And Budget Practice: How Good The Fit?" *Public Administration Review* 50, no. 2 (1990): 179-198.

Rubin, Irene S., "Who invented budgeting in the United States?" *Public Administration Review* 53, no. 5 (1993): 438-444.

Sanders, James R., and Joint Committee on Standards for Educational Evaluation, *The Program Evaluation Standards: How to Assess Evaluations of Educational Programs*, 2nd ed., Thousand Oaks, CA: Sage Publications, 1994.

Schedler, Kuno, "Performance measurement in a direct democratic environment: local government reforms in Switzerland", *Public Budgeting & Finance* 14, no. 4 (1994): 36-53.

Scheps, Philip B., "Linking performance measures to resource allocation", *Government Finance Review* 16, no. 3 (2000): 11-15.

Schick, Allen, "The Road to PPB: The Stages of Budget Reform", *Public Administration Review* 26 (1966).

Schick, Allen, *Budget innovation in the States*, Washington, D. C.: Brookings Institution, 1971.

Schick, Allen, "Contemporary Problems in Financial Control", *Public Administration Review* 38, no. 6 (1978): 513-519.

Schick, Allen, "An inquiry into the possibility of a budgetary theory", in *New Directions in Budget Theory*, edited by Irene S. Rubin, Albany, NY: State University of New York Press, 1988.

Schick, Allen, "Budgeting for Results: Recent Developments in Five Industrialized Countries", *Public Administration Review* 50, no. 1 (1990): 26-34.

Schick, Allen, "The spirit of reform: Managing the New Zealand state sector in a time of change", Wellington: State Services Commission, 1996.

Schick, Allen, "Opportunities, Strategy, and Tactics in Reforming Public Management", Paper presented at the OECD Symposium, Paris, France, September 14-15, 1999.

Schirm, Allen L. , *Reaching Those in Need: Food Stamp Participation Rates in the States*, U. S. Department of Agriculture, 2000, available from http://www.fns.usda.gov/oane/MENU/Published/FSP/FILES/Reaching.pdf.

Schrader, Richard W. , "An empirical investigation into the decision usefulness of service efforts and accomplishments measurements", *International Journal of Public Administration* 18, no. 2,3 (1995): 443-466.

Selden, Thomas M. , Jessica S. Banthin, and Joel W. Cohen, "Medicaid's problem children: Eligible but not enrolled", *Health Affairs* 17, no. 3 (1998): 192-200.

Selden, Thomas M. , Jessica S. Banthin, and Joel W. Cohen, "Waiting in the wings: Eligibility and enrollment in the state children's health insurance program", *Health Affairs* 18, no. 2 (1999): 126-133.

Serban, Andreea, "Performance Funding for Public Higher Education: Views of Critical Stakeholders", in *Current Status and Future Prospects of Performance Funding and Performance Budgeting for Public Higher Education: The Second Survey*, edited by Joseph C. Burke and Andreea M. Serban, Albany, NY: Nelson A. Rockefeller Institute of Government, 1998.

Shadish, William R. , Thomas D. Cook, and Laura C. Leviton, *Foundations of Program Evaluation: Theories of Practice*, Newbury Park, CA: Sage Publications, 1991.

Shane, Bryan, "Improved performance measurement: A prerequisite for better service delivery", *Optimum* 27, no. 4 (1997): 1-5.

Shane, Bryan, "Implementing a performance measurement system in a public service informatics function", *Optimum* 28, no. 3 (1998): 36-44.

Sharifi, Sudi, and Tony Bovaird, "The financial management initiative in the U. K. public sector: The Symbolic role of performance reporting", *International Journal of Public Administration* 18, no. 2,3 (1995): 467-490.

Sharman, Paul, "Activity/process budgets: A tool for change management", *CMA Magazine* 70, no. 2 (1996): 21-24.

Sheffield, Sheila R. , "Implementing Florida's Performance and Accountability Act: A Focus on Program Measurement and Evaluation", *Journal of Public Budgeting Accounting & Financial Management* 11, no. 4 (1999): 649-669.

Short, Pamala F. , "Hitting a Moving Target: Income-Related Health Insurance

Subsidies for the Uninsured", *Journal of Policy Analysis and Management* 19, no. 3 (2000): 383–406.

Simpson, Wayne K., and Michael J. Williams, "Activity–based: Costing, management and budgeting", *Government Accountants Journal* 45, no. 1 (1996): 26–28.

Skok, James E., "Toward a Definition of Strategic Management for the Public", *American Review of Public Administration* 19, no. 2 (1989): 133–148.

Smith, Dennis C., "Police", in *Setting Municipal Priorities*, edited by Charles Brecher and Raymond D. Horton, New York: Russell Sage Foundation, 1981.

Smith, Dennis C.. "Performance Management in New York City: The Mayor's Management Plan and Report System in the Koch Administration", Paper presented at the annual meeting of the Association of Public Policy and Management, 1993.

Smith, J., *A Note on Estimating the Relative Costs of Experimental and Non–Experimental Evaluations Using Cost Data from the National JTPA Study*, University of Chicago, unpublished manuscript, 1995.

Smith, Kimberly J., and Wanda A. Wallace, "Incentive effects of service efforts and accomplishments performance measures: A need for experimentation", *International Journal of Public Administration* 18, no. 2,3 (1995): 383–407.

Smith, Peter, "On the unintended consequences of publishing performance data in the public sector", *International Journal of Public Administration* 18, no. 2, 3 (1995): 277–311.

Soglin, Paul R., "Getting returns on tax dollars", *Government Finance Review* 11 (1995): 26–27.

Sonntag, Brian, "Measuring results: performance based government in Washington State", *Government Finance Review* 15, no. 3 (1999): 52–53.

Sorber, Bram, "Performance measurement in the central government departments of the Netherlands", *Public Productivity & Management Review* 17, no. 1 (1993): 59–68.

Steinhauer, Jennifer, "States Prove Unpredictable in Aiding Uninsured Children", *New York Times*, September 28, 2000, A16.

Stevens, D., "Using state unemployment insurance wage–records to trace the subsequent labor market experiences", Washington, D. C.: U. S. Department of Education, Office of Educational Research and Improvement, 1989.

Stevens, Ted, "Implementation of the Results Act", Paper presented at the Joint Hearing of the Senate Appropriations Committee and the Senate Governmental

Affairs Committee on *Implementation of the Results Act*, June 24, 1997.

Stiefel, Leanna, Ross Rubenstein, and Amy Ellen Schwartz, "Using adjusted performance measures for evaluating resource use", *Public Budgeting & Finance* 19, no. 3 (1999): 67-87.

Strauss, Anselm L. , *Qualitative Analysis for Social Scientists*, Cambridge: Cambridge University Press, 1987.

Talbot, Colin, "Output and performance analysis: Time to open up the debate?" *Public Money & Management* 18, no. 2 (1998): 4-5.

Taylor, Paul J., and Jon L. Pierce, "Effects of introducing a performance management system on employees' subsequent attitudes and effort", *Public Personnel Management* 28, no. 3 (1999): 423-452.

Teasley, C. E. III. , "The perpetual pursuit of purpose: PA-state of the discipline II", *Public Administration Quarterly* 23, no. 1 (1999): 65-76.

Texas Governor's Office of Budget and Planning, Legislative Budget Board, "Instructions for preparing and submitting agency strategic plans, fiscal years 1999 -2003", Austin, TX, 1998.

The President's Community Enterprise Board-U. S. Dept. of Housing and Urban Development and U. S. Dept. of Agriculture, "Building communities, together: Empowerment zones & enterprise communities application guide", Washington, D. C. , 1994.

Thomas, Virginia L. , and Ryan Rogers, "Time to Hold the Legal Services Corporation Accountable", Washington, D. C. : The Heritage Foundation, 1999.

Thompson, James D. , *Organizations in Action*, New York: McGraw-Hill, 1967.

Thompson, Fred, "Mission-driven, results-oriented budgeting: Fiscal administration and the new public management", *Public Budgeting & Finance* 14, no. 3 (1994): 90-105.

Thompson, Katherine, "Performance audits: A solution to California's budget crisis?" *Government Accountants Journal* 45, no. 1 (1996): 8-9.

Thompson, James R. , "The dual potentialities of performance measurement: The case of the Social Security Administration", *Public Productivity & Management Review* 23, no. 3 (2000): 267-281.

Thompson, Frank, J. , and Thomas L. Gais, "Federalism and the Safety Net: Delinkage and Participation Rates", *Publius* 30, no. 1-2 (2000).

Thomson, Trish, "The dynamics of introducing performance metrics into an organization", *National Productivity Review* 18, no. 3 (1999): 51-55.

Thurmaier, Kurt M. , and Katherine G. Willoughby, *Policy and Politics in State*

Budgeting, Armonk, NY: M. E. Sharpe, 2001.

Tigue, Patricia, "Use of performance measures by GFOA members", *Government Finance Review* 10, no. 6 (1994): 42-44.

Tiller, Carl W., *Governmental Cost Accounting*, Chicago: Municipal Finance Officers Association of the United States and Canada, 1940.

Todd, Rebecca, and Kavasseri V. Ramanathan, "Perceived social needs, outcomes measurement, and budgetary responsiveness in a not-for-profit setting: Some empirical evidence", *Accounting Review* 69, no. 1 (1994): 122-137.

Tracy, Richard C., and Ellen P. Jean, "Measuring government performance: Experimenting with service efforts and accomplishments reporting in Portland, Oregon", *Government Finance Review* 9, no. 6 (1993): 11-14.

Tuck, Nancy, and Gary Zaleski, "Criteria for developing performance measurement systems in the public sector", *International Journal of Public Administration* 19, no. 11,12 (1996): 1945-1978.

Tyer, Charlie, and Jennifer Willand, "Public budgeting in America: A twentieth century retrospective", *Journal of Public Budgeting, Accounting & Financial Management* 9, no. 2 (1997): 189-219.

U. S. Bureau of the Budget, "Bulletin No. 68-9, April 12, 1968", in *Governmental Budgeting: Theory, Process, Politics*, edited by Albert C. Hyde and Jay M. Shafritz, Oak Park: Moore, 1978.

U. S. Commission on Organization of the Executive Branch of Government, "Budgeting and Accounting", Washington, D. C., 1949.

U. S. Congress-Office of Technology Assessment, "Performance standards for the Food Stamp Employment and Training Program", Washington, D. C., 1994.

U. S. Congressional Budget Office, "Unauthorized Appropriations and Expiring Authorizations", Washington, D. C., 2000.

U. S. Congressional Record, "Senator Voinovich's remarks", Washington, D. C., 2000.

U. S. Department of Agriculture, *Draft USDA Forest Service Strategic Plan (2000 Revision)*, United States Department of Agriculture, 1999, available from http://www2.srs.fs.fed.us/stratebicplan.

U. S. Department of Agriculture, *Food Stamps: Governors' Letter*, U. S. Department of Agriculture, July 12, 2000, available from http://www.fns.usda.gov/fsp/MENU/ADMIN/WELFARE/SUPPORT/Governors%20on%20FS%20Eligibility.htm.

U. S. Department of Agriculture, Food, Nutrition and Consumer Services,

"National Food Stamp Conversation 2000: Sharing a History of Accomplishment and Targeting Opportunities for Improvement", Washington, D. C., 2000.

U. S. Department of Health and Human Services, "Report to Congress on Out-of-Wedlock Childbearing", Washington, D. C., 1995.

U. S. Department of Health and Human Services, "Report to the President: Interagency Task Force on Children's Health Insurance Outreach", Washington, D. C., 1998.

U. S. Department of Health and Human Services, "Supporting families in transition: A guide to expanding health coverage in the post-welfare reform world", Washington, D. C., 1999.

U. S. Department of Health and Human Services, Assistant Secretary for Planning and Evaluation, "Understanding Estimates of Uninsured Children: Putting the Differences in Context", Washington, D. C., 1999.

U. S. Department of Labor, Employment and Training Administration, Office of Policy and Research, "Core data elements and common definitions for employment and training programs", Washington, D. C., 1995.

U. S. Department of the Treasury, Financial Management Service, "Performance measurement: Report on a survey of private sector performance measures", Washington, D. C., 1993.

U. S. General Accounting Office, "Managing for Results: Experience in Four European Countries and How They Might be Applied in the U. S.", Washington, D. D., 1993.

U. S. General Accounting Office, "Performance Budgeting", Washington, D. C., 1993.

U. S. General Accounting Office, "Improving Government: Measuring Performance and Acting on Proposal for Change", Washington, D. C., 1993.

U. S. General Accounting Office, "Using Performance Measures in the Federal Budget Process", Washington, D. C., 1993.

U. S. General Accounting Office, "Measuring Performance and Acting on Proposals for Change", Washington, D. C., 1993.

U. S. General Accounting Office, "Program Performance Measures", Washington, D. C., 1993.

U. S. General Accounting Office, "Managing for Results: State Experiences Provide Insights for Federal Management Reforms", Washington, D. C., 1994.

U. S. General Accounting Office, "Government Reorganization: Issues and Principles", Washington, D. C., 1995.

U. S. General Accounting Office, "Government Reform: Goal - Setting and Performance", Washington, D. C., 1995.

U. S. General Accounting Office, "Community Development: Challenges Face Comprehensive Approaches to Address Needs of Distressed Neighborhoods", Washington, D. C., 1995.

U. S. General Accounting Office, "Executive Guide: Effectively Implementing the Government Performance and Results Act", Washington, D. C., 1996.

U. S. General Accounting Office, "Social Security Administration: Effective Leadership Needed to Meet Daunting Challenges", Washington, D. C., 1996.

U. S. General Accounting Office, "Measuring Performance: Strengths and Limitations of Research Indicators", Washington, D. C., 1997.

U. S General Accounting Office, "GPRA - Managerial Accountability and Flexibility Pilot Did Not Work As Intended", Washington, D. C., 1997.

U. S. General Accounting Office, "Managing for Results: Analytic Challenges in Measuring Performance", Washington, D. C., 1997.

U. S. General Accounting Office, "Agencies' Strategic Plans Under GPRA: Key Questions to Facilitate Congressional Review", Washington, D. C., 1997.

U. S. General Accounting Office, "Social Security Administration: More Cost - Effective Approaches Exist to Further Improve 800 - Number Service", Washington, D. C., 1997.

U. S. General Accounting Office, "Social Security Administration: Significant Challenges Await New Commissioner", Washington, D. C., 1997.

U. S. General Accounting Office, "Performance Budgeting: Past Initiatives Offer Insights fro GPRA Implementation", Washington, D. C., 1997.

U. S. General Accounting Office, "Head Start: Challenges in Monitoring Program Quality and Demonstrating Results", in *Letter Report*, Washington, D. C., 1998.

U. S. General Accounting Office, "Teen Pregnancy: State and Federal Efforts to Implement Prevention Programs and Measure Their Effectiveness", Washington, D. C., 1998.

U. S. General Accounting Office, "SSA's FY 1999 Performance Plan", Washington, D. C., 1998.

U. S. General Accounting Office, "Homelessness: Coordination and Evaluation of Program are Essential", Washington, D. C., 1999.

U. S. General Accounting Office, "Potential Candidates for Congressional Oversight", Washington, D. C., 1999.

U. S. General Accounting Office, "High-Risk Series: An Update", Washington, D. C., 1999.

U. S. General Accounting Office, "Major Management Challenges and Program Risks: A Government-wide Perspective", Washington, D. C., 1999.

U. S. General Accounting Office, "Forest Service: A Framework for Improving Accountability", Washington, D. C., 1999.

U. S. General Accounting Office, "Managing for Results: Opportunities for Continued Improvements in Agencies' Performance Plans", Washington, D. C., 1999.

U. S. General Accounting Office, "Performance Budgeting: Initial Agency Experiences Provide a Foundation to Assess Future Directions", Washington, D. C., 1999.

U. S. General Accounting Office, "Performance Budgeting: Initial Experiences Under the Results Act in Linking Plans With Budgets", Washington, D. C., 1999.

U. S. General Accounting Office, "Medicaid Enrollment: Amid Declines, State Efforts to Ensure Coverage After Welfare Reform Vary", Washington, D. C., 1999.

U. S. General Accounting Office, "Food Stamp Program: Various Factors Have Led to Declining Participation", Washington, D. C., 1999.

U. S. General Accounting Office, "NPR's Savings: Claimed Agency Savings Cannot All Be Attributed to NPR", Washington, D. C., 1999.

U. S. General Accounting Office, "Budget Issues: Effective Oversight and Budget Discipline are Essential-Even in a Time of Surplus", Washington, D. C., 2000.

U. S. General Accounting Office, "Managing for Results: Challenges Agencies Face in Producing Credible Performance Information", Washington, D. C., 2000.

U. S. General Accounting Office, "Management Reform: Continuing Attention Is Needed to Improve Government Performance", Washington, D. C., 2000.

U. S. House of Representatives Committee on Government Reform and Oversight and the U. S. Senate Committee on Governmental Affairs, "Performance-based government: Examining the Government Performance and Results Act of 1993", Washington, D. C., 1996.

U. S. House of Representatives Ways and Means Committee, 1989 *Green Book: Background Material and Data on Programs Within the Jurisdiction of the Committee on Ways and Means*, Washington, D. C., 1989.

U. S. House of Representatives Ways and Means Committee, 1991 *Green Book:*

Background Material and Data on Programs Within the Jurisdiction of the Committee on Ways and Means, Washington, D. C. , 1991.

U. S. House of Representatives Ways and Means Committee, 1996 *Green Book : Background Material and Data on Programs Within the Jurisdiction of the Committee on Ways and Means*, Washington, D. C. , 1996.

U. S. House of Representatives Ways and Means Committee, 1998 *Green Book : Background Material and Data on Programs Within the Jurisdiction of the Committee on Ways and Means*, Washington, D. C. , 1998.

U. S. Joint Financial Management Improvement Program, "Managerial cost accounting system requirements", Washington, D. C. , 1998.

U. S. National Performance Review, "From red tape to results, creating a government that works better & costs less", Washington, D. C. : Executive Office of the President, 1993.

U. S. National Performance Review, "Putting customers first: Standards fro serving the American people", Washington, D. C. : Executive Office of the President, 1994.

U. S. National Performance Review, "Common sense government: Works better and costs less", Washington, D. C. : Executive Office of the President, 1995.

U. S. Office of Management and Budget, "Government - wide performance plan: Budget of the United States government, fiscal year 2000", Washington, D. C. : Executive Office of the President, 1999.

U. S. Office of Management and Budget, "Historical tables: Budget of the United States government, fiscal year 2001", Washington, D. C. : Executive Office of the President, 2000.

U. S. Senate Committee on Government Operations, Subcommittee on Intergovernmental Relations, "Compendium of materials on zero - base budgeting in the States", Washington, D. C. , 1977.

U. S. Senate Committee on Governmental Affairs, "Senate Report No. 106 - 12 on S. 92", Washington, D. C. , 1999.

U. S. Senate Governmental Affairs Committee, Press release, January 24, 2000.

U. S. Social Security Administration, "Keeping the Promise: Strategic Plan 1997 - 2002", Washington, D. C. , 1997.

U. S. Social Security Administration, Office of Financial Policy and Operations, "Accountability Report for Fiscal Year 1998", Washington, D. C. , 1998.

U. S. Social Security Administration, "Short - Term Initiatives to Improve National 800 - Number and Program Service Center Service to the Public", 1999.

U. S. Social Security Administration, "Annual Performance Plan for Fiscal Year 2000", Washington, D. C. , 1999.

U. S. Social Security Administration, "Accountability Report for Fiscal Year 1999", Washington, D. C. , 1999.

U. S. Social Security Administration, "Social Security – A Brief History", 2000, available from www. ssa. gov/history/history6. html.

U. S. Social Security Administration, "Performance Plan for Fiscal Year 2001 and Revised Final Performance Plan for Fiscal Year 2000", Washington, D. C. , 2000.

U. S. Social Security Administration – Office of Finance, Assessment and Management; Office of Quality Assurance and Performance Assessment, "800 Number Survey for February 1999", 1999.

Ullman, Frank, Brian K. Bruen, and John Holahan, "The state children's health insurance program: A look at the numbers", in *Assessing the New Federalism Program – Occasional Paper no. 4, 22*, Washington, D. C. : Urban Institute, 1999.

Urban Institute, *Performance Measurement : A Guide for Local Elected Officials*, Washington, D. C. , 1980.

Van Wart, Montgomery, "The first step in the reinvention process: assessment", *Public Administration Review* 55, no. 5 (1995): 429—438.

Vinson, Elisa, *Performance Contracting in Six State Human Services Agencies*, Washington, DC: The Urban Institute, 1999.

Volcker, Paul A. , and National Commission on the Public Service, *Leadership for America : Rebuilding the Public Service*, Lexington, MA: Lexington Books, 1989.

Wade, Beth, "Performance measures: What's the score?" *American City & County* 113, no. 11 (1998): 36.

Walker, Gary C. , and Manpower Development Research Corporation, Grinker, Walker & Associates, and Syracuse Research Corporation, "An Independent Sector Assessment of the Job Training Partnership Act, Phase I: The Initial Transition", Chapel Hill: MDRC, Inc. , 1984.

Walker, Gary, Hilary Feldstein, and Katherine Solow, "An Independent Sector Assessment of the Job Training Partnership Act – Phase II: Initial Implementation", New York: Grinker, Walker & Associates, 1985.

Wallace, G. , and R. M. Blank, "What Goes Up Must Come Down?" in *Economic Conditions and Welfare Reform*, edited by Sheldon H. Danziger, Kalamazoo, MI: Upjohn Institute for Employment Research, 1999.

Wallick, Ruth, "CFOA recommended practices promote the professional management of government", *Government Finance Review* 10, no. 4 (1994): 42-43.

Ward, Benjamin, and New York Police Department, "The Community Patrol Officer Program: Problem-Solving Guide", New York: Vera Institute of Justice, 1988.

Ward, Janet, "The changing focus of public works: Federal strategies, local can-do", *American City & County* 111, no. 9 (1996): 70-84+.

Wechsler, B., "Strategic management in state government", in *Handbook of Strategic Management*, edited by Jack Rabin, Gerald Miller and W. Bartley Hildreth, New York: Marcel Dekker, Inc., 1989.

Wegener, Victoria, *Food Stamp Education and Outreach Working to Provide Nutrition Benefits to Eligible Households*, Welfare Information Network, 1999, available from http://www.welfareinfo.org/foodstampout.htm.

Weiss, Barbara, *Activity-Based Costing and Management: Issues and Practices in Local Government*, Chicago: Government Finance Officers Association, 1997.

Weller, Alfred O., and Lisa Sayeg, "Benchmarking tools for public risk management programs", *Government Finance Review* 14, no. 5 (1998): 41-46.

Welsh, Susan, "Hitting the mark: Communicating outcomes to the citizens", *Government Finance Review* 13, no. 6 (1997): 13-15.

Westat, Inc., "Implementation of the Job Training Partnership Act: Final Report", Rockville, MD: Division of Research and Evaluation, Office of Strategic Planning and Policy Development, Employment and Training Administration, U.S. Department of Labor, 1985.

Wholey, Joseph S., and Kathryn E. Newcomer, *Improving Government Performance: Evaluation Strategies for Strengthening Public Agencies and Programs*, 1st ed., San Francisco: Jossey-Bass, 1989.

Wholey, Joseph S., and Harry P. Hatry, "The Case for Performance Monitoring", *Public Administration Review* 52, no. 6 (1992): 604-610.

Wholey, Joseph, "Evaluating and performance", *Australian Accountant* 63, no. 11 (1993): 28-33.

Wholey, Joseph S., "Assessing the quality and usefulness of performance measurement systems", *Public Manager* 27, no. 3 (1998): 23.

Wildavsky, Aaron, *The Politics of the Budgetary Process*, 2nd ed., Boston: Little, Brown and Company, 1974.

Wildavsky, Aaron, *Budgeting: A Comparative Theory of the Budgetary Process*, Boston: Little Brown, 1975.

Wilde, Parke, et al., "The decline in Food Stamp Program participation in the

1990's", in *Food Assistance and Nutrition Research Report* no. 7, 22, Washington, D. C.: U. S. Department of Agriculture, Economic Research Service, 2000.

Williamson, Oliver E., "Transaction-Cost Economics: The Governance of Contractural Relations", *Journal of Law and Economics* 22, no. 2 (1979): 233-261.

Willoughby, Katherine G., and Julia E. Melkers, "Implementing PBB: conflicting views of success", *Public Budgeting & Finance* 20, no. 1 (2000): 105-120.

Wilson, James Q., *Varieties of Police Behavior*, Cambridge: Harvard University Press, 1968.

Wilson, James Q., *Bureaucracy: What Government Agencies Do and Why They Do It*, New York: Basic Books, 1989.

Wipper, Laura R., "Oregon Department of Transportation steers improvement with performance measurement", *National Productivity Review* 13, no. 3 (1994): 359-367.

Wirt, John G., "Performance assessment systems: Implications for a national system of skill standards", Washington, D. C.: Training and Employment Program, Employment and Social Services Policy Studies, Center for Policy Research, National Governors Association, 1994.

Yi, Hyong U., "Benchmarking best practices: lessons from baseball", *Public Manager* 27, no. 2 (1998): 59-62.

Zedlewski, Sheila R., Pamela A. Holcomb, and Amy-Ellen Duke, "Declines in food stamp and welfare participation: Is there a connection?" Washington, D. C.: The Urban Institute, 1999.

Zolt, Stacey, "Going Out with a Bang: Kasich Plans Energetic Final Year as Chairman", *Roll Call*, February 28, 2000.

Zornitsky, Jeffrey, Mary Rubin, Stephen H. Bell, and William Martin, "Establishing a performance management system for targeted welfare programs", Washington, D. C.: National Commission for Employment Policy, 1988.

作者简介

伯特·S. 巴瑙是约翰·霍普金斯大学政策研究所(Institute for Policy Studies at the Johns Hopkins University)负责研究工作的副主任及首席研究专家。作为一名经济学家和研究项目的管理者,巴瑙在项目评估、劳动经济学、福利项目、儿童抚养以及就业和培训等领域有超过25年的经验。他在为勒温集团(Lewin Group)工作8年之后并具有在美国劳工部任职近9年的经历,于1992年进入政策研究所。他从麻省理工学院获得经济学学士学位并从位于麦迪逊的威斯康辛大学获得经济学硕士和博士学位。巴瑙在劳动经济学、项目评估以及就业和培训等领域发表了大量的研究成果。2000年出版了由他参与主编的两本著作:《增加胜算:变化的劳动力市场中由政府资助的培训项目》(*Improving the Odds: Publicly Funded Training in a Changing Labor Market*),该书由其和克里斯托弗·T. 金(Christopher T. King)共同主编并由城市研究院出版社出版;《全面评估州政府的福利改革:威斯康辛州的就业项目》(*Evaluating Comprehensive State Welfare Reform: The Wisconsin Works Programs*),该书由其与托马斯·卡普兰(Thomas Kaplan)和罗伯特·莫菲特(Robert Moffitt)共同主编并由洛克菲勒研究院出版社出版。巴瑙目前是国家科学院信息技术工作委员会(National Academy of

Science's Committee on the Information Technology Work Force)的副主席,负责马里兰州州长劳动力投资委员会绩效评估委员会(Maryland Governor's Workforce Investment Board Committee on Performance Measurement)的工作,并且是全国公共事务与公共行政学院协会(National Association of Schools of Public Affairs and Administration)研究委员会主席。

安·布莱洛克是一位社会学家及评估研究顾问。她是《评估论坛》(*Evaluation Forum*)这份由美国劳工部(USDOL)资助的研究型杂志的编辑和主要的作者,该杂志的任务是对有关就业、培训、工作/福利以及经济发展问题的研究进行评论。她是由美国健康和公共服务部以及美国劳动部资助的4个州的政府间专项拨款项目(Flexible Intergovernmental Grant Project)的副主任,该项目是为了测试将有关社会项目整合起来并对它们的评估方法进行标准化的可行性。她还是由全国就业政策委员会(National Commission for Employment Policy)、美国劳动部、福特基金会和IBM公司资助的多年度《就业培训合作法案》评估设计项目(JTPA Evaluation Design Project)的主任,该项目提出一套全面的评估研究指南,供各州在评估各自的社会项目过程中使用。她主持了由经济合作与发展组织和欧洲委员会分别在巴黎和布鲁塞尔主办的学术研讨会,并为它们的评估指南作出了贡献。她的论著包括《社会研究导论》(*Introduction to Social Research*)、《社会研究方法论》(*Methodology in Social Research*)、《社会项目评估》(*Evaluating Social Programs*)以及大量有关社会政策和项目评估的期刊论文。

凯特·波伊尔是内尔森·A. 洛克菲勒政府研究院联邦体制研究小组(Federalism Research Group)的高级研究助理。波伊尔博士于2001年5月获得麦吉尔大学(McGill University)的博士学位。她的研究领域包括城市研究、劳动力市场的女性参与以及管理和劳动文化。在进入该研究所之前,波伊尔博士是位于奥尔巴尼的纽约州立大学地理学专业的客座助理教授,其研究成果刊登在《城市地理杂志》(*The Journal of*

Urban Geography）和《性别、地位和文化：女性主义地理学杂志》(Gender, Place and Culture: A Journal of Feminist Geography)上。

罗伯特·B. 布拉德利是科学与公共事务研究所（Institute of Science and Public Affairs）主任和负责研究工作的副主席，也是佛罗里达州立大学(Florida State University)鲁宾·O'D. 阿斯丘公共行政与政策学院（Reubin O'D Askew School of Public Administration and Policy)教授。他主管着佛罗里达州应用研究和公共服务领导委员会(Florida Leadership Board for Applied Research and Public Service)。他获得了佛罗里达州立大学的政治学博士学位，并作为州长规划和预算办公室的副主任和主任在佛罗里达州政府任职8年。他的教学和研究工作侧重于州及地方政府的公共财政、州与地方政府的关系以及公共政策。他曾经担任佛罗里达州政府间关系咨询委员会（Florida Advisory Council on Intergovernmental Relations)和州政府税收与财政改革宪法委员会（Constitution Commission on State Taxation and Budget Reform)的执行主任。布拉德利还担任过各种州、地方及全国性组织的顾问，领导过全国州立法会议州—地方政府关系员工委员会发展小组(NCSL State—Local Relation Staff Committee Growth)、佛罗里达州政府技术委员会(The Florida State Technology Council)、佛罗里达州地理信息委员会(Florida Geographic Information Board)以及佛罗里达州立法分析系统/规划预算系统指导委员会（The Florida Legislative Analysis System/Planning Budgeting System Steering Committee)。

威廉·布拉顿是布拉顿集团公司(The Bratton Group LLC)这家总部位于纽约市的咨询公司的董事长。他曾领导并改造过5个重要的警务部门，担任过纽约市和波士顿的警察局局长。兰登书屋（Random House)出版了他的自传《转机》(Turnaround)。他因为对包括在就任纽约市警察局长期间创建于1994年的纽约市"Compstat"系统在内的、以解决问题为导向的社区警务模式的支持而广为人知。他还是哈佛大学约翰·F. 肯尼迪政府学院（Harvard University John F. Kennedy

School of Government)的研究员及纽约大学罗伯特·瓦格纳公共服务研究生院卓越治理中心咨询委员会(Advisory Board of the Center for Excellence in Governance of the Robert Wagner Graduate School of Public Service at New York University)委员。他也服务于总部位于华盛顿哥伦比亚特区的游说团体"打击犯罪"(Fight Crime)——为年轻人投资(Invest in Kids)的委员会,并且是"使美国免遭毒品危害"合作理事会(Board of Directors of the Partnership for a Drug Free America)成员。他还是克罗尔协会(Kroll Associates)的高级顾问。

沃尔特·D. 布罗德纳克斯是位于华盛顿哥伦比亚特区的美利坚大学公共事务学院的院长。布罗德纳克斯曾担任美国健康与公共服务部的副部长和首席运营官;位于纽约罗切斯特政府研究中心有限公司(Center for Government Research, Inc.)的董事长;纽约州文官委员会(New York State Civil Service Commission)主席;哈佛大学肯尼迪政府学院州及地方政府项目创新项目(Innovations in State and Local Government Programs)的讲师和主任;布鲁金斯研究所(The Brookings Institute)的高级职员;美国健康、教育与福利部(U. S. Department of Health, Education and Welfare)负责规划和评估的常务助理副部长;堪萨斯州儿童、青年与成年人服务计划(Children, Youth and Adult Services)主任;以及弗吉尼亚州夏洛茨维尔联邦行政学院(The Federal Executive Institute)教授。

布罗德纳克斯获得雪城大学马克斯韦尔学院的博士学位,沃什伯恩大学(Washburn University)的学士学位以及堪萨斯州立大学(University of Kansas)的公共管理硕士学位(MPA)。他还是国家公共行政学院(National Academy of Public Administration)的研究员及该学院理事会的前任理事。他在1999年—2000年当选为全国公共事务与公共行政院校协会的主席。

约瑟夫·C. 伯克是内尔森·A. 洛克菲勒政府研究院高级研究员、高等教育项目主任,以及纽约州立大学高等教育政策及管理学教授。他

523

兼具教授、管理者和研究者的经历。他担任位于普拉茨堡(Plattsburgh)的纽约州立大学校长达12年之久,随后又担任了9年的教务长和纽约州立大学系统1年的代理校长。伯克的著述及讲授的课程涉及高等教育领域的广泛议题,如高等院校校长的作用、高校系统治理、高等教育的责任与自治、学术成果评估以及绩效报告与拨款。亨利·卢斯基金会(Henry Luce Foundation)、皮尤慈善信托基金和福特基金会为伯克从事的全国性公立高校系统和州立高等院校的预算、责任和绩效研究提供了资金支持。他获得了印第安纳州立大学的博士学位。

凯文·J. 康韦是位于华盛顿哥伦比亚特区的美利坚大学政治学专业的博士生。他关注的学术领域涉及美国政府、政策分析和公共行政。目前,其博士论文研究的内容是自第102届到第105届国会美国众议院中的政党倒戈者——那些投票反对其政党领导人优先设定投票顺序的议案的人。

杰拉尔多·弗劳尔斯因关注以绩效为基础的项目预算和战略管理,获得了佛罗里达州立大学(Florida State University)的公共行政哲学博士学位。他目前是位于佛罗里达州梅尔斯堡(Ft. Myers)的佛罗里达海岸大学(Florida Gulf Coast University,FGCU)的公共行政与财政学教授,讲授公共管理硕士的研究生课程,并担任公共政策研究所的代理主任。弗劳尔斯规划并管理着许多重要的以社区为核心的以及公共机构的战略规划计划。他与来自于伯利兹大学(University of Belize)和南佛罗里达大学(University of South Florida)的同事曾共同管理过伯利兹公共卫生领域硕士学位项目的实施工作。

在任职于佛罗里达海岸大学之前,弗劳尔斯曾担任佛罗里达州立大学公共行政学的兼职教授,作为佛罗里达 TaxWatch 组织的财政政策分析人员,弗劳尔斯在绩效预算、责任和战略管理领域发表了大量著述。此外,在继续深造和到美国工作之前,他还在伯利兹的公共卫生和非政府部门工作过。他目前已回到伯利兹,担任伯利兹大学主管财务和行政的副校长。

达尔·福赛斯是纽约州立大学内尔森·A. 洛克菲勒政府研究院的高级研究员,并且是该大学奥尔巴尼分校公共行政学的客座教授。福赛斯曾担任纽约州和纽约市教育委员会(New York City Board of Education)的预算主任。在民营部门,他曾担任雷曼兄弟公司(Lehman Brother)公共财政部门的常务董事。福赛斯还曾在哈佛大学肯尼迪政府学院任教3年,并在哥伦比亚大学(Columbia University)教授政治学和财政学。他获得了哥伦比亚大学的学士和博士学位。福赛斯是包括《州长备忘录:州政府预算导论》(*Memos to Governors: An Introduction to State Budgeting*,乔治城大学出版社)在内的两本著作的作者,并发表过多篇论文和文章。1998年,他获得了S. 肯尼斯·霍华德奖(S. Kenneth Howard Award),这是一项来自预算和财政管理协会(Association for Budgeting and Financial Management,ABFM)的终生成就奖。

詹姆斯·W. 福赛特是纽约州立大学奥尔巴尼分校公共行政学和卫生政策及管理学副教授,也是内尔森·A. 洛克菲勒政府研究院的高级研究员。他是凡德比特大学(Vanderbilt University)斐陶斐荣誉学会(Phi Beta Kappa)毕业生,获得了密歇根大学(University of Michigan)的政治学博士学位,并且是布鲁金斯学会前任研究员。他在针对低收入妇女和儿童的卫生保健的便利性,以及受财政支持的卫生保健中的预算和管理问题、特别是与医疗补助项目的管理型医疗有关的实施问题等方面发表了大量的著述。他目前是由罗伯特·伍德·约翰逊基金会(Robert Wood Johnson Foundation)资助的、旨在考察21个州福利改革与医疗补助之间关系的一个大型项目的首席研究员。

托马斯·L. 盖斯是纽约州立大学内尔森·A. 洛克菲勒政府研究院联邦体制研究小组的主任。他也是州政府能力研究项目(State Capacity Study)的主任和首席联合研究员,该项目是针对州及地方政府在福利、医疗补助、食物券和劳动力开发等方面进行变革的制度和管理系统所进行的一项涉及多个州的实地研究。他是《实施1996年〈个人责任法案〉:初探》(*Implementing the Personal Responsibility Act of*

1996：*A First Look*，与理查德·P. 内森合著，1999年)以及许多其他建立在为此项研究而收集的数据基础之上的著述的作者。他以前的研究工作关注制度变革与改革问题，如竞选财务改革、州政府的宪政体制改革，以及美国政治中的利益集团动员。他与这些话题有关的著述有《不恰当的影响力：政治利益集团、竞选财务法与平等的问题》(*Improper Influence：Political Interest Groups，Campaign Finance Laws，and the Problem of Equality*，密歇根大学出版社，1996年)以及《改革后的日子：对美国各州竞选财务经验的清醒认识》(*The Day After Reform：Sobering Campaign Finance Lessons from the American States*，洛克菲勒研究院出版社/纽约州立大学出版社，1998年)。盖斯获得了密歇根大学安阿伯分校的政治学博士学位。

哈里·哈特利是位于华盛顿哥伦比亚特区的城市研究所的首席研究助理，并担任该研究所公共管理项目(Public Management Program)主任。自20世纪70年代初以来，他一直在对允许非盈利组织和联邦、州及地方政府监测它们提供服务绩效的程序进行规划方面居于领导者的地位。由他参与编著的重要著作有《你的社区服务如何才能有效？质量评估的程序》(*How Effective Are Your Community Service？Procedures for Measuring Quality*)、《美国教育部项目后果监控指南》(*The Guide to Program Outcome Monitoring for the U.S. Department of Education*)、《评估项目后果：一种实用方法》(*Measuring Program Outcomes：A Practical Approach*)——为美国联合之路(United Way of America)编写；《服务工作与成就报告：恰逢其时——概览》(*Service Efforts and Accomplishments Reporting：Its Time Has Come—An Overview*)——为政府会计标准委员会(Governmental Accounting Standards Board)编写；《州及地方政府的实用项目评估》(*Practical Program Evaluation for State and Local Government*)以及《州及地方政府的项目分析》(*Program Analysis for State and Local Governments*)。因其在绩效评估和测评方面的工作，他获得了包括美国公共行政学会

(American Society for Public Administration)和国家公共行政学会在内的多个组织的嘉奖。

帕特里西娅·华莱士·英格拉汉姆是雪城大学马克斯韦尔公民与公共事务学院著名的公共行政学教授。她是阿兰·K.坎贝尔研究所(Alan K. Campbell Public Affairs Institute)的第一任主任及政府绩效项目(Government Performance Project)的第一任主任,该项目是对州、地方及联邦政府管理能力进行的一项多年度分析。她还是多部公共管理著作的作者,如《以绩效公式实施管理》(*Putting Management in the Performance Equation*,约翰·霍普金斯大学出版社即将出版)。英格拉汉姆最近结束了担任国防部长的人力资源管理国防科学委员会(Defense Science Board for Human Resource Management)顾问工作。她最近被任命为美国专利与商标办公室(U.S. Patent and Trademark Office, USPTO)咨询委员会成员,将会根据去年通过的法律条款为专利与商标办公室向以绩效为基础的组织转变提供咨询建议;并就国家研究委员会(National Research Council Committee)对能源部(Department of Energy)的项目管理评估提供咨询。她还是美国总审计长的全国咨询委员会(U.S. Comptroller General's National Advisory Board)成员。4月,英格拉汉姆获得了赫伯特·西蒙公共行政学终身贡献奖(Herbert Simon Award for Career Contribution to Public Administration),以及美国公共行政学会因其对人力资源管理研究所作的贡献而颁发的终身成就奖。

凯瑟琳·劳伦斯是内尔森·A.洛克菲勒政府研究院的助理研究员。她拥有纽约州立大学奥尔巴尼分校洛克菲勒社会福利学院(Rockefeller College School of Social Welfare)的社会工作硕士学位,也是该校的博士生。其研究领域是与贫困和人类性行为有关的社会政策和项目,包括福利改革、非婚生育和青春期妊娠、妊娠预防以及性虐待创伤。她的研究成果包括众多有关州政府减少非婚生育的政策以及福利改革项目评估的报告。

杰拉德·马什科是受聘于纽约州立大学奥尔巴尼分校公共事务研究生院和经济学系的助理教授。其教学和研究工作侧重于劳动力市场、组织、公共部门以及技术政策领域的经济学问题。他近期的研究关注将绩效激励措施运用于根据《就业培训合作法案》创建了联邦政府就业培训项目的项目管理者的情况。在任职于奥尔巴尼分校之前,他任教于纽约州立大学的布法罗分校,并且是芝加哥大学社会项目评估中心(Center for Social Program Evaluation at the University of Chicago)的助理研究员。他拥有芝加哥大学的经济学博士学位。

朱莉娅·梅尔克斯是佐治亚州立大学(Georgia State University)安德鲁·杨公共研究学院(Andrew Young School of Public Studies)的公共行政学和城市研究副教授。除了关于绩效评估指标在州及地方政府的应用研究之外,她目前的研究工作还包括一项针对经济发展激励措施在地方政府运用情况的研究项目。她在《公共行政评论》(Public Administration Review)、《城市研究评论》(Urban Studies Review)、《政策研究杂志》(Policy Studies Journal)、《公共预算与财政》(Public Budgeting and Finance)、《技术转让杂志》(Journal of Technology Transfer)、《研究评估》(Research Evaluation)、以及《评估与项目规划》(Evaluation and Program Planning)等期刊上发表了多篇与绩效有关的专题论文,并参与编著了著作《研发影响评估:方法与实践》(Assessing R & D Impacts: Method and Practice)。除了其他一些受到资助的研究工作之外,梅尔克斯还为佐治亚州、亚特兰大市、阿拉斯加州、缅因州和亚特兰大城市联盟(Atlanta Urban League)进行着与绩效有关的研究工作。她获得了雪城大学马克斯韦尔学院的公共行政学博士学位。

J. 克里斯托弗·米姆是美国审计总署的战略问题主任。自1993年以来,他领导了审计总署与《政府绩效与结果法案》以及相关的以结果为导向的管理改革工作。米姆还负责审计总署2000年十年普查的实施工作。米姆还在许多报告、证言及官方简报的撰写过程中发挥着主导作用,这些文件在国会和联邦政府的管理者们试图将更具结果导向性的方法灌输到联邦政府管理过程时发挥着支持作用。为了讨论联邦政府的管理改革,米姆还作为证人在国会委员会和多个场合提供过证言,并积极与国会的各个委员会展开合作,以便向它们说明如何能运用《政府绩效与结果法案》来改进国会的决策过程。在担任目前的职务之前,米姆曾主管过审计总署对1990年十年普查的审查工作,以便确定人口普查局(Census Bureau)需要采取的行动,从而使得2000年的普查工作更为精确而且投入的成本更少,以及针对重组信托公司(Resolution Trust Corporation)这家联邦政府负责解决国家储蓄和信贷危机的联邦政府机构的有效性开展的审查工作。

唐纳德·P. 莫伊尼汉是雪城大学马克斯韦尔公民与公共事务学院公共行政学博士生。作为阿兰·K. 坎贝尔公共事务研究所的助理研究员,他参与了针对美国联邦、州及地方政府公共管理进行分析的政府绩效项目的研究工作。他在政府绩效项目的研究关注结果管理的领域,包括诸如战略规划、绩效评估和绩效信息应用这样的议题。莫伊尼汉也在公共开支、绩效评估以及战略规划方面为世界银行(World Bank)进行研究工作。他其他的研究领域还包括比较行政学和公共部门改革。

理查德·P. 内森领导着位于奥尔巴尼的纽约州立大学的重要分支机构内尔森·A. 洛克菲勒政府研究院。在任职于奥尔巴尼之前,他是普林斯顿大学教授,再之前还担任过布鲁金斯学会的高级研究员。他的政府服务经历包括指导为国家内乱委员会(National Commission on Civil Disorders,肯纳委员会(Kerner Commission))进行的国内政策研究和内尔森·A. 洛克菲勒的全国竞选活动。他还担任过美国管理和预算办公室的副主任,以及美国卫生、教育和服务部负责福利改革的代理副部长。他的著作有《实施1996年〈个人责任法案〉:初探》(*Implementing the Personal Responsibility Act of 1996: A First Look*,洛克菲勒研究院出版社,1999年)、《将承诺转变为绩效》(*Turning Promises Into Performance*,哥伦比亚大学出版社,1993年)、《行政管辖》(*The Administrative Presidency*,麦克米兰出版公司,1983年)、《里根与州政府》(Reagan and the States，普林斯顿大学出版社，1987年)以及《政府中的社会科学》(Social Science in Government，洛克菲勒研究院出版社，2000年)。内森也是美国审计总署的顾问。

贝丽尔·A. 雷丁是纽约州立大学奥尔巴尼分校洛克菲勒学院的公共行政与政策教授。她的研究涉及与联邦政府管理改革和政府间问题有关的广泛议题，重点是在多个政策领域(特别是农村发展和美国卫生与公共事业部的众多项目)的联邦政府《政府绩效与结果法案》及政府间问题。另外，她还撰写有关政策分析的专业性文章。其研究成果发表在包括政策和公共管理在内的各种期刊上，她还是4本著作的作者或共同编著者。她目前是《公共行政与理论》杂志(Journal of Public Administration and Theory)的主编以及全国公共行政学会的研究员。

阿兰·希克是马里兰州立大学公共事务学院(University of Maryland School of Public Affairs)教授及布鲁金斯学会的客座研究员。希克专注于美国及许多其他国家的预算体系和政治机构改革。他有在45个州、多个国家以及联邦政府的任职经历。他是1974年《国会预算法案》(Congressional Budget Act of 1974)的起草人之一，并参与推动实施以绩效为基础的预算改革工作。他的著述有《预算的能力》(The Capacity to Budget，1990年)、《改革的精神》(The Spirit of Reform，1996年)、《现代预算》(Modern Budgeting，1998年)、《当代公共支出管理》(Contemporary Public Expenditure Management，1998年)以及《联邦政府预算：政治、政策、过程》(The Federal Budget：Politics，Policy，Process，2000年)。

丹尼斯·C. 史密斯是一位拥有印第安纳州立大学(Indiana University)博士学位的政治学家，自1973年以来，他一直任职于纽约州立大学罗伯特·F. 瓦格纳公共服务研究生院。他是以警务工作为主题的著作和众多论文的作者。近年来，其研究和著述主要以公共部门组织改革特别是"问题解决型社区警务"成就的评估问题为侧重点。将于2001年出版的一本联合国的著作中收录了他的一篇有关UNCIVPOL

绩效管理的文章。他也为联邦基金(Commonwealth Fund)开展纽约市急诊救护车服务的非急诊用途的研究。他还是公共行政研究所委员会成员,并担任多家纽约市政府部门和非盈利组织的顾问。他是纽约市SEEDCO的绩效管理高级顾问。目前他是瓦格纳学院国际项目办公室(Office of International Programs)的主管。

维吉尼娅·L. 托马斯是众议院多数党领袖理查德·K. 阿米的前任高级助手,是传统基金会(Heritage Foundation)政府研究的高级研究员。在担任此职位期间,托马斯在基金会监测政府绩效和国会监督活动的工作中发挥了协调作用。在国会山(Capitol Hill)期间,托马斯协助实施了《政府绩效与结果法案》,该法案要求政府的每一个部门都要明确其任务并设定绩效目标,以便能够使国会更好地履行其监督责任。作为众议院共和党大会(House Republican Conference,1993 – 1995 年)的高级政策协调员,托马斯于 1993 年加入了国会议员阿米的团队。在此之前,她是劳工部的代理副部长(1989—1993 年)和美国商会(U. S. Chamber of Commerce)的劳动法律顾问(1984—1988 年)。托马斯也是内布拉斯加州前任众议员哈尔·多布(Hal Daub)的立法团队成员。

弗兰克·J. 汤普森是纽约州立大学奥尔巴尼分校内尔森·A. 洛克菲勒公共事务学院院长。他针对卫生政策、政策执行、人才政策和政府政治这些问题发表了大量著述。他最近的一本著作《医疗补助与分权:基于州政府的考察》(*Medicaid and Devolution: A View From the States*,共同主编及撰稿人)是由布鲁金斯学会出版的。汤普森是全国公共事务与公共行政学院协会的前任主席,并且也在其他学术团体担任职务。他还为加利福尼亚州的奥克兰市从事研究工作,也是美国公共卫生服务计划(U. S. Public Health Service)的公共行政研究员。他担任多个政府部门及高等院校的顾问,而且是州及地方政府公共服务全国委员会(National Commission on State and Local Public Service)的执行主任。汤普森还是全国公共行政学会的研究员。他获得了芝加哥大学的政治学学士学位,以及加利福尼亚州立大学伯克利分校的政治学硕士和博士学位。

凯瑟琳·G. 威洛比是位于佐治亚州亚特兰大的佐治亚州立大学安德鲁·杨政策研究学院的公共行政学和城市研究副教授。其专业领域涉及公共预算与财政管理以及政策分析和评估。尽管她的研究工作主要关注的是州政府过程，但她也进行过某些专门针对大亚特兰大都市区的地方政府预算和管理实践的研究。威洛比最近与来自位于堪萨斯州劳伦斯的堪萨斯州州立大学的库尔特·图尔迈尔（Kurt Thurmaier）共同完成了一本著作，该书是从受雇于南部和中西部的 11 个州政府行政机构预算部门的分析师的视角来探讨预算过程与政策制定之间的关系。

米利亚姆·威尔逊是博林格林州立大学（Bowling Green State University）公共行政学教师。其研究领域涉及福利改革和政府项目替代性实施系统的发展。她在公共部门的工作经历包括参与俄亥俄州劳动力管理合作办公室（Ohio Office of Labor－Management Cooperation）的管理工作，并作为参议员约翰·格伦（Senator John Glenn）团队工作人员任职于美国参议院。威尔逊获得了俄亥俄州立大学（Ohio State University）的人力资源管理硕士学位，并且是该校公共政策与管理专业的博士生。

戴维·J. 赖特是纽约州立大学内尔森·A. 洛克菲勒政府研究院城市与大都市区研究（Urban and Metropolitan Studies）项目主任。由于负责管理该研究院与城市有关的研究项目，赖特最近主导了为美国住房与城市发展部进行的授权区/企业社区改革方案，以及为皮尤慈善信托基金会进行的 9 个城市的社区保护方案（Neighborhood Preservation Initiative）的全国性实地调查评估工作。赖特还是针对非贫困少数族裔聚居区的社会资本进行的 15 个城市实地调查研究项目的联合首席研究员和主任；针对福利改革对社区发展社团的影响而进行的 6 个城市的研究项目的联合首席研究员和主任；并且担任纽约州住房与社区重建局（New York State Division of Housing and Community Renewal）有关经济适用房和商业区开发政策的顾问。赖特其他的研究领域还包括以社区为基础的社会服务供给、运用网络技术来扩展和改善公共服务、劳动力开发政策以及经济集群和网络在城市内部发展中的作用。在任职于研究院之前,赖特担任纽约州州长马里奥·M. 科莫的副州务卿,主要负责劳动力开发、设定经济增长目标和技术领域的政策与计划规划、协调与预算。赖特首次服务于纽约州政府是作为管理和生产力办公室(Office of Management and Productivity)的高级检察官,进行业务运营审计和项目评估研究。在那之前,他曾担任设置市政重点工程项目/哥伦比亚大学艾森豪威尔人力资源保护中心(Setting Municipal Priorities Project/Columbia University's Eisenhower Center for the Conservation of Human Resources)以及公共土地信托基金(Trust of Public Land)的政策分析师。

凤凰文库书目

一、马克思主义研究系列
《走进马克思》 孙伯鍨 张一兵 主编
《回到马克思:经济学语境中的哲学话语》 张一兵 著
《当代视野中的马克思》 任平 著
《回到列宁:关于"哲学笔记"的一种后文本学解读》 张一兵 著
《回到恩格斯:文本、理论和解读政治学》 胡大平 著
《国外毛泽东学研究》 尚庆飞 著
《重释历史唯物主义》 段忠桥 著
《资本主义理解史》(6卷) 张一兵 主编
《阶级、文化与民族传统:爱德华·P.汤普森的历史唯物主义思想研究》 张亮 著
《形而上学的批判与拯救》 谢永康 著
《21世纪的马克思主义哲学创新:马克思主义哲学中国化与中国化马克思主义哲学》 李景源 主编
《科学发展观与和谐社会建设》 李景源 吴元梁 主编
《科学发展观:现代性与哲学视域》 姜建成 著
《西方左翼论当代西方社会结构的演变》 周穗明 王玫 等著
《历史唯物主义的政治哲学向度》 张文喜 著
《信息时代的社会历史观》 孙伟平 著
《从斯密到马克思:经济哲学方法的历史性阐释》 唐正东 著
《构建和谐社会的政治哲学阐释》 欧阳英 著
《正义之后:马克思恩格斯正义观研究》 王广 著
《后马克思主义思想史》 [英]斯图亚特·西姆 著 吕增奎 陈红 译
《后马克思主义与文化研究:理论、政治与介入》 [英]保罗·鲍曼 著 黄晓武 译
《市民社会的乌托邦:马克思主义的社会历史哲学阐释》 王浩斌 著
《唯物史观与人的发展理论》 陈新夏 著
《西方马克思主义与苏联:1917年以来的批评理论和争论概览》 [荷]马歇尔·范·林登 著 周穗明 译 翁寒松 校
《物与无:物化逻辑与虚无主义》 刘森林 著

二、政治学前沿系列
《公共性的再生产:多中心治理的合作机制建构》 孔繁斌 著
《合法性的争夺:政治记忆的多重刻写》 王海洲 著
《民主的不满:美国在寻求一种公共哲学》 [美]迈克尔·桑德尔 著 曾纪茂 译
《权力:一种激进的观点》 [英]斯蒂芬·卢克斯 著 彭斌 译
《正义与非正义战争:通过历史实例的道德论证》 [美]迈克尔·沃尔泽 著 任辉献 译
《自由主义与现代社会》 [英]理查德·贝拉米 著 毛兴贵 等译
《左与右:政治区分的意义》 [意]诺贝托·博比奥 著 陈高华 译
《自由主义中立性及其批评者》 [美]布鲁斯·阿克曼 等著 应奇 编
《公民身份与社会阶级》 [英]T. H. 马歇尔 等著 郭忠华 刘训练 编
《当代社会契约论》 [美]约翰·罗尔斯 等著 包利民 编

《马克思与诺齐克之间》　［英］G. A. 柯亨 等著　吕增奎 编
《美德伦理与道德要求》　［英］欧若拉·奥尼尔 等著　徐向东 编
《宪政与民主》　［英］约瑟夫·拉兹 等著　佟德志 编
《自由多元主义的实践》　［美］威廉·盖尔斯敦 著　佟德志 苏宝俊 译
《国家与市场：全球经济的兴起》　［美］赫尔曼·M. 施瓦茨 著　徐佳 译
《税收政治学：一种比较的视角》　［美］盖伊·彼得斯 著　郭为桂 黄宁莺 译
《控制国家：从古雅典至今的宪政史》　［美］斯科特·戈登 著　应奇 陈丽微 孟军 李勇 译
《社会正义原则》　［英］戴维·米勒 著　应奇 译
《现代政治意识形态》　［澳］安德鲁·文森特 著　袁久红 译
《新社会主义》　［加拿大］艾伦·伍德 著　尚庆飞 译
《政治的回归》　［英］尚塔尔·墨菲 著　王恒 臧佩洪 译
《自由多元主义》　［美］威廉·盖尔斯敦 著　佟德志 庞金友 译
《政治哲学导论》　［英］亚当·斯威夫特 著　佘江涛 译
《重新思考自由主义》　［英］理查德·贝拉米 著　王萍 傅广生 周春鹏 译
《自由主义的两张面孔》　［英］约翰·格雷 著　顾爱彬 李瑞华 译
《自由主义与价值多元论》　［英］乔治·克劳德 著　应奇 译
《帝国：全球化的政治秩序》　［美］麦克尔·哈特 ［意］安东尼奥·奈格里 著　杨建国 范一亭 译
《反对自由主义》　［美］约翰·凯克斯 著　应奇 译
《政治思想导读》　［英］彼得·斯特克 大卫·韦戈尔 著　舒小昀 李霞 赵勇 译
《现代欧洲的战争与社会变迁：大转型再探》　［英］桑德拉·哈尔珀琳 著　唐皇凤 武小凯 译
《道德原则与政治义务》　［美］约翰·西蒙斯 著　郭为桂 李艳丽 译
《政治经济学理论》　［美］詹姆斯·卡波拉索 戴维·莱文 著　刘骥 等译
《民主国家的自主性》　［美］埃里克·A. 诺德林格 著　孙荣飞 等译
《强社会与弱国家：第三世界的国家社会关系及国家能力》　［美］乔·米格德尔 著　张长东 译
《驾驭经济：英国与法国国家干预的政治学》　［美］彼得·霍尔 著　刘骥 刘娟凤 叶静 译
《社会契约论》　［英］迈克尔·莱斯诺夫 著　刘训练 等译
《共和主义：一种关于自由与政府的理论》　［澳］菲利普·佩蒂特 著　刘训练 译
《至上的美德：平等的理论与实践》　［美］罗纳德·德沃金 著　冯克利 译
《原则问题》　［美］罗纳德·德沃金 著　张国清 译
《社会正义论》　［英］布莱恩·巴利 著　曹海军 译
《马克思与西方政治思想传统》　［美］汉娜·阿伦特 著　孙传钊 译
《作为公道的正义》　［英］布莱恩·巴利 著　曹海军 允春喜 译
《古今自由主义》　［美］列奥·施特劳斯 著　马志娟 译
《公平原则与政治义务》　［美］乔治·格劳斯科 著　毛兴贵 译
《谁统治：一个美国城市的民主和权力》　［美］罗伯特·A. 达尔 著　范春辉 等译
《论伦理精神》　张康之 著
《人权与帝国：世界主义的政治哲学》　［英］科斯塔斯·杜兹纳 著　辛亨复 译
《阐释和社会批判》　［英］迈克尔·沃尔泽 著　任辉献 段鸣玉 译
《全球时代的民族国家：吉登斯讲演录》　［英］安东尼·吉登斯 著　郭忠华 编
《当代政治哲学名著导读》　应奇 主编
《拉克劳与墨菲：激进民主想象》　［美］安娜·M. 史密斯 著　付琼 译
《英国新左派思想家》　张亮 编
《第一代英国新左派》　［英］迈克尔·肯尼 著　李永新 陈剑 译

《转向帝国:英法帝国自由主义的兴起》 [美]珍妮弗·皮茨 著 金毅 许鸿艳 译
《论战争》 [美]迈克尔·沃尔泽 著 任辉献 段鸣玉 译
《现代性的谱系》 张凤阳 著
《近代中国民主观念之生成与流变:一项观念史的考察》 闾小波 著
《阿伦特与现代性的挑战》 [美]塞瑞娜·潘琳 著 张云龙 译
《政治人:政治的社会基础》 [美]西摩·马丁·李普塞特 著 郭为桂 林娜 译
《社会中的国家:国家与社会如何相互改变与相互构成》 [美]乔尔·S.米格代尔 著 李杨 郭一聪 译 张长东 校
《伦理、文化与社会主义:英国新左派早期思想读本》 张亮 熊婴 编

三、纯粹哲学系列

《哲学作为创造性的智慧:叶秀山西方哲学论集(1998—2002)》 叶秀山 著
《真理与自由:康德哲学的存在论阐释》 黄裕生 著
《走向精神科学之路:狄尔泰哲学思想研究》 谢地坤 著
《从胡塞尔到德里达》 尚杰 著
《海德格尔与存在论历史的解构:〈现象学的基本问题〉引论》 宋继杰 著
《康德的信仰:康德的自由、自然和上帝理念批判》 赵广明 著
《宗教与哲学的相遇:奥古斯丁与托马斯·阿奎那的基督教哲学研究》 黄裕生 著
《理念与神:柏拉图的理念思想及其神学意义》 赵广明 著
《时间性:自身与他者——从胡塞尔、海德格尔到列维纳斯》 王恒 著
《意志及其解脱之路:叔本华哲学思想研究》 黄文前 著
《真理之光:费希特与海德格尔论SEIN》 李文堂 著
《归隐之路:20世纪法国哲学的踪迹》 尚杰 著
《胡塞尔直观概念的起源:以意向性为线索的早期文本研究》 陈志远 著
《幽灵之舞:德里达与现象学》 方向红 著
《形而上学与社会希望:罗蒂哲学研究》 陈亚军 著
《福柯的主体解构之旅:从知识考古学到"人之死"》 刘永谋 著
《中西智慧的贯通:叶秀山中国哲学文化论集》 叶秀山 著
《学与思的轮回:叶秀山2003—2007年最新论文集》 叶秀山 著
《返回爱与自由的生活世界:纯粹民间文学关键词的哲学阐释》 户晓辉 著
《心的秩序:一种现象学心学研究的可能性》 倪梁康 著
《生命与信仰:克尔凯郭尔假名写作时期基督教哲学思想研究》 王齐 著
《时间与永恒:论海德格尔哲学中的时间问题》 黄裕生 著
《道路之思:海德格尔的"存在论差异"思想》 张柯 著
《启蒙与自由:叶秀山论康德》 叶秀山 著
《自由、心灵与时间:奥古斯丁心灵转向问题的文本学研究》 张荣 著
《回归原创之思:"象思维"视野下的中国智慧》 王树人 著

四、宗教研究系列

《汉译佛教经典哲学研究》(上下卷) 杜继文 著
《中国佛教通史》(15卷) 赖永海 主编
《中国禅宗通史》 杜继文 魏道儒 著
《佛教史》 杜继文 主编

《道教史》 卿希泰 唐大潮 著
《基督教史》 王美秀 段琦 等著
《伊斯兰教史》 金宜久 主编
《中国律宗通史》 王建光 著
《中国唯识宗通史》 杨维中 著
《中国净土宗通史》 陈扬炯 著
《中国天台宗通史》 潘桂明 吴忠伟 著
《中国三论宗通史》 董群 著
《中国华严宗通史》 魏道儒 著
《中国佛教思想史稿》(3卷) 潘桂明 著
《禅与老庄》 徐小跃 著
《中国佛性论》 赖永海 著
《禅宗早期思想的形成与发展》 洪修平 著
《基督教思想史》 [美]胡斯都·L.冈察雷斯 著 陈泽民 孙汉书 司徒桐 莫如喜 陆俊杰 译
《圣经历史哲学》(上下卷) 赵敦华 著
《禅宗早期思想的形成与发展》 洪修平 著
《如来藏与中国佛教》 杨维中 著

五、人文与社会系列

《环境与历史：美国和南非驯化自然的比较》 [美]威廉·贝纳特 彼得·科茨 著 包茂红 译
《阿伦特为什么重要》 [美]伊丽莎白·扬-布鲁尔 著 刘北成 刘小鸥 译
《现代性的哲学话语》 [德]于尔根·哈贝马斯 著 曹卫东 等译
《追寻美德：伦理理论研究》 [美]A.麦金太尔 著 宋继杰 译
《现代社会中的法律》 [美]R.M.昂格尔 著 吴玉章 周汉华 译
《知识分子与大众：文学知识界的傲慢与偏见,1880—1939》 [英]约翰·凯里 著 吴庆宏 译
《自我的根源：现代认同的形成》 [加拿大]查尔斯·泰勒 著 韩震 等译
《社会行动的结构》 [美]塔尔科特·帕森斯 著 张明德 夏遇南 彭刚 译
《文化的解释》 [美]克利福德·格尔茨 著 韩莉 译
《以色列与启示：秩序与历史(卷1)》 [美]埃里克·沃格林 著 霍伟岸 叶颖 译
《城邦的世界：秩序与历史(卷2)》 [美]埃里克·沃格林 著 陈周旺 译
《战争与和平的权利：从格劳秀斯到康德的政治思想与国际秩序》 [美]理查德·塔克 著 罗炯 等译
《人类与自然世界：1500—1800年间英国观念的变化》 [英]基思·托马斯 著 宋丽丽 译
《男性气概》 [美]哈维·C.曼斯菲尔德 著 刘玮 译
《黑格尔》 [加拿大]查尔斯·泰勒 著 张国清 朱进东 译
《社会理论和社会结构》 [美]罗伯特·K.默顿 著 唐少杰 齐心 等译
《个体的社会》 [德]诺贝特·埃利亚斯 著 翟三江 陆兴华 译
《象征交换与死亡》 [法]让·波德里亚 著 车槿山 译
《实践感》 [法]皮埃尔·布迪厄 著 蒋梓骅 译
《关于马基雅维里的思考》 [美]利奥·施特劳斯 著 申彤 译
《正义诸领域：为多元主义与平等一辩》 [美]迈克尔·沃尔泽 著 褚松燕 译
《传统的发明》 [英]E.霍布斯鲍姆 T.兰格 著 顾杭 庞冠群 译
《元史学：十九世纪欧洲的历史想象》 [美]海登·怀特 著 陈新 译

《卢梭问题》 [德]恩斯特·卡西勒 著　王春华 译
《自足语义学:为语义最简论和言语行为多元论辩护》 [挪威]赫尔曼·开普兰
　　[美]厄尼·利珀尔 著　周允程 译
《历史主义的兴起》 [德]弗里德里希·梅尼克 著　陆月宏 译
《权威的概念》 [法]亚历山大·科耶夫 著　姜志辉 译

六、海外中国研究系列

《帝国的隐喻:中国民间宗教》 [英]王斯福 著　赵旭东 译
《王弼〈老子注〉研究》 [德]瓦格纳 著　杨立华 译
《章学诚思想与生平研究》 [美]倪德卫 著　杨立华 译
《中国与达尔文》 [美]詹姆斯·里夫 著　钟永强 译
《千年末世之乱:1813年八卦教起义》 [美]韩书瑞 著　陈仲丹 译
《中华帝国后期的欲望与小说叙述》　黄卫总 著　张蕴爽 译
《私人领域的变形:唐宋诗词中的园林与玩好》 [美]王晓山 著　文韬 译
《六朝精神史研究》 [日]吉川忠夫 著　王启发 译
《中国社会史》 [法]谢和耐 著　黄建华 黄迅余 译
《大分流:欧洲、中国及现代世界经济的发展》 [美]彭慕兰 著　史建云 译
《近代中国的知识分子与文明》 [日]佐藤慎一 著　刘岳兵 译
《转变的中国:历史变迁与欧洲经验的局限》 [美]王国斌 著　李伯重 连玲玲 译
《中国近代思维的挫折》 [日]岛田虔次 著　甘万萍 译
《为权力祈祷》 [加拿大]卜正民 著　张华 译
《洪业:清朝开国史》 [美]魏斐德 著　陈苏镇 薄小莹 译
《儒教与道教》 [德]马克斯·韦伯 著　洪天富 译
《革命与历史:中国马克思主义历史学的起源,1919—1937》 [美]德里克 著　翁贺凯 译
《中华帝国的法律》 [美]D.布朗 等著　朱勇 译
《文化、权力与国家》 [美]杜赞奇 著　王福明 译
《中国的亚洲内陆边疆》 [美]拉铁摩尔 著　唐晓峰 译
《古代中国的思想世界》 [美]史华兹 著　程钢 译　刘东 校
《中国近代经济史研究:明末海关财政与通商口岸市场圈》 [日]滨下武志 著　高淑娟 孙彬 译
《中国美学问题》 [美]苏源熙 著　卞东坡 译　张强强 朱霞欢 校
《翻译的传说:构建中国新女性形象》　胡缨 著　龙瑜宬 彭珊珊 译
《〈诗经〉原意研究》 [日]家井真 著　陆越 译
《缠足:"金莲崇拜"盛极而衰的演变》 [美]高彦颐 著　苗延威 译
《从民族国家中拯救历史:民族主义话语与中国现代史研究》 [美]杜赞奇 著　王宪明 高继美
　　李海燕 李点 译
《传统中国日常生活中的协商:中古契约研究》 [美]韩森 著　鲁西奇 译
《欧几里得在中国:汉译〈几何原本〉的源流与影响》 [荷]安国风 著　纪志刚 郑诚 郑方磊 译
《毁灭的种子:二战及战后的国民党中国》 [美]易劳逸 著　王建朗 王贤知 贾维 译
《理解农民中国:社会科学哲学的案例研究》 [美]李丹 著　张天虹 张胜波 译
《18世纪的中国社会》 [美]韩书瑞 罗有枝 著　陈仲丹 译
《开放的帝国:1600年的中国历史》 [美]韩森　梁侃 邹劲风 译
《中国人的幸福观》 [德]鲍吾刚 著　严蓓雯 韩雪临 伍德祖 译
《明代乡村纠纷与秩序》 [日]中岛乐章 著　郭万平 高飞 译

《朱熹的思维世界》　［美］田浩 著
《礼物、关系学与国家：中国人际关系与主体建构》　杨美慧 著　赵旭东 孙珉 译　张跃宏 校
《美国的中国形象：1931—1949》　［美］克里斯托弗·杰斯普森 著　姜智芹 译
《清代内河水运史研究》　［日］松浦章 著　董科 译
《中国的经济革命：20 世纪的乡村工业》　［日］顾琳 著　王玉茹 张玮 李进霞 译
《明清时代东亚海域的文化交流》　［日］松浦章 著　郑洁西 译
《皇帝和祖宗：华南的国家与宗族》　科大卫 著　卜永坚 译
《中国善书研究》　［日］酒井忠夫 著　刘岳兵 何莺莺 孙雪梅 译
《大萧条时期的中国：市场、国家与世界经济》　［日］城山智子 著　孟凡礼 尚国敏 译
《虎、米、丝、泥：帝制晚期华南的环境与经济》　［美］马立博 著　王玉茹 译
《矢志不渝：明清时期的贞女现象》　［美］卢苇菁 著　秦立彦 译
《山东叛乱：1774 年的王伦起义》　［美］韩书瑞 著　刘平 唐雁超 译
《一江黑水：中国未来的环境挑战》　［美］易明 著　姜智芹 译
《施剑翘复仇案：民国时期公众同情的兴起与影响》　［美］林郁沁 著　陈湘静 译
《工程国家：民国时期（1927－1937）的淮河治理及国家建设》　［美］戴维·艾伦·佩兹 著　姜智芹 译
《西学东渐与中国事情》　［日］增田涉 著　周启乾 译
《铁泪图：19 世纪中国对于饥馑的文化反应》　［美］艾志端 著　曹曦 译
《危险的边疆：游牧帝国与中国》　［美］巴菲尔德 著　袁剑 译
《华北的暴力与恐慌：义和团运动前夕基督教传播和社会冲突》　［德］狄德满 著　崔华杰 译
《历史宝筏：过去、西方与中国的妇女问题》　［美］季家珍 著　杨可 译
《姐妹们与陌生人：上海棉纱厂女工，1919—1949》　［美］艾米莉·洪尼格 著　韩慈 译
《银线：19 世纪的世界与中国》　林满红 著　詹庆华 林满红 译
《寻求中国民主》　［澳］冯兆基 著　刘悦斌 徐硙 著
《中国乡村的基督教：1860—1900 江西省的冲突与适应》　［美］史维东 著　吴薇 译
《认知变异：反思人类心智的统一性与多样性》　［英］G.E.R.劳埃德 著　池志培 译
《假想的满大人：同情、现代性与中国疼痛》　［美］韩瑞 著　袁剑 译
《男性特质论：中国的社会与性别》　［澳］雷金庆 著　［澳］刘婷 译
《中国的捐纳制度与社会》　伍跃 著
《文书行政的汉帝国》　［日］富谷至 著　刘恒武 孔李波 译
《城市里的陌生人：中国流动人口的空间、权力与社会网络的重构》　［美］张骊 著　袁长庚 译
《重读中国女性生命故事》　游鉴明 胡缨 季家珍 主编
《跨太平洋位移：20 世纪美国文学中的民族志、翻译和文本间旅行》　黄运特 著　陈倩 译

七、历史研究系列

《中国近代通史》(10 卷)　张海鹏 主编
《极端的年代》　［英］艾瑞克·霍布斯鲍姆 著　马凡 等译
《漫长的 20 世纪》　［意］杰奥瓦尼·阿瑞基 著　姚乃强 译
《在传统与变革之间：英国文化模式溯源》　钱乘旦 陈晓律 著
《世界现代化历程》(10 卷)　钱乘旦 主编
《近代以来日本的中国观》(6 卷)　杨栋梁 主编
《中华民族凝聚力的形成与发展》　卢勋 杨保隆 等著
《明治维新》　［英］威廉·G.比斯利 著　张光 汤金旭 译

《在垂死皇帝的王国:世纪末的日本》 [美]诺玛·菲尔德 著 曾霞 译
《戊戌政变的台前幕后》 马勇 著
《战后东北亚主要国家间领土纠纷与国际关系研究》 李凡 著

八、当代思想前沿系列
《世纪末的维也纳》 [美]卡尔·休斯克 著 李锋 译
《莎士比亚的政治》 [美]阿兰·布鲁姆 哈瑞·雅法 著 潘望 译
《邪恶》 [英]玛丽·米奇利 著 陆月宏 译
《知识分子都到哪里去了:对抗21世纪的庸人主义》 [英]弗兰克·富里迪 著 戴从容 译
《资本主义文化矛盾》 [美]丹尼尔·贝尔 著 严蓓雯 译
《流动的恐惧》 [英]齐格蒙特·鲍曼 著 谷蕾 杨超 等译
《流动的生活》 [英]齐格蒙特·鲍曼 著 徐朝友 译
《流动的时代:生活于充满不确定性的年代》 [英]齐格蒙特·鲍曼 著 谷蕾 武媛媛 译
《未来的形而上学》 [美]爱莲心 著 余日昌 译
《感受与形式》 [美]苏珊·朗格 著 高艳萍 译
《资本主义及其经济学:一种批判的历史》 [美]道格拉斯·多德 著 熊婴 译 刘思云 校

九、教育理论研究系列
《教育研究方法导论》 [美]梅雷迪斯·D.高尔 等著 许庆豫等译
《教育基础》 [美]阿伦·奥恩斯坦 著 杨树兵等译
《教育伦理学》 贾馥茗 著
《认知心理学》 [美]罗伯特·L.索尔索 著 何华等译
《现代心理学史》 [美]杜安·P.舒尔茨 著 叶浩生等译
《学校法学》 [美]米歇尔·W.拉莫特 著 许庆豫等译

十、艺术理论研究系列
《另类准则:直面20世纪艺术》 [美]列奥·施坦伯格 著 沈语冰 刘凡 谷光曙 译
《弗莱艺术批评文选》 [英]罗杰·弗莱 著 沈语冰 译
《当代艺术的主题:1980年以后的视觉艺术》 [美]简·罗伯森 克雷格·迈克丹尼尔 著 匡骁 译
《艺术与物性:论文与评论集》 [美]迈克尔·弗雷德 著 张晓剑 沈语冰 译
《现代生活的画像:马奈及其追随者艺术中的巴黎》 [英]T.J.克拉克 著 沈语冰 诸葛沂 译
《自我与图像》 [英]艾美利亚·琼斯 著 刘凡 谷光曙 译
《艺术社会学》 [英]维多利亚·D.亚历山大 著 章浩 沈杨 译

十一、中国经济问题研究系列
《中国经济的现代化:制度变革与结构转型》 肖耿 著
《世界经济复苏与中国的作用》 [英]傅晓岚 编 蔡悦等译
《中国未来十年的改革之路》 《比较》研究室 编